HEINZE · HERBST · SCHÜHLE

Verkehrsverhalten und verkehrsspezifische Ausstattungsniveaus in ländlichen Räumen

CIP-Kurztitelaufnahme der Deutschen Bibliothek

Heinze, Gert Wolfgang:
Verkehrsverhalten und verkehrsspezifische Ausstattungsniveaus in ländlichen Räumen
G. Wolfgang Heinze; Detlef Herbst; Ulrich Schühle.
Hannover: Schroedel, 1980.
(Veröffentlichungen der Akademie für Raumforschung und Landesplanung: Abh.; Bd. 78)
ISBN 3-507-91715-7

NE: Herbst, Detlef; Schühle, Ulrich

VERÖFFENTLICHUNGEN
DER AKADEMIE FÜR RAUMFORSCHUNG UND LANDESPLANUNG

Abhandlungen
Band 78

G. WOLFGANG HEINZE
DETLEF HERBST · ULRICH SCHÜHLE

Verkehrsverhalten und verkehrsspezifische Ausstattungsniveaus in ländlichen Räumen

HERMANN SCHROEDEL VERLAG KG · HANNOVER · 1980

Zu den Autoren dieses Bandes

G. Wolfgang Heinze, Prof. Dr. rer. pol., 38, Leiter des Fachgebiets Verkehrswirtschaft und Verkehrspolitik im Institut für Verkehrsplanung und Verkehrswegebau der Technischen Universität Berlin, Korrespondierendes Mitglied der Akademie für Raumforschung und Landesplanung.

Detlef Herbst, Dipl.-Ingenieur, 31, Mitarbeiter am Fachgebiet Verkehrswirtschaft und Verkehrspolitik der Technischen Universität Berlin.

Ulrich Schühle, Dipl.-Ingenieur, 28, Mitarbeiter am Fachgebiet Verkehrswirtschaft und Verkehrspolitik der Technischen Universität Berlin.

Anschrift: Technische Universität Berlin, Fachgebiet Verkehrswirtschaft und Verkehrspolitik, Hardenbergstraße 29c, 1000 Berlin 12

Best.-Nr. 91715
ISBN 3-507-91715-7
ISSN 0344-8940

Gesamtherstellung: Th. Schäfer Druckerei GmbH, Hannover
Auslieferung durch den Verlag

INHALTSVERZEICHNIS

Seite

Verzeichnis der Karten

Verzeichnis der Übersichten im Text

Vorwort

Probleme der Verkehrsversorgung des ländlichen Raumes rücken zunehmend in den Mittelpunkt der verkehrspolitischen Diskussion. Diese Diskussion ist in weiten Bereichen durch gegensätzliche Hypothesen mit entsprechenden Rückwirkungen auf die Abschätzung der vorhandenen Nachfrage, auf den verkehrspolitischen Zielbildungsprozeß und auf die Beurteilung unterschiedlicher Instrumente gekennzeichnet.

Bei der Bearbeitung eines größeren – von der Akademie für Raumforschung und Landesplanung geförderten – Forschungsvorhabens über Möglichkeiten und Grenzen von Verbesserungen der Verkehrsversorgung des ländlichen Raumes erwies sich dieser Datenmangel hinsichtlich der realen Gegebenheiten im ländlichen Raum als derart schwerwiegend, daß eine entsprechende umfangreiche Primärerhebung in Gemeinden ländlicher Struktur unumgänglich wurde.

Diese Untersuchung, deren – überwiegend unerwartete – Ergebnisse hier vorgelegt werden und die derzeit durch eine ähnliche Untersuchung im süddeutschen Raum ergänzt wird, wurde unterstützt und gefördert durch

- die Akademie für Raumforschung und Landesplanung, Hannover,
- den Bundesminister für Verkehr, Bonn,
- den Niedersächsischen Minister für Wissenschaft und Kunst, Hannover,
- und die Landwirtschaftliche Rentenbank, Frankfurt.

Sie wäre gleichzeitig ohne den persönlichen Einsatz von Landes- und Kommunalpolitikern, Mitarbeitern der Kommunalverwaltungen und Bearbeitern in unserem Hause nicht möglich gewesen. Besonderer Dank gebührt den Bürgermeistern, Gemeindedirektoren und Ortsbeauftragten der untersuchten drei Großgemeinden bzw. 33 Gemeindeteile, unseren Gesprächspartnern in der Kreisverwaltung Rotenburg/Wümme, insbesondere Herrn BELLMANN, und den Herren VON SICHART und AMON beim Regierungspräsidenten in Lüneburg, Außenstelle Stade, den Herren FROMMBACH und DR. WESTPHAL beim Niedersächsischen Minister für Wirtschaft und Verkehr sowie – nicht zuletzt – den Herren FRICKE und TIETZE beim Niedersächsischen Landesverwaltungsamt – Statistik. In unserem Fachgebiet Verkehrswirtschaft und Verkehrspolitik des Instituts für Verkehrsplanung und Verkehrswegebau der Technischen Universität Berlin haben folgende Damen und Herren in weit engagierterer Weise mitgearbeitet, als es ihre materielle Pflicht gewesen wäre: H. BAUMANN, H.-M. DRUTSCHMANN, J. SOMMER, S. STEINBORN, B. TKOCZ, W. VOGELBUSCH, H. WAGNER und P. WEBER. Ihnen wird hiermit nochmals gedankt.

G. Wolfgang Heinze
Detlef Herbst
Ulrich Schühle

1. Zusammenfassung

1.1 Problemstellung

Die Diskussion notwendiger und möglicher Verbesserungen in der Verkehrsversorgung dünnbesiedelter ländlicher Räume ist noch immer vor allem durch Hypothesen gekennzeichnet. Aussagen von zentraler Bedeutung, wie beispielsweise zum

- Zusammenhang zwischen Verbesserungen der Erreichbarkeitsverhältnisse und Änderungen des sozio-ökonomischen Entwicklungsniveaus,
- Umfang sozialer Disparitäten im und durch den Verkehrsbereich,
- mobilisierbaren Nachfragepotential für Verbesserungen der Angebotsqualität im öffentlichen Verkehr und in seinem Grenzbereich zum Individualverkehr (Paratransit)

weisen ein breites Meinungsspektrum auf. Die entsprechenden Folgen für den prognostischen und instrumentellen Bereich und deren Rückkopplung zum Zielbildungsprozeß sind offensichtlich. Diese Engpaßsituation dürfte auch auf Datenmangel zurückzuführen sein.

Diese Lücke wurde vor allem bei der Bearbeitung einer größeren Studie über Möglichkeiten und Grenzen von Verbesserungen der Verkehrsversorgung im dünnbesiedelten ländlichen Raum deutlich. Aus diesem Grunde wurde in den hier zusammenfassend vorgelegten Untersuchungen versucht, konkrete Angaben zur Versorgungssituation durch Primärerhebungen in ausgewählten repräsentativen Teilräumen zu erhalten. Finanzielle und zeitliche Grenzen erzwangen die Setzung von Prioritäten. Zugunsten der als besonders vordringlich erachteten Ermittlung von Zusammenhängen zwischen Angebotsstruktur und Verkehrsverhalten wurde eine schichtenspezifische Auswertung der Befragungsergebnisse zur spezifischen Ermittlung sozialer Disparitäten zunächst aufgeschoben. Auch mußte bei der Konzeption der Haushaltsbefragung aus finanziellen, organisatorischen und sachlichen Gründen auf die Führung von Tagesprotokollen durch die Befragten verzichtet werden. Statt dessen wurde das Verkehrsverhalten auf einer Wochen- und Monatsbasis ermittelt.

1.2 Untersuchungsraum und Erhebungsgesamtheit

Als Beispiel eines dünnbesiedelten, strukturschwachen ländlichen Raumes wurde der niedersächsische Landkreis Rotenburg/Wümme, der im Zuge der Kreisreform aus den Altkreisen Bremervörde und Rotenburg gebildet worden war, ausgewählt. Durch verfügbare erste Erreichbarkeitsuntersuchungen war es möglich, hier 33 räumlich weitgehend zusammenhängende Gemeindeteile mit stark differenzierter Versorgung durch öffentlichen Verkehr (ÖV) und ähnlicher sozio-ökonomischer Struktur zu bestimmen. Um die Wirkungen unterschiedlicher ÖV-Versorgungsqualitäten auf das Verkehrsverhalten und die Mobilitätschancen der Bevölkerung zu ermitteln, wurden die Angebotsstruktur im ÖV und spezifische Ausstattungsniveaus im Individualverkehr (IV) aufgenommen. Daneben wurden Elemente der Nachfragestruktur erhoben und – wo möglich – in ihrer Entwicklung verfolgt.

Die Erhebung der untersuchungsrelevanten Merkmale des Verkehrsangebots und der Verkehrsnachfrage in den 33 ausgewählten Gemeindeteilen mit insgesamt 18766 Einwohnern (VZ 70) wurde für 21 Gemeindeteile als Totalerhebung und für 12 Gemeindeteile Scheeßels als Stichprobe (1:3 in der Kerngemeinde und 1:2 in den Umlandgemeindeteilen) durchgeführt. Die

Rücklaufquote des an ca. 3700 Haushalte ausgeteilten 6-Seiten-Fragebogens betrug im Durchschnitt etwa 50 %, in 9 Gemeindeteilen konnte eine Quote von über 80 % erreicht werden. Der Vergleich der sozio-ökonomischen Struktur der erfaßten Haushalte mit neuesten Strukturwerten bzw. Angaben der VZ 70 erwies die Repräsentanz der Befragungsergebnisse.

1.3 Angebotsstruktur

In der Angebotsaufnahme konnten im Untersuchungsraum sämtliche für den ländlichen Raum charakteristische Erscheinungsformen des öffentlichen Verkehrs (ÖV) festgestellt werden: allgemeiner Linienbusverkehr, Sonderlinienbusverkehr (Werkbus- und Schülerverkehr), freigestellter Schülerbusverkehr sowie Eisenbahnverkehr. Hinsichtlich des Individualverkehrs (IV) steht im Untersuchungsraum ein relativ gut ausgebautes Straßennetz unterschiedlichster Klassifikationsstufen zur Verfügung, das dem niedersächsischen Durchschnitt entspricht.

Die Netzstruktur des öffentlichen Personennahverkehrs im allgemeinen Linienverkehr ist in den beiden Altkreisen vor allem von den Verkehrsbeziehungen im Spannungsfeld zwischen Bremen und Bremerhaven einerseits und Hamburg und dem Schwerpunktraum Stade andererseits gekennzeichnet. Innerhalb der Kreise bilden die Mittelzentren Bremervörde, Zeven und Rotenburg die Bezugspunkte eines radialstrahlig strukturierten ÖV-Netzes. Ähnliche Schwerpunkte sind die Grundzentren Scheeßel und Sittensen. Die Linienführungen sind dabei in unterschiedlichem Umfang zur Flächenerschließung aufgefächert. Eisenbahnverkehr ist für die Untersuchungsgemeinden lediglich auf der Strecke Hamburg–Bremen relevant, nur zwei der ausgewählten Ortschaften haben einen direkten Anschluß.

Für den Kreis Rotenburg existieren zwei ältere Untersuchungen, die mit heutigen Werten vergleichbare Angaben über die Angebotsstruktur des Linienverkehrs in den Jahren 1965 und 1968 enthalten. Demnach waren im Jahre 1968 im (Alt-)Kreis Bremervörde 34 Gemeinden mit 15,2 % der Bevölkerung nicht angeschlossen. Benutzt man zusätzlich die Länge der mit dem ÖPNV befahrenen Straßen bzw. Schienenstrecken als groben Indikator der Flächendeckung, so ergibt sich für den Altkreis Bremervörde, daß insgesamt 392 Streckenkilometer auf der Basis des Winterfahrplans 1967/68 im Sommer 1978 409 km gegenüberstehen. Berücksichtigt man, daß im Laufe des Jahres 1968 der Schienenverkehr auf 35 km Streckenlänge eingestellt wurde, so verringerte sich die Gesamtzahl Ende 1968 sogar auf 357 km.

Diese – unerwartete – Feststellung einer Verbesserung zumindest der Flächendeckung durch den öffentlichen Verkehr im Verlauf etwa der letzten 10 Jahre zeigt sich ebenfalls bei einer kleinräumigen Betrachtung der Untersuchungsgemeinden.

Werkbusverkehr wird zu Zielstandorten innerhalb wie außerhalb des Kreisgebietes durchgeführt. Sonderlinienverkehr nach § 43 Abs. 2 PBefG ist kaum, freigestellter Schülerverkehr dagegen in großem Umfang vertreten und führt zur nahezu lückenlosen Bedienung auch derjenigen Gemeinden im Kreis, die keinen Anschluß an den allgemeinen Linienverkehr besitzen. Sowohl unter dem Aspekt einer Verbesserung der Flächenbedienung als auch der Vermeidung von Parallelverkehren liegt die Vorteilhaftigkeit einer Integration der Teilverkehre auf der Hand und wird für den Raum Bremervörde schon seit dem Jahre 1968 ausdrücklich gefordert.

Eine Analyse der Haltestelleneinzugsbereiche in den 33 Ortsteilen zeigt, daß etwa 90 % der Bevölkerung maximal einen Kilometer von einer Haltestelle entfernt wohnen. Daran wird deutlich, daß die areale Erschließung und ihre subjektive Akzeptanz im Untersuchungsraum nicht schlechter als in Vergleichsräumen, insbesondere in Verdichtungsräumen, sind. Aussagen zur Bedienungshäufigkeit nach Tageszeit und Wochentag bleiben davon unberührt.

Das Kriterium der Bedienungshäufigkeit wurde in einer tiefgestaffelten Fahrplanauswertung analysiert und gemeindespezifisch bewertet. Dies ermöglichte die Zuordnung der Ortsteile zu 4 deutlich getrennten Gruppen unterschiedlichen Versorgungsniveaus. Dieses „Expertenurteil“

wurde durch ein „Betroffenenurteil“ abgesichert, das im Rahmen der Haushaltsbefragung gewonnen werden konnte. Die Gegenüberstellung von „Expertenurteil“ und „Betroffenenurteil“ (r = 0,8) läßt den Schluß zu, daß die Betroffenen die Versorgungslage ihres Gemeindeteils grundsätzlich richtig einschätzen, wenn sich auch in der konkreten Einzelaussage zum Vorhandensein öffentlicher Verkehrsverbindungen zum jeweiligen Grundzentrum bzw. zur Kreisstadt 40 % bzw. 25 % der antwortenden Personen falsch oder nicht informiert zeigten. Über das bestehende ÖV-Angebot und seine Verbesserungen sollte deshalb künftig verstärkt informiert werden.

Es ist interessant festzustellen, daß selbst die ÖV-Versorgung der Gemeindeteile in der höchsten Qualitätsgruppe I mit einer Durchschnittsnote von 3,69 von der Bevölkerung eher als ausreichend denn als befriedigend angesehen wird.

Hier deutet sich in der Querschnittsanalyse an, daß selbst erhebliche Verbesserungen der ÖV-Qualität im ländlichen Raum, die beträchtlich über derzeitige Richtwerte hinausgehen, von der Bevölkerung kaum als befriedigend angesehen und die finanziell möglichen – geringeren – Verbesserungen kaum nachhaltig als solche empfunden würden.

1.4 Nachfragestruktur

Soziale Disparitäten in der Verkehrsversorgung bestehen unter anderem in einer fehlenden oder eingeschränkten IV-Alternative zum öffentlichen Verkehr. In diesem Zusammenhang wird oft die Hypothese überdurchschnittlich hohen Pkw-Besitzes als Notstandsmerkmal schlechter ÖV-Versorgung mit der möglicherweise noch sensitiveren Vorstufe hoher Führerscheinquoten im ländlichen Raum vertreten.

1.4.1 Führerscheinbesitz

Der Pkw-Führerscheinbesitz der über 18 Jahre alten Personen liegt im Untersuchungsgebiet mit 69,1 % deutlich über dem Bundesdurchschnitt von 58 % und auch über dem – mit 60,1 % bereits höheren – bundesweiten Durchschnitt kleiner Gemeinden. Eine Abhängigkeit des durchschnittlichen Führerscheinbesitzes in den 33 untersuchten Gemeindeteilen von der Qualität ihrer ÖV-Versorgung war nicht nachzuweisen. Dies gilt auch bei weitergehender Differenzierung der Bevölkerung nach sozialen Kategorien. Allgemein ist für den Führerscheinbesitz ein hohes Einstiegsniveau bei Erreichen der jeweils unteren Altersgrenzen feststellbar. Dabei ist in der Altersgruppe der 18–21jährigen keine geschlechtsspezifische Differenzierung mehr vorhanden. Der überproportionale Führerscheinbesitz zeigt sich dagegen nicht in der Gruppe der Rentner, die damit von einer schlechten ÖV-Versorgung verstärkt benachteiligt sind.

1.4.2 Fahrzeugbesitz

Im statistischen Durchschnitt besitzt jede Familie des Untersuchungsgebietes 2,63 Fahrräder, entsprechend einem Wert von 0,68 Fahrrädern pro Kopf. Nur ca. 10 % der untersuchten Haushalte verfügen nicht über ein Fahrrad. Das Verkehrsmittel Fahrrad spielt in den hier betrachteten – flachen – Gebieten eine erhebliche Rolle; dies kommt zum einen in den hohen Anteilen am Modal-Split zum Ausdruck, zum anderen wurde von den Befragten unter der Rubrik „Sonstige Bemerkungen“ häufig der Wunsch nach mehr – und sichereren – Radwegen geäußert.

Die Bestandsdichte an Mopeds, Mofas, Mokicks und Kleinkrafträdern beträgt mit etwa 0,24 Einheiten je Haushalt das 2- bis 2,5fache des Bundesdurchschnitts. Dem Motorrad dürfte eine nur geringe Bedeutung bei der Verkehrsversorgung des Untersuchungsgebietes zukommen, wie ein sehr hoher Anteil von durchschnittlich 97,5 % der Haushalte ohne Motorrad vermuten läßt.

Im Untersuchungsgebiet wurde ein Motorisierungsgrad von 320 Pkw/1000 Einwohner ermittelt. Dieser Motorisierungsgrad liegt unter dem Durchschnitt des Zulassungsbezirks Rotenburg von ca. 370 Pkw/1000 Einwohner, hingegen über dem Wert von bundesdurchschnittlich ca. 281 Pkw/1000 Einwohnern, der sich aus den Ergebnissen der Einkommens- und Verbrauchsstichprobe 1978 ergibt. Die Angaben sind allerdings aufgrund unterschiedlicher Abgrenzungen nur bedingt vergleichbar. Die Untersuchung zeigt, daß der Prozentsatz der Haushalte ohne Pkw (12,7%) erheblich unter dem Bundesdurchschnitt (38,2%), der Anteil der Haushalte mit zwei und mehr Pkw erheblich darüber liegt. Durchschnittlich verfügt jeder Haushalt im Untersuchungsraum über 1,23 Pkw. Unter Berücksichtigung der gegenüber dem Bundesdurchschnitt im Erhebungsgebiet höheren Haushaltsgröße folgt unter Mobilitätsgesichtspunkten ein tendenziell höherer Versorgungsgrad mit Individualverkehrsmitteln, da die Familienmitglieder zumindest teilweise einen oder mehrere Pkw zur Eigennutzung oder Mitnutzung zur Verfügung haben.

Ein Zusammenhang zwischen ÖV-Versorgungsqualität und Fahrrad-, Mofa- sowie Mopedbestand pro Haushalt der untersuchten Gemeinden konnte nicht nachgewiesen werden. Dasselbe gilt auch hinsichtlich des Pkw-Besitzes pro Kopf der Bevölkerung, für den Anteil der Haushalte ohne Pkw und für den Anteil der Haushalte mit mehreren Pkw. Soweit die vorliegenden Befragungsergebnisse eine derartige Generalisierung gestatten, scheint sich die obengenannte These des Pkw als Notstandsmerkmal nicht (oder nicht mehr) zu bestätigen.

1.4.3 Berufsverkehr

Der Zusammenhang zwischen Fahrtzielen des Berufsverkehrs und der Hierarchie zentralörtlicher Verflechtung ist in den einzelnen Ortsteilen offensichtlich. Gemeindeinterner Querverkehr, d. h. Verkehr zwischen Teilen der neugebildeten Großgemeinden, findet kaum statt.

Im Berufsverkehr des Untersuchungsgebietes liegt der Anteil der fußläufigen Wege (11,9%) unter dem Bundesdurchschnitt (20,3%). Der Anteil der Wege mit Fahrrad, Mofa, Moped (16,8%) beträgt hingegen fast das Doppelte des Wertes für das Bundesgebiet (9%), der Anteil der Pkw-Fahrten (55,2%) nahezu dem Bundesdurchschnitt (53,4%). Die Hypothese, die besonderen Erreichbarkeitsverhältnisse und ÖV-Versorgungsschwierigkeiten des ländlichen Raumes bedingten eine überdurchschnittliche Pkw-Benutzung im Berufsverkehr, bestätigt sich hier nicht.

Im Berufsverkehr des Untersuchungsgebietes, der die Grenzen der jeweiligen Gemeindeteile überschreitet, ist im Zeitraum 1970 bis 1978 der Pkw-Anteil von 49% auf 65,8% stark gestiegen, obwohl gleichzeitig die öffentliche Verkehrsversorgung dieses Gebietes eher verbessert wurde. Der Mitfahreranteil am gesamten Berufsverkehr liegt im Jahr 1978 mit 5,3% unter dem Bundesdurchschnitt von 6,9%. Im Untersuchungsgebiet ist damit die Hypothese nicht aufrechtzuhalten, eine schlechte ÖV-Versorgung führe zu einer höheren Pkw-Mitfahrerquote.

Öffentliche Verkehrsmittel (einschließlich Werkbus) werden für 10,8% aller Berufswege benutzt – der Bundesdurchschnitt liegt bei 16%. Der Anteil des Linienbusses ist mit nur durchschnittlich 1,6% dabei fast bedeutungslos.

Eine Untersuchung der Verkehrsmittelwahl in Abhängigkeit von der ÖV-Versorgungsqualität der Gemeindeteile läßt lediglich für den ÖV bei sich verbessernder und – gegenläufig – für die Mitfahreranteile bei sich verschlechternder Versorgungsqualität eindeutige Anstiegstendenzen erkennen. Regressionsanalytisch ergibt sich im ÖV ein positiver Zusammenhang von $r = 0{,}56$, wobei allerdings einschränkend auf die absolut und relativ nur geringe Besetzung des öffentlichen Verkehrs hinzuweisen ist. Ohne gravierende Änderungen der Rahmenbedingungen erscheint eine Erhöhung des ÖV-Anteils im Berufsverkehr nur durch eine unverhältnismäßig starke Attraktivitätserhöhung des ÖV-Angebots erreichbar.

Als Hauptgrund für die Nichtbenutzung des ÖV im Berufsverkehr wurde das angebliche Fehlen einer Verbindung genannt (40,2% der Angaben), wobei diese Aussage erwartungsgemäß mit sinkender ÖV-Angebotsqualität stark zunahm. Besaßen die Argumente der seltenen oder zeitpunktungünstigen Verbindung noch ein relativ starkes Gewicht, so bildeten ein zu hoher Preis und ein zu geringer Bedienungskomfort (wie lange Fahrzeit, Umsteigezwang, hoher Besetzungsgrad u. a.) kaum Ausschlußgründe.

Die seit langem geäußerte Vermutung längerer Pendlerwege im ländlichen Raum konnte mit nahezu doppelt so weiten Berufswegen bestätigt werden (durchschnittlich 17,7 km im Untersuchungsgebiet gegenüber 9,3 km im Bundesdurchschnitt). Die Weglängen mit allen Verkehrsmitteln liegen über dem Bundesdurchschnitt, in herausragendem Maße gilt dies jedoch für den ÖV.

Die durchschnittliche Wegdauer jedoch – eine für Erreichbarkeitsverhältnisse charakteristischere und das individuelle Verhalten weit stärker bestimmende Größe – erweist sich mit 20,7 Minuten als vom Bundesdurchschnitt (22,7 Minuten) kaum verschieden. Dies gilt analog bei Betrachtung der einzelnen Verkehrsmittel. Damit zeigt sich das Reisezeitbudget im Berufsverkehr zwar als verkehrsmittelabhängig, weist aber im untersuchten dünnbesiedelten ländlichen Raum die jeweils gleiche absolute Höhe auf wie im Bundesdurchschnitt.

1.4.4. Versorgungsverkehr

Wie zu erwarten, weist auch der Versorgungsverkehr einen deutlichen Bezug zum zentralörtlichen System auf. Der gemeindeinterne Querverkehr ist äußerst gering. Der Anteil der Pkw-Fahrten im überörtlichen Versorgungsverkehr entspricht mit 65,2 % etwa den Verhältnissen im Berufsverkehr, der Linienbus-Anteil (4,9 %) zeigt eine relativ höhere Bedeutung, Eisenbahnfahrten finden kaum statt. Insgesamt liegt der Anteil des öffentlichen Verkehrs im überörtlichen Versorgungsverkehr mit 5,0 % der Fahrten unter dem des Berufsverkehrs (13,7 % einschließlich Werkbus). Auch beim Versorgungsverkehr wird die relativ hohe Bedeutung des Fahrrads im Nahbereich deutlich. Eine Überprüfung der ÖV-Anteile im Versorgungsverkehr in Abhängigkeit vom ÖV-Versorgungsgrad der Ortsteile ergibt einen positiven Zusammenhang mit $r = 0{,}34$.

Die Anteile der Mitfahrer im Individualverkehr (IV) sind in allen Qualitätsgruppen nahezu gleich, woraus zu schließen ist, daß – zumindest für den Untersuchungsraum – eine ungenügende ÖV-Versorgung nicht zu einem Ansteigen der Mitfahrerquote im Versorgungsverkehr führt. Auch ist hier – wie die absolut nur niedrige Differenz der ÖV-Anteile in Gruppe I und IV einerseits und die großen Unterschiede im Angebot andererseits nahelegen – auch bei starken Attraktivitätsverbesserungen lediglich mit mäßigen Zunahmen des öffentlichen Verkehrs zu rechnen.

1.4.5 Freizeitverkehr

Die Affinität zum zentralörtlichen System ist im Freizeitverkehr geringer als im Versorgungsverkehr. Mit 25,6 % aller Freizeitwege werden sonstige Ziele sehr häufig aufgesucht, ohne daß innerhalb dieser Gruppe besonders bevorzugte Ziele feststellbar waren.

Wichtigstes Verkehrsmittel im überörtlichen Freizeitverkehr ist mit 60,5 % aller Fahrten der Pkw. Der Anteil der Mitfahrer liegt mit 16,2 % um ca. 6 % höher als im Versorgungsverkehr.

Auf die öffentlichen Verkehrsmittel Bus und Bahn entfällt mit 1,8 % ein nur geringer, auch im Vergleich zum Versorgungsverkehr niedrigerer Anteil. Diese Tatsache dürfte sich zum einen aus der disperseren Struktur der Verkehrsströme im Freizeitverkehr erklären, der der öffentliche Verkehr als massen- und knotenpunktorientiertes Verkehrsmittel weniger gerecht werden kann, zum anderen finden Freizeitaktivitäten – und damit auch Freizeitverkehr – verstärkt an Samstagen und Sonntagen statt, an Tagen also, an denen im Untersuchungsraum ein gegenüber anderen Wochentagen im allgemeinen wesentlich schlechteres und teilweise sogar kein ÖV-Angebot besteht. Zusammenhänge zwischen Verkehrsmittelwahl und Qualität der ÖV-Versorgung lassen sich im Freizeitverkehr nicht aufzeigen.

1.4.6 Fahrtzweckübergreifende Verkehrsmittelwahl

Durch Zusammenfassung der Einzelergebnisse des gemeindeteilgrenzenüberschreitenden Berufs-, Versorgungs- und Freizeitverkehrs läßt sich ein Gesamtbild der durchschnittlich benutzten Verkehrsmittel gewinnen.

Die überwiegende Rolle der Selbstfahrer mit Pkw/Motorrad wird durch den Anteil von 64,4 % an allen Wegen deutlich. Besonders interessant ist das Ergebnis, daß im Untersuchungsraum als nächst wichtige Verkehrsmittelkategorie die Gruppe Fahrräder/Mofas/Mopeds (14,5 %) ermittelt werden konnte, noch vor den Mitfahrern im IV (10,6 %), die wiederum noch häufiger vertreten sind als der gesamte ÖV (6,8 % : Linienbus, Werkbus und Eisenbahn).

Betrachtet man den Anteil der öffentlichen Verkehrsmittel Bus und Bahn (ohne Werkbus) an den gesamten Verkehrsvorgängen in Abhängigkeit von der ÖV-Versorgung der untersuchten Gemeindeteile, läßt sich regressionsanalytisch mit $r = 0{,}67$ (Expertenurteil) bzw. $r = 0{,}68$ (Betroffenenurteil) ein deutlicher Zusammenhang im Sinne eines steigenden ÖV-Anteils bei besserer ÖV-Versorgung feststellen.

1.5 Folgerungen

Abschließend lassen sich die Ergebnisse der Untersuchung in folgenden 20 Thesen zusammenfassen:

(1) Flächenerschließung wie Bedienungshäufigkeit durch den ÖV im ländlichen Raum haben sich in den letzten 10 Jahren verbessert.

(2) Die Bewertungen der ÖV-Bedienungsqualität durch Experten wie Betroffene decken sich weitgehend. Trotzdem ist der Informationsgrad der Bevölkerung über das gegebene ÖV-Angebot zu konkreten Zielen gering.

(3) Selbst eine relativ gute ÖV-Bedienung wird von der Bevölkerung als kaum befriedigend angesehen. Insofern dürften die finanziell möglichen Verbesserungen kaum als solche empfunden werden.

(4) Die Haltestellenerreichbarkeit ist so gut, daß nur 10 % der Bevölkerung weiter als 1 km von der nächstgelegenen Haltestelle entfernt wohnen.

(5) Die Mobilitätschancen im IV sind aufgrund eines höheren Führerschein- und Kfz-Besitzes größer als im Bundesdurchschnitt und in Verdichtungsräumen. Dazu tragen auch die erheblich größeren Haushalte bei.

(6) Bei Erreichen der jeweils unteren Altersgrenzen ist für die Führerscheinklassen 4 und 5 bzw. 3 ein hohes, von der ÖV-Versorgung unabhängiges Einstiegsniveau festzustellen.

(7) Im Führerscheinbesitz unterer Altersgruppen ist keine geschlechtsspezifische Disparität mehr vorhanden.

(8) Eine Abhängigkeit des Führerscheinbesitzes von der Qualität der ÖV-Versorgung ist nicht nachweisbar. Dies gilt auch für den Pkw-Besitz.

(9) Der Besitz sowohl eines als auch mehrerer Pkw je Haushalt liegt weit über dem Bundesdurchschnitt.

(10) Nur 10 % der untersuchten Haushalte besitzen kein Fahrrad. Die Rolle des Fahrrads als Verkehrsmittel im ländlichen Raum wurde bisher deutlich unterschätzt.

(11) Trotz Verbesserung der ÖV-Angebotsqualität ist der Anteil des IV am Berufsverkehr im Zeitraum 1970–1978 stark gestiegen.

(12) Der Anteil des Pkw am Berufsverkehr entspricht dem Bundesdurchschnitt. Die Mitfahrerquote liegt unter dem Bundesdurchschnitt.

(13) Der Anteil von Werkbus, Eisenbahn und Linienbus im Berufsverkehr beträgt etwa 11 % aller Berufswege, der Anteil des Linienbusses ist dabei nahezu bedeutungslos (1,6 %).

(14) Als wichtigste Ausschlußgründe für die ÖV-Benutzung im Berufsverkehr werden fehlende oder ungünstige Verbindungen genannt. Komfort- oder Tarifüberlegungen spielen praktisch keine Rolle.

(15) Eine Steigerung des Anteils des ÖV am Berufsverkehr dürfte bei gleichbleibenden Rahmenbedingungen nur durch überproportionale Verbesserungen der Bedienungsqualität möglich sein.

(16) Die durchschnittlichen Berufspendlerwege sind doppelt so lang wie im Bundesdurchschnitt, dabei liegen die ÖV-Entfernungen wiederum deutlich über den IV-Entfernungen.

(17) Die Dauer der Berufswege entspricht im Mittel wie auch verkehrsmittelspezifisch dem Bundesdurchschnitt.

(18) Im Versorgungsverkehr ist der ÖV von geringer Bedeutung (5 % aller gemeindeteilgrenzenüberschreitenden Wege), im Freizeitverkehr spielt er keine Rolle (1,8 %).

(19) Trotz absolut geringer ÖV-Anteile läßt sich bei Zusammenfassung aller untersuchten Fahrtzwecke im gemeindeteilgrenzenüberschreitenden Verkehr ein Zusammenhang zwischen Qualität der ÖV-Versorgung und Wegeanteilen des ÖV feststellen.

(20) Zusammenfassend läßt sich zur Bedeutung des ÖV sagen, daß Zielvorstellungen noch stärker als bisher den verfassungsrechtlichen und sozialpolitischen Aspekt der Versorgung von Randgruppen berücksichtigen sollten. Daneben bildet ein verfügbares ÖV-Grundnetz eine Sicherheitsreserve für krisenhafte Angebotsverknappungen im IV. Im Hinblick auf das negative Betroffenenurteil zu finanziell möglichen Attraktivitätssteigerungen im ÖV sollte der weitgehend kostenneutralen Reintegration von Teilverkehren Priorität eingeräumt werden.

2. Zielsetzung und Methode

Die Diskussion notwendiger und möglicher Verbesserungen der Verkehrsversorgung dünnbesiedelter ländlicher Räume ist noch immer vor allem durch Hypothesen gekennzeichnet, repräsentative empirische Untersuchungen liegen kaum vor. So darf als noch weitgehend ungeklärt gelten,

- welcher Zusammenhang zwischen Verbesserungen der Erreichbarkeitsverhältnisse und Änderungen des sozio-ökonomischen Entwicklungsniveaus besteht,
- welchen Umfang soziale Disparitäten im und durch den Verkehrsbereich angenommen haben und
- welches mobilisierbare Nachfragepotential für Verbesserungen der Angebotsqualität im öffentlichen Verkehr und in seinem Grenzbereich zum Individualverkehr (Paratransit) verfügbar ist.

Um Datenmaterial für die Überprüfung entsprechender Hypothesen zu erhalten, war es erforderlich, eine umfangreiche Primärerhebung in Gemeinden ländlicher Struktur durchzuführen. Die auszuwählenden Gemeinden sollten dabei eine ähnliche sozio-ökonomische Struktur bei unterschiedlichen Qualitätsniveaus ihrer Versorgung mit öffentlichen Verkehrsleistungen aufweisen. Damit erschien es unter anderem möglich, unterschiedliche verkehrsspezifische Ausstattungsniveaus und Verhaltensweisen der Bevölkerung zu analysieren und – soweit möglich – auf differierende Versorgungsqualitäten mit öffentlichen Verkehrsleistungen zurückzuführen. Eine derartige Untersuchung erfordert die folgenden Arbeitsschritte:

- Auswahl des Untersuchungsraumes,
- Erhebung des Ist-Zustandes des Nahverkehrssystems sowohl großräumig auf der Basis der Landkreise als auch kleinräumig in bezug auf die zu untersuchenden Gemeinden bzw. Ortsteile,
- Analyse der Angebotsstruktur im Hinblick auf Flächenerschließung, Bedienungshäufigkeit und Erreichbarkeit von Zentren,
- Beurteilung der Angebotsqualität in den einzelnen Ortsteilen mit Hilfe von Kriterien und einer Punktbewertung dieser Kriterien sowie eine Sensivitätsprüfung der Beurteilung bei geänderter Kriterienbewertung,
- Erhebung der relevanten Daten in den Untersuchungsräumen und ihre Auswertung.

Die Ergebnisse dieser Abschnitte einer größeren Studie über Möglichkeiten und Grenzen von Verbesserungen der Verkehrsversorgung im dünnbesiedelten ländlichen Raum werden hiermit vorgelegt.

3. Auswahl und Struktur der Untersuchungsräume

Grundlage für die Auswahl des Untersuchungsraumes war eine Untersuchung des Niedersächsischen Ministeriums für Wirtschaft und Verkehr aus dem Jahre 1974, in der Reisezeitzonen für öffentliche Verkehrsmittel für die Gemeinden des ehemaligen Regierungsbezirks Stade (nach der Bezirksreform vom 1.2.1978 zum Regierungsbezirk Lüneburg zugehörig) in bezug auf die jeweils zugeordneten Mittelzentren ermittelt wurden[1]). Hierdurch war es möglich, eine Vorauswahl untersuchungsrelevanter Gemeinden derart durchzuführen, daß

[1]) Vgl. Niedersächsischer Minister für Wirtschaft und Verkehr: Vermerk betreffend ÖPNV im Regierungsbezirk Stade, Aktenzeichen 402–23.76 –, Hannover, 25. Nov. 1974.

Gemeinden bzw. Gemeindeteile teils mit guter, teils mit schlechter ÖPNV-Anbindung an das Mittelzentrum in die Untersuchung eingehen konnten. Die endgültige Auswahl repräsentativer Gemeinden erfolgte nach Gesprächen mit den Bürgermeistern und Gemeindedirektoren unter Berücksichtigung der notwendigen Kooperationsbereitschaft der Gemeindeverwaltungen bei der beabsichtigten Datenerhebung per Fragebogen.

Aufgrund dieser Gespräche wurden unter Berücksichtigung der differenzierten ÖPNV-Struktur in den jeweiligen Gemeindeteilen die Samtgemeinde Sottrum mit 16 Ortsteilen, die Einheitsgemeinde Scheeßel mit 12 Ortsteilen (beide Gemeinden vor der Kreisreform zum Altkreis Rotenburg gehörend) sowie die Mitgliedsgemeinde Heeslingen der Samtgemeinde Zeven (vor der Kreisreform: Kreis Bremervörde) mit 8 Ortsteilen als geeignete Untersuchungsräume festgelegt. Mit der Kreisreform vom 1. 8. 1977 wurden die beiden Altkreise Rotenburg und Bremervörde zum Kreis Rotenburg zusammengefaßt. Räumliche Einbettung und Abgrenzung dieses Kreises zeigt Karte 1. Karte 2 verdeutlicht die Lage der untersuchten Gemeinden und ihre politisch-verwaltungstechnische Gliederung zum Untersuchungszeitpunkt im Sommer 1978. Da die Untersuchung Aussagen über Verkehrsverhältnisse und -verhalten in kleinen, möglichst differenzierten Gebieten liefern soll, wurde für die Datenerhebung auf den erheblich tiefer gegliederten Gebietsstand, wie er der Volkszählung 1970 (VZ 70) zugrunde lag, zurückgegriffen. Die entsprechende Gemeindegliederung läßt sich der Karte 3 entnehmen.

Karte 1: *Niedersachsen, Landkreis Rotenburg/Wümme*

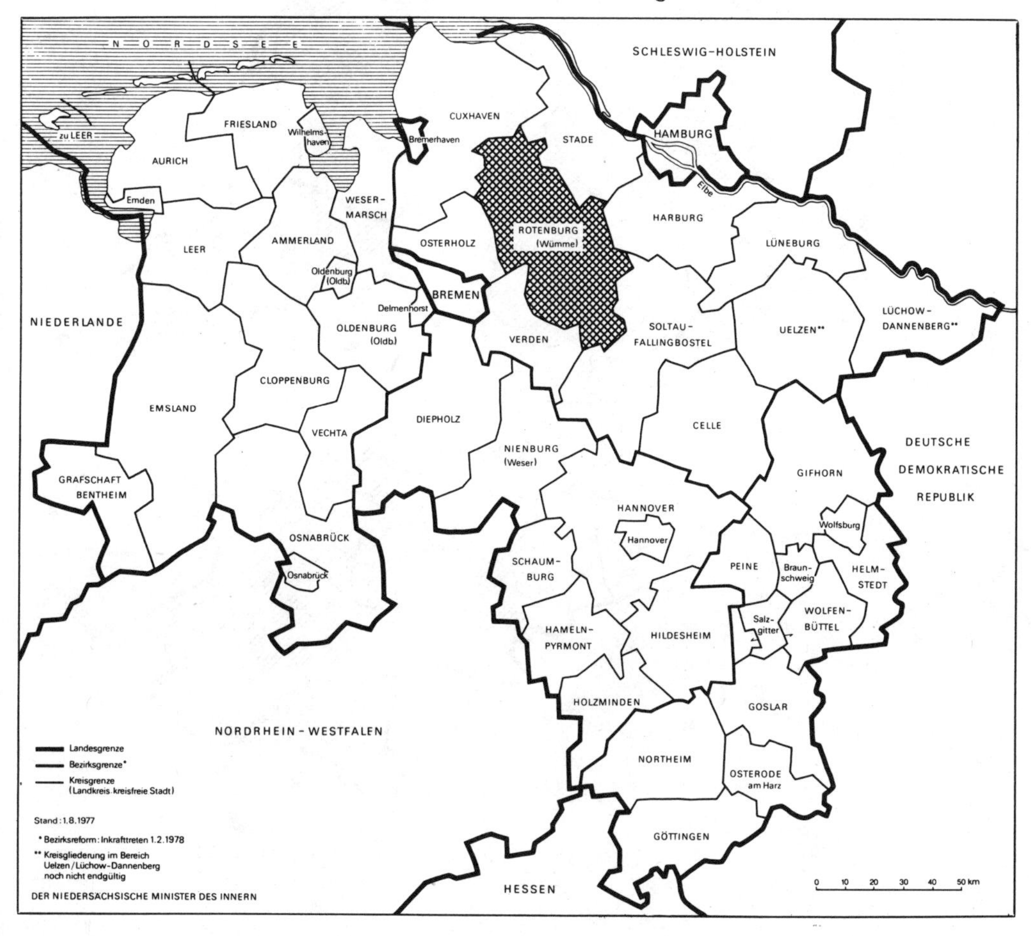

Karte 2: *Untersuchungsgemeinden im Landkreis Rotenburg/Wümme (Gebietsstand 1978)*

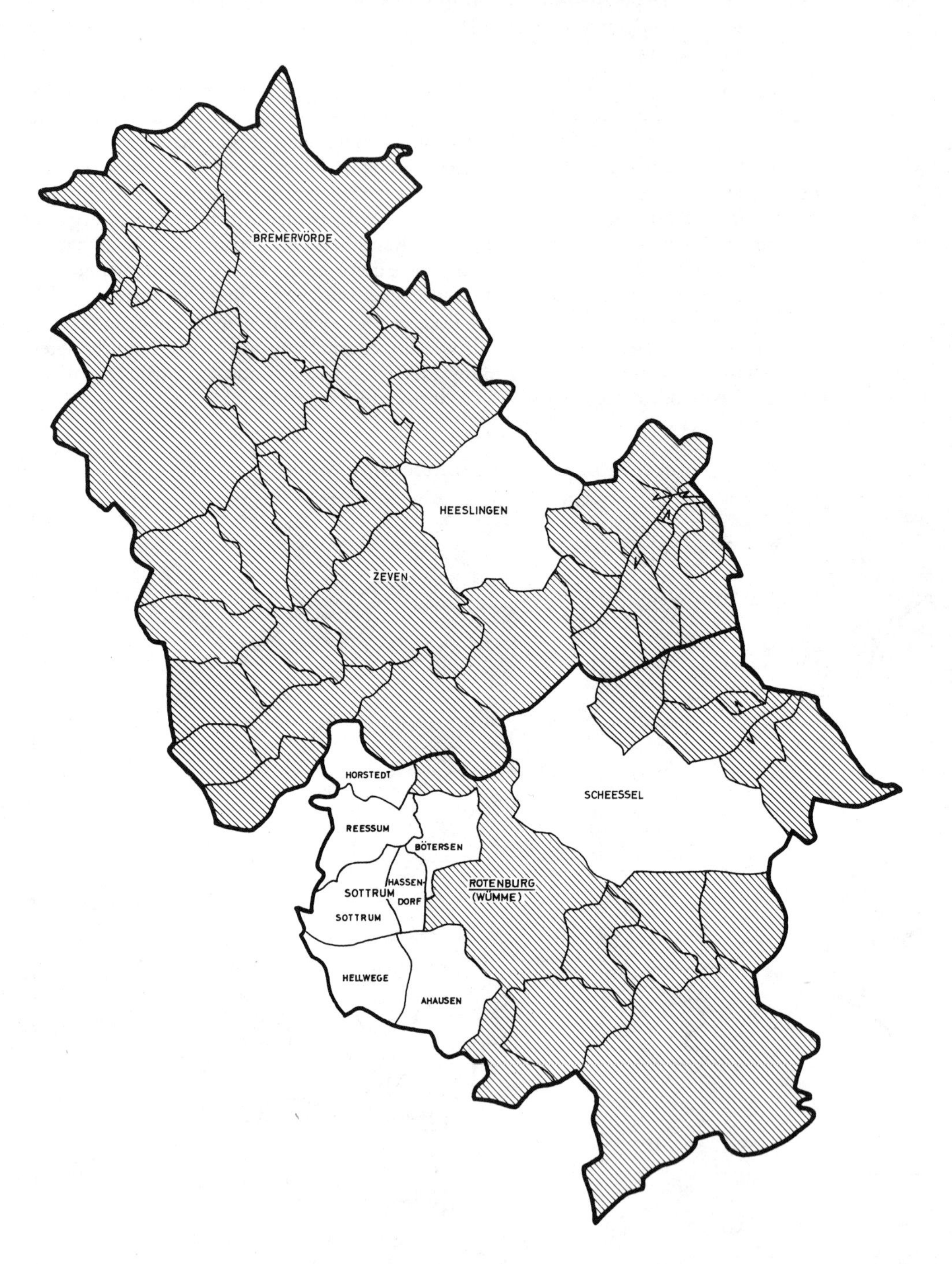

Karte 3: *Gemeindeteile der untersuchten Gemeinden (Gebietsstand 1970)*

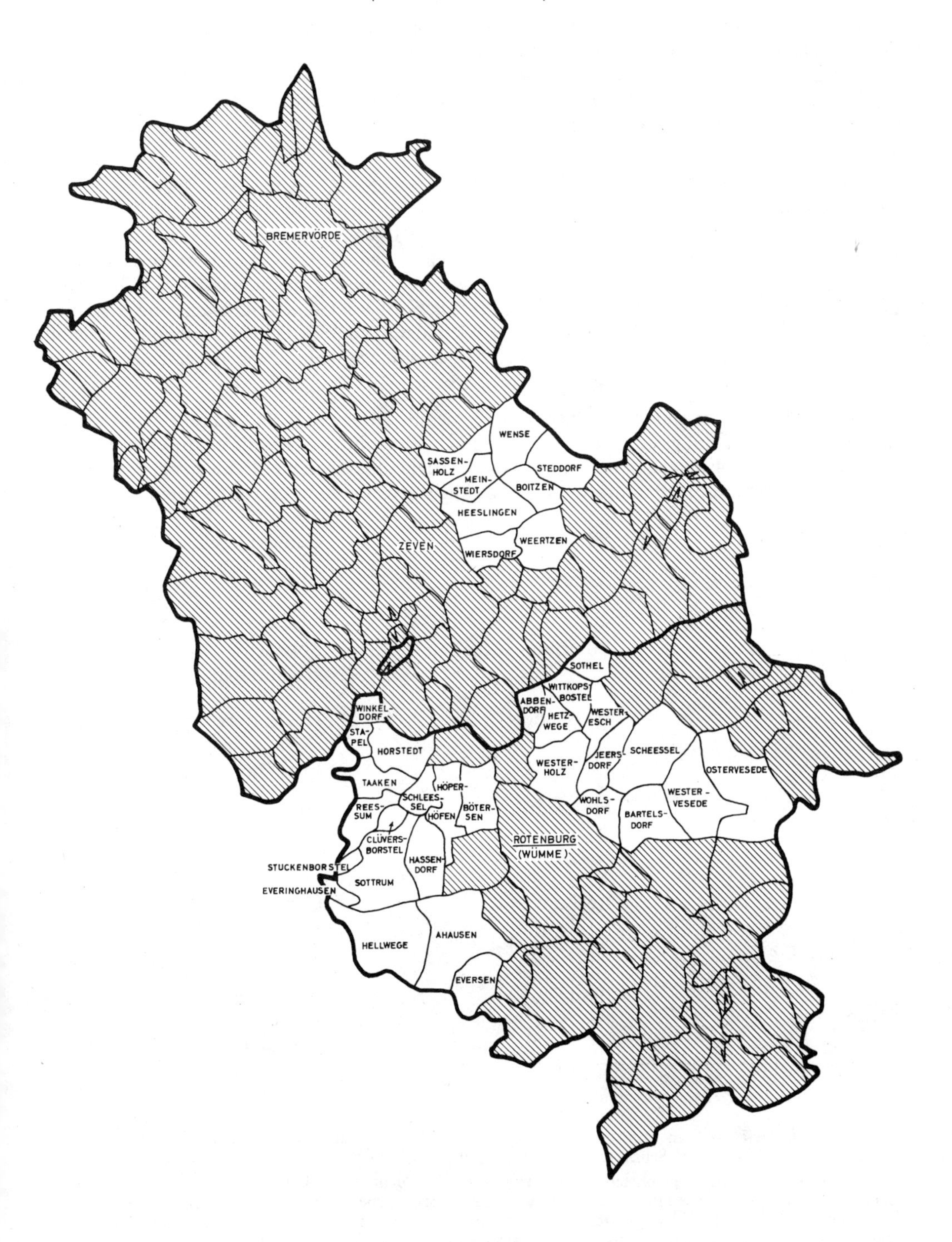

3.1 Gemeindegliederung und zentralörtliche Zuordnung

Die untersuchten Gemeinden weisen eine unterschiedliche Verwaltungsgliederung auf. Sottrum ist eine Samtgemeinde mit bedingt eigenständigen Mitgliedsgemeinden, Scheeßel eine Einheitsgemeinde und Heeslingen Mitgliedsgemeinde der – nicht vollständig untersuchten – Samtgemeinde Zeven. Einheitsgemeinde wie auch Mitgliedsgemeinden bestehen ihrerseits aus Gemeindeteilen, die im folgenden in der Gliederung zum Zeitpunkt der VZ 70 wiedergegeben sind.

Bei der Unterscheidung der verschiedenen Gebietseinheiten ergeben sich leicht sprachliche Schwierigkeiten, da gleiche Namen für Gebilde unterschiedlicher Gliederungstiefe gültig sind (so enthält z. B. die Samtgemeinde Sottrum eine Mitgliedsgemeinde gleichen Namens und diese wiederum – neben zwei weiteren Gemeindeteilen – den Gemeindeteil Sottrum). Wird im folgenden jeweils nur der Gemeindename ohne weiteren Zusatz genannt, handelt es sich stets um den entsprechenden Gemeindeteil (vgl. Karte 3). Größere Gebietseinheiten sind als solche besonders gekennzeichnet. Im allgemeinen wird dann von Gemeinde Sottrum, Gemeinde Scheeßel, Gemeinde Heeslingen – statt von Samtgemeinde Sottrum, Einheitsgemeinde Scheeßel oder Mitgliedsgemeinde Heeslingen – gesprochen.

Innerhalb der Gemeinde Sottrum ist der Gemeindeteil Sottrum als Grundzentrum mit den besonderen Entwicklungsaufgaben Wohnen und Gewerbliche Wirtschaft ausgewiesen[2]). Die Gemeinde ist dem Mittelzentrum Rotenburg sowie dem Oberzentrum Bremen zugeordnet. Zum Nahbereich Sottrum gehören die weiteren Mitgliedsgemeinden mit ihren Gemeindeteilen:

Samtgemeinde	**Mitgliedsgemeinden**	**Gemeindeteile**
Sottrum	Ahausen	Ahausen Eversen
	Bötersen	Bötersen Höperhöfen
	Hassendorf	Hassendorf
	Hellwege	Hellwege
	Horstedt	Horstedt Stapel Winkeldorf
	Reeßum	Clüversborstel Reeßum Taaken
	(Sottrum)[3])	(Everinghausen) (Sottrum) (Stuckenborstel)

[2]) Vgl. Niedersächsischer Minister des Inneren (Hrsg.): Regionales Raumordnungsprogramm für den Regierungsbezirk Stade 1976, Schriften der Landesplanung Niedersachsen, o.O., o.J., S. 19 ff.

[3]) Die in Klammern aufgeführten Gemeindeteile wurden nicht in die Untersuchung einbezogen, da ihre Berücksichtigung wegen der relativ hohen Einwohnerzahl erhebliche, über den Rahmen dieser Untersuchung hinausgehende finanzielle und organisatorische Mehraufwendungen erforderlich gemacht hätte, ohne im Ergebnis wesentliche über die Erkenntnisse des vergleichbaren Gemeindeteils Scheeßel hinausgehende Informationen zu liefern.

Für die Einheitsgemeinde Scheeßel ist der Gemeindeteil Scheeßel ebenfalls als Grundzentrum mit den besonderen Entwicklungsaufgaben Wohnen, gewerbliche Wirtschaft und Erholung ausgewiesen. Die Gemeinde ist dem Mittelzentrum Rotenburg sowie dem Oberzentrum Bremen zugeordnet. Im Nahbereich Scheeßel liegt noch die Samtgemeinde Fintel, die jedoch nicht zum Untersuchungsgebiet gehört. Zur Einheitsgemeinde Scheeßel zählen 12 Gemeindeteile:

Einheitsgemeinde	Gemeindeteile
Scheeßel	Abbendorf Bartelsdorf Hetzwege Jeersdorf Ostervesede Scheeßel Sothel Westeresch Westerholz Westervesede Wittkopsbostel Wohlsdorf

Heeslingen ist als Mitgliedsgemeinde und Nebenzentrum dem engeren Verflechtungsbereich des Mittelzentrums Zeven zugeordnet mit den eigenen Entwicklungsaufgaben Wohnen und Erholung. Die zugehörigen Oberzentren sind Bremen und Hamburg[4]). Zur Samtgemeinde Zeven gehören darüber hinaus drei weitere Mitgliedsgemeinden, die aber nicht in die nähere Untersuchung einbezogen werden:

Samtgemeinde	Mitgliedsgemeinden	Gemeindeteile
Zeven	Heeslingen	Boitzen Heeslingen Meinstedt Sassenholz Steddorf Weertzen Wense Wiersdorf
	(Elsdorf) (Gyhum) (Zeven)	

Die Gemeinden Sottrum, Scheeßel und Heeslingen bilden – mit Ausnahme der Gemeindeteile Sottrum, Stuckenborstel und Everinghausen der Mitgliedsgemeinde Sottrum – den Erhebungsraum für die im Rahmen dieser Untersuchung durchgeführte Fragebogenaktion. Der Erhebungsraum besteht demnach aus insgesamt 33 Gemeindeteilen, die sämtlich ehemalige

[4]) KLEMMER, ECKEY und SCHWARZ rechnen die Samtgemeinde Sottrum unter Beachtung der effektiven Wachstumspole in Niedersachsen zu den Orten in enger Anbindung und zumutbarer Pendlerentfernung zum Wachstumspol Bremen. Heeslingen und Scheeßel dagegen sind Orte mit schwacher Anbindung an Hamburg, liegen jedoch außerhalb einer zumutbaren Pendlerzeit von 30 Pkw-Minuten; vgl. P. KLEMMER, H. F. ECKEY, N. SCHWARZ: Wachstumspole in Niedersachsen und ihre Einzugsgebiete. In: Niedersächsischer Minister des Inneren (Hrsg.): Wachstumspole in Niedersachsen, Schriften der Landesplanung Niedersachsen, Hannover 1976, S. 13–67.

Gemeinden nach dem alten Gebietsstand vor der Gemeindereform (VZ 70) darstellen. Die Einteilung nach dem alten Gebietsstand wird dieser Untersuchung zugrunde gelegt, da die Versorgungsqualität mit öffentlichen Verkehrsmitteln innerhalb der neu gebildeten Samt- bzw. Einheitsgemeinden und selbst innerhalb der Mitgliedsgemeinden stark differiert. Die ehemaligen Gemeinden bilden auch als Gemeindeteile nach wie vor weitgehend separate Siedlungsgebiete mit einer gebietsintern überwiegend einheitlichen Versorgungsqualität an öffentlichen Verkehrsleistungen. Der Erhebungsraum enthält damit neben ausgeprägt ländlichen Gemeindeteilen auch Zentren im raumordnungspolitischen Sinn (Nebenzentrum Heeslingen, Grundzentrum Scheeßel), so daß Vergleiche zwischen den Verkehrsbedingungen und dem Verkehrsverhalten der Bewohner der Zentren und der Umland-Gemeindeteile möglich sind.

Da nach der Gemeindereform nur noch in Ausnahmefällen statistische Daten für die Gemeindeteile erhältlich sind, mußte bei zahlenmäßigen Auswertungen oftmals auf Ergebnisse der Volkszählung 1970 Bezug genommen werden, in der noch alle untersuchten Gemeindeteile als eigenständige statistische Einheiten angesprochen wurden.

3.2 Demographische und wirtschaftliche Struktur des Untersuchungsraums

Der Landkreis Rotenburg/Wümme ist im Zuge der Kreisreform aus den Altkreisen Bremervörde und Rotenburg gebildet worden. Da kaum statistische Angaben für den neugebildeten Kreis vorliegen, muß im folgenden vielfach auf sozio-ökonomische Strukturdaten der Altkreise Bezug genommen werden[5]).

Der Altkreis Bremervörde entsprach weitgehend den Mittelbereichen Zeven und Bremervörde. Hier wohnten am 27.5.1970 (Volkszählung 1970) 72413 Personen auf einer Fläche von 1240,75 km². Dies ergab eine Bevölkerungsdichte von 58 Einwohnern je km² Katasterfläche. In den Mittelzentren Zeven und Bremervörde konzentrierten sich im Jahre 1970 etwa 30% der Kreisbevölkerung auf 6% der Fläche. Im restlichen Gebiet dieses Altkreises lag die Bevölkerungsdichte dann bei durchschnittlich 44 Einwohnern je km², wobei in weiten Teilräumen eine Dichte von 30 Einwohnern/km², in Einzelfällen auch von 20 Einwohnern/km², unterschritten wurde. Ca. 27% der Gesamtbevölkerung des Altkreises Bremervörde lebten 1970 in Gemeinden mit weniger als 500 Einwohnern; Niedersachsen insgesamt: 2% (vgl. Übersichten A 1 und A 2).

Der Altkreis Rotenburg deckte sich weitgehend mit dem Mittelbereich Rotenburg. Im Jahre 1970 betrug die Einwohnerzahl 56263 Personen auf einer Katasterfläche von 840,44 km² bei einer im Vergleich zu Bremervörde etwas höheren Bevölkerungsdichte von 67 E/km². Im Mittelzentrum Rotenburg wohnten auf einer Fläche entsprechend 6% der Gesamtfläche des Altkreises etwa 29% der gesamten Kreisbevölkerung. Die Bevölkerungsdichte im Restgebiet lag dementsprechend bei 51 E/km², wobei auch hier in manchen Gebieten 30 E/km² unterschritten wurden. Im Altkreis Rotenburg lebten etwa 18% der Bevölkerung in Gemeinden mit weniger als 500 Einwohnern (vgl. Übersichten A 1 und A 2).

Die Bevölkerungsdichte in beiden (Alt-)Kreisen lag damit deutlich unter dem niedersächsischen Durchschnitt 1970 von 149,4 E/km² (höchster Wert in der Bundesrepublik 1970: 4653 E/km², niedrigster Wert: 22 E/km², Durchschnitt: 244 E/km²)[6]). Beide Altkreise gehörten zu den

[5]) Soweit nicht anders angegeben, wurden die Daten der Volkszählung 1970 – wie sie in der Untersuchung zu Vergleichszwecken herangezogen werden – vom Niedersächsischen Landesverwaltungsamt – Statistik den Bearbeitern zur Verfügung gestellt. Ein entsprechender Quellenhinweis wird im folgenden nicht mehr extra angeführt.

[6]) Vgl. Bundesforschungsanstalt für Landeskunde und Raumordnung (Hrsg.): Atlas zur Raumentwicklung, Thema 7: Flächennutzung, Bonn 1976, Darstellung 7.09.1.

151 besonders dünnbesiedelten von insgesamt 542 Kreisen der Bundesrepublik Deutschland mit einer Bevölkerungsdichte von weniger als 100 E/km² (Stand: 1970)[7]).

Der Indikator „Einwohner auf bebauter Fläche" zeigte für die Altkreise Rotenburg und Bremervörde eine geringe Bebauungsdichte. Beide Altkreise gehörten zu den 38 Kreisen mit der geringsten Zahl von Einwohnern je km² bebauter Fläche (weniger als 1165 Einwohner/km², Stand: 1970)[8]). In beiden dünnbesiedelten Kreisen wurde die Wirtschaftsfläche vorwiegend landwirtschaftlich genutzt. Der Altkreis Bremervörde gehört zu den 41 Kreisen (von nunmehr 343 Kreisen) mit dem höchsten Anteil landwirtschaftlicher Nutzung von mehr als 70% der Wirtschaftsfläche, Rotenburg zu den 58 Kreisen mit einer 60–70%igen landwirtschaftlichen Nutzung (Stand: 1974)[9]); zum Vergleich: der höchste Wert in der Bundesrepublik lag 1974 bei 84%, der niedrigste bei 8%, im Durchschnitt ergaben sich 54%[10]).

Im Landkreis Bremervörde waren im Jahre 1970 32,3 % der Erwerbstätigen im Bereich der Land- und Forstwirtschaft, 29,6 % im produzierenden Gewerbe, im Bereich Handel und Verkehr 15,5 % und im sonstigen Dienstleistungsbereich 22,6 % beschäftigt. Der Altkreis Rotenburg zeigt eine ähnliche Aufteilung mit 26,6% in der Land- und Forstwirtschaft, 28,6%, 15,7%, 29,2% entsprechend in den anderen Bereichen. Berücksichtigt man, daß in der Bundesrepublik keine Kreise mehr existieren, deren Erwerbsstruktur überwiegend landwirtschaftlich geprägt ist, so gehörten beide Kreise, insbesondere jedoch Bremervörde, trotz einer gemischten Erwerbsstruktur zu den Kreisen mit dem höchsten Anteil Erwerbstätiger in der Landwirtschaft (Stand: 1970)[11]).

Der Anteil der Beschäftigten in der Industrie lag in beiden Altkreisen unter 70% des Landesdurchschnitts (Stand: 1970). Die Löhne und Gehälter lagen bei 70% bis 90% des Landesdurchschnitts, ebenso das Bruttoinlandprodukt in beiden Altkreisen (Stand: 1972)[12]).

Der nach der Gebietsreform entstandene Kreis Rotenburg/Wümme ist somit den dünnbesiedelten, strukturschwachen ländlichen Räumen zuzuordnen. Innerhalb des Kreises gilt dies für den Altkreis Bremervörde noch stärker als für den Altkreis Rotenburg[13]).

Die meisten Gemeindeteile des in Abschnitt 2 abgegrenzten engeren Untersuchungsgebietes wiesen im Jahre 1970 eine Bevölkerungszahl zwischen 140 und 886 Einwohnern auf, die Gemeindezentren Sottrum 2253 Einwohner, Scheeßel 5131 und Heeslingen 1559 Einwohner. Die Bevölkerungsdichte lag im Umland zwischen 21 E/km² und 127 E/km², in den Zentren bei 102 E/km² (Sottrum), 251 E/km² (Scheeßel) und 100 E/km² (Heeslingen). Ein Vergleich der Bevölkerungszahlen des Jahres 1970 mit Vergleichswerten zu späteren Zeitpunkten zeigt mit einigen Ausnahmen eine positive Bevölkerungsentwicklung in den einzelnen Ortsteilen (vgl. Übersicht 1).

Nach Angaben mit Stand 1970 war auch in den Untersuchungsgemeinden die Erwerbsstruktur überwiegend landwirtschaftlich geprägt, wobei jedoch Differenzierungen zwischen den Zentren und den Umlandgemeinden vorgenommen werden müssen. Aus der zentralörtlichen Versorgungsfunktion resultierte bei Scheeßel ein geringerer land- und forstwirtschaftlicher

---

7) Vgl. ebenda.

8) Vgl. ebenda, Darstellung 7.09.2.

9) Vgl. ebenda, Darstellung 7.03.3.

10) Vgl. ebenda.

11) Vgl. Bundesforschungsanstalt für Landeskunde und Raumordnung (Hrsg.): Atlas zur Raumentwicklung, Thema 1: Arbeit, Bonn 1976, Darstellung 1.03.4.

12) Vgl. Niedersächsischer Minister des Inneren (Hrsg.): Raumordnungsbericht Niedersachsen 1976, Schriften der Landesplanung Niedersachsen, Hannover, o.J., S. 37.

13) Vgl. hierzu auch die Zuordnung beider Altkreise zu den Sanierungs- bzw. Förderungsgebieten des Bundes und der Länder in G. ISBARY, H.-J. VON DER HEIDE, G. MÜLLER: Gebiete mit gesunden Strukturen und Lebensbedingungen – Merkmale und Abgrenzung, Veröffentlichungen der Akademie für Raumforschung und Landesplanung, Abhandlungen Bd. 57, Kartenbeilage, Hannover 1969, Karten 1–8.

Übersicht 1: *Bevölkerungszahl, -entwicklung und -dichte in den Untersuchungsgemeinden*

	Wohnbevölkerung am					Zu- bzw. Abnahme der Wohnbevölkerung		Bevölkerungsdichte	
	17.5.1939	13.9.1950	6.6.1961	25.7.1970		1961–1970 %	%	1970 E/km²	E/km²
	1	2	3	4	5	6	7	8	9
					31.12.1977		1961–1977		1977
Sottrum									
Ahausen	536	959	871	886	956	1,7	9,7	36	39
Eversen	214	369	244	294	317	20,5	29,9	31	33
Bötersen	404	666	488	475	511	– 2,7	4,7	46	49
Höperhöfen	239	443	288	297	281	3,1	– 2,4	31	30
Hassendorf	589	768	687	746	830	8,6	20,8	64	71
Hellwege	474	841	769	808	885	5,1	15,1	29	32
Horstedt	375	775	545	506	518	– 7,2	– 4,9	40	41
Stapel	143	253	167	162	173	– 3,0	3,6	33	35
Winkeldorf	197	321	254	254	269	–	5,9	36	36
Clüversborstel	143	276	169	183	194	8,3	14,8	59	62
Reeßum	311	535	403	460	488	14,1	21,1	47	49
Schleeßel	106	202	139	140	153	0,7	10,1	26	29
Taaken	291	508	363	368	432	1,4	19,0	36	43
Gemeinde	4022	6916	5387	5579	6007	3,6	11,5	38	41
Zusätzlich:									
Sottrum	1177	2230	2019	2253					
Everinghausen	47	103	66	70					
Stuckenborstel	206	362	288	367					

Fortsetzung der Übersicht nächste Seite

Quelle: Niedersächsisches Landesverwaltungsamt – Statistik und Angaben der Gemeindeverwaltungen

Übersicht 1 (Fortsetzung)	Wohnbevölkerung am					Zu- bzw. Abnahme der Wohnbevölkerung		Bevölkerungsdichte	
	17.5.1939	13.9.1950	6.6.1961	25.7.1970		1961–1970 %	%	1970 E/km²	E/km²
	1	2	3	4	5	6	7	8	9
					30.6.1978		1961–1978		1978
Scheeßel									
Abbendorf	141	283	196	225	262	14,8	33,7	35	40
Bartelsdorf	414	638	512	447	413	−12,7	−19,3	31	29
Hetzwege	240	419	302	297	350	− 1,7	15,9	44	52
Jeersdorf	309	412	363	519	625	43,0	72,2	59	70
Ostervesede	533	850	635	689	763	8,5	20,1	25	27
Scheeßel	2272	4339	4231	5131	5834	21,3	37,9	251	285
Sothel	164	267	181	182	212	0,6	17,1	25	29
Westeresch	238	377	294	293	381	− 0,3	29,6	37	48
Westerholz	440	737	508	487	529	− 4,1	4,1	33	36
Westervesede	475	743	579	554	569	− 4,3	− 1,7	31	32
Wittkopsbostel	189	323	225	368	411	63,6	82,7	43	48
Wohlsdorf	240	318	268	268	274	–	2,2	32	32
Gemeinde	5655	9706	8294	9460	10623	14,1	28,1	63	71
					30.6.1973		1961–1973		1973
Heeslingen									
Boitzen	231	368	283	284	300	0,4	6,0	38	40
Heeslingen	836	1267	1356	1559	1633	15,0	20,4	100	105
Meinstedt	176	296	193	192	195	− 0,5	1,0	32	32
Sassenholz	198	291	192	186	280	− 3,1	45,8	21	31
Steddorf	294	528	425	377	388	−11,3	− 8,7	34	35
Weertzen	361	600	519	565	590	8,9	13,7	47	49
Wense	305	520	357	335	337	− 6,2	− 5,6	25	25
Wiersdorf	174	235	198	229	221	15,7	11,6	31	30
Gemeinde	2575	4105	3523	3727	3944	5,8	12,0	45	48
Insgesamt	12252	20727	17204	18766	20574	9,1	19,6	50	54

Anteil von lediglich 6 % bei 37,6 % Anteil des produzierenden Gewerbes und 29,6 % bzw. 26,8 % der übrigen Bereiche, bei Sottrum ein geringerer Anteil von 15,6 % und bei Heeslingen von 16,7 %. Die Umlandgemeinden dagegen waren weit stärker landwirtschaftlich orientiert mit Anteilen zwischen 22,5 % und 69,1 %, wobei das Schwergewicht zwischen 40 % und 60 % lag (vgl. Übersicht 2).

Die Fläche der Gemeinden ist in der Agrarkarte 1975 teilweise als Agrargebiet II mit entwicklungsfähiger landwirtschaftlicher Betriebs- und Produktionsstruktur, teilweise als landwirtschaftliches Problemgebiet ausgewiesen. Letztere sind schwach strukturierte Gebiete, die nur durch gesamtwirtschaftliche Maßnahmen in Verbindung mit Maßnahmen zur Veränderung der landwirtschaftlichen Betriebs- und Produktionsstruktur saniert werden können[14]).

Zur Kategorie der landwirtschaftlichen Problemgebiete gehören hiernach in der Samtgemeinde Sottrum 9 (von 16) Gemeindeteilen mit ca. 54 % der Einwohner, in der Gemeinde Scheeßel 5 Gemeindeteile (von 12) mit ca. 29 % der Einwohner und in der Mitgliedsgemeinde Heeslingen lediglich ein Gemeindeteil (von 8) mit ca. 5 % der Einwohner.

Übersicht 2: *Erwerbsstruktur in den Untersuchungsgemeinden (VZ 70)*

	Von den Erwerbstätigen am Wohnort gehören zum Wirtschaftsbereich			
	Land- und Forstwirtschaft %	Produzierendes Gewerbe %	Handel und Verkehr %	Sonstiger Bereich Dienstleistungen %
	1	2	3	4
Sottrum				
Ahausen	28,8	31,3	15,8	24,1
Eversen	44,5	21,9	18,8	14,8
Bötersen	39,7	23,7	11,2	25,4
Höperhöfen	49,2	26,6	10,5	13,7
Hassendorf	17,8	28,2	26,8	17,2
Hellwege	33,8	32,8	21,0	12,5
Horstedt	40,0	29,0	14,3	16,7
Stapel	22,9	35,7	25,7	15,7
Winkeldorf	47,7	30,8	6,9	14,6
Clüversborstel	47,3	26,4	14,3	12,1
Reeßum	41,3	31,9	14,6	12,2
Schleeßel	43,1	34,7	13,9	8,3
Taaken	54,3	20,8	12,7	12,2
Gemeinde	38,2	28,7	16,4	16,7

[14]) Vgl. Niedersächsischer Minister des Inneren (Hrsg.): Raumordnungsbericht Niedersachsen 1976, a.a.O., S. 41.

Übersicht 2 (Fortsetzung)

	Von den Erwerbstätigen am Wohnort gehören zum Wirtschaftsbereich			
	Land- und Forstwirtschaft %	Produzierendes Gewerbe %	Handel und Verkehr %	Sonstiger Bereich Dienstleistungen %
Scheeßel				
Abbendorf	48,0	36,3	6,9	8,8
Bartelsdorf	69,1	16,6	6,3	8,1
Hetzwege	45,0	26,4	15,0	13,6
Jeersdorf	36,7	32,3	16,2	14,8
Ostervesede	56,2	25,3	6,8	11,7
Scheeßel	6,0	37,6	29,6	26,8
Sothel	55,7	25,3	10,1	8,9
Westeresch	65,5	15,1	7,9	11,5
Westerholz	57,5	23,3	10,0	9,2
Westervesede	62,0	18,1	10,6	9,3
Wittkopsbostel	22,5	44,4	13,9	19,2
Wohlsdorf	66,2	15,5	6,3	12,0
Gemeinde	30,1	31,0	19,8	19,1
Heeslingen				
Boitzen	31,6	36,8	21,1	15,8
Heeslingen	16,7	41,6	17,2	24,5
Meinstedt	61,8	25,5	2,9	9,8
Sassenholz	52,0	22,5	10,8	14,7
Steddorf	57,6	17,1	12,9	12,4
Weertzen	26,1	46,7	16,5	10,7
Wense	60,1	23,9	8,7	7,2
Wiersdorf	48,5	34,7	7,9	8,9
Gemeinde	36,0	34,6	13,1	16,3
Insgesamt	33,7	31,0	17,4	17,8
Zusätzlich: Gemeindeteil Sottrum	15,6	38,4	15,8	24,1

Quelle: Niedersächsisches Landesverwaltungsamt – Statistik

4. Die Struktur des Personennahverkehrs im Kreis Rotenburg/Wümme

4.1 Angebotsformen

Im Gebiet des Kreises Rotenburg/Wümme sind – mit unterschiedlichem Gewicht – alle Angebotsformen des Personennahverkehrs vertreten:

- allgemeiner Linienverkehr nach § 42 PBefG[15]),
- Sonderlinienverkehr nach § 43 Abs. 1 PBefG (Berufsverkehr),
- Sonderlinienverkehr nach § 43 Abs. 2 PBefG (Schülerfahrten) in geringem Umfang (eine Linie: Visselhövede – Rotenburg),
- Freigestellter Schülerverkehr nach § 1 Abs. 4 d der Freistellungsverordnung[16]) sowohl durch die Schulträger als auch in deren Auftrag.

Ebenso sind alle für den ländlichen Raum typischen Verkehrsträger vorhanden[17]):

Deutsche Bundesbahn im Personenverkehr auf der Schiene: Schienenverkehr wird noch auf fünf Strecken betrieben[18]):
Bremerhaven-Stade über Bremervörde,
Bremen-Hamburg über Rotenburg,
Rotenburg-Verden,
Bremen-Uelzen über Visselhövede,
Visselhövede-Walsrode.

Deutsche Bundesbahn und Deutsche Bundespost im Busdienst: Betrieben wird allgemeiner Linienverkehr nach § 42 PBefG vorwiegend auf den Hauptverkehrsachsen zwischen den einzelnen Siedlungsschwerpunkten, aber auch Berufsverkehr nach § 43 Abs. 1 PBefG und freigestellter Schülerverkehr sowie in geringem Umfang Sonderlinienverkehr nach § 43 Abs. 2 PBefG.

Privatrechtliche Unternehmen: Eine Betätigung erfolgt im allgemeinen Linienverkehr nach § 42 PBefG, vor allem im Stadtbusverkehr und in der Bedienung der schwach besiedelten Räume im Umfeld der Zentren; zudem im Berufsverkehr nach § 43 Abs. 1 PBefG und im freigestellten Schülerverkehr.

---

15) Personenbeförderungsgesetz (PBefG) vom 21. März 1961 (BGBl I S. 241) i.d.F. des Vierten Gesetzes zur Änderung des PBefG vom 7. Juni 1978 (BGBl I S. 665).

16) Verordnung über die Befreiung bestimmter Beförderungsfälle von den Vorschriften des Personenbeförderungsgesetzes (Freistellungs-Verordnung) vom 30. August 1962 (BGBl I S. 601), geändert durch VO zur Änderung der Freistellungs-Verordnung vom 16. Juni 1967 (BGBl I S. 602).

17) Nach Niedersächsischer Minister für Wirtschaft und Verkehr (Hrsg.): Verkehrsbericht Niedersachsen 1978, Hannover 1978, S. 24, Tabelle 13 ergeben sich in Niedersachsen folgende Anteile der Verkehrsträger am Gesamt-Verkehrsaufkommen im Linienverkehr 1975:

	Fahrgäste %	Personen-km %
Kommunale und gemischtwirtschaftliche Unternehmen	48,4	28,5
Omnibusverkehr privater Unternehmen	16,4	19,2
Omnibusverkehr der Bundesbahn und Bundespost	18,2	24,2
Omnibusverkehr der NE	3,6	4,0
Schienenverkehr	13,0	24,1

18) Siehe nächste Seite.

Nicht bundeseigene Eisenbahnen:	Im Altkreis Bremervörde werden einige Linien von der WZTE (Wilstedt-Zeven-Tostedter Eisenbahn GmbH Zeven) und der BOE (Bremervörde-Osterholzer Eisenbahn GmbH) im allgemeinen Linienverkehr mit Bussen befahren. Ebenso werden Berufsverkehrslinien und Linien des freigestellten Schülerverkehrs unterhalten.

4.2 Die großräumige Netzstruktur und ihre Entwicklung

4.2.1 Allgemeiner Linienverkehr

Die Netzstruktur des öffentlichen Personennahverkehrs (vgl. Karten 5 und 6*) im allgemeinen Linienverkehr ist in den beiden Altkreisen vor allem von den Verkehrsbeziehungen im Spannungsfeld der Oberzentren Bremen und Bremerhaven einerseits sowie Hamburgs und des Schwerpunktraumes Stade andererseits gekennzeichnet. So liegt Bremervörde auf der Nebenbahnstrecke Stade–Bremerhaven des Schienenverkehrs der Deutschen Bundesbahn und wird gleichzeitig vom Schienenparallelverkehr der DB bedient. Rotenburg/Wümme liegt an der stark frequentierten Hauptbahnlinie und Ausbaustrecke Hamburg–Bremen mit zusätzlichen Bahnbusverbindungen zu beiden Oberzentren[19]).

Innerhalb der Kreise bilden die Mittelzentren Bremervörde, Zeven und Rotenburg die Bezugspunkte eines radialstrahlig strukturierten ÖPNV-Netzes. Ähnliche Schwerpunkte bilden die Grundzentren Scheeßel und Sittensen. Die Linienführungen sind dabei in unterschiedlichem Umfang zur Flächenerschließung aufgefächert.

Betrachtet man zunächst nur diejenigen Netzteile des allgemeinen Linienverkehrs, die ganzjährig von Montag bis Freitag bedient werden, also vollwertige Verbindungen darstellen, so zeigt sich in den Teilräumen des Untersuchungsgebietes eine unterschiedliche Flächenerschließung.

Lediglich im nordöstlichen Teil des Altkreises Rotenburg im Verflechtungsbereich der auf Rotenburg und Scheeßel ausgerichteten Liniennetze sowie im südwestlichen Teil im Verlauf der Bahnlinie Rotenburg–Verden wird eine nahezu vollständige Flächendeckung erreicht. Die auf die Netzschwerpunkte ausgerichteten Linienverläufe erfassen unter der Voraussetzung ganzjähriger Bedienung nicht alle Siedlungen im Umland der Schwerpunkte. Insbesondere weist die Flächenbedienung im mittleren Bremervörde zwischen den Mittelzentren Bremervörde und Zeven erhebliche Lücken auf, die sich aus der auf die Mittelzentren ausgerichteten Netzstruktur erklären. Ähnliches gilt für einige Bereiche im nördlichen und südlichen Bremervörde, die sich in den unbedienten Flächen zwischen den radialstrahlig verlaufenden ÖV-Linien befinden. In Rotenburg ist die Flächenbedienung vornehmlich im Nordwesten und Südosten ungenügend.

Innerhalb des Altkreises Bremervörde liegen von 108 Gemeindeteilen des alten Gebietsstandes 33 Gemeindeteile oder 31 % außerhalb einer Entfernung von ca. 1 km zu einer ganzjährig von Montag bis Freitag bedienten Linie des allgemeinen Linienverkehrs. In diesen nicht angeschlossenen Gemeindeteilen lebten im Jahre 1970 9311 von 73413 Einwohnern oder 12,7 % des Altkreises Bremervörde.

Im Altkreis Rotenburg liegen von 64 Gemeindeteilen 15 oder ca. 23 % weitgehend außerhalb einer Entfernung von ca. 1 km zu ganzjährig montags bis freitags befahrenen ÖV-Linien. In diesen Gemeinden lebten im Jahre 1970 3852 oder 6,8 % der Kreisbevölkerung. Da einzelne

---

[18]) Davon stillegungsgefährdet: Bremerhaven-Stade, Bremen–Uelzen (teilweise), Visselhövede–Walsrode; vgl. Niedersächsischer Minister für Wirtschaft und Verkehr (Hrsg.): Verkehrsbericht Niedersachsen 1978, a. a. O., S. 35.

*) Die Karten 4 bis 9 befinden sich in der Kartentasche.

[19]) Vgl. Niedersächsischer Minister für Wirtschaft und Verkehr (Hrsg.): Verkehrsbericht Niedersachsen 1978, a. a. O., S. 31.

Siedlungsgebiete ebenfalls außerhalb des Einzugsbereiches von Linien des öffentlichen Personennahverkehrs liegen, aber zu Gemeinden gehören, die zum größten Teil an diese Linien angeschlossen sind, dürfte die Zahl der Einwohner ohne Anschluß an eine vollwertige Linie des öffentlichen Personenverkehrs höher sein. Da die Bevölkerungszahlen dieser Siedlungsteile in den Bevölkerungsstatistiken nicht getrennt ausgewiesen sind, konnten sie den obigen Angaben nicht hinzugerechnet werden.

Erweitert man die Betrachtung um diejenigen Linien, die nur an Schultagen befahren werden, so wird in einigen Gemeinden die Flächenbedienung etwas verbessert. Dabei ist allerdings zu beachten, daß diese Linien im allgemeinen nur mit einem Fahrtenpaar pro Tag befahren werden und die Abfahrts- bzw. Ankunftszeiten auf den Schulunterricht ausgerichtet sind. Dies bedeutet gleichzeitig, daß die eingesetzten Busse häufig überfüllt sind und für die Bevölkerung keine tragfähige Alternative darstellen dürften. Diese Angaben wurden häufig von der Bevölkerung bei der Fragebogenaktion zusätzlich gemacht. Auf die Tatsache, daß auch aus der Sicht der Schüler eine Überbelegung der Busse vorliegt, weist eine vom Institut für Regionale Bildungsplanung an der Technischen Universität Hannover im Jahre 1978 herausgegebene Untersuchung hin[20]).

Berücksichtigt man diese Linien, so verbleiben trotzdem in Bremervörde noch etwa 5% der Bevölkerung in etwa 15% der Gemeinden ohne jeden Anschluß an den allgemeinen Linienverkehr, in Rotenburg noch 3% in 14% der Gemeinden.

4.2.2 Die Entwicklung der Angebotsstruktur des allgemeinen Linienverkehrs

Für den Kreis Rotenburg/Wümme existieren zwei ältere Untersuchungen, die mit heutigen Werten vergleichbare Angaben über die Angebotsstruktur des Linienverkehrs in den Jahren 1965 und 1967/68 enthalten[21]).

Insbesondere das Gutachten von R. HOFFMANN für den Altkreis Bremervörde ermöglicht es, die Veränderungen des Angebots an öffentlichen Verkehrsleistungen im Vergleich der Jahre 1967/68 und 1978 zu analysieren (vgl. Karte 4)[22]).

Benutzt man die Länge der mit dem ÖPNV befahrenen Straßen-[23]) bzw. Schienenstrecken als ungefähren Indikator der Flächendeckung, so ergibt sich für den Altkreis Bremervörde folgendes Bild[24]):

1967/68		1978		
Schiene	Straße	Schiene	Straße	
an mindestens 4 Werktagen		ganzjährig Mo–Fr		nur schultags
99 km	293 km	19 km	307 km	83 km

Insgesamt ergibt sich aus dem Winterfahrplan 1967/68 eine Länge der vom öffentlichen Personenverkehr befahrenen Straßen und Schienen von 392 km. Der Wert für das Jahr 1978 ist

[20]) Vgl. Institut für Regionale Bildungsplanung, Arbeitsgruppe Standortforschung-GmbH, Institut an der Technischen Universität Hannover (Hrsg.): Aktuelle Informationen zum Schülertransport – Ausgewählte Ergebnisse der Schülerbefragung in den vier untersuchten Landkreisen, Schülertransport in Niedersachsen, Materialien für die Landeskommission Nr. 04, Hannover 1978, S. 38 f.

[21]) H. SCHOLZ: Raumordnung im Elbe-Weser-Dreieck, Gutachten zur Entwicklung des Regierungsbezirks Stade, Osnabrück 1966; R. HOFFMANN: Gutachten über die Verkehrsplanung und öffentliche Verkehrsbedienung des Landkreises Bremervörde, Braunschweig 1968.

[22]) Die Vergleichbarkeit der zugrundeliegenden Netze ist geringfügig eingeschränkt. Das von HOFFMANN entwickelte Netz mit der Basis Winterfahrplan 1967/68 berücksichtigte nur Linien, die an mindestens 4 Werktagen je Woche fuhren, während das in der vorliegenden Untersuchung ermittelte Netz auf der Basis des Sommerfahrplans 1978 diejenigen Linien aufführt, die Montag–Freitag ganzjährig bzw. nur an Schultagen betrieben werden.

[23]) u. [24]) Siehe nächste Seite.

demgegenüber mit 409 km nur unwesentlich höher. Berücksichtigt man allerdings, daß am 25.5.1968 mit Beginn des Sommerfahrplans 1968 die Bahnlinie Bremervörde–Buchholz und mit dem Winterfahrplan 1968/69 die Linie Bremervörde–Zeven–Rotenburg eingestellt wurde, so verringert sich die Zahl der Schienenkilometer auf 64 und die Gesamtzahl auf 357 km. (Der Schienenersatzverkehr für diese Streckenstillegungen bestand im Jahre 1968 bereits zum größten Teil und ist in den Straßen-Kilometern berücksichtigt.) Unter Zugrundelegung des Netzes von 1968 waren damals 34 Gemeinden an das ÖV-Netz nicht angeschlossen. In diesen Gemeinden lebten im Jahre 1970 10990 Einwohner oder 15,2 % der gesamten Bevölkerung des Altkreises Bremervörde. Wenn dieser Prozentsatz der nicht angeschlossenen Bevölkerungsteile von 15,2 % im Jahre 1968 auf 5 % im Jahre 1978 sank, wird damit deutlich, daß im Zeitraum 1968 bis 1978 die Flächenbedienung durch den öffentlichen Personennahverkehr verbessert werden konnte. Nicht übersehen werden sollte jedoch, daß die zusätzliche Flächenerschließung im allgemeinen mit einer sehr geringen Fahrtenhäufigkeit erfolgt. Meist handelt es sich dabei um Linien, die werktags oder sogar nur an Schultagen mit lediglich einem Fahrtenpaar bedient werden. Ein Vergleich der Zahl der täglichen Fahrtenpaare auf den Hauptverbindungslinien des Altkreises Bremervörde führt – unter Berücksichtigung der teilweise leicht geänderten Streckenverläufe, die ihrerseits im allgemeinen zu einer besseren Flächenerschließung beigetragen haben – zu dem Ergebnis, daß zumindest hier von einer leichten Verbesserung des Angebots gesprochen werden kann.

4.2.3 Schüler- und Berufsverkehr

Der Sonderlinienverkehr nach § 43 Abs. 2 PBefG (Schülerfahrten) ist lediglich noch im Altkreis Rotenburg mit der Linie Visselhövede–Rotenburg vertreten. Von überragender Bedeutung ist demgegenüber der freigestellte Schülerverkehr, der sowohl mit schulträgereigenen Kleinbussen als auch im Auftrag der Schulträger von privaten Unternehmern mit Kraftomnibussen durchgeführt wird (vgl. Karten 5 und 6).

---

[23]) Nach Angabe des Oberkreisdirektors Rotenburg/Wümme entwickelte sich das gesamte Netz der klassifizierten Straßen im Landkreis wie folgt (bei den Angaben für das Jahr 1969 wurden die Zahlen für die Altkreise Bremervörde und Rotenburg zusammengefaßt):

Straßenklasse	Stand 1.1.1969		Stand 1.1.1978	
	km	%	km	%
Bundesautobahnen	40	4,0	40	3,8
Bundesstraßen	186	18,6	181	17,2
Landesstraßen	217	21,8	221	21,1
Kreisstraßen	555	55,6	608	57,9
zusammen:	998	100,0	1050	100,0

Vergleichbare Werte für das Gesamtgebiet Niedersachsens zeigen folgende Aufteilung (nach: Niedersächsischer Minister für Wirtschaft und Verkehr (Hrs.): Verkehrsbericht Niedersachsen 1978, a.a.O., S. 13.):

Straßenklasse	Stand 1970		Stand 1977	
	km	%	km	%
Bundesautobahnen	734	2,7	924	3,3
Bundesstraßen	5202	19,4	5204	18,9
Landesstraßen	8693	32,4	8641	31,3
Kreisstraßen	12199	45,5	12826	46,5
zusammen:	26828	100,0	27595	100,0

Sehr genaue Darstellungen des gegenwärtigen und geplanten Verkehrswegenetzes in Scheeßel finden sich bei H. SCHUBERT: Generalverkehrsplan Scheeßel für die Ortsteile Jeersdorf und Scheeßel, Hannover 1974.

[24]) Die Werte für den Untersuchungszeitraum 1967/68 wurden aus den Angaben bei R. HOFFMANN: Gutachten für die Verkehrsplanung und öffentliche Verkehrsbedienung des Landkreises Bremervörde, a.a.O., S. 38, ermittelt, diejenigen für den Untersuchungszeitpunkt Sommer 1978 aus den von den Bearbeitern analysierten Fahrplänen und Streckenkarten des öffentlichen Verkehrs im Landkreis Rotenburg.

Das Netz des freigestellten Schülerverkehrs überlagert und ergänzt das Netz des allgemeinen Linienverkehrs, insbesondere führt es zur fast lückenlosen Bedienung derjenigen Gebiete, die bisher keinen Anschluß an den öffentlichen Personennahverkehr besaßen. Lediglich einige Siedlungsteile von Gemeindeteilen sind nicht direkt an den freigestellten Schülerverkehr angeschlossen. Es kann jedoch nicht übersehen werden, daß der freigestellte Schülerverkehr in weiten Bereichen parallel zum allgemeinen Linienverkehr verläuft. Sowohl unter dem Aspekt einer Verbesserung der Flächenbedienung als auch der Vermeidung von Parallelverkehren liegt die Vorteilhaftigkeit einer Integration der Teilverkehre auf der Hand und wird auch für den Raum Bremervörde schon seit 1968 ausdrücklich gefordert[25]). Dabei ist allerdings einzuschränken, daß eine Öffnung des freigestellten Schülerverkehrs eine Verbesserung der Verkehrsversorgung nur auf den unteren räumlich-funktionalen Ebenen des Nahverkehrs bewirkt, wenn nicht gleichzeitig eine grundlegende Neugestaltung des Gesamtnetzes erfolgt. Die Bezugsorte des freigestellten Schülerverkehrs sind die Schulstandorte. Eine entscheidende Verbesserung der Erreichbarkeit auf der mittleren räumlich-funktionalen Ebene in bezug auf die Mittelzentren dürfte durch einfache Reintegration des freigestellten Schülerverkehrs in den allgemeinen Linienverkehr deshalb kaum erreicht werden[26]).

Vom freigestellten Schülerverkehr werden allein im Altkreis Bremervörde etwa 360 km Straßen befahren. Somit erreicht dieses Netz fast die Größenordnung des allgemeinen Linienverkehrs im gesamten (Neu-)Kreis Rotenburg.

In beiden Altkreisen existiert Berufsverkehr als Sonderlinienverkehr nach § 43 Abs. 1 PBefG. Im Altkreis Bremervörde befährt diese Verkehrsform ein Netz von ca. 260 km. Zielpunkte dieser Linien sind die Standorte der auftraggebenden Firmen: Bremen, Hamburg, Gnarrenburg, Stade, Kutenholz, Fallingbostel und Walsrode; nach der Zusammenlegung der Altkreise Bremervörde und Rotenburg mit der neuen Kreisstadt Rotenburg wurde zudem eine Linie Rotenburg–Bremervörde für die Beschäftigten der Kreisverwaltung eingerichtet (vgl. Karten 5 und 6).

Eine Integration des Sonderlinienverkehrs in den öffentlichen Personenverkehr erscheint wenig sinnvoll, da nur einige Ziele, etwa Bremen und Hamburg, von größerer Bedeutung sein dürften, hier aber die Werksstandorte außerhalb der Stadtmitte liegen. Andere Ziele wie Kutenholz und die Torfwerke Gnarrenburg sind dagegen für den allgemeinen Personenverkehr bedeutungslos[27]).

4.3 Die Angebotsstruktur in den Untersuchungsgemeinden und ihre Entwicklung

Die Aufgabe des öffentlichen Personennahverkehrs vollzieht sich auf verschiedenen räumlich-funktionalen Ebenen[28]):

- Auf den untersten räumlich-funktionalen Ebenen erschließt der Nahverkehr den Einzugsbereich der Grundzentren, Schul- und Gewerbestandorte. Entsprechend der häufig radialen Netzstruktur ist der direkte Querverkehr zwischen einzelnen Gemeinden oder Gemeindeteilen im allgemeinen gering ausgeprägt. Soweit dabei Gemeinden oder Gemeindeteile nicht

---

[25]) Vgl. R. HOFFMANN: Verkehrsplanung und öffentliche Verkehrsbedienung des Landkreises Bremervörde, a. a. O., S. 45 ff.; ein Organisationsmodell zur optimalen Gestaltung eines nicht integrierten Schulverkehrssystems findet sich in: Institut für Regionale Bildungsplanung – Arbeitsgruppe Standortforschung-GmbH: Betriebs- und Organisationsmodelle zum Schülertransport, Beispielregion Landkreis Bremervörde, Hannover 1977.

[26]) Vgl. eine ähnliche Analyse bei Kommunalentwicklung Baden-Württemberg: Möglichkeiten zur Sanierung des ÖPNV in verkehrsschwachen ländlichen Gebieten, Abschlußbericht zum Forschungsauftrag des Bundesministers für Verkehr, Stuttgart 1976, S. 40.

[27]) Vgl. ausführlich R. HOFFMANN: Verkehrsplanung und öffentliche Verkehrsbedienung im Landkreis Bremervörde, a. a. O., S. 48.

[28]) Vgl. Kommunalentwicklung Baden-Württemberg: Möglichkeiten zur Sanierung des ÖPNV in verkehrsschwachen ländlichen Gebieten, a. a. O., S. 28.

von derselben Linie berührt werden, erfolgt deshalb ihre Verbindung im Knotenpunktverkehr über das zugehörige Zentrum.

- Auf den höheren Ebenen erschließt der Nahverkehr den Einzugsbereich der Mittel- und Oberzentren. Insbesondere gewährleistet er die Verbindung der Grundzentren und der zugehörigen Gemeindeteile zu den Mittelzentren sowie den Anschluß an das zugehörige Oberzentrum.

Die Zentren unterschiedlicher Hierarchiestufe erfüllen unterschiedliche Funktionen bei der Versorgung der Bevölkerung[29]):

- Die Grund-, Mittel- und Oberzentren dienen der Deckung des Grundbedarfs der Bevölkerung in sozialer, kultureller und wirtschaftlicher Hinsicht, insbesondere sind sie die Standorte der Schulen des Sekundarbereiches I, von Spiel- und Sportstätten sowie für die gesundheitliche Grundversorgung, ferner für Einzelhandels-, Handwerks- und Dienstleistungsbetriebe.
- Die Mittel- und Oberzentren dienen darüber hinaus der Deckung des gehobenen Bedarfs für ihren Verflechtungsbereich. Insbesondere sind sie Standorte für Schulen des Sekundarbereiches II, der Krankenhäuser der Grund- und Regelversorgung, von größeren Sportanlagen und vielseitigeren Einkaufsmöglichkeiten.
- Die Oberzentren dienen darüber hinaus der Deckung des spezialisierten höheren Bedarfs (Hochschulen, Sportstadien, Krankenhäuser der Zentralversorgung, Theater, Großkaufhäuser, Dienststellen höherer Verwaltungsstufen, größere Kreditinstitute).

Bei der Beurteilung der Qualität der Verkehrsversorgung mit öffentlichen Verkehrsleistungen sind deshalb die unterschiedlichen räumlich-funktionalen Ebenen aufgrund der unterschiedlichen Versorgungsfunktion der Zentralen Orte verschiedener Hierarchiestufe getrennt zu berücksichtigen.

4.3.1 Netzstruktur und Haltestelleneinzugsbereiche

Die Karten 7–9 zeigen die Streckenführungen des allgemeinen Linienverkehrs mit Bussen (getrennt nach ganzjährig-werktäglichen und lediglich schultägigen Verbindungen), die Linienverläufe des Schienenverkehrs sowie die Haltestelleneinzugsbereiche. Während das Gemeindegebiet Scheeßel fast vollständig von ganzjährig befahrenen Linien bedient wird, zeichnen sich in den Gemeinden Heeslingen und Sottrum weite Teilbereiche ab, denen nur an Schultagen eine Verbindung zur Verfügung steht.

Die Streckenführungen bedingen zum Teil sehr hohe Umwegfaktoren, verglichen mit der jeweils kürzesten Straßenverbindung. Für alle untersuchten Gemeindeteile wurde die kürzeste Straßenverbindung zum zugehörigen Grund- und Mittelzentrum ermittelt. So weisen die Gemeindeteile der Gemeinde Sottrum – wie nachstehende Tabelle zeigt – eine durchschnittliche kürzeste Entfernung von 7,0 Straßenkilometern zum Grundzentrum Sottrum auf. Der nächstliegende Ortsteil ist dabei nur 2,5 km, der weiteste 13,5 km entfernt. Unter Beachtung der Streckenführung der ÖV-Linien beträgt die durchschnittliche ÖV-Entfernung der Ortsteile zum Grundzentrum 19,2 km mit Werten zwischen 3,0 km und 31,5 km. Bei alternativ möglichen Streckenverläufen wurde hier die jeweils kürzeste Linienführung für die Betrachtung herangezogen. Im Durchschnitt aller untersuchten Gemeindeteile beträgt die mittlere Straßenentfernung zum Grundzentrum 6,0 km und die mittlere ÖV-Entfernung 11,5 km. Bei Betrachtung aller untersuchten Gemeindeteile ergibt sich somit ein durchschnittlicher Umwegfaktor von 1,9. In bezug auf die jeweiligen Mittelzentren zeigt sich eine deutlich günstigere Ausrichtung der Netzstruktur mit einem durchschnittlichen Umwegfaktor von lediglich 1,2.

---

[29]) Vgl. Niedersächsischer Minister des Inneren: Regionales Raumordnungsprogramm für den Regierungsbezirk Stade 1976, a.a.O., S. 13.

	Kürzeste Straßenentfernung in km zum Grundzentrum		
		Spannweite	
	$\bar{x}$	$x_{min.}$	$x_{max.}$
Gemeinde Sottrum	7,0	2,5	13,5
Gemeinde Scheeßel	5,5	1,0	8,0
Gemeinde Heeslingen	4,3	2,5	6,0
Insgesamt	6,0	1,0	13,5

	Kürzeste ÖV-Verbindung in km zum Grundzentrum		
		Spannweite	
	$\bar{x}$	$x_{min.}$	$x_{max.}$
Gemeinde Sottrum	19,2	3,0	31,5
Gemeinde Scheeßel	6,0	1,0	8,0
Gemeinde Heeslingen	8,9	3,5	16,5
Insgesamt	11,5	1,0	31,5

	Kürzeste Straßenentfernung in km zum Mittelzentrum		
		Spannweite	
	$\bar{x}$	$x_{min.}$	$x_{max.}$
Gemeinde Sottrum	13,5	8,5	19,0
Gemeinde Scheeßel	10,1	7,5	15,0
Gemeinde Heeslingen	7,4	3,0	10,0
Insgesamt	10,7	3,0	19,0

	Kürzeste ÖV-Verbindung in km zum Mittelzentrum		
		Spannweite	
	$\bar{x}$	$x_{min.}$	$x_{max.}$
Gemeinde Sottrum	15,5	8,0	31,5
Gemeinde Scheeßel	11,8	5,0	20,0
Gemeinde Heeslingen	10,9	3,0	20,5
Insgesamt	13,0	3,0	31,5

Für die Haltestelleneinzugsbereiche des Busverkehrs wurde ein Einzugsbereich von 1000 m Luftlinie, für die Haltestellen des Schienenverkehrs ein Radius von 1500 m entsprechend der Bayerischen Richtlinie zur Nahverkehrsplanung für Haltestellen in Räumen mit ländlicher

Besiedlung zugrunde gelegt[30]). Nach der genannten Richtlinie gelten Teilflächen dann als erschlossen, wenn mindestens 80% der Einwohner im Einzugsgebiet einer Haltestelle wohnen.

Nach dieser Abgrenzung verfügt lediglich Clüversborstel über keinen ÖPNV-Anschluß, da es vollständig außerhalb eines Haltestelleneinzugsbereiches liegt. Eine Einschränkung der Erschließung kann auch für Westeresch und für das allgemein disperser strukturierte Heeslingen gelten, da hier die zugehörigen Siedlungsteile Wenkeloh bzw. Offensen außerhalb von Haltestelleneinzugsbereichen liegen, ihre Einwohnerzahlen statistisch aber nicht getrennt ausgewiesen werden. Alle anderen Gemeinden liegen nahezu vollständig im Einzugsbereich von Haltestellen. Aufgrund der kleinen Siedlungseinheiten mit geringer Streuung liegen die realen durchschnittlichen Haltestellenentfernungen weitgehend erheblich unter den oben zugrundegelegten Luftlinienentfernungen. Da somit die Einwohner der erschlossenen Gemeinden nahezu vollständig im Einzugsbereich von Haltestellen wohnen, ist sichergestellt, daß bei der Qualitätsanalyse im 5. Kapitel und bei der Erhebungsauswertung ein systematischer Fehler vermieden wird. Bei ungleichmäßiger Erschließung einzelner Gemeindeteile wäre es sonst denkbar, daß die Versorgungsqualität eines Gemeindeteils insgesamt zwar als gut bewertet würde, de facto für einen bestimmten Bevölkerungsteil aber keine Versorgung besteht, da dieser nicht im vorgegebenen Einzugsbereich einer Haltestelle wohnt.

4.3.2 Bedienungshäufigkeiten

Auf der Basis der Sommerfahrpläne 1978 wurde das Angebot an öffentlichen Verkehrsleistungen in den drei Untersuchungsgemeinden analysiert und in den Übersichten A3 bis A14 tabellarisch aufbereitet, wobei der Gliederung der Tabellen folgende Gesichtspunkte zugrunde liegen[31]):

- Den unterschiedlichen räumlich-funktionalen Ebenen des öffentlichen Personennahverkehrs entsprechend, wurden die Verbindungen von allen 33 Gemeindeteilen zu dem jeweiligen zugehörigen Grund-, Mittel- und Oberzentrum aus den Fahrplänen zusammengestellt[32]).
- Bei der Ermittlung der Bedienungshäufigkeiten wurden zunächst Verbindungen an Werktagen außer samstags, an Samstagen sowie an Sonntagen unterschieden.
- Die werktäglichen Verbindungen wurden ferner unterschieden nach ganzjährig betriebenen Verbindungen und solchen, die nur an Schultagen bestehen.
- Die Verbindungen wurden nach Haupt-Stundengruppen jeweils getrennt nach Hin- und Rückfahrt aufgeführt.
- Es wurden die Abfahrtszeiten der ersten bzw. letzten Verbindung eingetragen (ohne Berücksichtigung, ob es sich dabei um eine ganzjährige oder lediglich schultägige Verbindung handelt).
- Bei gebrochenen Verbindungen wurden nur diejenigen berücksichtigt, die eine Umsteigemöglichkeit innerhalb einer maximalen Wartezeit von 30 Minuten boten.

---

30) Vgl. Bayerisches Staatsministerium für Wirtschaft und Verkehr (Hrsg.): Richtlinie zur Nahverkehrsplanung, München 1977, S. 49, Tabelle 4 Blatt 1; vgl. dazu auch SNV Studiengesellschaft Nahverkehr mbH: Vergleichende Untersuchungen über bestehende und künftige Nahverkehrstechniken, Band A des Abschlußberichtes: Anforderungsanalyse, Hamburg 1974, S. 117, sowie W.-R. RUPPERT, P. HESS, G. WÜRDEMANN: Erschließungsqualität des öffentlichen Personennahverkehrs. Ein besonders fußwegsensitives Verfahren zur Berechnung von Erreichbarkeiten, Battelle-Institut, Frankfurt/Main 1978, S. 38 f.

31) Einloh und Deepen gehören zum Gemeindeteil Ostervesede. Da es sich hierbei um eigene weitgehend geschlossene Siedlungsteile handelt, wurde eine getrennte Auswertung für diese Gebiete vorgenommen.

32) Sottrum und Scheeßel sind nicht dem Oberzentrum Hamburg zugeordnet. Die hohe relative Bedeutung dieses Oberzentrums läßt es in Abweichung von der zentralörtlichen Zuordnung dagegen angeraten erscheinen, die Verbindungen nach Hamburg auch für Sottrum und Scheeßel zu berücksichtigen.

Übersicht 3: *Bus- und Bahnverbindungen zwischen den Gemeindeteilen der Gemeinde Sottrum im Sommer 1978*

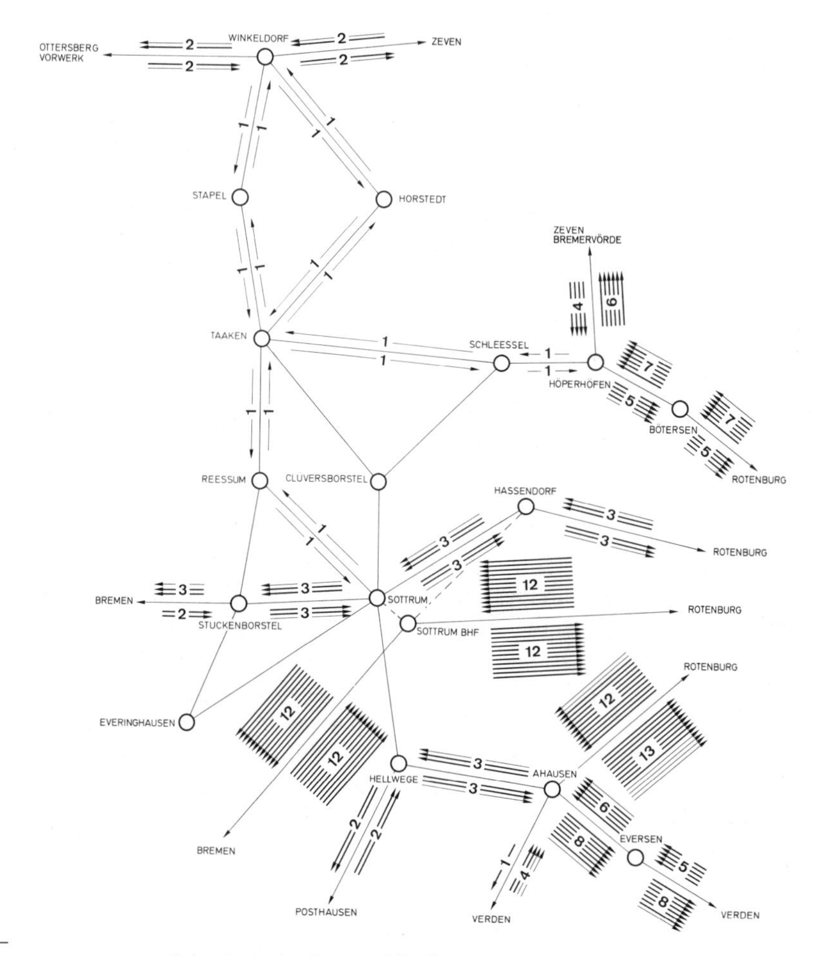

Quelle: Eigene Auswertungen auf der Basis des Sommerfahrplans 1978

Aus den Übersichten 3 (Sottrum), 4 (Scheeßel) und 5 (Heeslingen) können alle Verbindungen zwischen einzelnen Gemeindeteilen jeder Untersuchungsgemeinde entnommen werden wie auch die Zielorte der dieses Gebiet durchfahrenden ÖV-Linien. Die Bedienungshäufigkeiten auf diesen Verbindungen werden durch Richtungspfeile angegeben, wobei ganzjährig-werktägliche (außer samstags) Verbindungen durch stärkere Linien, lediglich schultägige durch schwächere Linien dargestellt werden. Soweit Linien aus dem jeweiligen Untersuchungsgebiet hinauslaufen, muß die Zahl der angegebenen Verbindungen aber nicht unbedingt bis zum angegebenen Fernziel konstant bleiben; vielmehr ist es möglich, daß die Fahrthäufigkeit an Zwischenpunkten ausgedünnt wird.

Bereits hier wird deutlich, daß innerhalb der jeweiligen Gemeinden in der Regel große Differenzen zwischen einzelnen Gemeindeteilen bezüglich ihrer Anbindungshäufigkeit an das zugehörige Gemeinde- und Mittelzentrum bestehen. Während eine größere Anzahl von

Übersicht 4: *Bus- und Bahnverbindungen zwischen den Gemeindeteilen der Gemeinde Scheeßel im Sommer 1978*

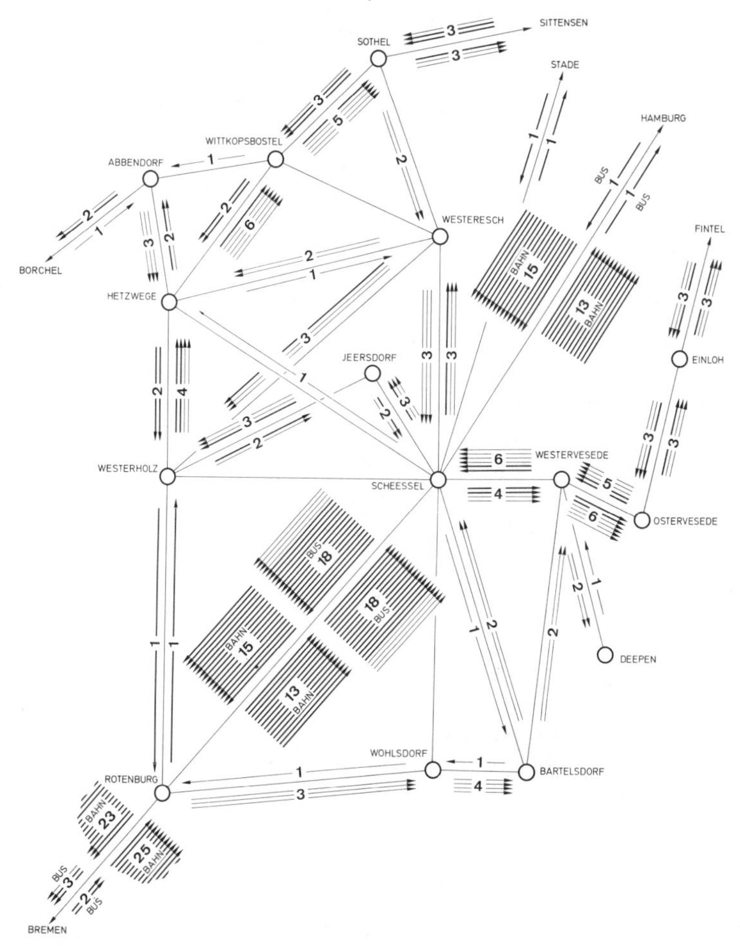

Quelle: Eigene Auswertungen auf der Basis des Sommerfahrplans 1978

Gemeindeteilen lediglich über eine Verbindung in der Schulzeit verfügen, sind andere wiederum mit bis zu sechs Fahrtenpaaren an das Gemeindezentrum angeschlossen. Ferner zeigt sich die überragend günstige Anbindungshäufigkeit derjenigen Gemeindeteile, die gleichzeitig Gemeindezentrum sind, in bezug auf ihre Mittelzentren. Am guten Anschluß an die Mittelzentren und damit im allgemeinen auch an die Oberzentren können die peripheren Gemeindeteile nur dann teilhaben, wenn sie ihrerseits über einen entsprechend häufig bedienten Anschluß an das Gemeindezentrum verfügen.

Zur Analyse der Bedienungsqualität eines Gemeindeteils ist es somit erforderlich, die Häufigkeit der Anbindung jedes Gemeindeteils – unter Berücksichtigung der Umsteigemöglichkeiten – an ihre Grund-, Mittel- und Oberzentren zu ermitteln, wie in den Übersichten 6, 7 und 8 dargestellt. Sinnvollerweise dürfen dabei nicht alle in den Übersichten 3 bis 5 ermittelten Fahrten und Fahrtenpaare berücksichtigt werden; vorrangiges Kriterium muß vielmehr sein, ob an einem

Übersicht 5: *Bus- und Bahnverbindungen zwischen den Gemeindeteilen der Gemeinde Heeslingen im Sommer 1978*

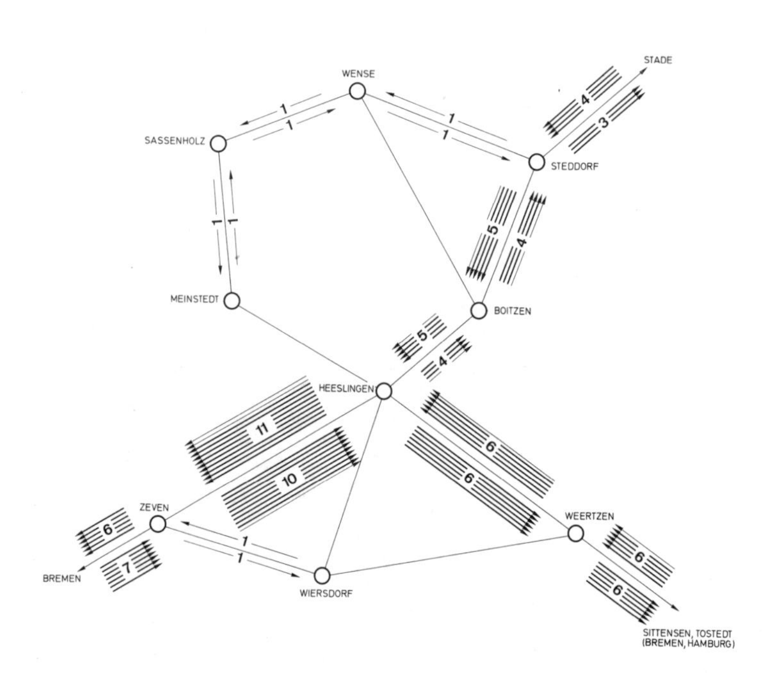

Quelle: Eigene Auswertungen auf der Basis des Sommerfahrplans 1978

Tag eine Hin- und spätere Rückfahrt mit einer sinnvollen Aufenthaltsdauer am Zielort gewährleistet ist. Wird ein Gemeindeteil dagegen etwa von einem Fahrtenpaar täglich bedient, das zunächst vom Zentrum zum Gemeindeteil und dann zurückfährt, so gilt der Gemeindeteil im Sinne der hier zugrunde liegenden Überlegungen als nicht angeschlossen. Kommen weitere Fahrten hinzu, ohne daß eine sinnvolle Verbindung entsteht, werden auch diese nicht berücksichtigt. (Solche Verbindungen sind in den Übersichten 6 bis 8 als einfache Linien mit einem Richtungspfeil in der Mitte dargestellt, so z. B. alle Fahrten zwischen Wohlsdorf bzw. Bartelsdorf und Rotenburg.)

Ist die Bedingung mindestens eines täglichen sinnvollen Fahrtenpaares erfüllt, so sind diese sowie alle anderen Fahrten in beiden Richtungen in den genannten Übersichten als Pfeil dargestellt, wobei wiederum durch verschiedene Strichstärken zwischen ganzjährigen und lediglich schultägigen Verbindungen unterschieden wird.

4.3.3 Entwicklung der Angebotsstruktur in den Untersuchungsgemeinden

Die – unerwartete – Feststellung einer Verbesserung zumindest der Flächendeckung durch den öffentlichen Verkehr im Verlauf etwa der letzten 10 Jahre aus Abschnitt 4.2.2 zeigt sich ebenfalls bei einer kleinräumigen Betrachtung der Untersuchungsgemeinden. Waren in Scheeßel und Sottrum im Jahre 1965 8 Gemeindeteile und in Heeslingen 1967/68 2 Gemeindeteile mit insgesamt ca. 18 % der Gesamtbevölkerung nicht angeschlossen, so war es im Jahr 1978 nur noch 1 Gemeindeteil mit weniger als 1 % der Bevölkerung. Es sollte dabei jedoch nicht übersehen werden, daß die zusätzliche Flächenerschließung häufig mit einer sehr geringen Fahrtenhäufigkeit erfolgt. Im Falle der Gemeinde Heeslingen war es möglich, auch die Entwicklung der Fahrtenhäufigkeit zu betrachten. In den Jahren 1967/68 gab es hier – betrachtet zwischen allen im Streckenverlauf benachbarten Gemeindeteilen – insgesamt 34 Fahrten, im Jahre 1978 waren es dagegen 59 Fahrten, davon allerdings 16 lediglich an Schultagen.

Übersicht 6: *Gemeinde Sottrum, Fahrtmöglichkeiten im ÖV zwischen den Gemeindeteilen und Sottrum, Rotenburg, Bremen und Hamburg im Sommer 1978*

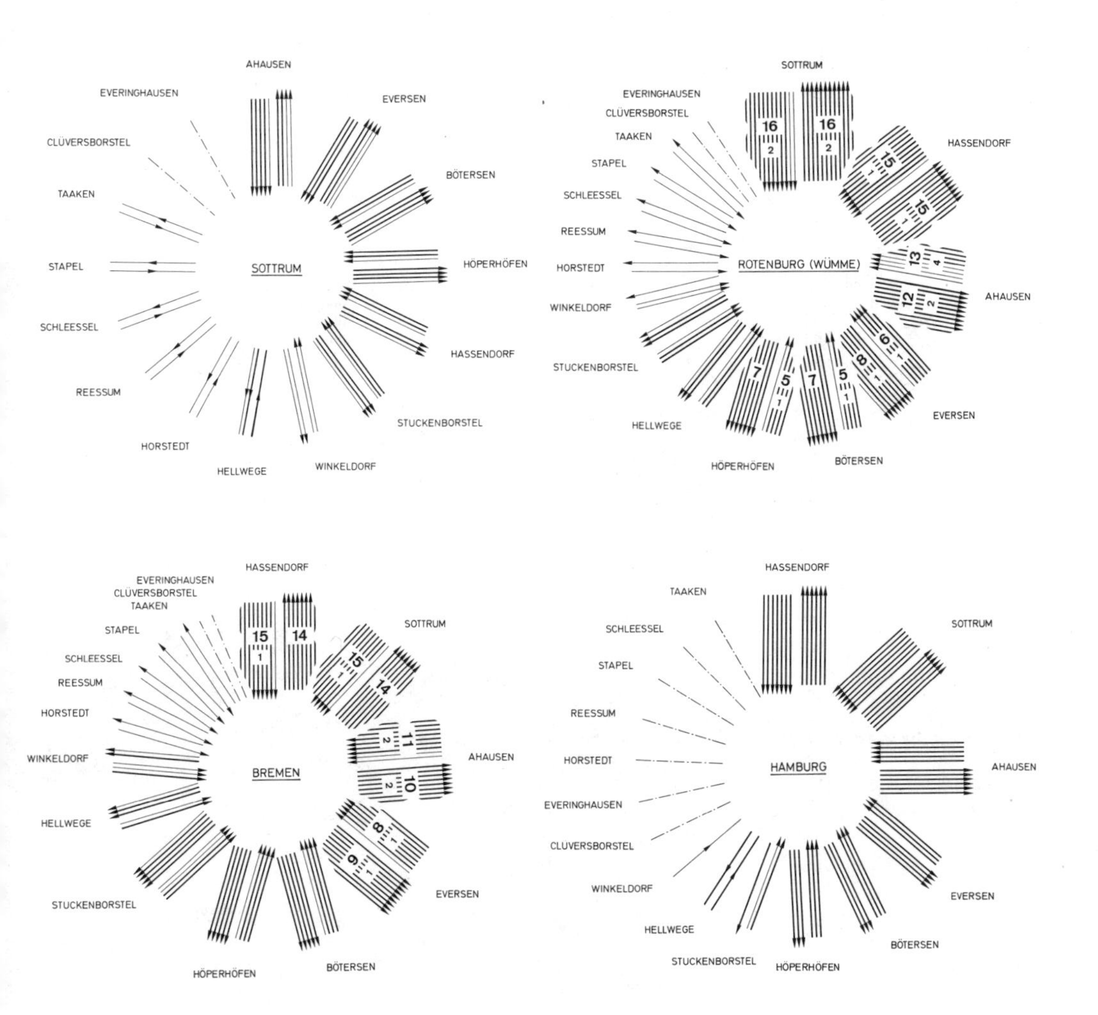

Quelle: Eigene Auswertungen auf der Basis des Sommerfahrplans 1978

Übersicht 7: *Gemeinde Scheeßel, Fahrtmöglichkeiten im ÖV zwischen den Gemeindeteilen und Scheeßel, Rotenburg, Bremen und Hamburg im Sommer 1978*

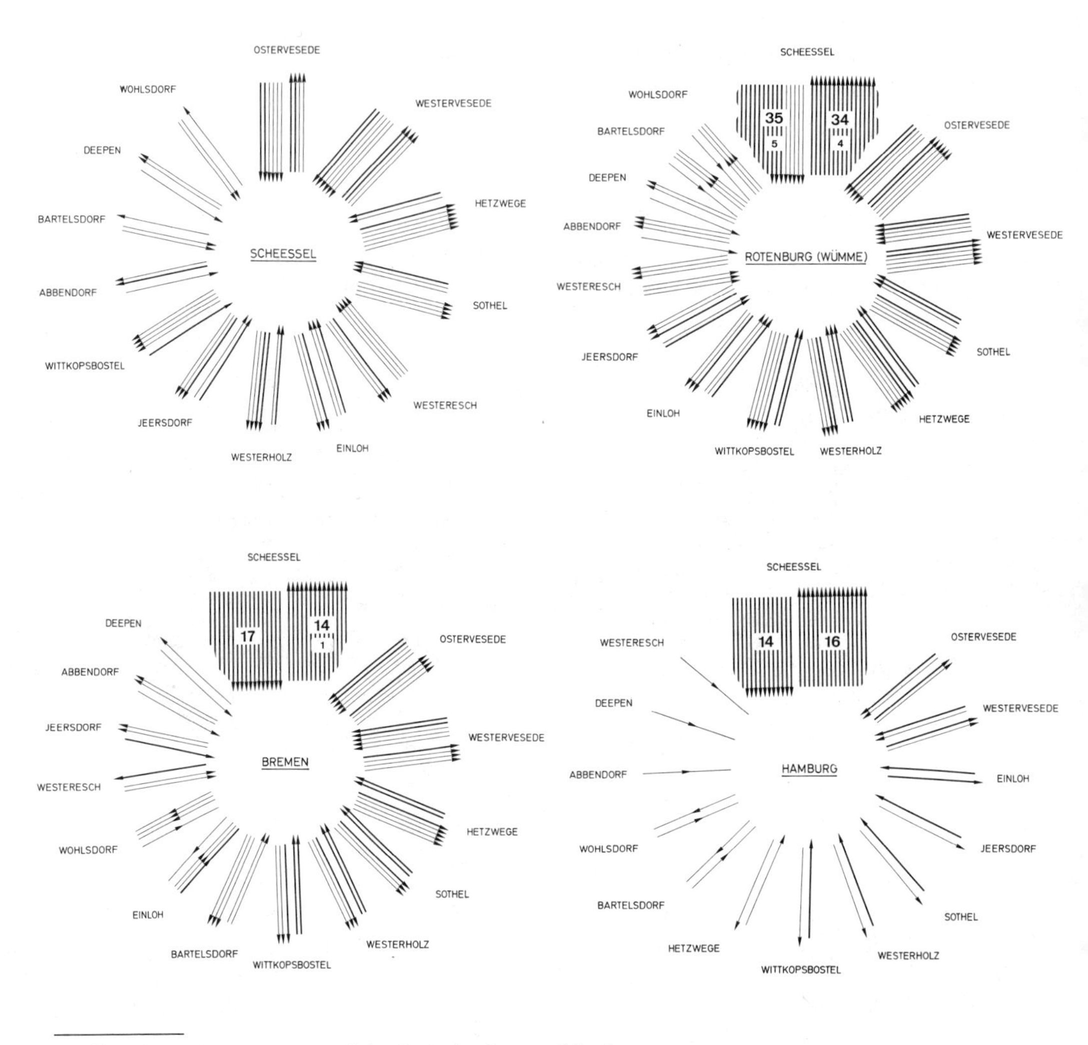

Quelle: Eigene Auswertungen auf der Basis des Sommerfahrplans 1978

Übersicht 8: *Gemeinde Heeslingen, Fahrtmöglichkeiten im ÖV zwischen den Gemeindeteilen und Heeslingen, Zeven, Bremen und Hamburg im Sommer 1978*

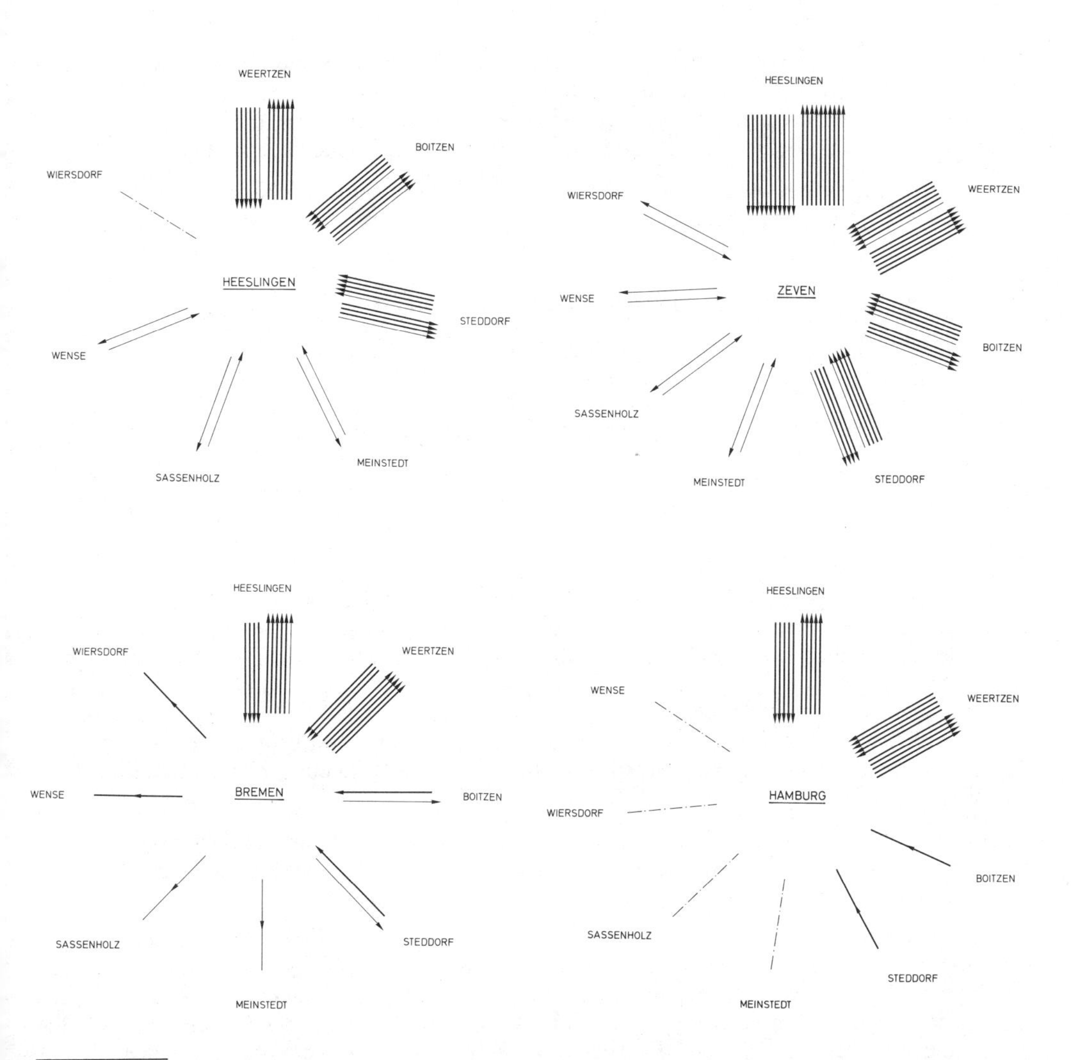

Quelle: Eigene Auswertungen auf der Basis des Sommerfahrplans 1978

5. Gruppierung der Untersuchungsgemeinden nach der Qualität ihrer ÖV-Versorgung (Expertenurteil)

Zu den Zielen der vorliegenden Untersuchung gehört es, Aussagen über möglicherweise gegebenes unterschiedliches Verkehrsverhalten von Personen in Orten mit stark differierender Versorgung im öffentlichen Personenverkehr herauszuarbeiten. Aus diesem Grund ist es erforderlich, die ÖV-Bedienungsqualität der untersuchten Gemeindeteile zu bewerten.

Zur Beurteilung des Angebots an öffentlichen Verkehrsmitteln können eine Reihe von Qualitätsmerkmalen herangezogen werden, so etwa

- Häufigkeit und Regelmäßigkeit der Fahrmöglichkeiten,
- Entfernungen zur Haltestelle an Quelle und Ziel der Fahrt,
- Direktfahrmöglichkeit bzw. Umsteigenotwendigkeit,
- Zuverlässigkeit und Pünktlichkeit der Bedienung,
- Beförderungskomfort mit dem wichtigsten Unterkriterium der Sitzplatzerwartung,
- Beförderungsgeschwindigkeit,
- Sicherheit,
- Tarifgestaltung[33]).

Die Bedeutung der Qualitätsmerkmale für den Fahrgast sollte jedoch in Abhängigkeit von der Situation des öffentlichen Verkehrs im Untersuchungsraum gesehen werden. Im dünnbesiedelten ländlichen Raum mit schwachen Verkehrsströmen sollte das Kriterium der Bedienungshäufigkeit für den Nachfrager von größter Bedeutung sein, während in Räumen mit hohem Verkehrsaufkommen und entsprechend höherer Bedienungsfrequenz Fragen des Beförderungskomforts, der Sitzplatzerwartung, des Zeitaufwandes und der Tarifgestaltung von größerer Bedeutung sein dürften[34]). Die Auswertung einer entsprechenden Frage des Erhebungsbogens bestätigt diese Annahme.

In Anbetracht der ausgeprägt dünnbesiedelten ländlichen Struktur des Untersuchungsraumes sowie des vorhandenen ÖV-Angebotes ist damit das Kriterium des Anschlusses überhaupt bzw. der Bedienungshäufigkeit für die Qualitätsbeurteilung maßgebend.

Die Qualität der Versorgung mit öffentlichen Personenverkehrsleistungen für die Samtgemeinde Sottrum, die Mitgliedsgemeinde Heeslingen sowie die Einheitsgemeinde Scheeßel wurde auf der Basis der im letzten Abschnitt entwickelten Bedienungshäufigkeiten jeweils in bezug auf Grundzentren (GZ), Mittelzentren (MZ) und Oberzentren (OZ) beurteilt, wobei lediglich die zuvor abgegrenzten „sinnvollen" Fahrten bzw. Fahrtenpaare berücksichtigt wurden. Bedie-

[33]) Aufzählung nach Ingenieursozietät BECK-GRAVERT-SCHNEIDER: Öffentlicher Personennahverkehr im Raum Darmstadt/Dieburg 1975, Analyse, Text und Tabellen, Frankfurt 1975, S. 74; vgl. auch STUVA Studiengesellschaft für unterirdische Verkehrsanlagen (Hrsg.): Anforderungen der Fahrgäste an den öffentlichen Nahverkehr, Forschung und Praxis U-Verkehr und unterirdisches Bauen, Bd. 17, Düsseldorf 1976; A. HERLAU, H. LUDWIG: Definierung eines Beförderungsstandards im öffentlichen Personennahverkehr (Anstrebung gleichwertiger Verkehrsbedienungsformen mit unterschiedlichem Verkehrsmitteleinsatz), Gutachten im Auftrage des Bundesministers für Verkehr, September 1972; K.-H. WEIMER: Qualitätsbezogene Betriebsvergleiche im Personennahverkehr Nordrhein-Westfalens, Forschungsbericht des Landes Nordrhein-Westfalen Nr. 2731, Opladen 1978.

[34]) Vgl. so auch Ingenieursozietät BECK-GRAVERT-SCHNEIDER: Öffentlicher Personennahverkehr im Raum Darmstadt/Dieburg 1975, a.a.O., S. 74.

nungsunterschiede (ganzjährig – schultags), der abnehmende Grenznutzen zusätzlicher Verbindungen, die unterschiedliche Bewertung von Verbindungen werktäglich montags–freitags/samstags/sonntags und die unterschiedliche Gewichtung des Fahrtziels erfordern eine differenzierte Bewertung anhand von acht Kriterien unterschiedlicher Gewichtung.

5.1 Kriterien-Katalog, Bewertung und Gruppeneinteilung

Im grundlegenden Bewertungsschema – wie es in Übersicht 9 dargestellt ist – erhalten die für den Berufsverkehr wichtigen Fahrtenpaare mit der Hinfahrt in der Stundengruppe 5.00–9.00 Uhr und der Rückfahrt in der Stundengruppe 15.00–19.00 Uhr von und zu allen drei Zentren je 100 Punkte (1. Kriterium: 1.1 Verbindung mit Ortszentrum; 1.2 Verbindung mit Mittelzentrum; 1.3 Verbindung mit Oberzentren Bremen und Hamburg).

Ist ein Fahrtenpaar in diesen berufsverkehrsspezifischen Stundengruppen nicht vorhanden, aber steht ein anderes ganzjähriges Fahrtenpaar außerhalb dieser Stundengruppe zur Verfügung, so werden 80 Punkte zugeteilt. Falls auch dieses Fahrtenpaar nach Kriterium 2 nicht vorhanden ist, erhalten die Ortsteile, die lediglich über eine auf den Schülerverkehr abgestimmte Busverbindung zu einem der Zentren verfügen, für ein solches Fahrtenpaar zum Ortszentrum und Mittelzentrum 60 Punkte und für ein solches Fahrtenpaar nach Hamburg und/oder Bremen je 50 Punkte.

Die niedrigere Punktzahl im Kriterium 2 (80 Punkte) erklärt sich aus der relativ geringeren Bedeutung einer Verbindung außerhalb der berufsverkehrsspezifischen Stundengruppen im Vergleich zu einer Verbindung innerhalb dieser Stundengruppen.

Die Bewertung nach Kriterium 3 (schultägige Busverbindung) ist wiederum erheblich geringer als die Bewertung nach Kriterium 1 und auch nach Kriterium 2, da zum einen eine solche Verbindung nicht ganzjährig zur Verfügung steht, zum anderen die Beförderungsbedingungen (meist überfüllte Busse) eine niedrigere Bewertung als die einer ganzjährig betriebenen Linienbusverbindung nach Kriterium 2 erfordern. Die im Kriterium 3 erfaßten Schultag-Verbindungen stellen jedoch für die entsprechenden Ortsteile die einzigen sinnvollen Verbindungen zu den Zentren dar. Insofern wird eine gleiche Abstufung der Bewertung zwischen den Kriterien 2 und 3 wie zwischen den Kriterien 1 und 2 gewählt, obwohl der Aspekt der fehlenden Ganzjährigkeit und der geringen Beförderungsqualität zunächst eine größere Abstufung nahelegt. Diesem Aspekt wird in Kriterium 3 insoweit Rechnung getragen, als eine solche Verbindung zum Oberzentrum (wobei es sich allerdings auch um eine gemischte Verbindung mit Umsteigen handeln kann) etwas geringer bewertet wird als die Verbindung zu den anderen Zentren.

Das Kriterium 4 berücksichtigt die ganzjährigen samstäglichen Fahrtenpaare. Liegt hierbei mindestens ein sinnvolles Fahrtenpaar zum Ortszentrum oder zum Oberzentrum vor, so werden jeweils 40 Punkte vergeben. Da davon ausgegangen wird, daß der Wocheneinkauf und die Beschaffung des höherwertigen Bedarfs am arbeitsfreien Samstag eher im Mittelzentrum als im Gemeindezentrum erfolgt, wird eine gegebenenfalls vorhandene Anbindung zum Mittelzentrum mit 45 Punkten etwas höher bewertet als ein sinnvolles Fahrtenpaar zu den beiden anderen Zentren.

Das Kriterium 5 bewertet die samstäglichen Verbindungen mit Bussen, die nur an Schultagen verkehren. Aus den bereits genannten Gründen erscheint es plausibel, im Kriterium 5.1 auch an Samstagen solche Verbindungen geringer als die ganzjährigen Verbindungen zu bewerten. Im Kriterium 5.2 wird – in entsprechender Weise – die Verbindung zum Mittelzentrum mit 35 gegenüber 30 Punkten bei den anderen Zentren bewertet.

Im Gegensatz zu den bisher in den Kriterien 1 bis 5 erfaßten Fahrtenpaaren wird im Kriterium 6 von ganzjährigen Einzelfahrten ausgegangen. Da bei zunehmender Fahrtenzahl mit einem abnehmenden Grenznutzen zu rechnen ist, werden in bezug auf das Orts- und Mittelzentrum die ersten beiden zusätzlichen Fahrten mit je 15 Punkten, die dritte bis fünfte zusätzliche Fahrt mit je 10 Punkten und alle weiteren Fahrten mit jeweils 5 Punkten bewertet. Ferner wird davon ausgegangen, daß zusätzliche Fahrten zum Orts- und Mittelzentrum von relativ größerer Bedeutung sind als solche zum Oberzentrum. Aus dieser Überlegung erhalten die ersten beiden zusätzlichen Fahrten nach Hamburg und/oder Bremen nur je 10 Punkte und alle weiteren Fahrten je 5 Punkte.

Das Kriterium 7 erfaßt die zusätzlichen schultägigen Fahrten. Der Wert dieser Fahrten wird wiederum niedriger eingeschätzt als der für Fahrten des Kriteriums 6, so daß unter Berücksichtigung des abnehmenden Grenznutzens Fahrten zum Orts- und Mittelzentrum für die ersten beiden Fahrten mit je 10 Punkten, darüber hinaus mit je 5 Punkten bewertet werden. Die geringere Bedeutung der Verbindung zum Oberzentrum zeigt sich auch hier in jeweils 5 Punkten für die ersten beiden Verbindungen und je 3 für die folgenden.

Das 8. Kriterium erfaßt die ganzjährigen sonntäglichen Verbindungen. Das Vorliegen eines sinnvollen sonntäglichen Fahrtenpaares wird im allgemeinen geringer bewertet als ein samstägliches Fahrtenpaar gemäß Kriterium 4. Innerhalb der sonntäglichen Verbindungen erscheinen diejenigen zum Ortszentrum am wichtigsten und werden entsprechend mit 30 Punkten gewichtet. Die Verbindungen zum Mittelzentrum dagegen erhalten 15, Verbindungen zu den Oberzentren 10 Punkte.

Da die Gemeindeteile Scheeßel und Heeslingen als Gemeindezentren selbst Zielorte sind, können für sie keine Werte in den Kriterien 1.1, 2.1 usw. ermittelt werden. Andererseits ist für die Bewohner dieser Orte die „Bedienungsqualität" sehr hoch, da alle Einrichtungen im allgemeinen fußläufig erreichbar sind. Um somit eine relative Verschlechterung in der Bewertung ihrer Bedienungsqualität gegenüber ihren weiteren Gemeindeteilen zu vermeiden, wurde für sie in den entsprechenden Kriterien der Wert des in diesem Kriterium bestbedienten Gemeindeteils der gleichen Gemeinde zugrunde gelegt und in Klammern angegeben.

Die Gewichtung der einzelnen Kriterien erfolgte zwar durch die Bearbeiter; die Abstufung innerhalb der einzelnen Kriterien und der Kriterien untereinander ist jedoch – wie dargestellt – sachlogisch erklärbar. Die Höhe der gewählten Abstufung, ausgedrückt durch die punktmäßigen Gewichtungsdistanzen, unterliegt dagegen eher einem höheren Maß subjektiver Einschätzung.

Die Rangreihung der Gemeindeteile nach fallender Punktzahl als Ergebnis dieser Qualitätsbewertung zeigt Übersicht 10. Aufgrund dieser Bewertung kann eine Einteilung der 33 Gemeindeteile in vier deutlich getrennte Gruppen durchgeführt werden, die den Bezugsrahmen der qualitätsbezogenen Auswertungen der durchgeführten Erhebung bilden.

Um die subjektive Komponente des Bewertungsvorganges zu relativieren, wurde im Rahmen von Sensitivitätsanalysen die Kriterien-Gewichtung stark variiert, ohne daß sich gravierende Veränderungen des Rangplatzes je Gemeindeteil daraus ergaben. Zudem wurde u. a. berücksichtigt, daß in der Untersuchung des Niedersächsischen Ministers für Wirtschaft und Verkehr die Ansicht vertreten wird, daß nur an Schultagen verkehrende Verbindungen unberücksichtigt bleiben sollten, da sie keine vollwertigen Anschlüsse darstellen. Aus diesem Grunde wurden in einem Bewertungsgang die Kriterien 3, 5 und 7 – die schultägige Verbindungen betreffen – nicht berücksichtigt. Auch die sich daraus ergebenden Veränderungen der Rangplätze waren nur geringfügig, die Gruppeneinteilung blieb davon weitgehend unberührt.

Übersicht 9: *Kriterienkatalog und Bewertungsschema zur Beurteilung der ÖV-Qualität*

Kriterium 1:	Ein ganzjähriges sinnvolles Fahrtenpaar Mo.–Fr. mit einer Hinfahrt in der Stundengruppe 5.00–9.00 Uhr und einer Rückfahrt in der Stundengruppe 15.00–19.00 Uhr. Bewertung: GZ, MZ, OZ: 100 Punkte
Kriterium 2:	Ein ganzjähriges sinnvolles Fahrtenpaar Mo.–Fr. in anderen Stundengruppen. Berücksichtigung nur dann, wenn Kriterium 1 nicht erfüllt ist. Bewertung: GZ, MZ, OZ: 80 Punkte
Kriterium 3:	Ein sinnvolles Fahrtenpaar Mo.–Fr. an Schultagen. Berücksichtigung nur, wenn Kriterien 1 und 2 nicht erfüllt sind. Hierzu zählen auch Fahrtenpaare, bei denen eine Fahrt lediglich schultags, die andere ganzjährig erfolgt. Bewertung: GZ, MZ: 60 Punkte; OZ: 50 Punkte
Kriterium 4:	Mindestens ein sinnvolles Fahrtenpaar ganzjährig an Samstagen. Bewertung: GZ, OZ: 40 Punkte; MZ: 45 Punkte
Kriterium 5:	Mindestens ein sinnvolles Fahrtenpaar samstags an Schultagen. Berücksichtigung nur dann, wenn Kriterium 4 nicht erfüllt ist. Bewertung: GZ, OZ: 30 Punkte; MZ: 35 Punkte
Kriterium 6:	Einfache Fahrten Mo.–Fr. ganzjährig zusätzlich zu den in den Fahrtenpaaren der Kriterien 1, 2 oder 3 gegebenenfalls enthaltenen ganzjährigen Fahrten ohne Spezifizierung der Fahrtrichtung. Bewertung: GZ, MZ: 15/10/5 Punkte; OZ: 10/5 Punkte
Kriterium 7:	Einfache Fahrten Mo.–Fr. mit an Schultagen verkehrenden Bussen zusätzlich zu den in den Fahrtenpaaren des Kriteriums 3 gegebenenfalls enthaltenen schultägigen Fahrten ohne Spezifizierung der Fahrtrichtung. Bewertung: GZ, MZ: 10/5 Punkte; OZ: 5/3 Punkte
Kriterium 8:	Mindestens ein sinnvolles Fahrtenpaar an Sonntagen. Bewertung: GZ: 30 Punkte MZ: 15 Punkte OZ: 10 Punkte

Übersicht 10: *Rangreihung und Gruppeneinteilung der untersuchten Gemeindeteile nach ihrer ÖV-Bedienungsqualität auf der Basis der erreichten Punktzahl (Expertenurteil)*

Gruppe I		**Gruppe II**	
Punkte:	1055 Scheeßel	Punkte:	562 Westervesede
	830 Hassendorf		562 Ostervesede
	791 Ahausen		496 Hetzwege
	775 Heeslingen		495 Steddorf
	710 Weertzen		495 Boitzen
	700 Eversen		480 Westerholz
	670 Bötersen		480 Sothel
	665 Höperhöfen		435 Wittkopsbostel
Gruppe III		**Gruppe IV**	
Punkte:	340 Jeersdorf	Punkte:	185 Meinstedt
	340 Winkeldorf		185 Sassenholz
	305 Hellwege		185 Wense
	260 Abbendorf		175 Horstedt
	240 Westeresch		175 Stapel
			175 Reeßum
			175 Schleeßel
			175 Taaken
			133 Bartelsdorf
			95 Wiersdorf
			70 Wohlsdorf
			0 Clüversborstel

5.2 Gruppencharakteristika

Wie Übersicht A15 zeigt, weisen die aufgrund der Bewertung, wie sie im vorhergehenden Abschnitt beschrieben wurde, jeweils in einer Gruppe zusammengefaßten Gemeindeteile eine weitgehend gleiche Struktur ihrer ÖV-Versorgung auf. Damit ist die schon erwähnte hohe Stabilität der Gruppeneinteilung bei Veränderungen der Kriteriengewichte gewährleistet.

Für eine Untersuchung der Abhängigkeit bestimmter verkehrsrelevanter Merkmale und Verhaltensweisen von der ÖV-Versorgung ist zudem die interzeitliche Stabilität der Gruppenzuordnung wesentlich. Eine derartige Analyse ist nur dann durchführbar, wenn davon ausgegangen werden kann, daß die Versorgungsqualität der Gemeindeteile über einen längeren Zeitraum die gleiche geblieben ist bzw. sich nicht in einem bedeutenden Umfang verändert hat. Wie im Abschnitt 4.2.2 gezeigt wurde, ist hier sogar von einer leichten Verbesserung insbesondere der Flächenbedienung in den letzten 10 Jahren auszugehen, d. h., einige Gemeindeteile, die im Jahre 1968 nicht an das ÖV-Netz angeschlossen waren, verfügen nunmehr über eine Anbindung. Die geringe Fahrtenhäufigkeit dieses Anschlusses bedeutet aber im allgemeinen, daß dieser Gemeindeteil der Gruppe IV zugeordnet bleibt. Die Gruppeneinteilung wird im allgemeinen von den zeitlichen Veränderungen der Angebotsstruktur nicht beeinflußt. Für die meisten Gemeindeteile dürfte sich demnach lediglich der Rangplatz innerhalb der Gruppe in diesen 10 Jahren verändert haben.

Es kann davon ausgegangen werden, daß für die Bevölkerung der Untersuchungsgemeinden eine gleiche oder weitgehend ähnliche Versorgungssituation mit öffentlichen Verkehrsleistungen über einen Zeitraum von mindestens 10 Jahren besteht. Die auf der Basis des Sommerfahrplanes

1978 vorgenommene Bewertung der ÖV-Qualität bildet damit auch einen geeigneten Bezugsrahmen für diejenigen untersuchungsrelevanten Merkmale, die das Ergebnis eines langjährigen Anpassungsprozesses darstellen.

5.2.1 Gruppe I

Die Ortsteile der Gruppe I weisen alle mindestens ein Fahrtenpaar mit der Hinfahrt in der Stundengruppe 5.00–9.00 Uhr und der Rückfahrt in der Stundengruppe 15.00–19.00 Uhr auf. Dieses Fahrtenpaar steht sowohl zum Ortszentrum als auch zum zugehörigen Mittelzentrum und nach Hamburg und Bremen zur Verfügung.

Die Ortsteile der Gruppe I zeichnen sich ferner durch die nahezu vollständige Erfüllung des Kriteriums 4 aus, d. h., sie verfügen ganzjährig über mindestens je ein sinnvolles Fahrtenpaar an Samstagen zu den jeweiligen Unter- und Mittelzentren sowie nach Hamburg und Bremen. Lediglich zwei Gemeindeteile besitzen keinen Anschluß an das Gemeindezentrum.

Im allgemeinen zeigt sich in den Kriterien 6 und 7 eine größere Anzahl zusätzlicher Fahrten sowohl ganzjährig als auch lediglich an Schultagen. Die Bedingung mindestens eines Fahrtenpaares an Sonntagen (Kriterium 8) wird – bis auf wenige Ausnahmen – ebenfalls erfüllt.

5.2.2 Gruppe II

Die Ortsteile der Gruppe II unterscheiden sich in der Erfüllung des Kriteriums 1 deutlich von den Ortsteilen der Gruppe I. Es ist von keinem dieser Ortsteile aus möglich, alle drei Zentrentypen in der für den Berufsverkehr wichtigen Stundengruppe 5.00–9.00 Uhr anzufahren bzw. in der entsprechenden Stundengruppe 15.00–19.00 Uhr zurückzufahren. Die Erreichbarkeit des Mittelzentrums innerhalb dieser Stundengruppen ist für die Ortsteile zwar durchweg gegeben, es fehlt aber jeweils die Erreichbarkeit entweder des Ortszentrums oder von Hamburg und/oder Bremen.

Die Erreichbarkeit des Ortszentrums wird durch Erfüllung des Kriteriums 2 den Ortsteilen Hetzwege und Westerholz ermöglicht. Die Ortsteile Sothel und Wittkopsbostel der Gruppe II verfügen dagegen nicht über ein ganzjähriges Fahrtenpaar zum Ortszentrum nach Maßgabe des Kriteriums 1 oder des Kriteriums 2, sondern lediglich über eine Busverbindung an Schultagen zum Ortszentrum nach Maßgabe des Kriteriums 3. Mit Hilfe von schultägigen Fahrtenpaaren ist es allerdings von allen Ortsteilen aus möglich, Hamburg oder Bremen zu erreichen.

Das Kriterium 4 ganzjähriger samstäglicher Fahrtenpaare ist für alle Ortsteile in bezug auf das Ortszentrum und das Mittelzentrum erfüllt. Samstägliche Verbindungen zu den Oberzentren Hamburg oder Bremen sind jedoch für diese Ortsteile weder ganzjährig noch mit dem Schulbus vorhanden. Die Ortsteile dieser Gruppe weisen zusätzliche Verbindungen nach den Kriterien 6 und 7 auf, wobei jedoch die Anzahl der zusätzlichen Fahrten nach Kriterium 6 im allgemeinen geringer ist als bei den Ortsteilen der Gruppe I. Sonntägliche Fahrtenpaare nach Kriterium 8 sind zu keinem Ortsteil der Gruppe II gegeben.

5.2.3 Gruppe III

Die Abgrenzung der Gruppe III zur Gruppe II ist ebenfalls deutlich. Während durch die Ortsteile der Gruppe II das Kriterium 1 noch teilweise erfüllt wird, ist es für alle Ortsteile der Gruppe III unmöglich, ganzjährig mit einem Fahrtenpaar in den wichtigsten Stundengruppen irgendein Orts-, Mittel- oder Oberzentrum zu erreichen. Von zwei Ortsteilen dieser Gruppe aus, nämlich Abbendorf und Westeresch, ist es auch außerhalb der für den Berufsverkehr spezifischen Stundengruppe nicht möglich, in Erfüllung des Kriteriums 2 irgendein Zentrum anzufahren. Von Jeersdorf aus ist es lediglich möglich, das Orts- und Mittelzentrum, von Winkeldorf aus Bremen und von Hellwege aus das Mittel- und Oberzentrum nach Kriterium 2 zu erreichen. Lediglich die schultäglichen Verbindungen gestatten es, von allen Ortsteilen der Gruppe III in eines oder mehrere Zentren zu kommen.

Im Gegensatz zu den Ortsteilen der Gruppe II ist es allerdings für die Ortsteile der Gruppe III fast unmöglich, samstags ganzjährig ein Zentrum mit einem sinnvollen Fahrtenpaar zu erreichen. Ausnahmen bestehen nur in Jeersdorf im Hinblick auf das Ortszentrum und in Winkeldorf im Hinblick auf Bremen. Weitere Verbindungen zu irgendwelchen Zentren bestehen in dieser Gruppe samstags ganzjährig nicht. Nur unter Einbeziehung der an Schultagen betriebenen Linien nach Kriterium 5 besteht auch für diese Ortsteile die Möglichkeit, samstags mehrere Zentren anzufahren.

Das Kriterium 6, d. h. zusätzliche Fahrten montags bis freitags ganzjährig zu den in früheren Kriterien erfaßten Fahrtenpaaren, ist in der Gruppe III in wesentlich geringerem Umfang erfüllt als in der Gruppe II. Lediglich der Ort Hellwege weist zwei zusätzliche Verbindungen zum Mittelzentrum und eine zusätzliche Fahrt nach Bremen auf. Ebenso ist hier das Niveau der schultäglichen Versorgung etwas geringer als bei den Ortsteilen der Gruppe II. Sonntags ist für die Ortsteile der Gruppe III keine Erreichbarkeit irgendeines Zentrums mit einem sinnvollen Fahrtenpaar gewährleistet.

5.2.4 Gruppe IV

Die Trennung zwischen den Gemeindeteilen der Gruppe III und der Gruppe IV ist zwar weniger ausgeprägt als die Trennungen zwischen den Gruppen I, II und III, aber noch immer deutlich. Die Erfüllung des Kriteriums 1 ist bei keinem Gemeindeteil gegeben, ebensowenig die Erfüllung des Kriteriums 2, während die Gemeindeteile der Gruppe III wenigstens in einigen Fällen das Kriterium 2 erfüllen. Dies bedeutet, daß die Gemeindeteile der Gruppe IV montags bis freitags ausschließlich über lediglich schultägige Verbindungen verfügen. Das Kriterium 4 ist bei diesen Gemeindeteilen in keinem Fall erfüllt. Auch hier ist es lediglich möglich, an Samstagen, die auch Schultage sind, ein Zentrum zu erreichen. Selbst diese Aussage gilt nicht für alle Gemeindeteile; für Bartelsdorf, Wohlsdorf und Clüversborstel ist es selbst an solchen Samstagen nicht möglich, ein Zentrum zu erreichen. Bei allen anderen Gemeindeteilen, bis auf Wiersdorf, ist es möglich, zwei Zentren anzufahren. Von Wiersdorf aus ist lediglich das Mittelzentrum mit schultägigen Busverbindungen erreichbar. Das Kriterium 6, d. h. zusätzliche Fahrten zur Grundbedienung, ist in keinem Fall erfüllt. Kriterium 7 weist zusätzliche Busfahrten an Schultagen in sehr geringem Umfange in Bartelsdorf mit insgesamt vier Fahrten und in Wohlsdorf mit einer Fahrt zum Gemeindezentrum auf. Sonntägliche Verbindungen zu irgendeinem Zentrum sind auch in der Gruppe IV wie schon in den Gruppen II und III nicht gegeben.

5.3 Beurteilung der ÖV-Qualität anhand von Richtwerten

Ein Vergleich der in den einzelnen Gruppen erreichten Ist-Werte der Erschließung mit öffentlichen Verkehrsmitteln mit standardisierten Richtwerten, wie sie nach Maßgabe der Bayerischen Richtlinie zur Nahverkehrsplanung „für zufriedenstellende Verkehrsverhältnisse kennzeichnend sind“[35]), gibt weiteren Aufschluß über die Versorgungsqualität der Gemeindeteile. Die Tabelle 4 dieser Richtlinie zur Verkehrsplanung nennt eine Reihe von Merkmalen mit entsprechenden Richtwerten[36]). Sieht man von den bereits berücksichtigten Merkmalen der

---

[35]) Bayerisches Staatsministerium für Wirtschaft und Verkehr (Hrsg.): Richtlinie zur Nahverkehrsplanung, a. a. O., S. 43. Die Bayerischen Richtwerte wurden trotz einer nicht vollständigen Kompatibilität der zentralörtlichen Funktionszuweisung in Bayern und Niedersachsen in der vorliegenden Untersuchung zu Vergleichszwecken herangezogen, da es sich bei ihnen um das Ergebnis der bislang wohl differenziertesten Formulierung eines Nahverkehrskonzeptes auch unter Berücksichtigung ländlicher Gebiete handelt.

[36]) Vgl. ebenda, S. 49, Tabelle 4.

Anbindung von Teilflächen sowie des Haltestelleneinzugsbereiches ab, so sind für ländlich strukturierte Räume insbesondere das Merkmal der Erreichbarkeit übergeordneter zentraler Orte und der Fahrtenhäufigkeit von Interesse.

Für die Erreichbarkeit übergeordneter zentraler Orte ist dort festgelegt, daß das zugehörige Unterzentrum in 40 Minuten, ein Mittel- oder Oberzentrum in 60 Minuten erreichbar sein soll, eine Bedingung, die für 90% der Einwohner eines Nahverkehrsraumes zu erfüllen ist. Eine Erreichbarkeit ist nur dann gegeben, wenn Hin- und Rückfahrt sowohl innerhalb eines Halbtages- als auch eines Tageszeitraumes möglich ist. Ist das Erfüllungsdefizit so hoch, daß entsprechende Maßnahmen wirtschaftlich nicht vertretbar sind, kann eine raumspezifische Anpassung der Richtwerte innerhalb einer bestimmten Bandbreite vorgenommen werden. Die Grenzwerte für die Erreichbarkeit von Unterzentren betragen dann 50 Minuten, für die Mittel- und Oberzentren 90 Minuten.

Für Teilflächen mit weniger als 1000 Einwohnern empfiehlt die Richtlinie in der Zeit von 6.00–22.00 Uhr vier Fahrtenpaare (drei als Grenzwert). Für Teilflächen mit 1000–3000 Einwohnern 12 bzw. 6 Fahrtenpaare, bei mehr als 3000 Einwohnern sollen Richtwerte je nach Streckenbelastung entwickelt werden.

Da es sich in der vorliegenden Untersuchung bis auf die Gemeindezentren um sehr kleine Teilflächen (Gemeindeteile) mit teilweise weniger als 200 Einwohnern handelt (wobei die Richtlinie die Erschließung lediglich von Teilflächen mit mehr als 200 bzw. 500 Einwohnern vorschreibt), erscheint es vertretbar, sich bei der Beurteilung der Erreichbarkeit zentraler Orte und der Fahrtenhäufigkeit an den unteren Grenzwerten der Richtwerte zu orientieren, d. h. für die Erreichbarkeit des Unterzentrums 50 Minuten, des Mittel- oder Oberzentrums 90 Minuten vorzugeben. Diese Bedingungen sind für die Untersuchungsgemeinden – sofern sie überhaupt angeschlossen sind – erfüllt. Entsprechend gelten für die Fahrtenhäufigkeit drei bzw. sechs Fahrtenpaare. Für das Gemeindezentrum Scheeßel (5834 Einwohner) werden 12 Fahrtenpaare vorgegeben. Ebenso wird die Rückfahrmöglichkeit innerhalb eines Tageszeitraumes als ausreichend betrachtet.

Zusätzlich zur Richtlinie ist es aufgrund der Verkehrsverhältnisse erforderlich, bei der Fahrtenhäufigkeit ebenfalls nach Zielen zu differenzieren, da für manche Orte unterschiedliche Fahrtenhäufigkeiten zu den unterschiedlichen Zielen existieren.

Unter diesen – die Richtlinie modifizierenden – Bedingungen sind die in Übersicht A16 dargestellten Zielerfüllungsgrade für die untersuchten Gemeindeteile ermittelt worden. Der in der Richtlinie verwendete Zielerfüllungsgrad gibt an, mit wieviel Prozent ein Ist-Wert zum gegenwärtigen Zeitpunkt den standardisierten Richtwert erfüllt. Das bedeutet, daß die Forderung der Richtlinie bei einem Zielerfüllungsgrad von weniger als 100% nicht erfüllt, bei 100% gerade erfüllt und bei Werten über 100% übererfüllt ist.

Die Betrachtung der Fahrtenpaare im Verkehr zwischen untersuchten Gemeindeteilen und Zentren zeigt deutlich unterschiedliche Zielerfüllungsgrade für die einzelnen Gruppen, wie sie im Abschnitt 5.1 abgegrenzt wurden.

Die Gemeindeteile der Gruppe I weisen – mit Ausnahme von Heeslingen in bezug auf Bremen und Hamburg – Zielerfüllungsgrade von 100% bis zu 500% auf. Der durchschnittliche ungewichtete Zielerfüllungsgrad aller Gemeindeteile und Ziele beträgt in dieser Gruppe 180%. Folglich sind die für diese Ortschaften im ÖPNV gegenwärtig angebotenen Verbindungen weit besser, als nach der Richtlinie zu fordern wäre.

Die Gemeindeteile der Gruppe II erreichen dagegen Zielerfüllungsgrade bis maximal 170%, wobei in weiten Bereichen die Richtwerte nicht erfüllt werden. Der durchschnittliche Zielerfüllungsgrad beträgt 84%. Die Gruppe III zeigt lediglich Zielerfüllungsgrade zwischen 0% und 100% mit einem Durchschnitt von 43%. Die Gruppe IV ergibt im wesentlichen Zielerfüllungsgrade von 0% und 30% mit einem sehr geringen Durchschnitt von lediglich 16%.

Für diese drei Gruppen gilt somit, daß die zu fordernde Mindestbedienung prinzipiell nicht erfüllt ist. Der Grad der Nichterfüllung nimmt entsprechend dem fehlenden Zielerfüllungsgrad von Gruppe zu Gruppe zu.

Gleichzeitig läßt sich durch die je Gruppe deutlich unterschiedlichen Zielerfüllungsgrade die im Abschnitt 5.1 durchgeführte Einteilung der untersuchten Gemeindeteile nach den dort beschriebenen differenzierten Kriterien als sinnvoll und trennungsscharf bestätigen.

6. Erhebung

6.1 Rahmenbedingungen

Umfang und Gestaltung einer Erhebung sowie ihrer Auswertung werden zum einen von der Notwendigkeit eines problemadäquaten Instrumentariums, zum anderen vom Umfang der verfügbaren Mittel bestimmt. Eine Erhebung mit postalischer Ankündigung, Postversand der Befragungsunterlagen, dreifachem Erinnerungsverfahren mit Neuversand, wie sie etwa KONTIV zugrunde liegt[37]), wäre aufgrund der hohen Organisations- und Durchführungskosten nur für einen geringen zu befragenden Personenkreis möglich gewesen. Die aufgrund der Fragestellung erforderliche Berücksichtigung von Gemeinden bzw. Gemeindeteilen unterschiedlichster Versorgung mit öffentlichen Verkehrsleistungen machte jedoch die Erfassung eines größeren Personenkreises insbesondere unter Repräsentanzgesichtspunkten erforderlich.

Der Grundlagencharakter dieser Untersuchung für sehr kleine Gemeinden im dünnbesiedelten, strukturschwachen ländlichen Raum ließ es zudem vorteilhaft erscheinen, der Betrachtung einer breiteren Fragestellung den Vorzug vor einer höheren Validisierung eines begrenzten Problemfeldes zu geben. Dadurch war es gleichzeitig möglich, den Fragebogen so zu strukturieren, daß seine Beantwortung ohne Schwierigkeiten und mit geringem Zeitaufwand möglich war, ein Vorteil, der sicherlich zur erreichten ungewöhnlich hohen Rücklaufquote beigetragen haben dürfte.

Unter diesen Rahmenbedingungen und im Hinblick auf die hier verfolgte Zielsetzung gewährleistet die gewählte Vorgehensweise einen größtmöglichen Informationsgewinn.

6.2 Durchführung der Datenerhebung

In den Untersuchungsgemeinden, wie sie im 2. Abschnitt abgegrenzt und charakterisiert worden sind, wurde im Juli/August 1978 eine Primärerhebung anhand eines sechsseitigen – mit Psychologen abgestimmten – Fragebogens mit 46 Einzelfragen durchgeführt. Die haushaltsbezogenen Fragebogen sahen je Frage Antwortmöglichkeiten für maximal fünf Haushaltsmitglieder vor. Dabei wurde auf die fünf ältesten Mitglieder des Haushalts abgestellt; im ungünstigen Fall von Großhaushalten mit mehr als fünf Personen fielen somit Haushaltsangehörige des niedrigsten Lebensalters aus der Untersuchung heraus. In der gesamten Befragung wurden 337 Haushalte mit mehr als fünf Mitgliedern ermittelt, wobei aus den genannten Gründen insgesamt 575 in diesen Haushalten lebende Personen nicht berücksichtigt werden konnten.

---

[37]) Vgl. SOZIALFORSCHUNG BRÖG: KONTIV 77 – Endbericht, München 1977, S. 7 ff.

In der Samtgemeinde Sottrum und der Mitgliedsgemeinde Heeslingen handelte es sich bei der Befragung um eine Totalerhebung. Die Fragebogen wurden allen Haushalten dieser Gemeinden durch den Bürgermeister oder Ortsbeauftragten überbracht und einige Tage später wieder abgeholt. In der Einheitsgemeinde Scheeßel wurde im Gemeindeteil Scheeßel eine 1:3-Stichprobe und in den übrigen Gemeindeteilen eine 1:2-Stichprobe erhoben, wobei es sich jeweils um jede dritte bzw. jede zweite Anschrift vorliegender Adressenlisten dieser Gemeindeteile handelte. In Scheeßel wurden Verteilung und Rücklauf der Fragebogen von Schülern, in den Umlandgemeinden von den Ortsbeauftragten durchgeführt.

Die Ortsbeauftragten und Bürgermeister haben unentgeltlich bzw. gegen einen geringen Kostenbeitrag an der Befragung mitgewirkt und damit die Erfassung einer wesentlich höheren Grundgesamtheit ermöglicht. Gleichzeitig dürften ihr persönlicher Einsatz und der damit verbundene offizielle Charakter der Erhebung die Rücklaufquote positiv beeinflußt haben, so daß in einigen Gemeindeteilen eine Quote zwischen 80 % und 90 %, in einem Fall sogar von mehr als 90 % erreicht werden konnte.

Die erhobenen Daten wurden von den Fragebogen auf EDV-verwendungsfähige Datenträger übernommen. Die Auswertungsrechnung selbst wurde auf einer Rechenanlage CD 6400/CD Cyber der Technischen Universität Berlin/des Wissenschaftlichen Rechenzentrums Berlin unter Verwendung standardisierter SPSS-Programme (Statistical Package for the Social Sciences) durchgeführt.

In ersten Rechenläufen erfolgte eine Bereinigung und gelegentliche Ergänzung des Datenmaterials über eine Reihe von Plausibilitätskontrollen. Da durch teilweise unvollständiges Ausfüllen der Fragebogen die Zahl der Antworten von Frage zu Frage schwankt und die fehlenden Informationen nicht immer durch logisch eindeutige Deduktionen komplettiert werden konnten, ist in den Auswertungstabellen im allgemeinen in der ersten Spalte die erfaßte Gesamtheit angegeben. Bei zusammenfassender Interpretation mehrerer Fragen wurden unterschiedliche Basen durch Umrechnung berücksichtigt oder lediglich die gemeinsamen Teilmengen zur Auswertung herangezogen.

6.3 Grundgesamtheit

Insgesamt wurden in der Samtgemeinde Sottrum 1567 Fragebogen an die Haushalte ausgegeben. Bei 499 ausgefüllten Fragebogen ergab sich eine durchschnittliche Rücklaufquote von 31,84 %. Von 6007 Einwohnern in den befragten Gemeindeteilen dieser Gemeinde konnten somit 2010 oder 33,46 % erfaßt werden.

In der Einheitsgemeinde Scheeßel wurden mit der 1:3- bzw. 1:2-Stichprobe 1157 von 2985 Haushalten befragt. Bei einer durchschnittlichen Rücklaufquote von 68,28 % der ausgegebenen Fragebogen wurden damit unter Berücksichtigung der Stichprobe 790 Haushalte mit 2851 von insgesamt 10623 Einwohnern erfaßt. Bezogen auf diese Grundgesamtheit ergab sich in Scheeßel ein erfaßter Prozentsatz von 26,84 % der Einwohner.

In der Mitgliedsgemeinde Heeslingen wurden 946 Fragebogen ausgegeben und 487 zurückerhalten. Die durchschnittliche Rücklaufquote betrug demnach hier – bezogen auf die Haushalte – 51,48 %, wodurch von 3944 Einwohnern 2017 erfaßt wurden.

Wie aus Übersicht 11 ersichtlich, wurden in den drei Gemeinden insgesamt 3670 Fragebogen ausgegeben und ein Rücklauf von 1776 Haushalten mit einer entsprechenden Gesamtrücklaufquote von nahezu 50 % (genau: 48,39 %) erreicht. Die Befragungsaktion bezog sich auf eine Grundgesamtheit von 20574 Einwohnern in 5498 Haushalten der Gemeinden Sottrum, Scheeßel und Heeslingen. Unter Berücksichtigung dieser Werte entsprechen die ausgefüllten Fragebogen einem erfaßten Haushaltsanteil von 32,3 %.

Wie im einzelnen noch im Abschnitt 6.4.3 dargelegt wird, wurden relativ mehr Haushalte mit 2 und mehr Personen erfaßt, als ihrem zu vermutenden wahren Anteil an der Verteilung der Haushaltsgrößenklassen entspricht. Dadurch wird in den Gemeinden Sottrum und Heeslingen – wo eine Totalerhebung durchgeführt wurde – bei verschiedenen Ortsteilen ein höherer Prozentanteil der Einwohner (vgl. Übersicht 11, Spalte 4) als der Haushalte (Spalte 3) erfaßt.

Übersicht 11: *Erhebungsumfang und Rücklaufquote*

	Basis: Haushalte			Anteil der erfaßten Einwohner an der Wohnbevölkerung*) %
	Ausgegebene Fragebogen abs	Ausgefüllte Fragebogen abs	Rücklaufquote %	
	1	2	3	4
Sottrum				
Ahausen	283	57	20,14	23,3
Eversen	87	38	43,68	46,5
Bötersen	132	48	36,36	39,7
Höperhöfen	70	16	22,86	26,3
Hassendorf	222	39	17,57	25,1
Hellwege	245	97	39,59	41,0
Horstedt	132	56	42,42	44,6
Stapel	42	15	35,71	46,2
Winkeldorf	63	13	20,64	13,4
Clüversborstel	48	18	37,50	34,5
Reeßum	115	48	41,74	41,4
Schleeßel	34	14	41,18	36,6
Taaken	94	40	42,55	37,3
Gemeinde	1567	499	31,84	33,5
Scheeßel				
Abbendorf	24	15	62,50	23,3
Bartelsdorf	41	36	87,81	42,1
Hetzwege	37	25	67,57	25,1
Jeersdorf	71	43	60,56	26,1
Ostervesede	90	79	87,78	47,7
Scheeßel	600	345	57,50	17,6
Sothel	20	16	80,00	39,2
Westeresch	40	37	92,50	38,6
Westerholz	73	59	80,82	47,3
Westervesede	71	57	80,28	33,2
Wittkopsbostel	60	52	86,67	47,7
Wohlsdorf	30	26	86,67	43,1
Gemeinde	1157	790	68,28	26,8

*) Wohnbevölkerung aus Übersicht 1, Spalte 5

Übersicht 11 (Fortsetzung) *Erhebungsumfang und Rücklaufquote*

	Basis: Haushalte			Anteil der erfaßten Einwohner an der Wohnbevölkerung*) %
	Ausgegebene Fragebogen abs	Ausgefüllte Fragebogen abs	Rücklaufquote %	
	1	2	3	4
Heeslingen				
Boitzen	69	60	86,96	84,7
Heeslingen	423	191	45,15	44,8
Meinstedt	48	36	75,00	81,0
Sassenholz	64	27	42,19	38,9
Steddorf	83	47	56,63	57,7
Weertzen	145	60	41,38	37,5
Wense	73	51	69,86	73,9
Wiersdorf	41	15	36,59	31,7
Gemeinde	946	487	51,48	51,1
Insgesamt	3670	1776	48,39	33,4

6.4 Repräsentanz der Stichprobe

Jede Erhebungsgesamtheit einer Stichprobenbefragung ist auf Verzerrungen gegenüber der Grundgesamtheit zu überprüfen. Eine derartige Kontrolle wird im vorliegenden Fall jedoch durch die eingeschränkte Verfügbarkeit von Vergleichsdaten beeinträchtigt. Lediglich die Volkszählung 1970 stellt entsprechend differenzierte und auf die Ebene der Gemeindeteile disaggregierte Vergleichsdaten zur Verfügung. Für die hier zu Vergleichszwecken verwendeten, somit relativ alten Daten kann eine weitgehende interzeitliche Stabilität angenommen bzw. können bundesweite Entwicklungstrends berücksichtigt werden, so daß eine insgesamt ausreichende Vergleichbarkeit gewährleistet sein dürfte.

Da es im Rahmen dieser Untersuchung weder zeitlich noch finanziell möglich war, unvollständig ausgefüllte Fragebogen durch erneute Zustellung oder Rückfragen zu vervollständigen, liegen – wie schon erwähnt – einzelnen Fragen unterschiedliche Erhebungsgesamtheiten zugrunde, die unterschiedliche Verzerrungen gegenüber der Grundgesamtheit aufweisen können. Es war im Rahmen der vorliegenden Untersuchung nicht möglich, für jede Frage im Einzelfall Repräsentanzkontrollen durchzuführen. Der im allgemeinen hohe Ausfüllungsgrad der Fragebogen läßt allerdings systematische Fehler dieser Art gering erscheinen.

6.4.1 Altersstruktur

Übersicht A 17 zeigt die Gegenüberstellung der Alterstruktur der erfaßten Personen mit der Altersstruktur der VZ 70 sowie den Vergleich zur Altersstruktur der Bundesrepublik Deutschland im Jahre 1976.

Die Altersstruktur der Erhebungsgesamtheiten weicht in den einzelnen Altersklassen zwischen 0 % und maximal 2,14 % von der bundesdurchschnittlichen Altersstruktur des Jahres 1976 ab. Die maximale Abweichung von 2,1 % ist durch einen fragebogenbedingten zu geringen

Anteil der unter sechs Jahre alten Personen zu erklären. Da im Fragebogen nur die fünf ältesten Personen eines Haushaltes angesprochen wurden, entfielen in Familien mit mehr als fünf Familienmitgliedern jeweils die jüngsten, die – wie bereits ausgeführt – häufig in eben die Altersklasse der unter sechs Jahre alten Personen gehören dürften. In Hinblick auf verkehrsrelevante, hier interessierende Fragestellungen müßte eine solche Verzerrung nahezu bedeutungslos sein, da eine nennenswerte Verkehrsteilnahme dieses Personenkreises kaum bestehen wird und eventuelle verkehrsrelevante Entscheidungen von dieser Personengruppe nicht eigenständig, sondern in Anlehnung an die Verhaltensmuster der Eltern getroffen werden dürften.

Auch der Vergleich der erhobenen Werte mit Daten der VZ 70 zeigt eine deutliche Unterrepräsentanz von 8,5% in der Gruppe der Untersechsjährigen sowie von 2,1% in der nächsthöheren Altersgruppe (6 bis 15 Jahre). Die Abweichungen dürften zum Teil auf die Änderung des generativen Verhaltens der Bevölkerung mit der Auswirkung geburtenschwacher Jahrgänge, zum Teil in genannter Weise auf die Fragebogenstruktur zurückzuführen sein. Dieser systematische Fehler führt rechentechnisch in den anderen Altersgruppen zu erhöhten Prozentsätzen. Eine Korrektur ist allerdings jedoch nicht möglich, da der wahre Anteil der unter sechs Jahre alten Personen nicht bekannt ist. Tendenziell würde eine solche Korrektur jedoch zu einer noch besseren Übereinstimmung zwischen der Altersstruktur in der Erhebung und den Werten aus der VZ 70 führen, lediglich in den Altersgruppen der 6–14- und der 60–65jährigen, die bei Verwendung dieser Vergleichsdaten geringfügig unterrepräsentiert sind, würde die Abweichung etwas größer werden.

Insgesamt gesehen läßt sich mit den vorhandenen Vergleichswerten – abgesehen von der vernachlässigbaren Gruppe der Personen unter sechs Jahren – eine systematische Abweichung vom zu erwartenden wahren Altersaufbau der Bevölkerung in den befragten Gemeindeteilen nicht feststellen. Insbesondere sind damit auch die älteren Personen als verkehrsspezifische Problemgruppe adäquat repräsentiert.

6.4.2 Geschlechtsstruktur

Wie aus Übersicht A 18 ersichtlich, wurden in der Erhebung insgesamt 49,5 % weibliche und 50,5 % männliche Personen erfaßt. Diese Verteilung entspricht fast genau den Daten, wie sie die VZ 70 für die untersuchten Gemeinden zusammengefaßt ausweist (49,6 % weibliche und 50,4 % männliche Personen). Grundsätzlich unterscheidet sich die Verteilung der Geschlechter in den betrachteten ländlich strukturierten Gebieten von den Vergleichswerten für die gesamte Bundesrepublik Deutschland. Nach Ermittlungen der VZ 70 gliederte sich die Bevölkerung der Bundesrepublik in 52,4 % weibliche und 47,6 % männliche Einwohner[38]), eine Aufteilung, die exakt den vom Statistischen Bundesamt für das Jahr 1976 (neueste verfügbare Werte) ausgewiesenen Daten entspricht.

Die schon bei der VZ 70 deutlichen und sich auch in der Befragung für einen neueren Zeitpunkt widerspiegelnden Abweichungen der Geschlechtsstruktur in den untersuchten Gebieten vom Bundesdurchschnitt dürfte sich durch die spezifische Situation ländlicher Bevölkerungsteile erklären lassen.

Auf dem Aggregationsniveau der Gemeinden sind die Abweichungen von der VZ 70 – bedingt durch die niedrigere Grundgesamtheit – etwas größer, überschreiten jedoch in keinem Fall 0,7%. Erst auf der Ebene der Gemeindeteile zeigen sich Abweichungen im Prozentbereich, die in 3 Ortsteilen ca. 7% betragen. Hierbei handelt es sich um Ortsteile, die zu den kleinsten der Untersuchung gehören (Stapel: 173 Einwohner, Schleeßel: 153 Einwohner, Sothel: 212

[38]) Vgl. Statistisches Bundesamt (Hrsg.): Statistisches Jahrbuch für die Bundesrepublik Deutschland 1972, Wiesbaden 1972 (im folgenden kurz zitiert als: Statistisches Jahrbuch 1972), S. 30.

Einwohner[39]). Aufgrund der dortigen kleinen Grundgesamtheiten dürfte es sich um zufallsbedingte Abweichungen handeln, die zudem im Gesamtzusammenhang bedeutungslos sind, da Aussagen über einzelne Ortsteile hier nur in Ausnahmefällen – und dann nur für die größeren Ortsteile – getroffen werden.

Eine systematische Verzerrung der Geschlechtsverteilung in der Stichprobe besteht demnach nicht. Hierdurch ist insbesondere gewährleistet, daß die weiblichen Personen als besondere verkehrsspezifische Problemgruppe ihrem Bevölkerungsanteil im ländlichen Raum entsprechend repräsentiert sind.

6.4.3 Haushaltsgrößen

Die Übersicht A 19 gibt einen Vergleich der Haushaltsgrößen in der Stichprobe mit der Verteilung, die in der VZ 70 für diese Gemeindeteile ermittelt wurde. Es zeigt sich ein zu geringer Anteil der Einpersonenhaushalte und eine geringe Überrepräsentanz der Haushalte mit vier und derjenigen mit fünf und mehr Personen. Eine Überprüfung ergab jedoch, daß vielfach im Hause lebende Altenteiler nicht als eigener Haushalt betrachtet wurden, sondern für beide Haushalte lediglich ein Fragebogen ausgefüllt wurde.

Im Hinblick auf die untersuchten Fragestellungen wirkt sich diese Abweichung tendenziell vorteilhaft aus. Werden Personen eines anderen Haushaltes als zum eigenen Haushalt gehörend angesehen, so dürften diese im allgemeinen auch voll in die verkehrsrelevanten Entscheidungen des Haushaltes einbezogen und in ihren Verhaltensmustern vom verkehrlichen Ausstattungsniveau des Haushaltes beeinflußt werden. Besitzt z. B. ein betrachteter Haushalt einen Pkw, die Personen des „anderen“ Haushaltes jedoch nicht, so ergäbe sich bei getrennter Erfassung eine höhere Anzahl Personen in Haushalten ohne Pkw und damit eine geringere Pkw-Verfügbarkeit, als dies bei gemeinsamer Erfassung – die ihrerseits der tatsächlichen gemeinschaftlichen Nutzung viel mehr entspricht – der Fall ist.

Ein weiteres für den ländlichen Raum charakteristisches Merkmal läßt sich durch Vergleich der auf die Untersuchungsgemeinden bezogenen Werte aus der VZ 70 zu den bundesdurchschnittlichen Zahlen der Volkszählung[40]) bzw. der erhobenen Daten zu den neuesten Angaben des Statistischen Bundesamtes aufzeigen. Bereits die VZ 70 zeigt bundesweit einen weit höheren Anteil der Haushalte mit 1 und 2 Personen an den gesamten Haushalten, als er in den Altkreisen Rotenburg und Bremervörde im gemeinsamen Durchschnitt anzutreffen ist:

Zahl der Personen je Haushalt	Untersuchte Gemeinden	Altkreise Rotenburg Bremervörde	Bundesrepublik Deutschland
1	11,8 %	15,0 %	25,1 %
2	18,5 %	21,0 %	27,1 %
3	18,0 %	18,0 %	19,7 %
4	19,8 %	18,4 %	15,2 %
5 und mehr	31,9 %	27,6 %	12,9 %

Die aus der vorstehenden Darstellung zu entnehmenden Werte für die untersuchten Gemeindeteile verdeutlichen diese für den ländlichen Raum typische Abweichung, der ein – ebenso deutlich abweichender – hoher Anteil an Haushalten mit 4 Personen sowie mit 5 und mehr Personen gegenübersteht.

---

[39]) Vgl. Übersicht 1, Spalte 5.

[40]) Zu den Durchschnittswerten für die Bundesrepublik vgl. Statistisches Jahrbuch 1972, a.a.O., S. 38, Tabelle 11.

Die Gegenüberstellung der ermittelten Werte für den Untersuchungszeitpunkt Sommer 1978 mit den Angaben des Statistischen Bundesamtes für das Jahr 1977 ergibt ein analoges Bild:

Zahl der Personen je Haushalt	Untersuchte Gemeinden	Bundesrepublik Deutschland
1	7,9%	29,2%
2	18,1%	28,3%
3	17,9%	18,1%
4	23,4%	14,6%
5 und mehr	32,7%	9,8%

Entsprechend dieser Verteilung der Haushaltsgrößenklassen liegt die durchschnittliche Haushaltsgröße in kleinen – und damit im allgemeinen ländlichen – Gemeinden deutlich über der Haushaltsgröße in größeren Gemeinden. Die Zahlen für die Bundesrepublik ergeben für das Jahr 1977 folgendes Bild[41]):

- Gemeinden unter 5000 Einwohnern: 3,04 Pers./Haush.
- Gemeinden von 5001 – 20000 Einwohnern: 2,79 Pers./Haush.
- Gemeinden von 20001 – 100000 Einwohnern: 2,58 Pers./Haush.
- Gemeinden von mehr als 100000 Einwohnern: 2,19 Pers./Haush.

Die durchschnittlichen Haushaltsgrößen für die Untersuchungsgemeinden zeigt die Übersicht A 20. Die durchschnittliche Haushaltsgröße liegt in den erfaßten Gemeinden mit 3,87 Personen je Haushalt nur geringfügig über der Haushaltsgröße nach VZ 70 für die Altkreise mit 3,72 Personen je Haushalt; zum Vergleich: die durchschnittliche Haushaltsgröße in der Bundesrepublik nach Zahlen der VZ 70 betrug 2,74 Personen je Haushalt[42]).

Bei den in der Befragung ermittelten Werten dürften sich jedoch zwei Einflüsse teilweise kompensiert haben. Der langjährige Trend der Geburtenentwicklung, der auch im ländlichen Raum deutlich wird, führt zu kleineren durchschnittlichen Haushaltsgrößen, während die aufgezeigte Abweichung in der Haushaltsabgrenzung rechnerisch zu größeren Haushalten führt.

Die Beachtung der Haushaltsgröße ist – wie angedeutet – insbesondere im Rahmen der Analyse der Pkw-Verfügbarkeit von Interesse. Je mehr Personen in einem Haushalt leben, um so mehr Personen verfügen zumindest zeitweise über Nutzungsmöglichkeiten eines im Besitz des Haushalts befindlichen Pkws. Bei gleicher Pkw-Dichte dürfte damit tendenziell die potentielle Pkw-Verfügbarkeit in Räumen mit durchschnittlich größeren Haushalten höher sein, von der psychologischen Verfügbarkeit ganz abgesehen.

6.4.4 Erwerbstätige nach Wirtschaftsbereichen

Übersicht A 21 zeigt den Anteil der Erwerbstätigen an den erfaßten Personen und stellt die Vergleichswerte der VZ 70 sowie die Aufteilung der Erwerbstätigen auf Wirtschaftsbereiche gegenüber. Die Erwerbstätigenquote ist in allen Untersuchungsgemeinden nahezu gleich und weicht von den Vergleichswerten der VZ 70 kaum ab.

[41]) Vgl. Statistisches Bundesamt (Hrsg.): Statistisches Jahrbuch für die Bundesrepublik Deutschland 1978, Wiesbaden 1978 (im folgenden kurz zitiert als: Statistisches Jahrbuch 1978), S. 64.

[42]) Vgl. Statistisches Jahrbuch 1972, a.a.O., S. 38, Tabelle 11.

Die Aufteilung der Erwerbstätigen auf die Wirtschaftsbereiche läßt dagegen zunächst deutliche Abweichungen von der VZ 70 erkennen. Insbesondere ist der Anteil der Erwerbstätigen im Bereich der Land- und Forstwirtschaft in der Stichprobe erheblich geringer als in der VZ 70. Hier dürfte sich vor allem der allgemeine Strukturwandel innerhalb der Wirtschaftsbereiche auswirken[43]). Auf der Basis der VZ 70 waren im Bundesdurchschnitt 7,5 %, in Niedersachsen 10,9 % der Erwerbstätigen im Bereich Land- und Forstwirtschaft, Tierhaltung und Fischerei tätig[44]). Dieser Anteil betrug 1977 nur noch 5,9 % bzw. 7,8 %[45]). Dies entspricht einer durchschnittlichen jährlichen Abnahme von 3,4 % bzw. 4,6 %.

Nimmt man in den Untersuchungsgemeinden eine dem niedersächsischen Durchschnitt entsprechende Entwicklung an, so reduziert sich der Anteil der Land- und Forstwirtschaft im Zeitraum 1970 bis 1978 bei einer durchschnittlichen jährlichen Abnahme um 4,6 % auf 23,1 %. Dieser Wert entspricht fast genau dem Anteil der in der Land- und Forstwirtschaft Tätigen an den Erwerbstätigen in der Stichprobe von 24,0 %. Für die Gemeinden Sottrum ergibt sich analog ein Anteil von 26,2 % gegenüber der Stichprobe mit 23,3 %, für Scheeßel von 20,6 % gegenüber 24,9 % und für Heeslingen von 24,7 % gegenüber 23,2 %. Damit ist gewährleistet, daß auch die in der Land- und Forstwirtschaft Tätigen in der Stichprobe adäquat repräsentiert sind und die Erwerbsstruktur des ländlichen Raumes angemessen berücksichtigt wird.

6.4.5 Wohnbevölkerung nach sozialen Kategorien

In der Erhebung wurde nach untersuchungszielspezifisch gegliederten sozialen Kategorien der Bevölkerung gefragt, um eine Differenzierung der über das Verkehrsverhalten der ländlichen Bevölkerung gewonnenen Erkenntnisse unter diesem Aspekt durchführen zu können. Gleichzeitig läßt sich auf dieser Grundlage ein Vergleich mit einigen geeigneten Kategorien, wie sie in der VZ 70 verwendet wurden, durchführen; siehe hierzu die Übersichten 12 und A 22 (Werte der Erhebung) sowie A 23 (Vergleichswerte nach VZ 70).

Die Erhebung ergibt insgesamt einen Anteil an Selbständigen von 8 %, die VZ 70 von ebenfalls 8 %. In Sottrum sind es 7,1 % in der Erhebung gegenüber 7,6 % der VZ 70, in Scheeßel 8,9 % gegenüber 7,9 % und in Heeslingen 7,7 % gegenüber 9,2 %.

Zu den Arbeitern, Angestellten, Beamten und Auszubildenden gehören in der Stichprobe insgesamt 31 % der erfaßten Personen, in der VZ 70 26,21 %. Für die Gemeinden ergeben sich folgende Vergleichswerte: Sottrum 30,9 % gegenüber 26,6 %, Scheeßel 31,4 % gegenüber 26,5 % und Heeslingen 30,7 % gegenüber 25 %. Wird berücksichtigt, daß der Anteil der Beamten, Angestellten, Arbeiter und Auszubildenden an der Wohnbevölkerung in Niedersachsen von 34,1 % im Jahre 1970[46]) auf 38,5 % im Jahr 1977[47]) stieg, so kann angenommen werden, daß der Anteil dieser Gruppe in der Stichprobe dem Anteil in der Grundgesamtheit entspricht und die Abweichungen der Erhebung von der VZ 70 nahezu vollständig auf strukturelle Veränderungen in den Jahren 1970 bis 1978 zurückzuführen sind.

Die Stichprobe zeigt mit insgesamt 4,7 % einen deutlich geringeren Anteil der mithelfenden Familienangehörigen, als sich aus der VZ 70 mit 9,3 % ergibt. Der Anteil der mithelfenden Familienangehörigen sank jedoch von 3,3 % im Jahr 1970[48]) auf 2,1 % im Jahre 1977[49]). Unter der Annahme, daß eine ähnliche Entwicklung auch in den Untersuchungsgemeinden stattgefunden hat, dürfte der Anteil der mithelfenden Familienangehörigen in der Grundgesamtheit im Jahr 1978 um mehr als ein Drittel (35 %) unter den Werten der VZ 70 liegen. Einem Stichprobenanteil

---

[43]) Zur Erwerbsstruktur im Untersuchungsraum zum Zeitpunkt der VZ 70 vgl. Übersicht 2.

[44]) Vgl. Statistisches Jahrbuch 1972, S. 120.

[45]) Vgl. Statistisches Jahrbuch 1978, S. 95.

[46]) Eigene Berechnungen nach: Statistisches Jahrbuch 1972, S. 26 und S. 120.

[47]) Eigene Berechnungen nach: Statistisches Jahrbuch 1978, S. 50 und S. 95.

[48]) Eigene Berechnungen nach: Statistisches Jahrbuch 1972, S. 26 und S. 120.

[49]) Eigene Berechnungen nach: Statistisches Jahrbuch 1978, S. 50 und S. 95.

Übersicht 12: *Bevölkerung der untersuchten Gemeindeteile nach sozialen Kategorien (Erhebung 1978)*

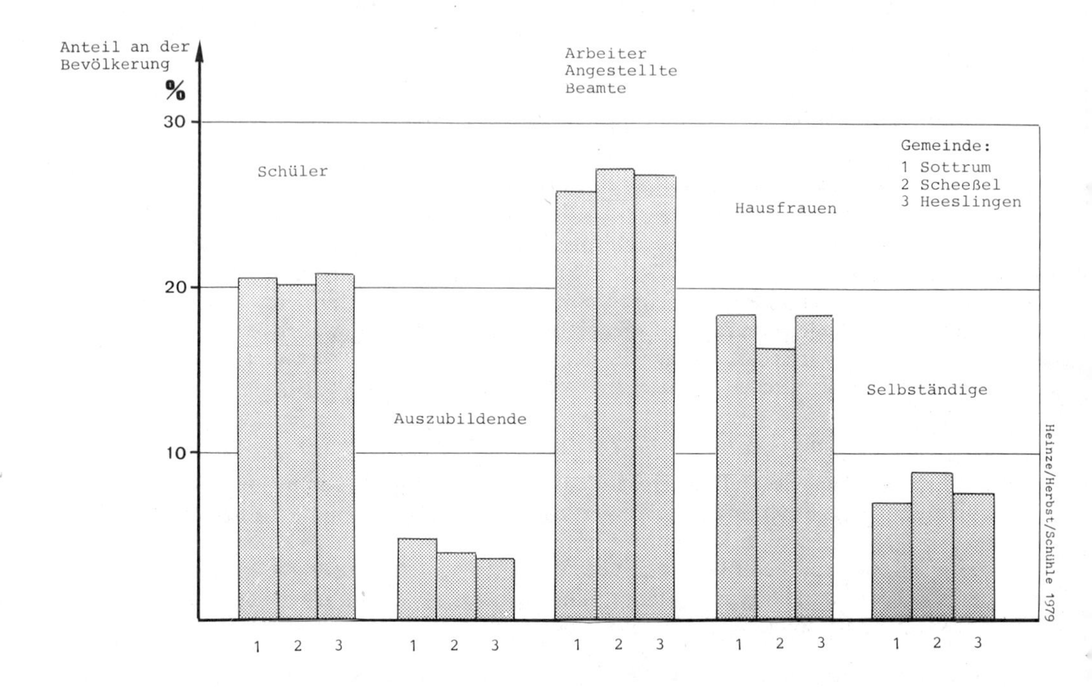

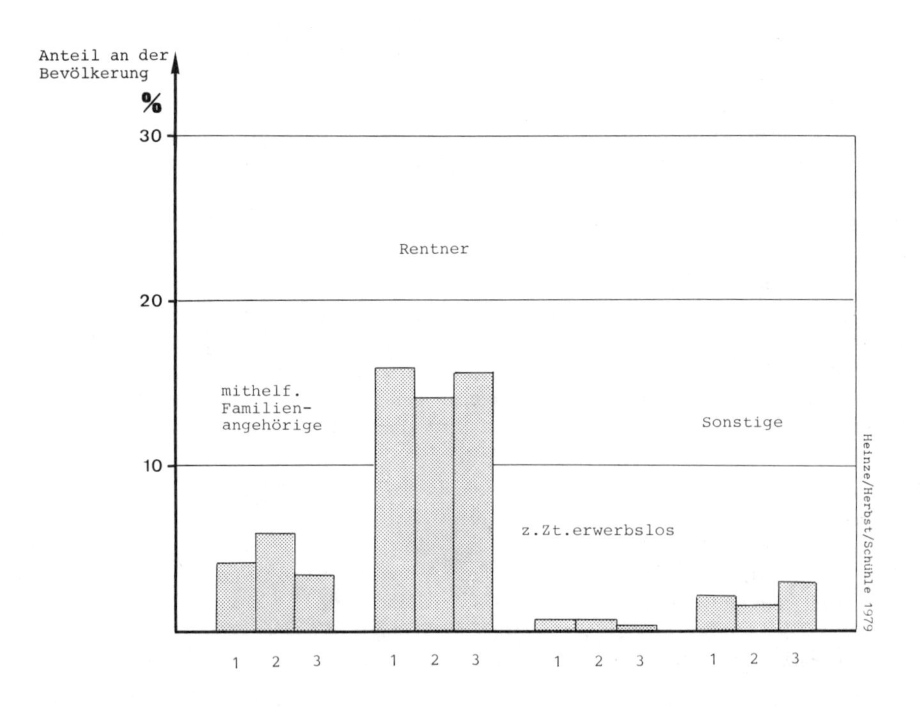

von 4,7% steht dann ein Anteil von ca. 6% in der Grundgesamtheit gegenüber. Unter Berücksichtigung der zur Korrektur der Grundgesamtheit verwendeten Durchschnittsdaten aus Niedersachsen kann nicht von einer systematischen Verzerrung der Stichprobe bezüglich der mithelfenden Familienangehörigen gesprochen werden.

Der Schüleranteil in der Erhebung liegt bei 20,6% mit nur geringen Abweichungen in Sottrum (20,6%), Scheeßel (20,4%) und Heeslingen (20,9%). Angaben der VZ 70 sind im Vergleich etwas niedriger. Insgesamt werden dort 17,6% Schüler ausgewiesen; in Sottrum 16,1%, in Scheeßel 18,3% und in Heeslingen 18,2%. Berücksichtigt man jedoch, daß die Schülerquote in Niedersachsen von 15,6% im Jahre 1970[50]) auf 17,4% im Jahre 1976[51]) gestiegen ist, so kann eine noch bessere Übereinstimmung der Stichprobe mit der Grundgesamtheit angenommen werden, als dies in den schon geringen Abweichungen zur VZ 70 zum Ausdruck kommt.

Bezüglich der sozialen Kategorie der Rentner sei auf die Ausführungen im Abschnitt 6.4.1 verwiesen.

6.4.6 Fernsprechanschlüsse

In einigen der derzeit viel diskutierten neuen bedarfsgesteuerten Systeme des öffentlichen Personennahverkehrs kommt – soweit nicht ausschließlich besonders einzurichtende Rufsäulen verwendet werden – den Fernsprechanschlüssen eine wichtige Rolle beim Abrufen der eingesetzten Verkehrsmittel durch die Benutzer zu.

Schon aus diesem Grunde, aber auch im Hinblick auf disparitätenmindernde Substitutionseffekte physischen Verkehrs durch Nachrichtenverkehr erschien es angebracht, die untersuchten ländlichen Haushalte auf möglichen Fernsprechanschluß zu befragen. Die Ergebnisse dieser Frage sind in Übersicht A 24 dargestellt. Danach verfügen von den befragten Haushalten 69,9% über einen eigenen Fernsprechanschluß. Die gemeindespezifischen Werte schwanken zwischen minimal 66,1% (Gemeinde Scheeßel) und maximal 73,5% (Gemeinde Sottrum). Zwischen den einzelnen Ortsteilen ergeben sich allerdings erhebliche Schwankungen mit Minimalwerten von 43,9% (Westervesede) und Maximalwerten von 93,3% (Höperhöfen, Stapel) Haushalten mit Fernsprechanschlüssen. Trotz dieser Schwankungsbreite weicht der Durchschnitt der ländlichen Gemeindeteile mit 69,0%, wie er sich ohne Berücksichtigung der weniger ländlich strukturierten Ortsteile Scheeßel und Heeslingen errechnet, kaum vom allgemeinen Durchschnittswert 69,9% ab.

Vergleichswerte für die Bundesrepublik Deutschland sind nur schwer zu erhalten. Laut Angaben des Bundespostministeriums[52]) gab es Ende 1978 in der Bundesrepublik ca. 17462000 Hauptanschlüsse (ohne öffentliche Sprechstellen). Nach Schätzungen des Postministeriums teilen sich diese Anschlüsse in ca. 16% reine Geschäfts- und ca. 84% privat bzw. gemischt genutzte Anschlüsse. Unter Berücksichtigung dieser Quoten und einer Zahl von ca. 24165000 Haushalten in der Bundesrepublik[53]) folgt, daß ca. 60,7% der Haushalte in der Bundesrepublik über einen Fernsprechanschluß verfügen.

Ungeachtet der in dieser Herleitung zwangsläufig enthaltenen Ungenauigkeiten läßt sich feststellen, daß die betrachteten Haushalte im Untersuchungsgebiet keinesfalls unter dem Bundesdurchschnitt mit Fernsprechanschlüssen ausgerüstet sind, sondern tendenziell eher besser versorgt sein dürften.

---

[50]) Eigene Berechnungen nach: Statistisches Jahrbuch 1972, S. 26 und S. 72–74.

[51]) Eigene Berechnungen nach: Statistisches Jahrbuch 1978, S. 50 und S. 339–342, ohne Berufs- und Berufsfachschulen.

[52]) Telefonische Auskunft des Bundespostministeriums vom 5.4.1979.

[53]) Vgl. Statistisches Jahrbuch 1978, a.a.O., S. 64.

7. Kenntnis und Beurteilung des ÖV-Angebots durch die Bevölkerung der untersuchten Gemeinden

Eine Experten-Beurteilung der ÖV-Qualität auf der Basis einer Fahrplanauswertung, wie sie in Abschnitt 5 durchgeführt wurde, ist nur bedingt geeignet, erklärende Parameter für verkehrsspezifische Verhaltensweisen zu liefern. Subjektive Kenntnis der Verkehrsversorgung und insbesondere ihre individuelle Beurteilung durch die Betroffenen dürften letztlich ebensolchen Einfluß auf das Mobilitätsverhalten ausüben wie die real gegebenen Umstände.

7.1 Kenntnis des ÖV-Angebots

Um abschätzen zu können, welcher Bevölkerungsanteil in ländlichen Gebieten nicht oder falsch über die ÖV-Verbindungen ihres Ortsteiles informiert ist, wurde gefragt, ob vom jeweiligen Ortsteil aus eine – wenn auch schlechte – Busverbindung erstens zum Zentrum der Samt-/Einheitsgemeinde[54]) und zweitens nach Rotenburg bestehe. Vorgegeben waren die drei Antwortkategorien: „ja", unbekannt („weiß nicht"), „nein". Diesem subjektiven Kenntnisprofil wird in den Übersichten A25 und A26 der reale ÖV-Anschluß der Ortsteile an die genannten Ziele gegenübergestellt. Den ersten Teil der Frage – Verbindungen zum Gemeindezentrum – beantworteten 7,8% der befragten Personen mit „weiß nicht", wobei sich in der Gemeinde Sottrum mit 13,0% ein höherer Anteil als in den Gemeinden Heeslingen (5,2%) und Scheeßel (4,9%) ergab.

Auf die Frage nach einer Verbindung nach Rotenburg antworteten in der Gemeinde Sottrum 7,0% und in der Gemeinde Scheeßel 7,3% mit „weiß nicht". Erwartungsgemäß ist dieser Anteil in der Gemeinde Heeslingen mit 19,5% erheblich höher, da Rotenburg zwar für Sottrum und Scheeßel, nicht aber für Heeslingen das Mittelzentrum bildet. Insgesamt antworteten hier 10,6% aller Personen mit „weiß nicht".

Für die Auswertung der Antwortkategorien „ja" und „nein" soll im folgenden zwischen einem Fehler 1. und 2. Art unterschieden werden. Ein Fehler 1. Art liegt dann vor, wenn mit „ja" geantwortet wurde, tatsächlich aber keine Verbindung zum erfragten Ziel besteht. Von einem Fehler 2. Art ist auszugehen, wenn tatsächlich vom befragten Gemeindeteil eine – möglicherweise nur schlechte – Verbindung besteht, ihre Existenz den Befragten aber nicht bekannt ist, d. h. die Antwortkategorie „nein" gewählt wurde.

7.1.1 Informationsgrad über ÖV-Verbindungen zum Gemeindezentrum

Ein Fehler 1. Art konnte nur in einigen Gemeindeteilen der Gemeinde Sottrum auftreten, die als einzige nicht über einen sinnvollen Anschluß an das Gemeindezentrum verfügten[55]). Hier waren 17,7% der Betroffenen der Ansicht, es existiere eine Verbindung, obwohl dies real nicht der Fall ist; vgl. Übersicht A25.

Ein Fehler 2. Art konnte in allen übrigen befragten Gemeindeteilen auftreten. In der Gemeinde Sottrum gaben bei der Fragestellung „Verbindung zum Gemeindezentrum" 60,6% der Befragten eine falsche Antwort, in der Gemeinde Scheeßel 23,5% und in der Gemeinde Heeslingen 19,3%. Insgesamt ergab sich für den Fehler 2. Art ein Anteil von 28,4%.

---

[54]) Dies sind für die Gemeinde Sottrum der Gemeindeteil Sottrum, für Scheeßel der gleichnamige Gemeindeteil und für Heeslingen der Ort Zeven.

[55]) Vgl. hierzu Übersicht 6; man beachte, daß nur sinnvolle Verbindungen – gekennzeichnet durch die Spitze am Ende der Pfeile – berücksichtigt werden dürfen.

7.1.2 Informationsgrad über ÖV-Verbindungen nach Rotenburg

Bezüglich der Anbindung im ÖV an Rotenburg konnte in der Gemeinde Sottrum nur im Ortsteil Clüversborstel ein Fehler 1. Art auftreten. Während in diesem Ortsteil die Nichtexistenz einer Verbindung zum Gemeindezentrum Sottrum 100% der Befragten bekannt war, entschieden sich – wie aus Übersicht A 26 ersichtlich – bezüglich der gleichfalls nicht bestehenden Fahrmöglichkeit nach Rotenburg 9,6% für die falsche Antwort „ja", d. h. Existenz der Verbindung. In der Gemeinde Scheeßel war dieser Fehler in den Ortsteilen Bartelsdorf und Wohlsdorf möglich. Hier waren 43,1% bzw. 5% – im Durchschnitt 24,3% – der fälschlichen Meinung, es existiere eine Verbindung. In der Gemeinde Heeslingen konnte ein solcher Fehler in 4 Gemeindeteilen auftreten. Hier gaben durchschnittlich 21,8% eine falsche Antwort. Für den Fehler 1. Art ergibt sich insgesamt ein Anteil von 21,6% an den Antworten der relevanten Gemeindeteile aller untersuchten Orte.

Ein Fehler 2. Art war in weit mehr Gemeindeteilen möglich. In Sottrum gaben 14,1% eine in diesem Sinne falsche Antwort, in Scheeßel 11,7% und in Heeslingen wiederum erwartungsgemäß ein höherer Prozentsatz von 24,0%. Insgesamt ergab sich für den Fehler 2. Art damit ein Anteil von 15,3%.

7.1.3 Folgerungen

Die Entscheidungssituation für die Verkehrsmittelwahl zwischen ÖPNV und anderen Verkehrsmitteln, insbesondere dem Pkw, wird durch drei Dimensionen beeinflußt[56]):

- vom materiellen Verkehrsmittelangebot,
- von soziodemographischen Determinanten und
- von subjektiven Einstellungen der Betroffenen.

In denjenigen Gemeindeteilen, die nicht über einen entsprechenden ÖV-Anschluß verfügen, waren insgesamt 17,7% der Betroffenen der Ansicht, es existiere eine Verbindung zum Gemeindezentrum und 21,6% der Meinung, es existiere eine Verbindung nach Rotenburg (Fehler 1. Art). Addiert man zu diesen Werten die Anteile derjenigen Personen, die in bezug auf die Ziele mit „weiß nicht" geantwortet haben (im Durchschnitt der betreffenden Gemeindeteile nach den Zielen Gemeindezentrum 10,0% und Rotenburg 14,3%), so ergibt sich, daß bezüglich des Gemeindezentrums 27,7% und bezüglich Rotenburg 35,9% der Betroffenen nicht oder nicht richtig über die mangelnde ÖV-Versorgung ihres Gemeindeteils informiert sind.

Rechnet man aus den Werten für die Verbindung nach Rotenburg die Angaben aus dem Gemeindegebiet Heeslingen heraus – da für die Bewohner dieser Gemeinde Rotenburg möglicherweise ein zu selten angefahrenes Ziel ist –, ergeben sich niedrigere Gesamtwerte: 3,4% „weiß nicht"-Antworten, 21,3% Antworten in der Gruppe Fehler 1. Art, d. h. zusammen 24,7%, ein Wert also, der in der gleichen Größenordnung wie derjenige bezüglich der jeweiligen Gemeindezentren liegt.

Während für den Personenkreis, der Fehler 1. Art beging, eine Verbesserung der Information ohne Bedeutung ist, da ein materielles Verkehrsmittelangebot im ÖV für ihre Wohnorte nicht besteht, ist es dagegen beim Fehler 2. Art denkbar, daß schon eine Verbesserung der Information über das bestehende Angebot die Versorgungssituation – subjektiv – verbessert. Damit kann allerdings nicht die Frage beantwortet werden, ob eine Informationsverbesserung auch zu einer höheren Nutzung des ÖV führen würde oder ob der geringe Informationsstand nicht nur Zeichen eines allgemeinen Desinteresses am ÖV darstellt.

---

[56]) Vgl. die entsprechenden Ausführungen – dort allerdings für die Verkehrsmittelwahl im Berufsverkehr – bei SOZIALFORSCHUNG BRÖG: Überlegungen zur Bildung von Verkehrsmodellen aus der Sicht der empirischen Sozialforschung, Kurzpapier für den ersten Workshop der DVWG: Policy sensitive models, Gießen, Sept. 1976, S. 5 ff. Man beachte aber, daß es sich bei den aufgeführten Faktoren – wie wohl im gesamten sozialen Feld – um keine streng orthogonalen Einflußgrößen handelt.

In bezug auf das Zentrum der Samt-/Einheitsgemeinden wurde für den Fehler 2. Art ein Anteil von insgesamt 28,4 %, bezüglich Rotenburg von 15,3 % ermittelt. Unter Berücksichtigung der relevanten Antworten aus der Kategorie „weiß nicht" (10,7 % für die Gemeindezentren, 10,1 % für Rotenburg) erhöhen sich diese Prozentwerte auf 39,1 % für die Gemeindezentren und – deutlich niedriger – 25,4 % für Rotenburg[57]).

Vergleichbare Werte – insbesondere ländlicher Gebiete – für die oben ermittelten Daten liegen kaum vor. Ähnliche Angaben finden sich nur in einer Analyse von 1200 Fällen aus der schriftlichen Befragung zur KONTIV 1975, repräsentativ für städtisch-strukturierte Regionen. Dort wird festgestellt, daß aufgrund mangelnder Information ein nicht unbeträchtlicher Teil der untersuchten Pkw-Fahrer, nämlich 11 %, über eine mögliche ÖV-Verbindung zum Arbeitsplatz nicht oder so schlecht informiert war, daß der ÖV schon aus diesem Grund keine Alternative darstellte[58]).

Vergleicht man die in dieser Untersuchung ermittelten Werte von ca. 40 % (Gemeindezentren) und ca. 25 % (Rotenburg) Uninformierten mit den genannten 11 % Personen im Berufsverkehr städtisch strukturierter Gebiete, die ungenügend über ein alternatives ÖV-Angebot informiert sind, so zeigt sich im ländlichen Raum ein wesentlich schlechterer Informationsgrad. Es ist allerdings zu bedenken, daß sich der geringere Prozentsatz nur auf die berufstätigen Personen bezieht, während die oben ermittelten Werte alle Personen der untersuchten Gemeindeteile berücksichtigen. Es ist unter Umständen anzunehmen, daß der Informationsgrad der Personen im Berufsverkehr über dem Bevölkerungsdurchschnitt liegt. Selbst dann jedoch, wenn sich der Informationsgrad in den städtisch strukturierten Gebieten nicht von den ländlichen Räumen unterscheiden sollte, so dürfte doch mit einem Anteil von nahezu 40 % bzw. 25 % deutlich geworden sein, wie gering der Informationsgrad im ländlichen Raum über das tatsächliche ÖV-Angebot ist und welche Verbesserungsmöglichkeiten sich hier anbieten.

7.2 Subjektive Beurteilung des ÖV-Angebotes

Wie schon augedeutet, ist neben der Kenntnis der Existenz von ÖV-Verbindungen die individuelle Beurteilung der vorhandenen Verkehrsversorgung durch die Betroffenen ein wesentlicher Parameter für die Verkehrsmittelwahl.

Daher wurden die befragten Personen gebeten, den Bus- oder Bahnverbindungen ihres Ortsteiles eine Zensur zwischen „sehr gut" und „mangelhaft" zu geben. Die ermittelten Durchschnittsnoten als Urteil der Betroffenen können neben der Expertenbeurteilung als erklärende Variable in den Regressionsanalysen verwendet werden. Aus einem Vergleich der Durchschnittsnoten und der jeweils vorhandenen, objektiv ermittelten Angebotsqualität können Rückschlüsse auf die Beurteilung bestimmter Versorgungsstandards durch die Bevölkerung getroffen werden.

Zu beachten ist dabei allerdings, daß in die subjektive Beurteilung des ÖV-Angebots auch die Ansichten derjenigen Personen einfließen, die ausschließlich einen Pkw benutzen. Sie sind dann unter Umständen nur unzulänglich über die im ÖV gebotenen Möglichkeiten informiert. Leider erwies sich die Gruppe der ÖV-Benutzer in der Untersuchung als so gering besetzt, daß eine Bewertung des ÖV-Angebotes auf der Basis der Einschätzungen lediglich dieses Personenkreises nicht sinnvoll war. Hinzu kommt, daß bei dieser – nur auf den ÖV angewiesenen – Bevölkerungsgruppe die Tendenz beobachtet werden kann, eine für sie nachteilige, aber unvermeidbare Wirklichkeit positiver zu bewerten, als es der Situation entspricht[59]).

---

[57]) Werden die Angaben aus der Gemeinde Heeslingen aus der Betrachtung ausgeschlossen, sinkt der Gesamtwert für Rotenburg auf 22,7 % der Antworten.

[58]) Vgl. SOZIALFORSCHUNG BRÖG: Überlegungen zur Bildung von Verkehrsmodellen aus der Sicht der empirischen Sozialforschung, a.a.O., S. 15.

[59]) Vgl. W.-R. RUPPERT, P. HESS, G. WÜRDEMANN: Erschließungsqualität des öffentlichen Personennahverkehrs, a.a.O., S. 59.

7.2.1 Benotung des ÖV-Angebotes durch die Bevölkerung (Betroffenenurteil)

Übersicht A 27 zeigt die Anteilswerte je Note, wie sie von den Betroffenen in den untersuchten Gemeindeteilen für die jeweilige ÖV-Versorgung vergeben wurden. Wie der Übersicht zu entnehmen, wurde die Zensur „sehr gut" überhaupt nur in 11 von 33 Ortsteilen vergeben; im Gesamtdurchschnitt beläuft sich ihr Anteil auf unbedeutende 1 % der gesamten Antworten. Betrachtet man die einzelnen Gruppen, so findet sich ein über 1 % hinausgehender Anteil (1,4 %) nur in Gruppe I – der hier wiederum hauptsächlich durch die Angabe aus Scheeßel (3,5 % „sehr gut") beeinflußt wird. Ist dieser Anteil in Scheeßel aufgrund der in Abschnitt 4.3.2 erörterten guten ÖV-Versorgung des Ortsteiles verständlich, so erstaunt andererseits der nur geringe Anteil dieser Bewertung (und auch der Bewertungen „gut" und „befriedigend") in Heeslingen, einem Ort, der als Nebenzentrum dem Grundzentrum Scheeßel in gewissem Sinne vergleichbar erscheint. Die Diskrepanz dürfte sich durch den zu Heeslingen gehörenden, aber nicht an den ÖV angeschlossenen Ortsteil Offensen – der aus erhebungstechnischen Gründen in der Untersuchung nicht getrennt erfaßt werden konnte – erklären lassen[60]).

Ein sehr viel klareres Bild als bei der Note „sehr gut" ergibt sich bei der Betrachtung des von Gruppe zu Gruppe deutlich fallenden Anteils der Note „gut". Während unter Umständen bei der Note „sehr gut" eine Verzerrung – insbesondere bei den „objektiv" schlecht versorgten Gemeindeteilen, die darüber hinaus eine oft nur kleine Grundgesamtheit aufweisen – durch ironisch gemeinte Antworten auftreten mag, ist die Abstufung von 17,5 % „gut"-Antworten der Gruppe I über 13,2 % (Gruppe II) und 4,9 % (Gruppe III) auf nur 1,2 % in Gruppe IV deutlich. Ähnliches zeigt sich bei einer Betrachtung der Benotungen „befriedigend" und „ausreichend", die in der Gruppe I mit 26,3 % bzw. 23,8 % vertreten sind, in Gruppe II mit 19,0 % bzw. 21,2 % und – deutlich niedriger – in Gruppe III nur noch mit 6,6 % bzw. 9,7 % sowie 6,8 % und 7,9 % in Gruppe IV.

Sehr deutlich wird die von Gruppe zu Gruppe unterschiedliche Einschätzung der ÖV-Versorgung durch die Betroffenen bei einem Vergleich der Benotung „mangelhaft". Auf diese Notengruppe entfällt zunächst in allen Gruppen – auch in der „objektiv" gut versorgten – der jeweils höchte Anteil der Antworten. Während der Anteil in Gruppe I aber nur 31,0 % beträgt, steigt er über 45,8 % der Gruppe II auf immerhin schon 77,8 % in Gruppe III und nimmt in Gruppe IV einen Wert von 83,4 % an. Gleichzeitig finden sich in dieser Gruppe zwei Gemeindeteile, in denen 100 % der Betroffenen in der Untersuchung ihre ÖV-Versorgung mit „mangelhaft" bezeichnet haben. Dabei handelt es sich, wie zu erwarten, um den nicht angeschlossenen Ortsteil Clüversborstel, der bei der „Expertenbeurteilung" im Abschnitt 5.1 die niedrigste Punktzahl zugewiesen bekam, und den dort auf den vorletztem Rang gesetzten Gemeindeteil Wohlsdorf.

7.2.2 Vergleich von Betroffenen- und Expertenurteil

Aus der Notenvergabe der befragten Personen wurden für jeden Gemeindeteil Durchschnittsnoten ermittelt und in Übersicht A 28 der Punktbewertung gegenübergestellt, wie sie in Abschnitt 5.1 erfolgte.

Die Gruppenmittelwerte der ersten drei Gruppen sind mit den Noten 3,69, 4,05 und 4,61 deutlich voneinander unterschieden, lediglich die Gruppe IV zeigt mit 4,72 nur eine geringfügige und statistisch kaum signifikante Abweichung von der Gruppe III. Gleichzeitig weisen die ersten drei Gruppen, gekennzeichnet durch die Abstufung der Gruppenmittelwerte, eine Übereinstimmung mit der Expertenbeurteilung auf, wenn auch das Betroffenenurteil in einigen Fällen eine andere Rangreihung der Gemeindeteile ergeben würde.

---

[60]) Daß die gute ÖV-Versorgung eines Gemeindeteils aber auch genau umgekehrt auf einen benachbarten Gemeindeteil ausstrahlen kann, läßt der relativ hohe Anteil von 5,8 % „sehr gut"-Antworten in Jeersdorf vermuten, das hinsichtlich seiner Grundversorgung hauptsächlich auf das fußläufig erreichbare Scheeßel ausgerichtet ist und somit auch bezüglich der Anbindung zu Mittel- und Oberzentrum an der sehr guten Versorgung von Scheeßel partizipieren könnte.

Eine Regressionsanalyse zwischen Punkt- und Notenbewertung bestätigt, daß insgesamt ein deutlicher – in Einzelfällen aber auch weniger ausgeprägter – Zusammenhang besteht. Übersicht 13 zeigt diese Affinität, die in einer Regressionsgeraden mit den Werten $y = 4{,}92 - 0{,}00157\,x$ und dem Korrelationskoeffizienten $r = -0{,}79$ zum Ausdruck kommt. Im folgenden werden gegebenenfalls sowohl die Punkt- als auch die Notenbewertung der Analyse spezifischer Fragestellungen zugrunde gelegt.

Übersicht 13: *Qualitätsbewertung des öffentlichen Verkehrs, Vergleich zwischen Betroffenen- und Expertenurteil*

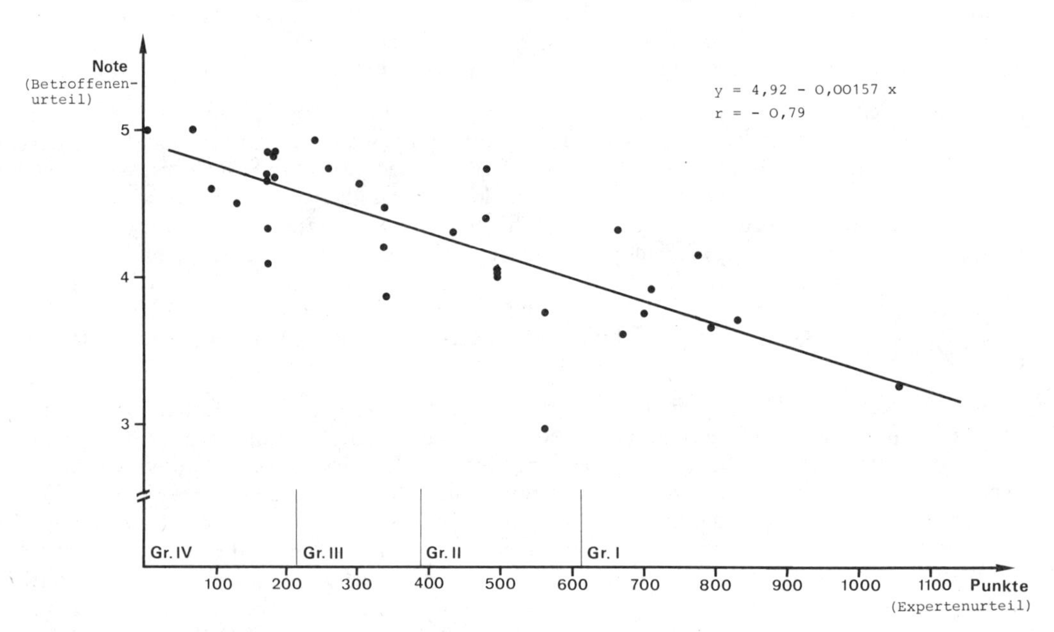

Im Abschnitt 5.3 wurde für die Gruppe I ein durchschnittlicher Zielerfüllungsgrad von 180 % ermittelt, für die Gruppe II ein Zielerfüllungsgrad von 84 %. Werte über 100 % sollten gemäß den dort verwendeten Richtwerten zufriedenstellende, nicht verbesserungsbedürftige Verkehrsverhältnisse kennzeichnen. Bei Betrachtung der von den Betroffenen vergebenen Noten wird jedoch deutlich, daß selbst in den Gemeindeteilen der Gruppe I mit teilweise sehr hohen Zielerfüllungsgeraden die Verkehrsverhältnisse im öffentlichen Verkehr von der Bevölkerung eher „ausreichend" als „befriedigend" beurteilt werden. Die Versorgungsqualität in den Gemeindeteilen mit einem durchschnittlichen Zielerfüllungsgrad von etwas unter 100 % wird bereits mit lediglich „ausreichend" bewertet.

Es deutet sich hier in der Querschnittsanalyse an, daß selbst erhebliche Verbesserungen des Bedienungsstandards im ländlichen Raum, die beträchtlich über bekannte Richtwerte hinausgehen, von der Bevölkerung kaum als befriedigend angesehen werden würden. Die Konsequenzen für die sich gegenwärtig in der politischen Diskussion befindlichen „Mindestbedienungsstandards des ÖPNV im ländlichen Raum" sind offensichtlich. Die finanziell möglichen Verbesserungen werden von den Betroffenen kaum als solche nachhaltig empfunden, da sich stets der Vergleich mit dem Pkw anbietet.

8. Erreichbarkeit von Haltestellen des ÖV

Eine wesentliche Komponente zur Beurteilung der Attraktivität eines öffentlichen Verkehrsmittels und auch des Ausmaßes an Mobilitätschancen, die der betroffenen Bevölkerung durch öffentliche Verkehrsangebote eröffnet werden[61]), bilden die Zu- und Abgangszeiten, die nach WALTHER im Durchschnitt etwa 30% des gesamten Zeitaufwandes für eine ÖPNV-Reise in Anspruch nehmen sollen[62]). Die Ansichten über Länge und damit Dauer zumutbarer Fußwege sind abhängig von der Art des Verkehrsmittels (Bus, Straßenbahn, Schnellbahn) und der Lage (Innenstadt, Außenbezirk) und schwanken zwischen weniger als 250 und mehr als 1000 m Fußweglänge bzw. weniger als 3 Minuten bzw. mehr als 12 Minuten Fußwegdauer[63]).

Eine Untersuchung der Bewertung der Anmarschzeit zu Bushaltestellen durch die Fahrgäste, wie sie die STUVA durchgeführt hat[64]), nennt als Grenze zwischen einem von den Benutzern als „günstig" bzw. „angemessen" empfundenen Bereich 4,5 bis 5,0 Minuten und als Grenze für den Übergang vom „angemessenen" zum „ungünstigen" Bereich 10,0 bis 10,5 Minuten[65]). Als maximale Fußwegentfernung zur nächsten Haltestelle wird eine Luftlinienentfernung von 1000 m sowohl für Haltestellen in Verdichtungsgebieten[66]) als auch für Gebiete ländlicher Besiedlung[67]) angesehen, wobei bei Eisenbahnhaltestellen von einem größeren Einzugsbereich ausgegangen wird[68]).

Differenziertere Aussagen über die Beurteilung der Haltestellenentfernungen durch die Bevölkerung in dünnbesiedelten ländlichen Räumen liegen nicht vor. Da neuere Untersuchungen aber darauf hinweisen, daß die Zeitbewertung durch die Fahrgäste in städtisch strukturierten Gebieten von der Entfernung zur Stadtmitte (Innenstadt, Vorortbereich, Außengebiet) und damit von der Siedlungsstruktur[69]) unabhängig ist, wird hier eine Übertragbarkeit auf ländlich strukturierte Gebiete angenommen. Diese Unabhängigkeit von der Siedlungsstruktur gilt allerdings nicht für die innerhalb gleicher Zeitintervalle zurücklegbaren Wegentfernungen. BLENNEMANN/BRANDENBURG gehen davon aus, daß sich die Gehgeschwindigkeiten verändern[70])

---

[61]) Vgl. PROGNOS Stadtentwicklung und Regionalplanung (Hrsg.): Mobilitätschancen unterschiedlicher Bevölkerungsgruppen im Personenverkehr, Untersuchung im Auftrag des Bundesverkehrsministeriums, Basel 1978, S. 116.

[62]) Vgl. K. WALTHER: Die Fußweglänge zur Haltestelle als Attraktivitätskriterium im öffentlichen Personenverkehr. In: Verkehr und Technik 1973, Heft 10, S. 444.

[63]) Vgl. z. B. K. WALTHER: Die Fußweglänge zur Haltestelle als Attraktivitätskriterium im öffentlichen Personenverkehr, a.a.O., S. 444; F. BLENNEMANN, W. BRANDENBURG: Zeit-Weg-Zusammenhänge bei der Benutzung öffentlicher Verkehrsmittel und deren Beurteilung durch die Fahrgäste. In: Verkehr und Technik 1977, Heft 5, S. 184 ff.

[64]) Vgl. STUVA Studiengesellschaft für unterirdische Verkehrsanlagen: Anforderungen der Fahrgäste an den öffentlichen Nahverkehr, a.a.O., S. 18 ff.

[65]) Vgl. ebenda, S. 19.

[66]) Vgl. SNV Studiengesellschaft Nahverkehr mbH: Vergleichende Untersuchungen über bestehende und künftige Nahverkehrstechniken, a.a.O., S. 117.

[67]) Vgl. Bayerisches Staatsministerium für Wirtschaft und Verkehr (Hrsg.): Richtlinie zur Nahverkehrsplanung, a.a.O., S. 49, Tabelle 4, Blatt 6; hier allerdings mit einem Grenzwert des Richtwertes von 1500 m.

[68]) Vgl. ebenda.

[69]) Vgl. SNV Studiengesellschaft Nahverkehr mbH: Vergleichende Untersuchungen über bestehende und künftige Nahverkehrstechniken, a.a.O., S. 115, und STUVA Studiengesellschaft für unterirdische Verkehrsanlagen: Anforderungen der Fahrgäste an den öffentlichen Verkehr, a.a.O., S. 22.

[70]) Vgl. F. BLENNEMANN, W. BRANDENBURG: Zeit-Weg-Zusammenhänge bei der Benutzung öffentlicher Verkehrsmittel und deren Beurteilung durch Fahrgäste, a.a.O., S. 189. Die von BLENNEMANN/BRANDENBURG angegebenen Daten wurden auf der Basis von Zeit- und Wegdaten von 13000 ÖV-Fahrgästen der Städte Berlin, Düsseldorf, Frankfurt, Hamburg und München ermittelt. Hier berücksichtigt wird nur die darin enthaltene Gruppe der Fahrgäste im Berufs- und Ausbildungsverkehr, die i.a. „den direkten Weg zur Haltestelle suchen und sich durch Geschäftsauslagen usw. nicht bzw. nur im geringen Maße ablenken lassen. (Fortsetzung S. 58)

- von ca. 3 km/h in dicht bebauten, sehr verkehrsreichen Innenstadtgebieten
- über ca. 4 km/h in dicht bebauten, verkehrsreichen Gebieten in Innenstadtnähe
- bis zu ca. 4,7 km/h in weniger dicht bebauten und verkehrsarmen Außengebieten.

Legt man für die untersuchten, im allgemeinen wenig dicht bebauten und verkehrsarmen Gemeindeteile eine an letzteren Wert angelehnte durchschnittliche Gehgeschwindigkeit von ca. 80 m/Min. zugrunde, kann von einer günstig bis angemessen empfundenen Haltestellenentfernung bei einer zurückzulegenden Weglänge von ca. 400 m und vom Übergang zum ungünstigen Bereich bei ca. 800 m bis 850 m ausgegangen werden.

PROGNOS legt auf der Basis von KONTIV 75 eine Tabelle vor, in der nach Angaben der Betroffenen die von ihnen zurückzulegende Entfernung von der Wohnung zur nächsten ÖV-Haltestelle – und damit die Erreichbarkeit durch die Einwohner – für Städte verschiedener Größe dargestellt ist:

	Stadtgrößenklassen (Einwohner)				
Entfernung in Meter	unter 5000	5000 bis 20000	20000 bis 100000	100000 bis 500000	500000 u. mehr
unter 100	10,0	8,3	16,6	16,5	13,8
unter 300	33,6	28,7	42,2	49,6	49,4
unter 500	50,2	44,1	62,6	70,3	66,3
unter 750	68,5	63,6	81,6	86,3	81,0
unter 1000	73,3	68,4	85,0	89,7	84,8
unter 1500	81,2	77,1	92,2	94,6	90,4
unter 2000	82,5	79,7	92,9	95,9	91,3
über 2000	100,0	100,0	100,0	100,0	100,0

Quelle: PROGNOS Stadtentwicklung und Regionalplanung (Hrsg.): Mobilitätschancen unterschiedlicher Bevölkerungsgruppen im Personenverkehr, a. a. O., S. 121, Tabelle 4.2.7

In der Tabelle fällt auf, daß in der Städtegrößenklasse 5000 bis 20000 Einwohner die durchschnittliche Haltestellenentfernung größer ist als bei den übrigen Größenklassen. Dies gilt auch bezüglich der Gemeinden mit bis zu 5000 Einwohnern. „Die Erklärung wird darin gesehen, daß Kleinstädte von 5000 bis 20000 Einwohner ebensowenig wie Kommunen unter 5000

Die Gehgeschwindigkeiten variieren dann in Abhängigkeit von den Bebauungs- und Verkehrsverhältnissen im Einzugsbereich einer Haltestelle und infolgedessen mit der Lage einer Haltestelle innerhalb eines Stadtgebietes" (ebenda, S. 188) „Für Fahrgäste im Einkaufs- und Gelegenheitsverkehr sind zusätzlich andere Einflüsse, wie z. B. Attraktivität des Weges . . . von großer Bedeutung, so daß dafür keine allgemeingültigen Werte für Gehgeschwindigkeiten angegeben werden können" (ebenda, S. 189). Diese Feststellungen widersprechen auch nicht – wie es zunächst den Anschein haben mag – den Ergebnissen, die BORNSTEIN/BORNSTEIN vorlegen; vgl. M. H. BORNSTEIN, H. G. BORNSTEIN: The pace of life. In: Nature, Vol. 259, 19. Febr. 1976, p. 557–558. Sie kommen bei einer Untersuchung der durchschnittlichen Gehgeschwindigkeiten auf einer kurzen Meßstrecke (ca. 15 m) von 309 sich unbeobachtet fühlenden Personen in insgesamt 15 Städten unterschiedlicher Bevölkerungsgröße zu dem Ergebnis, daß sich mit wachsender Stadtgröße die Fortbewegungsgeschwindigkeit in vergleichbaren „downtown or commercial areas" signifikant erhöht, was wiederum als generelle Folge eines verinnerlichten Anpassungsmechanismus mit Schutzfunktion gegen Reizüberflutung in allen Lebensbereichen in Anbetracht einer nur begrenzten geistigen Verarbeitungskapazität des einzelnen erklärbar sein könnte. Übertragen auf den Untersuchungsraum müßte daraus folgen, daß die durchschnittliche Gehgeschwindigkeit der ländlichen Bevölkerung relativ niedriger als die von Stadtbewohnern liegt. Wie schon angedeutet, widerspricht diese Feststellung nicht den Ergebnissen von BLENNEMANN/BRANDENBURG, die gleiche Bevölkerungsgruppen (Stadtbewohner) unter verschiedenen baulichen Verhältnissen und unterschiedlichen Verkehrszwecken betrachten, während BORNSTEIN/BORNSTEIN unterschiedliche Bevölkerungsgruppen (Klein- und Großstädter) in relativ gleicher baulicher Umwelt ungeachtet des jeweiligen spezifischen Verkehrszwecks erfaßt haben. Während die Ergebnisse von BORNSTEIN/BORNSTEIN somit als Folge psychologisch erklärbaren „Wollens" der unterschiedlichen Bevölkerungsgruppen angesehen werden können, spiegeln die Aussagen von BLENNEMANN/BRANDENBURG eher das – umgebungsbedingte – technische „Können" wider.

Übersicht 14: *Anteil der Wohnbevölkerung in den untersuchten Gemeinden in Abhängigkeit von der Entfernung zur nächsten Bushaltestelle (Minutenklassen)*

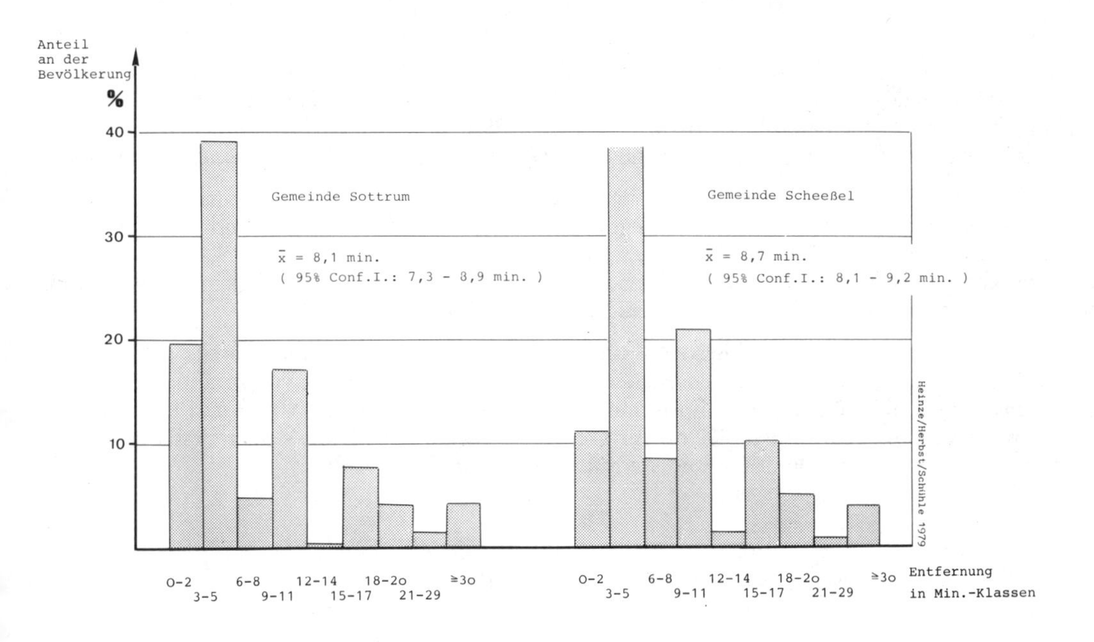

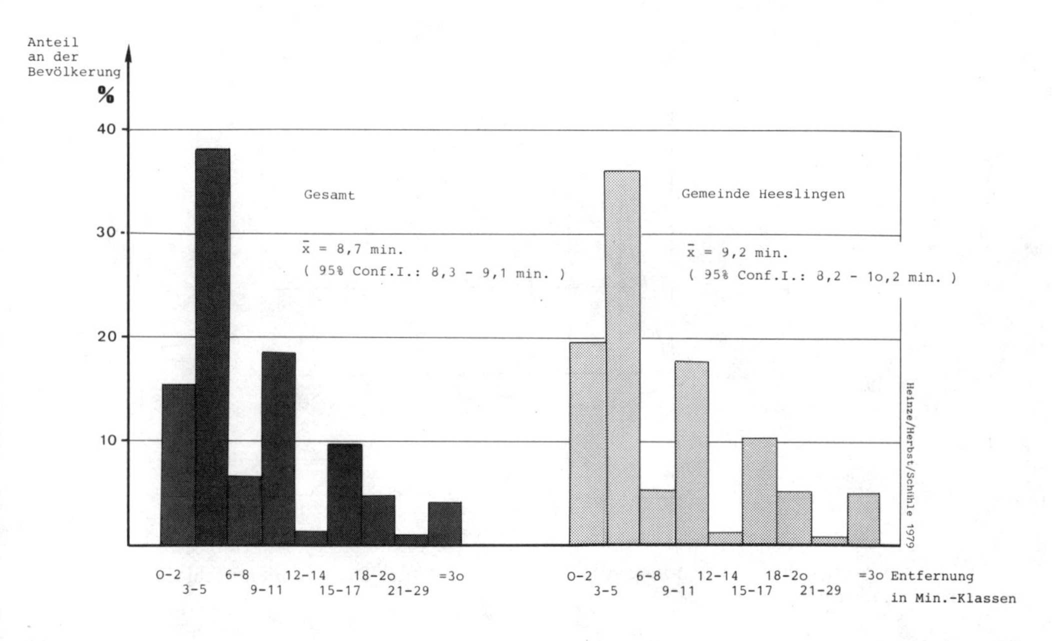

Einwohner über flächenerschließende Busnetze verfügen. Die dort vorhandenen Buslinien haben Regionalcharakter, d. h., sie verbinden die Gemeinden und Städte untereinander und ‚durchlaufen' diese dabei möglichst direkt. In den kleinen Gemeinden unter 5000 Einwohner ergeben sich dabei aber aufgrund der geringeren Ausdehnung der Siedlungsflächen noch geringere durchschnittliche Haltestellenentfernungen als in Kleinstädten von 5000 bis 20000 Einwohner"[71]).

In der vorliegenden Erhebung wurden die Bewohner der untersuchten, oft sehr kleinen Gemeindeteile nach dem Zeitaufwand für den Fußweg zur nächsten Haltestelle gefragt. Grafisch aufbereitet, zeigt Übersicht 14 die in Übersicht A 29 tabellarisch nach Minutenklassen zusammengefaßten Befragungsergebnisse für das Gesamtgebiet und die einzelnen Gemeinden.

Die Ergebnisse in den Gemeinden weichen nur geringfügig voneinander ab. Der Durchschnittswert von 8,7 Minuten liegt zwischen 8,1 Minuten in Sottrum und einem aufgrund der disperseren Struktur in Heeslingen zu erwartenden höheren Wert von 9,2 Minuten. Der durchschnittliche Zeitaufwand entspricht bei einer mittleren Gehgeschwindigkeit von 80 m/Min. einer mittleren Entfernung zur Haltestelle von etwa 700 m.

Betrachtet man die kumulierten Werte der Übersicht 15, so wohnen bereits ca. 55% der Bevölkerung in den untersuchten Gemeindeteilen in einer Entfernung von maximal 5 Minuten (analog: 400 m), 60% in einer Entfernung von maximal 8 Minuten (640 m) und 80% in einer Entfernung von 10 Minuten (800 m) zur nächsten Bushaltestelle. Diese Zahlen bestätigen den in der obenerwähnten PROGNOS-Studie ermittelten Trend.

Übersicht 15: *Anteil der Wohnbevölkerung in Abhängigkeit von der Entfernung zur nächsten Bushaltestelle – kumuliert*

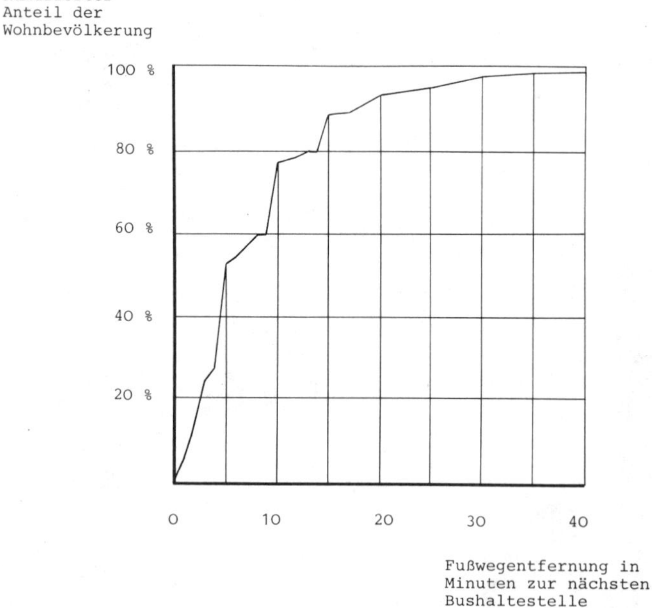

[71]) PROGNOS Stadtentwicklung und Regionalplanung (Hrsg.): Mobilitätschancen unterschiedlicher Bevölkerungsgruppen im Personenverkehr, a.a.O., S. 120.

Betrachtet man – wie oben dargestellt – als maximal zumutbare Entfernung zur Haltestelle eine Luftlinienentfernung von 1000 m, so entspricht dies – da man einen Umwegfaktor von ca. 1,2 einkalkulieren muß[72]) – einem Fußweg von 1200 m mit einem erforderlichen Zeitaufwand von 15 Minuten. Außerhalb dieser maximal zumutbaren Entfernung wohnen im Untersuchungsgebiet lediglich ca. 10% der Bevölkerung.

Eine Beurteilung auf der Basis einer Untersuchung des BATTELLE-INSTITUTES erbringt ein ähnlich günstiges Ergebnis[73]). Dort wurde auf der Basis einer Umfrage bei 497 ÖV-Benutzern der Stadtverwaltung Karlsruhe eine Fußwegakzeptanzfunktion ermittelt. In der genannten Untersuchung konnte bei der Bewertung der Haltestellenentfernung von den befragten Personen unterschieden werden in „erfreulich kurz" (die Befragten waren zu 90% mit der Situation zufrieden), „zumutbar" (zu 70% zufrieden), „noch zumutbar" (zu 50% zufrieden), „kaum zumutbar" (zu 30% zufrieden), „nicht zumutbar" (10% zufrieden). Je Bewertungsstufe (Zufriedenheitsgrad) wurde dann die benötigte mittlere Fußwegzeit ermittelt und daraus eine Fußwegakzeptanzfunktion erstellt.

Übersicht 16: *Bewertung der Erreichbarkeit von ÖV-Haltestellen auf der Basis einer Fußwegakzeptanzfunktion*

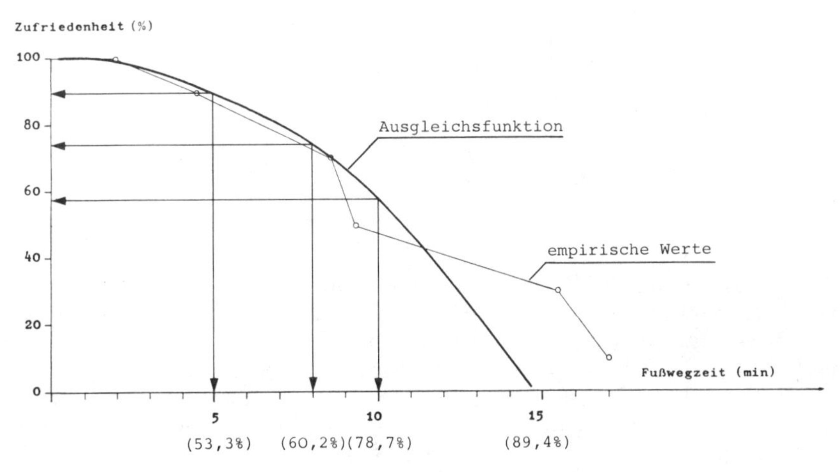

Quelle: Die kumulierten Prozentanteile der Bevölkerung der untersuchten Gemeinden von 53,3%, 60,2%, 78,7% und 89,4%, die innerhalb der zugehörigen Fußwegentfernung von 5 Min., 8 Min., 10 Min. bzw. 15 Min. zur nächsten Bushaltestelle wohnen, wurde in die bei RUPPERT, W.-R., HESS, R., WÜRDEMANN, G.: Erschließungsqualität des öffentlichen Personennahverkehrs, a. a. O., S. 41, entwickelte Ausgleichsfunktion zur Fußwegakzeptanz eingetragen. Entsprechend läßt sich der durchschnittliche Zufriedenheitsgrad des jeweiligen Bevölkerungsanteils ablesen.

Unterstellt man – wie oben besprochen – analog zur Zeitbewertung durch die Fahrgäste – ein von der Siedlungsstruktur unabhängiges Anspruchsniveau bezüglich der zumutbaren Haltestellenentfernung, so kann man die erwähnte Fußwegakzeptanzfunktion zur Bewertung der in den Untersuchungsgemeinden ermittelten Fußwegzeiten heranziehen. Es zeigt sich, daß über 50% der Bevölkerung in einer Entfernung zur Haltestelle wohnen, die als „erfreulich kurz" (nämlich

[72]) Vgl. K. WALTHER: Die Fußweglänge zur Haltestelle als Attraktivitätskriterium im öffentlichen Personenverkehr, Fortsetzung aus Verkehr und Technik Heft 10/1973. In: Verkehr und Technik 1973, Heft 11, S. 480.

[73]) Vgl. W.-R. RUPPERT, R. HESS, G. WÜRDEMANN: Erschließungsqualität des öffentlichen Personennahverkehrs, a.a.O., S. 38 und S. 40 ff.

bis zu 5 Minuten) angesehen wird; vgl. Übersicht 16. Weitere 10% leben in einer Entfernung bis zu 8 Minuten, die als „zumutbar" angesehen wird und nahezu weitere 20% in der „noch zumutbaren" Entfernung bis zu 10 Minuten[74]). In der Fußwegakzeptanzfunktion in Übersicht 16 kommt auch zum Ausdruck, daß die maximal zumutbare fußläufige Entfernung zur nächsten Bushaltestelle bei etwa 15 Wegminuten liegt (Zufriedenheitsgrad „0"), was – wie oben schon dargestellt – in ländlichen Gebieten etwa 1200 Metern Anmarschweg entsprechen dürfte. In den untersuchten Gemeindeteilen wohnen nur ca. 10% der Gesamtbevölkerung außerhalb dieses Bereiches.

Zusammenfassend kann festgestellt werden, daß in den Untersuchungsgemeinden die Haltestellenerreichbarkeit als gut bezeichnet werden kann, selbst unter Verwendung von Akzeptanzfunktionen und Bewertungskriterien, die für Verdichtungsräume und ihr Umland entwickelt worden sind. Einschränkungen einer möglichen ÖV-Benutzung wegen ungenügender Haltestellenerreichbarkeit dürften nur für einen geringen Bevölkerungsanteil von etwa 10% zutreffen, der außerhalb einer Luftlinienentfernung von etwa 1000 m zur nächsten ÖV-Haltestelle wohnt.

9. Führerschein- und Fahrzeugbesitz der Befragten und seine Abhängigkeit von der ÖV-Versorgung der untersuchten Gemeinden

Soziale Disparitäten in der Verkehrsversorgung bestehen unter anderem in einer fehlenden oder eingeschränkten Individualverkehrs-Alternative zum häufig als ungenügend empfundenen öffentlichen Verkehrsangebot. In der Befriedigung der Mobilitäts-Grundbedürfnisse benachteiligter Bevölkerungsschichten liegt eine wesentliche Aufgabe des öffentlichen Verkehrs im Rahmen der staatlichen Daseinsvorsorge[75]). Umfang und Rechtfertigung möglicherweise defizitärer ÖV-Leistungen sind damit abhängig vom Gewicht dieser sozialen Disparitäten in der Verkehrsversorgung und der davon betroffenen Bevölkerung. Der Begriff der verkehrlichen Benachteiligung ist vielschichtig und schwer abgrenzbar. Orientiert man sich – im Sinne eines Maximalwertes – an den Mobilitätschancen derjenigen, die einen Führerschein und einen Pkw besitzen und denen dieser Pkw dauernd und uneingeschränkt zur Verfügung steht, so kann eine Benachteiligung anderer Personen zunächst in deren fehlendem Führerschein- und Pkw-Besitz bestehen.

---

[74]) In diesem Zusammenhang muß allerdings darauf hingewiesen werden, daß eine Addition von Reisezeit-Teilelementen (Fußweg zur Haltestelle, Wartezeit, Umsteigezeit, Fahrzeit, Fußweg von der Haltestelle), die jeweils für sich aufgrund einer speziellen Akzeptanzfunktion etwa mit „erfreulich kurz" bezeichnet wurden, in ihrer Summe zu Reisezeiten führen kann, die nur noch als „zumutbar" angesehen werden. Aus diesen Gründen ist es erforderlich, bei Gesamtreisezeit-Bewertungen die Zumutbarkeitswerte herabzustufen; vgl. W.-R. RUPPERT, R. HESS, G. WÜRDEMANN: Erschließungsqualität des öffentlichen Personennahverkehrs, a.a.O., S. 48.

[75]) Vgl. z.B. den Diskussionsbeitrag von TOPP in der Sitzung der Arbeitsgruppe Verkehr am 3.12.1976, wiedergegeben in H. H. TOPP, H. ZEMLIN, D. HENNING: Rationelle Erschließung des ländlichen Raums durch den öffentlichen Verkehr, AGR Arbeitsgemeinschaft für Rationalisierung des Landes Nordrhein-Westfalen, Bd. 181, Dortmund 1977, S. 42; desgleichen J. FIEDLER, ebenda, S. 51, und H. NEHRLING in J. RAU, W. FORSSMANN und Sachverständige des Verkehrs: Rationalisierung im Verkehr als Teil der Daseinsvorsorge – eine Podiums- und Generaldiskussion, AGR Arbeitsgemeinschaft für Rationalisierung des Landes Nordrhein-Westfalen, Bd. 165, Dortmund 1975, S. 23; ebenso K. SCHÄFER, F. GERCKE, D. GALONSKE, S. LOSCH: Grundsätze und Gedanken zur Daseinsvorsorge im ländlichen Raum – dargestellt am Beispiel des Emslandes, Hannover 1968, S. 6.

9.1 Führerscheinbesitz nach sozio-demographischen Kenngrößen

9.1.1 Führerscheinbesitz nach Geschlecht

Notwendige Voraussetzung um als Selbstfahrer über einen Pkw verfügen zu können, ist der Besitz einer entsprechenden Fahrerlaubnis der Klasse 3.

Übersicht A30 zeigt den Führerscheinbesitz in den Untersuchungsgemeinden, gegliedert nach Führerscheinklassen und Geschlecht der Inhaber. Insgesamt verfügen 60,5 % der männlichen und 43,1 % der weiblichen Bevölkerung des Untersuchungsraumes über eine Fahrerlaubnis der Klasse 3, der entscheidende Bedeutung für die selbständige unabhängige Nutzung des Individualverkehrsmittels Pkw zukommt.

Eine Fahrerlaubnis der Klasse 1 (gültig für Motorräder über 50 ccm) besitzen in den untersuchten Gemeinden insgesamt 14,4 % der Männer und lediglich 0,7 % der Frauen. Die entsprechenden gemeindespezifischen Werte schwanken nur geringfügig um diese Mittelwerte. Wie eine zusätzliche Analyse zeigt, besitzen fast alle Inhaber eines Führerscheins der Klasse 1 – der auch zum Führen von Fahrzeugen der Klassen 4 und 5 berechtigt – zusätzlich eine Fahrerlaubnis der Klasse 3, können somit also auch – wenn vorhanden – mittels Pkw am Individualverkehr teilnehmen.

Führerscheine der Klasse 2 (für Lkw; er umfaßt auch die Klassen 3, 4 und 5) besitzen insgesamt 15,4 % der männlichen und nur 0,3 % der weiblichen Personen in den untersuchten Gemeindeteilen. Auch hier sind die Schwankungen um diese Mittelwerte in den Gemeinden gering.

Sehr viel höher ist der Anteil der Besitzer von Führerscheinen der Klassen 4 und 5 – die in der Untersuchung nicht getrennt erfaßt wurden – mit einem Gesamtwert von 66,0 % bei den Männern und 44,3 % bei den Frauen. Diese hohen Besetzungen dürften vor allem darauf zurückgehen, daß die Führerscheinklassen 1, 2 und 3 die Klassen 4 und 5 miteinschließen. Reduziert man die Werte der Klassen 4/5 allein um den Anteil der darin enthaltenen Führerscheine der Klasse 3, so verbleiben – für die Gesamtwerte – nur noch 6,4 % bei den Männern und 2,2 % bei den Frauen.

Besonders interessant ist der in diesen Restwerten enthaltene Anteil der 16- und 17jährigen, die einerseits aufgrund ihres Lebensalters noch nicht über eine Fahrerlaubnis Klasse 3 verfügen können, für die andererseits aber durch die Führerscheine der Klassen 4 und 5 im Individualverkehr ein erster Übergang von geringerwertigen Fahrzeugen zu höherwertigen Verkehrsmitteln ermöglicht wird. In der genannten Altersklasse verfügen von den männlichen Personen immerhin 43,1 % und von den weiblichen 16,4 % über Führerscheine 4 oder 5. Bezogen auf die Gesamtzahl der erfaßten Personen entspricht dies Anteilen von 1,7 % bzw. 0,7 %. Die hohen Anteilswerte dieser Altersgruppe lassen vermuten, daß bei den Jugendlichen ein großes Bedürfnis besteht, bei Vorliegen der altersbedingten Voraussetzungen ihre Chance zu wahren, als Selbstfahrer das prestigemäßig am höchsten eingeschätzte Individualverkehrsmittel nutzen zu können.

Betrachtet man den Besitz der Fahrerlaubnis der Klasse 3 nach Gemeinden, so findet man nur geringe Differenzen zwischen den untersuchten Orten: In der Gemeinde Sottrum verfügen darüber 59,6 % der männlichen und 42,1 % der weiblichen Bevölkerung, im Durchschnitt 50,8 %. In der Gemeinde Scheeßel belaufen sich die entsprechenden Werte auf 60,3 % bei den Männern und 44,0 % bei den Frauen, im Durchschnitt auf 52,3 %. In der Gemeinde Heeslingen betragen sie 61,5 %, 43,1 % und 52,2 %.

Berücksichtigt man – wie in Übersicht A31 – von den gesamten in der Erhebung erfaßten Personen lediglich diejenigen, die 18 Jahre und älter sind und demnach über einen Führerschein der Klasse 3 verfügen könnten, so läßt sich feststellen, daß 18,3 % der Männer und 43,6 % der Frauen – insgesamt 30,9 % – dieser Altersgruppe über keine entsprechende Fahrerlaubnis verfügen.

Auf der Basis von KONTIV 75 finden sich folgende von PROGNOS berechnete Vergleichswerte, differenziert nach Stadtgrößenklassen[76]):

Stadtgrößenklasse (Einwohner)	Personen ohne Fahrerlaubnis der Klasse 3
unter 5000	48,7%
5000 bis 20000	48,7%
20000 bis 100000	48,7%
100000 bis 500000	57,4%
500000 und mehr	55,5%
Durchschnitt	50,5%

Nach diesen Vergleichsdaten verfügen im Durchschnitt 50,5% aller Personen ab 10 Jahren nicht über einen Führerschein der Klasse 3 und können einen Pkw deshalb nicht als Selbstfahrer nutzen. Diese Verfügbarkeit differiert in Abhängigkeit von der Stadtgröße. In Klein- und Mittelstädten bis 100000 Einwohnern liegt der Anteil der Personen ohne Führerschein mit 48,7% geringfügig unter dem Durchschnitt von 50,5%, in Großstädten über 100000 Einwohnern ist der Führerscheinbesitz und in dieser Hinsicht die Pkw-Verfügbarkeit deutlich geringer.

Die vorstehenden Angaben sind zunächst nicht mit den in der Erhebung ermittelten Werten zu vergleichen, da die Bezugsgrößen unterschiedlich abgegrenzt sind. Die KONTIV-Daten berücksichtigen alle Personen, die 10 Jahre und älter sind, während die Erhebungsdaten sich auf alle Personen im Untersuchungsraum (18,1% der Bevölkerung ohne Fahrerlaubnis der Klasse 3) bzw. auf die Gruppe der potentiellen Führerscheinbesitzer im Alter von 18 Jahren und darüber (bezogen darauf: 30,9% ohne Pkw-Führerschein) beziehen. Um zumindest die von PROGNOS festgestellte Tendenz auch bezüglich der hier untersuchten sehr kleinen ländlichen Gemeinden bzw. Gemeindeteile überprüfen zu können, ist eine Umrechnung auf eine vergleichbare Basis notwendig.

Da die altersgruppenspezifische Verteilung der Grundgesamtheit in der PROGNOS-Studie den Bearbeitern nicht bekannt war, mußte hilfsweise auf Angaben des Statistischen Bundesamtes[77]) zurückgegriffen werden, um eine Umbasierung der Daten vornehmen zu können. Danach entfallen von der durchschnittlichen Wohnbevölkerung 1975 in der Bundesrepublik – ohne Berücksichtigung der hier nicht interessierenden Altersgruppe 0 bis unter 10 Jahre – auf die Altersgruppen:

10 bis unter 18 Jahre:	14,7%
über 18 Jahre:	85,3%
	100,0%

[76]) Vgl. PROGNOS Stadtentwicklung und Regionalplanung: Mobilitätschancen unterschiedlicher Bevölkerungsgruppen im Personenverkehr, a.a.O., S. 104. In der Untersuchung von PROGNOS wurden nur Personen ab 10 Jahre berücksichtigt; vgl. ebenda, S. 101. Andere Quellen schätzen den Führerscheinbestand Klasse 3 im Jahre 1975 auf ca. 20020000 Stück; vgl. VDA Verband der Automobilindustrie e. V.: Tatsachen und Zahlen aus der Kraftverkehrswirtschaft, 42. Folge, Frankfurt 1978, S. 289. Bezogen auf die Gesamtbevölkerung der Bundesrepublik Deutschland im Jahre 1975 von 61644600 Personen (vgl. Statistisches Jahrbuch 1978, a.a.O., S. 59) verfügen danach ca. 32,5% über eine Fahrerlaubnis der Klasse 3; berücksichtigt man nur – wie in KONTIV – Personen von 10 Jahren und darüber, erhöht sich der Prozentwert auf 37,3% Führerscheininhaber (gleich 62,7% Nicht-Führerscheininhaber) oder, betrachtet man nur die Gruppe der Personen von 18 Jahren und älter, auf 43,7% – bzw. komplementär: 56,3% Nicht-Pkw-Führerscheinbesitzer. Diese Werte unterscheiden sich deutlich von den bei PROGNOS ausgewiesenen Daten, die einen bundesweit höheren Anteil an Pkw-Führerscheininhabern ausweisen.

[77]) Vgl. Statistisches Bundesamt (Hrsg.): Statistisches Jahrbuch für die Bundesrepublik Deutschland 1977, Wiesbaden 1977 (im folgenden kurz zitiert als: Statistisches Jahrbuch 1977), S. 59.

Das heißt, ca. 14,7 % der von PROGNOS mit berücksichtigten Bevölkerung kann überhaupt nicht über einen Führerschein der Klasse 3 verfügen. Eliminiert man diesen Anteil, so ergibt sich, daß nach PROGNOS von den Personen im Alter von 18 Jahren und mehr im Durchschnitt ca. 42,0 % über keinen Pkw-Führerschein verfügen.

Eine Umrechnung der auf Stadtgrößenklassen bezogenen Werte erfordert darüber hinaus eine Berücksichtigung der allgemeinen Bevölkerungsverteilung auf diese Stadtgrößen. Bundesweite Daten[78]) belegen für 1975 eine Verteilung von 16,9% der Bevölkerung auf – hier besonders interessierende – Gemeinden unter 5000 Einwohnern bzw. von 83,1 % auf Gemeinden mit höherer Einwohnerzahl. Unter der Annahme einer weitgehenden Gleichverteilung der verschiedenen Altersgruppen in den Gemeinden aller Größenklassen läßt sich daraus der von PROGNOS angegebene Wert von 48,7% Nicht-Führerscheinbesitzer in kleinen Gemeinden umrechnen auf 39,9% Nicht-Führerscheinbesitzer in der relevanten Altersgruppe 18 Jahre und mehr in Gemeinden unter 5000 Einwohner.

Dieser – herleitungsbedingt nur eingeschränkt – vergleichbare Wert zeigt, daß der in der vorliegenden Erhebung ermittelte Durchschnittswert von 30,9% Personen ohne Pkw-Führerschein deutlich den von PROGNOS festgestellten Trend bestätigt, daß mit abnehmender Gemeindegröße der Anteil der Pkw-Führerscheinbesitzer an der jeweiligen Wohnbevölkerung steigt. In Fortführung der oben dargelegten Überlegungen im Zusammenhang mit dem Besitz der Fahrerlaubnis der Klassen 4 und 5 sei noch angemerkt, daß der Anteil der Führerscheinbesitzer der Klasse 3 an den 18- bis 20jährigen (die den 16- und 17jährigen beim Führerschein 4/5 vergleichbar sind) bei den Männern 69,5 % (Durchschnitt der Männer über 18 Jahre: 81,7 %) und bei den Frauen 69,3% (Vergleichswert: 56,7%) beträgt. Damit zeigt sich auch bei dem Führerschein Klasse 3, daß ein starkes Bedürfnis nach seinem Erwerb besteht, sobald die gesetzliche Voraussetzung des Mindestalters erfüllt ist.

Interessant ist hierbei noch, daß – im Gegensatz zu den Durchschnittswerten der Personen über 18 Jahre insgesamt – in der jungen Altersgruppe 18–20 Jahre praktisch jeweils gleiche Anteile der Männer bzw. Frauen über einen Pkw-Führerschein verfügen. In dieser Beziehung dürfte für die heranwachsende Generation keine geschlechtsspezifische Disparität mehr vorliegen[79]).

9.1.2 Pkw-Führerscheinbesitz nach Altersklassen

Wie bei der vorstehenden Betrachtung der Führerscheinklassen 4/5 für Personen im Alter von 16 und 17 Jahren und bei der Führerscheinklasse 3 für Befragte im Alter von 18–20 Jahren wird im folgenden der Besitz des Pkw-Führerscheins in Abhängigkeit vom Alter analysiert (Übersicht A 32).

In der Altersgruppe der 18 bis 20jährigen waren insgesamt noch 30,6 % der Befragten nicht im Besitz eines Pkw-Führerscheins. In der nächsthöheren Altersgruppe (21–44 Jahre) sinkt dieser Anteil auf nur 9,3 % mit gemeindedurchschnittlichen Werten von 10,4 % (Gemeinde Sottrum), 9,0 % (Gemeinde Scheeßel) und 8,5 % (Gemeinde Heeslingen). Deutlich höher liegen die Anteile der Personen ohne Pkw-Führerschein in den höheren Altersgruppen: 31,0% bei den 45–59jährigen, 60,7% bei den 60–64jährigen und 68,3 % bei den Befragten im Alter von 65–74 Jahren. Der Höchstwert wird mit 89,4 % bei den Personen über 75 Jahre erreicht.

---

[78]) Vgl. Statistisches Bundesamt (Hrsg.): Statistisches Jahrbuch für die Bundesrepublik Deutschland 1976, Wiesbaden 1976 (im folgenden kurz zitiert als: Statistisches Jahrbuch 1976), S. 57.

[79]) Zu dem gleichen Ergebnis kommt auch PROGNOS bei einer Interpretation der unterschiedlichen Pkw-Verfügbarkeitsanteile in den Segmenten der „Hausfrauen mit Kleinkindern“ und der „übrigen Hausfrauen“; vgl. PROGNOS Stadtentwicklung und Regionalplanung: Mobilitätschancen unterschiedlicher Bevölkerungsgruppen im Personenverkehr, a. a. O., S. 103.

Vergleichbare Angaben veröffentlicht der Verband der Automobilindustrie (VDA). Damit ergibt sich folgendes Bild[79a]):

Altersgruppen Jahre	Anteil der Nicht-Führerscheininhaber Klasse 3 an der Bevölkerung nach VDA %	Erhebung %
18–20	84,5	30,6
21–44	37,5	9,3
45–64	60,4	36,2
65 und mehr	84,5	76,4

Es wird deutlich, daß für alle Altersgruppen der obigen Tabelle die Anteilswerte der Nicht-Pkw-Führerscheininhaber in den untersuchten ländlichen Gebieten wesentlich unter den bundesdurchschnittlichen Vergleichszahlen liegen. Diese Tendenz wurde schon in Abschnitt 9.1.1 für die Gesamtheit aller Erfaßten aufgezeigt.

Trotz des überdurchschnittlichen Bestandes an Pkw-Führerscheinen läßt sich pauschal feststellen, daß altersbezogen in der Gruppe 45–49 Jahre schon wegen eines fehlenden Führerscheins ca. 1/3 der erfaßten Personen, in höheren Altersgruppen 2/3 und mehr der Bevölkerung in den untersuchten ländlichen Gemeindeteilen nicht als Pkw-Selbstfahrer am Individualverkehr teilnehmen können – somit a priori hinsichtlich ihrer Mobilitätschancen eingeschränkt bzw. in hohem Maße auf die Mitbenutzung eines familieneigenen oder fremden Fahrzeugs oder einen funktionierenden öffentlichen Verkehr angewiesen sind.

9.1.3 Pkw-Führerscheinbesitz nach sozialen Kategorien

Der Besitz eines Pkw-Führerscheins ist auch vom sozialen Status der betreffenden Person abhängig. Übersicht A33 zeigt den Nichtbesitz des Führerscheins der Klasse 3 in Abhängigkeit von der sozialen Stellung der Befragten. In den Angaben der Tabelle sind alle in der Befragung erfaßten Personen altersunabhängig berücksichtigt.

Den niedrigsten Anteil an Pkw-Führerschein-Inhabern weist die Gruppe der Schüler auf, die im Durchschnitt zu 94,0% keinen entsprechenden Führerschein besitzen. Danach folgen die Rentner mit 75,4% Personen ohne Fahrerlaubnis der Klasse 3. Demgegenüber verfügen die Selbständigen nahezu ausnahmslos über einen Pkw-Führerschein, ebenso die Beamten, Angestellten und Arbeiter, bei denen dies lediglich für 11,9% der erfaßten Personen nicht zutrifft. Bei den mithelfenden Familienangehörigen ist die Quote der Nicht-Führerscheinbesitzer mit 22,2% etwas höher und liegt schließlich bei den Nur-Hausfrauen bei 36,9% und in der Gruppe der Erwerbslosen bei 38,2% der Befragten je Sozialkategorie.

Vergleichswerte zu diesen erhobenen Daten lassen sich wiederum auf der Basis der Auswertung von KONTIV 75 für die gesamte Bundesrepublik durch PROGNOS herleiten[80]):

Sozialgruppe	Anteil der Personen ohne Pkw-Führerschein
Schüler/Studenten	88,4%
Lehrlinge	91,0%
Erwerbstätige	24,7%
Hausfrauen	57,9%
Rentner	75,3%
Arbeitslose	42,2%

[79a]) Vgl. VDA Verband der Automobilindustrie e. V.: Tatsachen und Zahlen aus der Kraftverkehrswirtschaft, a.a.O., S. 289.

[80]) Siehe nächste Seite.

Die Diskrepanz zwischen dem von PROGNOS für die Gruppe der Schüler und Studenten ausgewiesenen Wert von 88,4% Nicht-Führerscheinbesitzern und dem in der Erhebung ermittelten Anteil von 94,0% dürfte hauptsächlich darauf zurückzuführen sein, daß – wie schon dargelegt – bei PROGNOS nur Personen ab 10 Jahren, in der Untersuchung hingegen im vorliegenden Zusammenhang auch schon Schüler ab Schuleintritt berücksichtigt werden. Nicht erklärbar hingegen ist der bedeutend geringere Anteil der Nicht-Führerscheinbesitzer bei den Auszubildenden in der Untersuchung (56,4%) als bei PROGNOS (91,0%).

Eine deutliche Übereinstimmung zwischen den Werten von PROGNOS und den Ergebnissen der vorliegenden Untersuchung ergibt sich in der Sozialgruppe der Rentner mit 75,4% Nicht-Führerscheinbesitzern (Erhebung) zu 75,3% (PROGNOS). Ähnlich lautet das Ergebnis für die Arbeits- bzw. Erwerbslosen mit 42,2% (PROGNOS) zu 38,2% (Erhebung). Besonders interessant dürfte sein, daß für diese Gruppe sowohl bei PROGNOS wie auch in der Erhebung die Quote der Nicht-Führerscheinbesitzer deutlich höher liegt als in der komplementären Gruppe der Erwerbstätigen.

Für die Gruppe der Erwerbstätigen ergibt sich in der Untersuchung ein niedrigerer Wert von nur 11,9% Nicht-Führerscheinbesitzern gegenüber durchschnittlich 24,7% bei PROGNOS. Erklärbar wird dieses Ergebnis, wenn man berücksichtigt, daß PROGNOS für die größte dort erfaßte Sozialgruppe Sonstige Erwerbstätige – die zusammen mit den Gruppen Alleinstehende Erwerbstätige und Erwerbstätige mit Kind im obigen Wert enthalten ist – einen Trend zu höheren Anteilen von Pkw-Führerscheinbesitzern mit abnehmender Stadtgröße aufzeigt[81]):

Stadtgrößenklasse (Einwohner)	Nichtbesitz eines Pkw-Führerscheins; Gruppe „Sonstige Erwerbstätige“
unter 5000	21,9%
5000– 20000	22,2%
20000–100000	23,6%
100000–150000	35,9%
über 500000	33,6%

Dieser Trend setzt sich offensichtlich in den kleinen Gemeindeteilen des Untersuchungsgebietes deutlich nach unten fort.

Selbst Scheeßel mit einer Einwohnerzahl von etwa 5000 liegt mit einem Anteil von 10,6% Nicht-Pkw-Führerscheinbesitzern in der Gruppe der Erwerbstätigen deutlich unter dem PROGNOS-Wert von 21,9% der Stadtgrößenklasse unter 5000 Einwohnern. Es kann demnach auch angenommen werden, daß unter den Rahmenbedingungen des strukturschwachen, ländlich strukturierten Raumes der Führerscheinbesitz zumindest der Erwerbstätigen erheblich über den Vergleichswerten von Städten ähnlicher Größe liegt.

Eine deutliche Differenz wird auch im Vergleich des Führerschein-Besitzes bei den Hausfrauen sichtbar. Im Durchschnitt der KONTIV-Ergebnisse besitzen 57,9% der Hausfrauen keinen Führerschein, im Untersuchungsgebiet lediglich 36,9%, was möglicherweise auf ähnliche Gründe wie bei den Erwerbstätigen zurückzuführen sein könnte[82]).

[80]) Vgl. ebenda, S. 102, Tabelle 4.2.1. Da die Untersuchung von PROGNOS eine andere Gliederungstiefe als die vorliegende Untersuchung bezüglich der sozialen Kategorien aufweist, war es notwendig, einige der bei PROGNOS differenzierten Kategorien zu den im folgenden Text wiedergegebenen Werten zusammenzufassen. Als Grundlage wurden hierzu die Angaben bei PROGNOS, ebenda, S. 78, Tabelle 3.16 benutzt.

[81]) Vgl. ebenda, S. 107.

[82]) PROGNOS findet „eine abnehmende Tendenz der Pkw-Verfügbarkeit mit ansteigender Stadtgröße ... für Hausfrauen ..., hier allerdings mit der Abweichung, daß die Pkw-Verfügbarkeit in Kommunen bis 5000 Einwohner ähnlich niedrig ist wie in großen Städten“; vgl. ebenda, S. 106. Ein Widerspruch zwischen dieser Aussage und den Ergebnissen der vorliegenden Untersuchung kann aber nicht bewiesen werden, da PROGNOS die entsprechenden Zahlen nicht einzeln ausweist – insbesondere auch keine Aussage trifft, ob diese Feststellung sich auf den Führerscheinbesitz oder die reale Verfügbarkeit über einen Pkw bezieht. Vgl. hierzu auch die Ausführungen im Abschnitt 9.2.3 dieser Untersuchung.

Als Ergebnis dieses Abschnitts bleibt festzustellen, daß der Besitz eines eigenen Pkw-Führerscheins offensichtlich in hohem Maße von der sozialen Stellung der Probanden abhängt. Im Vergleich zu bundesweit ermittelten Daten können dabei aber in dem untersuchten dünnbesiedelten und ländlich strukturierten Raum für verschiedene Sozialgruppen deutlich höhere Quoten an Pkw-Führerscheinbesitzern aufgezeigt werden, was wiederum eine vergleichsweise höhere Chance mit sich bringt, als Selbstfahrer am Individualverkehr teilzunehmen.

9.2 Führerscheinbesitz in Abhängigkeit von der ÖV-Versorgung

Ein unterschiedlicher Motorisierungsgrad bzw. eine unterschiedliche Pkw-Verfügbarkeit in Abhängigkeit von der Stadt- bzw. Gemeindegröße wird häufig auch mit der unterschiedlichen Versorgungsqualität öffentlicher Verkehrsleistungen erklärt[83]). Die Pkw-Verfügbarkeit wiederum ist vom Führerscheinbesitz abhängig. Dem Führerscheinerwerb stehen geringere finanzielle Restriktionen gegenüber als dem Erwerb eines Pkw. Gleichzeitig kann Führerscheinbesitz Verfügung über einen in der Familie bereits vorhandenen Pkw bedeuten, ohne daß damit ein eigener Pkw-Erwerb erforderlich ist. Aus diesen Gründen kann angenommen werden, daß der Führerschein-Besitz ein sensiblerer Indikator für Abhängigkeiten vom Versorgungsgrad mit ÖV-Leistungen darstellt, als dies für den in späteren Abschnitten noch zu analysierenden Motorisierungsgrad gilt.

9.2.1 Führerscheinbesitz nach Geschlecht in Abhängigkeit von der ÖV-Versorgung

Übersicht A34 zeigt – analog zu Übersicht A30 – die Verfügbarkeit der Befragten über Führerscheine der verschiedenen Klassen; dabei sind die untersuchten Gemeindeteile entsprechend der Herleitung im Abschnitt 5.1 zu Gruppen mit unterschiedlicher ÖV-Versorgungsqualität zusammengefaßt. Es gilt zu prüfen, ob sich tatsächlich ein Trend dergestalt feststellen läßt, daß mit sinkender Qualität der ÖV-Versorgung in den untersuchten Gemeinden der jeweilige Anteil der Führerscheininhaber steigt.

Betrachtet man in diesem Sinn die Anteile der männlichen Besitzer der Fahrerlaubnis Klasse 1 an den Befragten, so findet man lediglich um den Gesamtdurchschnittswert von 14,4% schwankende Gruppendurchschnitte von 16,3% (Gruppe I), 11,4% (Gruppe II), 16,3% (Gruppe III) und 13,1% (Gruppe IV), die ihrerseits aber keinen Trend beinhalten – eine Aussage, die sich bei einer Analyse der Werte der einzelnen Gemeindeteile (die in Übersicht A34 in der Reihenfolge fallender ÖV-Versorgungsqualität aufgeführt sind) bestätigt.

Auch bei einer Untersuchung der Daten für die Führerscheinklassen 2 und 4/5 findet sich jeweils weder bei den Männern noch bei den Frauen eine Bestätigung der eingangs formulierten Hypothese.

Besonderes Augenmerk muß in diesem Zusammenhang jedoch auf die Besitzanteile der Fahrerlaubnis Klasse 3 gelegt werden. Hierzu wird auf Übersicht A35 verwiesen, die – nach ÖV-Versorgungsgruppen gegliedert – die Anteile der Personen über 18 Jahre ohne Pkw-Führerschein in den untersuchten Gemeindeteilen, d. h. den relevanten, in seinen Mobilitätschancen eingeschränkten engeren Kreis, ausweist.

Da aufgrund der Gruppendurchschnittswerte aus Übersicht A35 weder bei den Männern noch bei den Frauen eine eindeutige Tendenz ablesbar ist, wurden Streuungsdiagramme gefertigt. Sie stellen in Übersicht 17 für die Männer und in Übersicht 18 für die Frauen die Anteile der Nicht-Führerscheininhaber in Beziehung zur ÖV-Versorgung der untersuchten Gemeindeteile, die durch die Punktwerte aus Übersicht 10 charakterisiert wird.

---

[83]) Vgl. ebenda, S. 107.

Übersicht 17: *Männliche Personen 18 Jahre und älter ohne Fahrerlaubnis der Klasse 3 in Abhängigkeit von der ÖV-Versorgung der untersuchten Gemeindeteile*

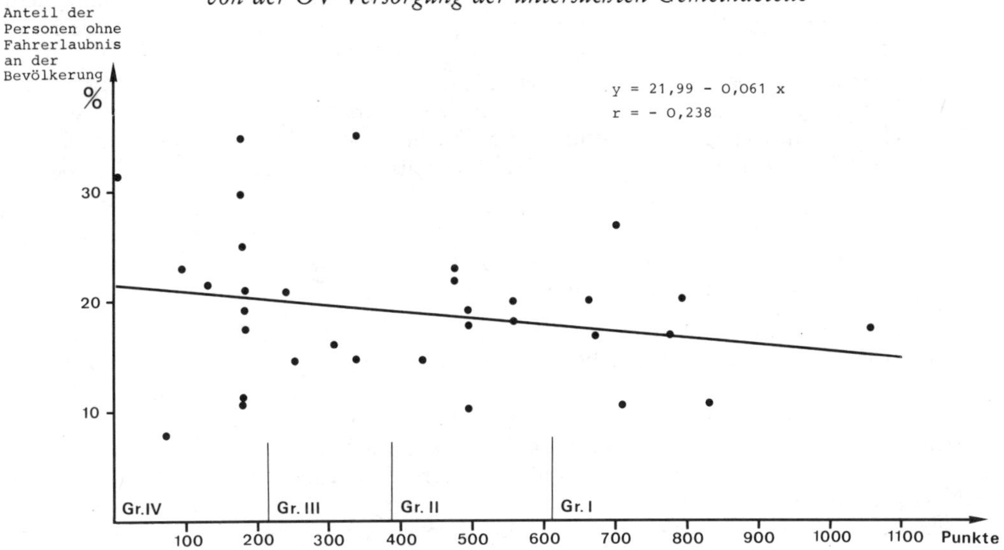

Übersicht 18: *Weibliche Personen 18 Jahre und älter ohne Fahrerlaubnis der Klasse 3 in Abhängigkeit von der ÖV-Versorgung der untersuchten Gemeindeteile*

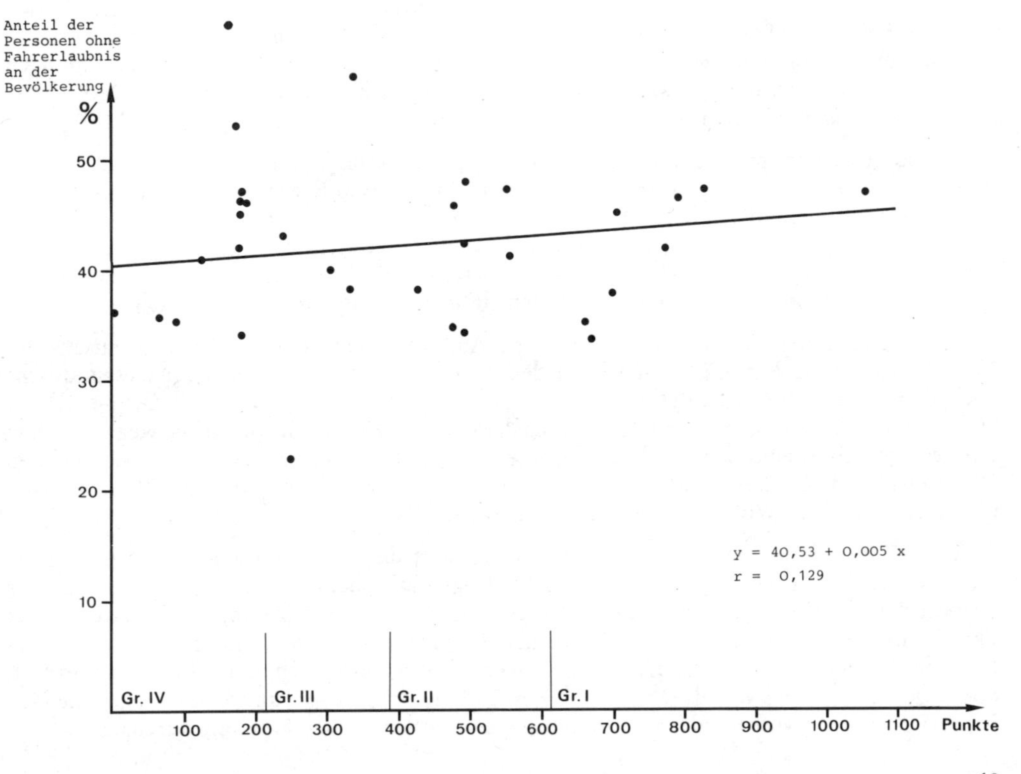

Eine lineare Regressionsanalyse des Zusammenhangs zwischen ÖV-Versorgungsqualität und – nach Besetzungsgrad je Gemeindeteil ungewichtetem – Anteil der männlichen Nicht-Führerscheinbesitzer im Alter von 18 Jahren und darüber ergibt den kaum signifikanten Zusammenhang y = 21,99 – 0,0061 x mit r = – 0,238. Die entsprechende Gerade ist in Übersicht 17 eingezeichnet; sie weist tendenziell sogar eine der oben formulierten Hypothese widersprechende Steigungsrichtung auf, indem bei fallender Qualität der ÖV-Versorgung der Anteil der Personen ohne Pkw-Führerschein in den untersuchten Gemeindeteilen sich zu erhöhen scheint. Eine analoge Überprüfung der weiblichen Nicht-Führerscheininhaber führt zu y = 40,6 + 0,0045 x und ergibt mit r = 0,13 ebenfalls keinen Zusammenhang; vgl. Übersicht 18.

Eine Regressionsanalyse auf der Basis des Betroffenenurteils, wie es im Abschnitt 7.2.1 wiedergegeben ist, ergibt für die Männer mit y = 11,4 + 1,898 x und r = 0,148 ebensowenig wie für die Frauen mit y = 49,8 – 1,75 x und r = – 0,123 einen Zusammenhang.

Selbst die alleinige Betrachtung des größeren, anders strukturierten Gemeindeteils Scheeßel ergibt kaum Abweichungen vom Durchschnitt der untersuchten Gemeindeteile. Die männliche Bevölkerung ab 18 Jahre liegt mit 17,4% dicht am Gruppendurchschnitt von 17,0%, die weibliche Bevölkerung mit 46,4 % etwas über dem Durchschnitt von 43,7%. Der höhere Anteil der weiblichen Personen ohne Pkw-Führerschein in Scheeßel dürfte eher auf die unterschiedliche Sozialstruktur von Scheeßel mit einem weit geringeren Anteil in der Landwirtschaft tätiger Bevölkerungsteile zurückzuführen sein als auf eine dort bessere ÖV-Versorgung, deren Einfluß auf den Führerscheinbesitz auch bei Betrachtung aller untersuchten Gemeindeteile nicht nachgewiesen werden konnte.

9.2.2 Pkw-Führerscheinbesitz nach Altersklassen in Abhängigkeit von der ÖV-Versorgung

Übersicht A36 zeigt den altersspezifischen Nichtbesitz von Pkw-Führerscheinen in Abhängigkeit von der Qualität der ÖV-Versorgung der untersuchten Gemeindeteile. Es läßt sich die Hypothese aufstellen, daß jemand um so schneller einen Führerschein zu erwerben versucht, je stärker er die Notwendigkeit dazu empfindet – etwa aufgrund schlechter ÖV-Verbindungen zwischen seinen bevorzugten Aktivitätszentren oder wegen anderer, die subjektiven Mobilitätschancen beschränkender Umstände.

In den Abschnitten 9.1.1 und 9.1.2 konnte generell schon gezeigt werden, daß bei der Altersgruppe der 18–20jährigen ein relativ hohes Bedürfnis zum Erwerb der Pkw-Fahrerlaubnis zu bestehen scheint, sobald die gesetzliche Voraussetzung des Mindestalters erfüllt ist. Im Sinne der oben formulierten Hypothese müßte sich in der betreffenden Altersgruppe der durch differierende Grade der ÖV-Versorgung verursachte Problemdruck in unterschiedlichen Anteilen der Pkw-Führerscheininhaber je Gemeindeteil-Gruppe bemerkbar machen.

Eine Betrachtung der Werte in Übersicht A36 zeigt jedoch, daß der Prozentsatz der 18–20jährigen ohne Pkw-Führerschein in den einzelnen Gruppen kaum vom Gesamtdurchschnitt von 30,6 % abweicht: In Gruppe I sind es 30,5 %, in Gruppe II 32,8 %, in Gruppe III nur 25,7 % und in Gruppe IV wieder 31,6 %. Auch der niedrige Wert in Gruppe III ist wegen der dort nur geringen Gruppenbesetzung kaum signifikant. Somit ist also zu folgern, daß sich bei den 18–20jährigen kein Zusammenhang zwischen Pkw-Führerscheinbesitz und Qualität der ÖV-Versorgung des Wohn-Gemeindeteils finden läßt.

Man könnte dieser Feststellung unter Verweis auf die in Abschnitt 9.1.1 angesprochene Tatsache, daß die Altersgruppe der 16 und 17jährigen in hohem Maß über Führerscheine der Klassen 4 und/oder 5 verfügt, entgegenhalten, ein unmittelbarer Zwang zum Erwerb eines Pkw-Führerscheins bestehe nicht, da aus finanziellen Gründen für 18–20jährige der Erwerb eines Pkw ohnehin oft nicht in Frage komme. Einem ÖV-bedingten Defizit in den Mobilitätschancen könne schon wirkungsvoll durch Erwerb eines Führerscheins 4/5 und eines entsprechenden Fahrzeugs im Alter von 16 oder 17 Jahren begegnet werden, dessen Nutzung durchaus auch die

Bedürfnisse der älteren Gruppe wirkungsvoll befriedigen würde. Dieser Argumentation widerspricht jedoch zum einen, daß in der Altersgruppe 18–20 Jahre doch in hohem Maße die Fahrerlaubnis Klasse 3 erworben wird, nämlich von 69,4 % der Befragten dieser Gruppe. Zum anderen ergab eine isolierte Analyse des Führerscheinbesitzes Klasse 4/5 in der Altersgruppe 16–17 Jahre und seiner Anteile in Gemeindeteilen differenzierter ÖV-Versorgung ebenfalls keinen Zusammenhang.

Ein ähnliches Bild zeigt sich bei Betrachtung der übrigen Altersgruppen in Übersicht A36. Zusammenfassend kann man feststellen, daß sich unmittelbare Zusammenhänge zwischen den altersbezogen klassifizierten Anteilen der Bevölkerung, die einen Pkw-Führerschein besitzen, und der jeweiligen Qualität der Versorgung des untersuchten Gemeindeteils mit Leistungen des öffentlichen Verkehrs im Untersuchungsraum nicht nachweisen lassen.

9.2.3 Pkw-Führerscheinbesitz nach sozialen Kategorien in Abhängigkeit von der ÖV-Versorgung

Die in Übersicht A37 wiedergegebene Gliederung der Anteilswerte von Nicht-Pkw-Führerscheinbesitzern verschiedener sozialer Kategorien in Abhängigkeit von der ÖV-Versorgung des jeweiligen Wohn-Gemeindeteils ergibt zusammengefaßt folgendes Bild:

Soziale Gruppe	Gruppe I	II	III	IV	Durchschnitt
Schüler	92,7	94,0	92,6	97,2	94,0
Auszubildende	51,2	65,1	70,6	49,2	56,4
Beamte/Angestellte/Arbeiter	10,6	11,0	12,7	15,1	11,9
Hausfrauen	40,9	34,3	36,9	32,3	36,9
Selbständige	1,4	7,5	4,9	0,9	3,5
Mithelfende Familienangehörige	20,8	28,2	5,7	25,4	22,2
Rentner	72,3	77,6	70,4	79,4	75,4
Erwerbslose	41,2	0,0	50,0	44,4	48,5

In der Kategorie der Beamten/Angestellten/Arbeiter zeigt sich bei einer Betrachtung der Mittelwerte je Gruppe ein deutlich höherer Anteil der Personen ohne Führerschein in den durch den öffentlichen Verkehr schlecht bedienten Gemeindeteilen. Dies widerspricht der Hypothese vom höheren Führerscheinbesitz bei schlechter ÖV-Versorgung und läßt sich auch nicht durch sinkende Ortsgrößen erklären[84]). Ein umgekehrter Trend, d. h. ein im Sinne der hier überprüften Hypothese verlaufendes Ansteigen des Anteils der Pkw-Führerscheininhaber, ist bei den Nur-Hausfrauen der untersuchten Stichprobe zu beobachten. Während die Hausfrauen in der Gruppe I zu 40,9 % über keinen Führerschein verfügen, sind es in der Gruppe IV lediglich 32,3 %. Allerdings zeigt sich in Scheeßel ein mit 48,4 % Nichtinhabern einer Fahrerlaubnis der Klasse 3 deutlich höherer Anteil im Vergleich zum Durchschnitt der Gruppe I von 40,9 % und dem Gesamtdurchschnitt von 36,9 %. Eine Betrachtung der Bevölkerungsgruppe „Hausfrauen" ohne Einbeziehung des Gemeindeteils Scheeßel ergibt zunächst in der Gruppe I einen Durchschnitt von 36,1 %, der nur geringfügig über einem Gesamtdurchschnitt – ohne Scheeßel – von 34,6 % liegt. Entsprechend ergibt die Regressionsanalyse mit $y = 34,89 + 0,0758\,x$ und $r = 0,0028$ keinerlei Andeutung eines Zusammenhangs. Der höhere Wert in Scheeßel ist damit wiederum eher auf eine unterschiedliche Sozialstruktur in diesem zentralen Ort als auf eine

[84]) Vielmehr läßt sich nach PROGNOS mit sinkender Stadtgröße bei den Erwerbstätigen tendenziell ein steigender Pkw-Führerscheinbesitz aufzeigen; vgl. ebenda, S. 107.

bessere ÖV-Versorgung zurückzuführen. Es ist allerdings zu beachten, daß ähnlich hohe und höhere Anteile auch in anderen, z. T. erheblich schlechter versorgten Gemeindeteilen auftreten, ohne daß mit den hier verfügbaren Daten eine Erklärung gegeben werden könnte.

Auch bei den übrigen sozialen Kategorien läßt sich eine Abhängigkeit des Pkw-Führerscheinbesitzes vom Kriterium der öffentlichen Verkehrsversorgung der Gemeindeteile nicht nachweisen. Aus dem Durchschnittsbild herausfallende Werte sind – meist wegen zu geringer absoluter Gruppenbesetzung – nicht signifikant. So verfügen in der Gruppe II beispielsweise 100 % der Erwerbslosen über einen Pkw-Führerschein – mit der Einschränkung, daß überhaupt nur 4 Erwerbslose in dieser Gruppe erfaßt wurden.

Als Fazit des Abschnittes 9.2 bleibt zu konstatieren, daß sich bei keinem der betrachteten Kriterien „Geschlecht", „Alter" und „Sozialstatus" eine direkte Abhängigkeit zwischen Führerscheinbesitz der Wohnbevölkerung und der Qualität der öffentlichen Verkehrsversorgung der untersuchten Gemeindeteile und Gemeinden nachweisen ließ.

9.3 Fahrzeugbesitz

Eine Einschränkung der Mobilitätschancen von Teilen der Bevölkerung besteht jedoch auch, wenn – trotz Führerscheinbesitzes – kein entsprechendes Individualverkehrsmittel zur unabhängigen Eigennutzung zu den Zeiten und für diejenigen Zwecke zur Verfügung steht, wie sie aufgrund personen- und zeitbezogener Aktivitätsmuster zu verwirklichen gesucht werden[85]). Grundlage einer zeit- und zweckbezogenen Verfügbarkeit ist aber zunächst das Vorhandensein eines Verkehrsmittels – bevorzugt eines Pkw – im Dispositionsbereich einer betrachteten Person, der wiederum im allgemeinen näherungsweise mit dem Haushalt abgegrenzt werden kann. Daher wird im folgenden haushalts- und personenbezogen der Besitz von Individualverkehrsmitteln untersucht. Einen gewissen Ersatz eines nicht vorhandenen oder verfügbaren Pkw können für private Verkehrsvorgänge andere selbständig zu nutzende Fahrzeuge bilden wie Fahrrad, Moped, Mofa und Motorrad sowie gewerbliche Transportmittel wie Lkw und landwirtschaftliche Zugmaschinen.

9.3.1 Besitz von Fahrrädern

In Übersicht A38 ist der Fahrrad-Besitz in den untersuchten Gemeinden dargestellt. Im Durchschnitt besitzt eine Familie – statistisch – 2,63 Fahrräder bzw. 0,68 Fahrräder pro Kopf. Diese Werte variieren in den Gemeinden kaum. In Sottrum sind es 2,58 Fahrräder pro Haushalt bzw. 0,63 pro Einwohner, in Scheeßel 2,60 bzw. 0,72 und in Heeslingen 2,72 bzw. 0,70. Auch der weniger ländlich strukturierte Gemeindeteil Scheeßel weicht mit Werten von 2,33 und 0,79 keineswegs im Sinne einer denkbaren geringeren Besetzung von den allgemeinen Ergebnissen ab.

Im Durchschnitt verfügen nur 10,0 % der untersuchten Haushalte über kein Fahrrad. Dieser Wert liegt deutlich unter einem Anteil von 30 % Haushalte ohne Fahrrad, wie ihn die AGRARSOZIALE GESELLSCHAFT nennt[86]). Rechnet man den Gesamtbestand der Fahrräder auf den Kreis der Personen zwischen 6 und 65 Jahren um, der aus physischen Gründen hierfür besonders

---

[85]) Zu den vielfältigen Einflußgrößen, die diese Aktivitätsmuster beeinflussen, vgl. z. B. G. W. HEINZE: Zur Theorie des Verkehrswachstums. In: Beiträge zur Verkehrswissenschaft, Schriftenreihe des Instituts für Verkehrsplanung und Verkehrswegebau der Technischen Universität Berlin, Bd. 1, Berlin 1978, S. 1–45; oder M. J. WERMUTH: Struktur und Effekte von Faktoren der individuellen Aktivitätennachfrage als Determinanten des Personenverkehrs, Bad Honnef 1978.

[86]) Angaben von der AGRARSOZIALEN GESELLSCHAFT. In der zugrunde liegenden Untersuchung wurden ca. 600 Haushaltsvorstände bzw. deren Ehepartner in den hessischen Gemeinden Eschenburg, Dietzhölztal, Angelburg und Stiftenburg befragt; vgl. AGR Agrarsoziale Gesellschaft e. V.: Auslastung der Infrastruktur und Ansprüche der Bevölkerung in schwach strukturierten ländlichen Räumen, bisher unveröffentlicht.

in Frage kommen dürfte, so ergibt sich eine Quote von nahezu 1 Fahrrad pro Person (0,95); bezieht man die Personen bis 75 Jahre in diese Rechnung noch mit ein, kommen immerhin noch 0,86 Fahrräder auf jede Person – wobei diese Aussage dann für 90,4% der Bevölkerung in den untersuchten Gemeindeteilen gilt.

Daß dem Fahrrad als Verkehrsmittel auch durchaus real eine wichtige Rolle in den hier betrachteten – flachen – Gebieten zufällt, wird nicht nur beim später dargestellten Modal-Split nachzuweisen sein. Es kam auch direkt in der Erhebung zum Ausdruck, indem oftmals von den Befragten der Wunsch nach mehr – und sicheren – Radwegen explizit auf den Fragebogen unter der Rubrik „Sonstige Bemerkungen und Anregungen" geäußert wurde[87]).

9.3.2 Besitz von Mopeds und Mofas

Bei den Mopeds und Mofas, zu denen nach allgemeinem Sprachgebrauch auch Kleinkrafträder und Mokicks gezählt werden, entfallen – statistisch – etwa 0,24 Einheiten auf jeden Haushalt oder etwa 0,06 Einheiten auf jede Person (vgl. Übersicht A38). Diese Werte liegen deutlich über dem Bundesdurchschnitt und dem Durchschnitt für Niedersachsen. Bundesweit betrug der Bestand im Jahre 1978 absolut 2,193 Mio.[88]). Bezogen auf eine Bevölkerung von 61,3956 Mio.[89]) bedeutet dies eine Quote von 0,036 Einheiten pro Person oder – bezogen auf 24,165 Mio. Haushalte[90]) – von 0,09 Einheiten je Haushalt.

In Niedersachsen waren am 1.7.1977 ca. 0,256 Mio. Mofas und Mopeds dieser Abgrenzung vorhanden[91]). Bezogen auf eine Wohnbevölkerung in Niedersachsen im Jahre 1977 von 7,2256 Mio.[92]) ergibt sich daraus eine Quote von 0,035 Einheiten pro Person oder – bezogen auf 2,741 Mio. Haushalte[93]) – 0,093 Einheiten je Haushalt.

Der Bestand an Mopeds, Mofas, Mokicks und Kleinkrafträdern beträgt demnach – bezogen auf die Einwohner – in den untersuchten Gemeindeteilen etwa das Doppelte und – bezogen auf die Haushalte – etwa das 2,5fache des niedersächsischen und des bundesweiten Durchschnitts.

9.3.3 Besitz von Pkw und anderen Fahrzeugen

Die Übersicht 19 zeigt die Entwicklung des Pkw-Bestandes (einschließlich Kombinationskraftwagen) in der Bundesrepublik, in Niedersachsen, im (Alt-)Kreis Bremervörde und im (Alt-) Kreis Rotenburg in den Jahren von 1961 bis 1978. Die Entwicklung des Motorisierungsgrades in Niedersachsen verlief dabei weitgehend parallel zur Entwicklung in der Bundesrepublik. Im Jahre 1978 stimmten die Motorisierungsgrade nahezu überein.

Demgegenüber weisen die Zulassungsbezirke Bremervörde und Rotenburg durchgängig einen deutlich höheren Motorisierungsgrad im Vergleich zum Bundesdurchschnitt und zu Niedersachsen auf. Im Jahre 1976 betrug der Motorisierungsgrad in Rotenburg 325,4 Pkw pro

---

[87]) Zur Planung von Radwegnetzen an Straßen des überörtlichen Verkehrs vgl. für einen Flächenstaat z. B. Minister für Wirtschaft und Verkehr des Landes Schleswig-Holstein (Hrsg.): Verkehrspolitisches Programm der Landesregierung Schleswig-Holstein für den Ausbau der landeswichtigen Verkehrsinfrastruktur, Erste Fortschreibung, Schriften des Wirtschaftsministeriums, Heft 5, Kiel 1977, S. 28 und Anlage Karte IV 6.

[88]) Vgl. Bundesminister für Verkehr (Hrsg.): Verkehr in Zahlen 1978, o.O., 1978, S. 121.

[89]) Diese Bevölkerungszahl entspricht dem neuesten verfügbaren Stand vom 30.6.1977; vgl. Statistisches Jahrbuch 1978, S. 58.

[90]) Neuester verfügbarer Stand vom April 1977; vgl. Statistisches Jahrbuch 1978, S. 64.

[91]) Eigene Berechnungen nach Statistisches Jahrbuch 1978, S. 275, und Bundesminister für Verkehr (Hrsg.): Verkehr in Zahlen 1978, a.a.O., S. 121. Es wurden die Angaben des Statistischen Jahrbuchs für zulassungsfreie Kraftfahrzeuge mit amtlichen Kennzeichen – Kleinkrafträder und anerkannte selbstfahrende Arbeitsmaschinen – bereinigt um den in „Verkehr in Zahlen" genannten Anteil von selbstfahrenden Arbeitsmaschinen von 4%.

[92]) Stand: 30.6.1977; vgl. Statistisches Jahrbuch 1978, S. 58.

[93]) Stand: April 1977; vgl. Statistisches Jahrbuch 1978, S. 64.

1000 Einwohner, und in Bremervörde 335,0 gegenüber 307,5 im Bundesdurchschnitt und 306,7 in Niedersachsen. Auch im Jahre 1978 lag der Motorisierungsgrad in Rotenburg mit 372,2 deutlich über dem Bundesdurchschnitt von 345,9 Pkw pro 1000 Einwohner. Ein relativ hoher Motorisierungsgrad, wie er in dünnbesiedelten ländlichen Räumen häufiger anzutreffen ist, wird vielfach nicht als Ausdruck ökonomischen Wohlstands, sondern eines Notstandes als Reaktion auf eine ungenügende öffentliche Verkehrsversorgung in diesen ländlichen Räumen interpretiert[94]).

Übersicht 19: *Entwicklung des Pkw-Bestandes (einschließlich Kombinationskraftwagen) und des Motorisierungsgrades in der Bundesrepublik Deutschland, in Niedersachsen und in den Landkreisen Bremervörde und Rotenburg/Wümme im Zeitraum 1961–1978*

Jahr	Bundesrepublik Deutschland 1)		Niedersachsen 1)		Bremervörde 2)		Rotenburg 2)	
	Pkw-Bestand	Motorisierungsgrad	Pkw-Bestand	Motorisierungsgrad	Pkw-Bestand	Motorisierungsgrad	Pkw-Bestand	Motorisierungsgrad
	abs	Pkw/1000E	abs	Pkw/1000E	abs	Pkw/1000E	abs	Pkw/1000E
1961	5 342 940	95,1	592 410	89,2	6 636	95,5	5 145	98,2
1962	6 334 926	111,5	706 200	105,4	7 812	111,9	6 026	113,7
1963	7 304 580	127,3	818 151	121,0	9 176	130,9	6 846	127,0
1964	8 274 163	142,7	934 661	137,0	10 194	145,8	7 807	143,5
1965	9 267 423	158,1	1 058 706	153,6	11 440	163,2	8 762	159,9
1966	10 300 740	174,2	1 185 774	170,6	13 112	184,7	9 794	176,8
1967	11 015 813	185,8	1 269 426	181,8	13 806	192,3	10 591	188,5
1968	11 657 768	195,9	1 345 623	191,8	14 735	203,8	11 375	201,3
1969	12 584 564	209,5	1 446 900	204,7	16 108	221,6	12 068	212,1
1970	13 941 079	229,9	1 599 753	225,9	17 991	248,5	13 363	237,4
1971	15 115 049	246,6	1 734 407	242,4	19 289	261,7	14 723	257,4
1972	16 054 966	260,3	1 852 810	257,4	20 570	276,5	15 984	275,6
1973	17 023 085	274,7	1 974 411	272,8	22 314	297,9	17 703	302,1
1974	17 341 265	279,4	2 024 520	278,7	22 686	302,9	17 412	297,1
1975	17 898 297	289,5	2 097 663	289,3	23 242	312,9	17 949	301,2
1976	18 919 738	307,5	2 218 279	306,7	24 990	335,0	19 623	325,4
1977 3)	20 020 197	326,1	2 355 202	325,9	-	-	47 352	348,5
1978 3)	21 212 046	345,9	2 499 036	345,8	-	-	50 581	369,5

1) Eigene Berechnungen auf der Basis: Kraftfahrt-Bundesamt Flensburg (Hrsg.): Bestand an Kraftfahrzeugen und Kraftfahrzeuganhängern am 1. Juli 19..; sowie Statistisches Bundesamt (Hrsg.): Stat. Jahrbuch 1978, S. 50.

2) Eigene Berechnungen auf der Basis: Kraftfahrt-Bundesamt Flensburg (Hrsg.): Bestand an Kraftfahrzeugen und Kraftfahrzeuganhängern am 1. Juli 19.., sowie Statistisches Bundesamt (Hrsg.): Bevölkerung der Gemeinden 19.., Niedersächsisches Landesverwaltungsamt - Statistik (Hrsg.), Statistische Berichte, Ergebnisse der amtlichen Statistik des Landes Niedersachsen, Bevölkerung der Gemeinden am 30.6.1978.

3) Bremervörde wird in der amtlichen Statistik ab 1977 nicht mehr getrennt ausgewiesen, da zum Kreis Rotenburg/Wümme gehörend.

[94]) Vgl. z.B. R. HOFFMANN: Verkehrsplanung und öffentliche Verkehrsbedienung des Landkreises Bremervörde, a.a.O., S. 42; ebenso G. W. HEINZE: Entwicklungstendenzen und Möglichkeiten der Nahverkehrsversorgung dünnbesiedelter ländlicher Räume. In: Strukturgefährdete ländliche Räume, Veröffentlichungen der Akademie für Raumforschung und Landesplanung, Forschungs- und Sitzungsberichte Bd. 128, Hannover 1979, S. 34.

Bezogen auf 24,165 Mio. Haushalte in der Bundesrepublik im Jahre 1977 entsprechen 20,020 Mio. Pkw im gleichen Jahr einer Quote von 0,83 Pkw je Haushalt. In Niedersachsen stehen 2,741 Mio. Haushalten 1977 2,355 Mio. Pkw zur Verfügung, dies entspricht einer Quote von 0,86 Pkw je Haushalt.

Übersicht A39 zeigt den Pkw-Bestand in den untersuchten Gemeindeteilen des Landkreises Rotenburg/Wümme. Im Durchschnitt entfallen – statistisch – auf 1 Haushalt 1,23 Pkw – einschließlich Kombinationskraftwagen – bzw. 0,32 Pkw auf jeden Einwohner. Dies entspricht einem Motorisierungsgrad von 320 Pkw/1000 Einwohner. In der Gemeinde Sottrum liegt der Motorisierungsgrad bei 310 bzw. 1,28 Pkw/Haushalt, in der Gemeinde Heeslingen bei 330 bzw. 1,27 und in der Gemeinde Scheeßel bei 320 und 1,17 Pkw/Haushalt; der wesentlich größere und weniger ländlich strukturierte Gemeindeteil Scheeßel weicht mit einem Motorisierungsgrad von 350 Pkw pro 1000 Einwohner bzw. 1,04 pro Haushalt von den Durchschnittsgrößen ab.

Die Motorisierungsgrade in den Untersuchungsgebieten liegen jedoch – entgegen jeglicher vorherigen Vermutung – deutlich unter den Vergleichswerten der Zulassungsbezirke Rotenburg und Bremervörde und sogar unter den Werten für Niedersachsen und das Bundesgebiet. Es ist bei einem Vergleich jedoch zu beachten, daß dem Pkw-Bestand als Grundlage dieser Berechnungen unterschiedliche Abgrenzungen zugrunde liegen.

Die Statistik des Kraftfahrzeugbestandes erfaßt zunächst alle Pkw ungeachtet spezifischer Haltergruppen. Auf die Haushalte bzw. die Einwohner werden demnach auch die Pkw umgerechnet, die sich im Besitz von Unternehmen, Körperschaften, Selbständigen, Organisationen ohne Erwerbscharakter u. ä. befinden und den Einwohnern für deren private Nutzung teilweise nicht zur Verfügung stehen. Auch die Statistik nach Haltergruppen differenziert innerhalb der Gruppe „Unternehmen und Selbständige“ nicht zwischen diesen beiden. Damit kann hieraus nicht ermittelt werden, welcher Pkw-Anteil auf Unternehmen entfällt – und damit für die private Nutzung im allgemeinen nicht zur Verfügung steht – und welcher Anteil auf Selbständige entfällt, für den häufig wenigstens teilweise private Nutzung angenommen werden kann.

Der aus den Statistiken ermittelte Motorisierungsgrad sowie die Pkw-Quoten je Haushalt sind demnach unter dem Aspekt privater Verfügbarkeit zu hoch und in dieser Form nicht mit den in der Erhebung ermittelten Werten zu vergleichen, da dort nach der Anzahl Pkw gefragt wurde, die dem Haushalt tatsächlich zur Verfügung stehen.

Aussagefähiger sind in diesem Zusammenhang verkehrsspezifische Ergebnisse der Einkommens- und Verbrauchsstichprobe 1978. Hier wurden in 22,053 Mio. Haushalten in der Bundesrepublik 15,73 Mio. Pkw ermittelt[95]). Erfaßt wurden alle Personenkraftwagen mit privater und teilgewerblicher Nutzung. Auf der Basis der Einkommens- und Verbrauchsstichprobe stehen einem Haushalt im Bundesdurchschnitt 0,71 Pkw mit rein privater oder teilgewerblicher Nutzung zur Verfügung. Unter Berücksichtigung einer durchschnittlichen Haushaltsgröße von 2,53 Personen im Bundesdurchschnitt[96]) ergibt sich eine Verfügbarkeit privater oder teilgewerblich genutzter Pkw von 280,6 Einheiten auf 1000 Einwohner.

Die Einkommens- und Verbrauchsstichprobe in Niedersachsen ergab für 2,592 Mio. Haushalte ca. 1,92 Mio. Pkw[97]). Somit stehen in Niedersachsen einem Haushalt durchschnittlich

---

[95]) Angaben nach Auskunft des Statistischen Bundesamtes vor Veröffentlichung; Stand: Anfang 1978 auf der Basis einer Stichprobe von ca. 50000 Haushalten. Nicht berücksichtigt sind darin Haushalte mit einem monatlichen Nettoeinkommen von 20000 DM und mehr, Haushalte von Ausländern und Haushalte in Anstalten.

[96]) Stand: April 1977; vgl. Statistisches Jahrbuch 1978, a. a. O., S. 64.

[97]) Angaben nach Auskunft des Niedersächsischen Landesverwaltungsamtes – Statistik vor Veröffentlichung; zur Abgrenzung vgl. Anmerkung 95.

0,74 Pkw zur Verfügung. Bei einer durchschnittlichen Haushaltsgröße von 2,65 in Niedersachsen[98]) ergibt sich eine Pkw-Verfügbarkeit von 279,5 Pkw auf 1000 Einwohner.

Die Einkommens- und Verbrauchsstichprobe berücksichtigt allerdings nicht die Pkw und Kombinationskraftwagen, die steuerlich als vollgewerblich genutzt betrachtet werden und trotzdem dem Haushalt zur privaten Nutzung zumindest teilweise zur Verfügung stehen, wie es bei vielen Selbständigen der Fall sein dürfte. Somit ist der hier in der Einkommens- und Verbrauchsstichprobe ermittelte Vergleichswert tendenziell zu niedrig, der zuvor aus Statistiken ermittelte Motorisierungsgrad bzw. Pkw-Besitz je Haushalt aber tendenziell zu hoch. Die in der Erhebung ermittelte Quote von durchschnittlich 320 Pkw/1000 Einwohner liegt deutlich über dem in der Einkommens- und Verbrauchsstichprobe ermittelten Bundesdurchschnitt von 281,9 bzw. dem niedersächsischen Durchschnitt von 279,5 Pkw/1000 Einwohner, gleichzeitig aber unter dem bundesweiten Motorisierungsgrad von 345,9 und deutlich unter dem Vergleichswert von Rotenburg mit 369,5 Pkw/1000 Einwohner.

Der vergleichbare Wert für die Anzahl Pkw je Haushalt liegt bundesweit zwischen 0,83 und 0,71 Pkw je Haushalt und in Niedersachsen zwischen 0,86 und 0,74. Der entsprechende Wert für das Untersuchungsgebiet ist mit 1,23 Pkw/Haushalt wesentlich höher. Hier zeigt sich deutlich der Effekt einer überdurchschnittlichen Haushaltsgröße im Untersuchungsgebiet. Dieser Effekt bedeutet unter Mobilitätsgesichtspunkten auch bei gleicher oder annähernd gleicher Anzahl Pkw/Einwohner einen höheren Versorgungsgrad mit Individualverkehrsmitteln, da die Familienmitglieder zumindest teilweise einen oder mehrere Pkw zur Eigennutzung oder Mitnutzung zur Verfügung haben.

Zur Beurteilung der realen Pkw-Verfügbarkeit ist die Angabe der im Haushalt verfügbaren Pkw, auf der Basis der in der Erhebung angewandten Fragestellung, die geeignete Bezugsgröße. Lediglich im Vergleich zu Werten, die mit anderen Zielsetzungen und anderen Abgrenzungen ermittelt wurden, sollten die genannten Einschränkungen beachtet werden.

In Übersicht A39 ist neben den Zahlen für Pkw noch der Bestand an Motorrädern in den untersuchten Gemeindeteilen angeführt. Der sehr hohe Anteil von durchschnittlich 97,5 % Haushalte ohne Motorrad zeigt, daß diesem Individualverkehrsmittel nur geringe Bedeutung bei der Verkehrsversorgung ländlicher Bevölkerungsteile zukommen dürfte. Der Vollständigkeit halber sind in Übersicht A40 noch die Bestände an Lkw und landwirtschaftlichen Zugmaschinen aufgeführt, wie sie für den Erhebungsraum ermittelt wurden.

9.3.4 Mehrfachbesitz von Pkw

Der Prozentsatz der Haushalte ohne Pkw beträgt im Durchschnitt aller Haushalte der Befragung 12,7 %; vgl. Übersicht A41. In den Gemeinden Sottrum und Scheeßel liegt dieser Anteil bei 13,5 % bzw. 13,4 %, in der Gemeinde Heeslingen bei 10,7 %. Im Vergleich zum Bundesdurchschnitt zeigt sich im Untersuchungsraum ein erheblich geringerer Anteil an Haushalten ohne Pkw. Von 22,053 Mio. Haushalten besaßen bundesweit 13,633 Mio. oder 61,8 % aller Haushalte mindestens einen Pkw, in Niedersachsen waren es 63 %[99]). Es ist allerdings auch hier auf die Einschränkung der Vergleichbarkeit aus genannten Gründen hinzuweisen.

Insgesamt verfügen damit 87,3 % aller Haushalte in den Untersuchungsgemeinden über mindestens einen Pkw bzw. Kombinationskraftwagen. Der Anteil der Haushalte mit Pkw liegt deutlich über der von der Agrarsozialen Gesellschaft für die hessischen Gemeinden ermittelten Quote von 77 %[100]).

---

[98]) Stand: April 1977; vgl. Statistisches Jahrbuch 1978, a.a.O., S. 64.

[99]) Vgl. Anmerkungen 95 und 97.

[100]) Vgl. Anmerkung 86.

24,5 % aller Haushalte bzw. 28,1 % der Haushalte mit Pkw verfügen über zwei Pkw, in der Gemeinde Sottrum sind es 26,7 % aller Haushalte, in der Gemeinde Scheeßel 23,1 % und in der Gemeinde Heeslingen 24,5 %. Der Bundesdurchschnitt liegt im Jahre 1978 auch beim Zweitwagenanteil mit 7,9 % aller Haushalte oder 12,7 % der Haushalte mit Pkw-Besitz wesentlich darunter. In Niedersachsen beträgt der Zweitwagenanteil 8,8 % aller Haushalte oder 14,1 % derjenigen Haushalte mit Pkw[101]).

3 und mehr Pkw besitzen im Bundesdurchschnitt 0,8 % aller Haushalte bzw. 1,4 % aller Haushalte mit Pkw-Besitz, in Niedersachsen 0,9 % bzw. 1,5 %. (Diese Angaben über 3 und mehr Pkw sind allerdings statistisch kaum gesichert)[102]). Demgegenüber verfügen im Untersuchungsraum bereits durchschnittlich 3,9 % aller Haushalte über einen Dritt- und weitere 0,7 % über einen vierten Wagen.

9.4 Fahrzeugbesitz in Abhängigkeit von der ÖV-Versorgung

Die Hypothese des „Pkw-Besitzes als Notstandsmerkmal" unterstellt einen höheren Kraftfahrzeugbesitz als Reaktion der Bevölkerung auf ein als ungenügend empfundenes Angebot an öffentlichen Verkehrsleistungen. Diese Hypothese scheint sich im allgemein höheren Motorisierungsgrad von Landkreisen und insbesondere strukturschwachen ländlichen Gebieten gegenüber Verdichtungsräumen zu bestätigen, obwohl direkte Untersuchungen über diese Art des Zusammenhangs kaum durchgeführt wurden. In den folgenden Abschnitten wird deshalb untersucht, ob sich innerhalb der Untersuchungsgemeinden Differenzierungen des Fahrzeugbestandes in Abhängigkeit von der jeweiligen Qualität der ÖV-Versorgung aufzeigen lassen.

9.4.1 Fahrrad-, Moped- und Mofabesitz und ÖV-Versorgung

Übersicht A42 zeigt den Besitz von Fahrrädern, Mopeds und Mofas in den einzelnen Ortsteilen, geordnet nach ihrer Zugehörigkeit zu ÖV-Qualitätsgruppen, wie sie in Abschnitt 5.1 ermittelt wurden. Im Durchschnitt der Gruppe I entfallen 0,72 Fahrräder auf eine Person, im Durchschnitt der Gruppe II 0,70, bei Gruppe III 0,65 und Gruppe IV 0,63. Zwischen der Gruppe I und der Gruppe IV zeigt sich damit eine deutliche Differenz zwischen 0,72 und 0,63.

Bei den Mopeds und Mofas entfallen in der Gruppe I 0,05 Einheiten auf jede Person, in der Gruppe II 0,08, in der Gruppe III 0,06 und in der Gruppe IV 0,07. Ein Trend ist jedoch – insbesondere unter Berücksichtigung der geringen Besetzung in den einzelnen Gruppen – nicht nachweisbar.

Übersicht 20 zeigt die Regressionsanalyse des Zusammenhangs zwischen ÖV-Bedienungsqualität und des Besitzes von Fahrrädern, Mopeds und Mofas pro Kopf. Die Regressionsfunktion lautet $y = 0{,}689 + 0{,}00006\,x$ mit einem Korrelationskoeffizienten von $r = 0{,}215$. Es zeigt sich demnach ein andeutungsweiser, jedoch kaum signifikanter Zusammenhang zwischen ÖV-Qualität in den Gemeindeteilen und dem Besitz von Fahrrädern, Mopeds und Mofas. Die Richtung des Zusammenhangs widerspricht zudem der aufgestellten Hypothese, da der Besitz mit steigender Qualität der ÖV-Versorgung tendenziell steigt, die Annahme hingegen, daß der Fahrzeugbesitz mit steigender ÖV-Qualität abnimmt, einen genau umgekehrten Verlauf erfordert.

---

[101]) Vgl. Anmerkungen 95 und 97. Allgemein kann von einer deutlichen Steigerung der Haushalte mit Zweitwagen und/oder weiteren Fahrzeugen gesprochen werden. Vergleichswerte nennen für das Jahr 1962 einen Anteil von 2,1 % und für das Jahr 1972 schon 5,6 % Haushalte mit 2 und mehr Pkw an den Gesamthaushalten in der Bundesrepublik; Berechnungen nach VDA Verband der Automobilindustrie: Tatsachen und Zahlen aus der Kraftverkehrswirtschaft, a. a. O., S. 319.

[102]) Vgl. Anmerkungen 95 und 97.

Übersicht 20: *Besitz von Fahrrädern, Mopeds und Mofas in Abhängigkeit von der ÖV-Versorgung der untersuchten Gemeindeteile*

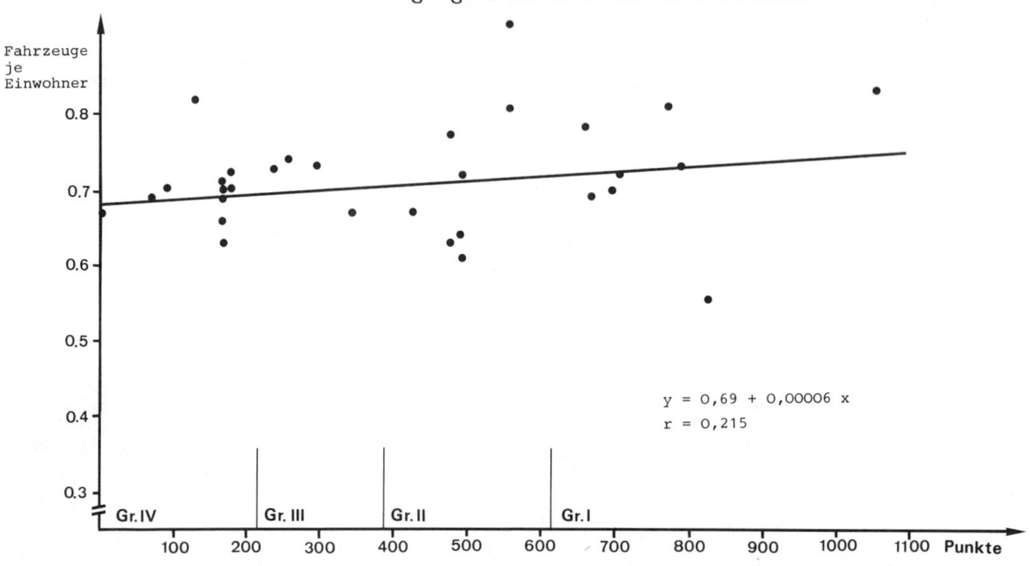

Die zentralen Orte Scheeßel und Heeslingen liegen beim Fahrradbesitz etwas über dem Gruppendurchschnitt. Betrachtet man lediglich die restlichen Gemeindeteile, die untereinander von ähnlicher Struktur sind, aber eine ebenso differenzierte ÖV-Versorgung aufweisen, so dürfte die Steigung der Regressionsgeraden noch geringer und damit der Korrelationskoeffizient noch niedriger werden.

Insgesamt kann ein Zusammenhang zwischen ÖV-Versorgungsqualität eines Gemeindeteils und des Besitzes von Fahrrädern, Mopeds und Mofas pro Kopf der Einwohner nicht aufgezeigt werden.

9.4.2 Pkw-Besitz und ÖV-Versorgung

Die Übersicht A43 zeigt den Besitz von Personenkraftwagen einschließlich Kombinationskraftwagen in Abhängigkeit von der ÖV-Qualität in den Gemeindeteilen und den Gruppen-Durchschnittswerten. Angaben über Motorrad-Besitz, Lkw-Bestand und Anzahl landwirtschaftlicher Zugmaschinen sind der Vollständigkeit halber angefügt – Übersichten A43 und A44 –, werden hier aber nicht näher untersucht.

Die Gruppen-Mittelwerte des Pkw-Besitzes liegen dicht am Gesamtdurchschnitt von 0,32 Pkw je Einwohner und lassen Abhängigkeiten im hier interessierenden Sinne nicht erkennen. Eine Regressionsanalyse des Zusammenhangs zwischen Qualität der ÖV-Versorgung der untersuchten Gemeindeteile (Expertenurteil) und Pkw-Besitz pro Kopf der Bevölkerung zeigt keinerlei Zusammenhang (y = 0,32 + 0,0000001 x, r = 0,005; vgl. Übersicht 21).

Zur weiteren Analyse dieser Fragestellung wurde eine Regressionsrechnung des Zusammenhangs zwischen Betroffenenurteil (Abschnitt 7.2.1) und Pkw-Besitz durchgeführt. Dieser Betrachtung liegt die Hypothese zugrunde, daß der Pkw-Besitz, wenn er nicht von der objektiven Situation abhängt, von der subjektiven Beurteilung der Versorgungssituation durch die Betroffenen beeinflußt sein könnte. In Übersicht 22 sind dazu nicht die Punkt-Werte der Expertenbeurteilung, sondern die Notendurchschnitte der einzelnen Gemeindeteile aus Übersicht A28 aufgeführt. Es wird erwartet, daß mit schlechteren Noten der Pkw-Besitz zunimmt. Das Ergebnis der Regressionsanalyse erbringt jedoch auch hier nicht die Andeutung eines Zusammenhangs (y = 0,32 + 0,0005 x, r = 0,005).

Übersicht 21: *Bestand an Pkw je Einwohner in Abhängigkeit von der ÖV-Versorgung der untersuchten Gemeindeteile (Expertenurteil)*

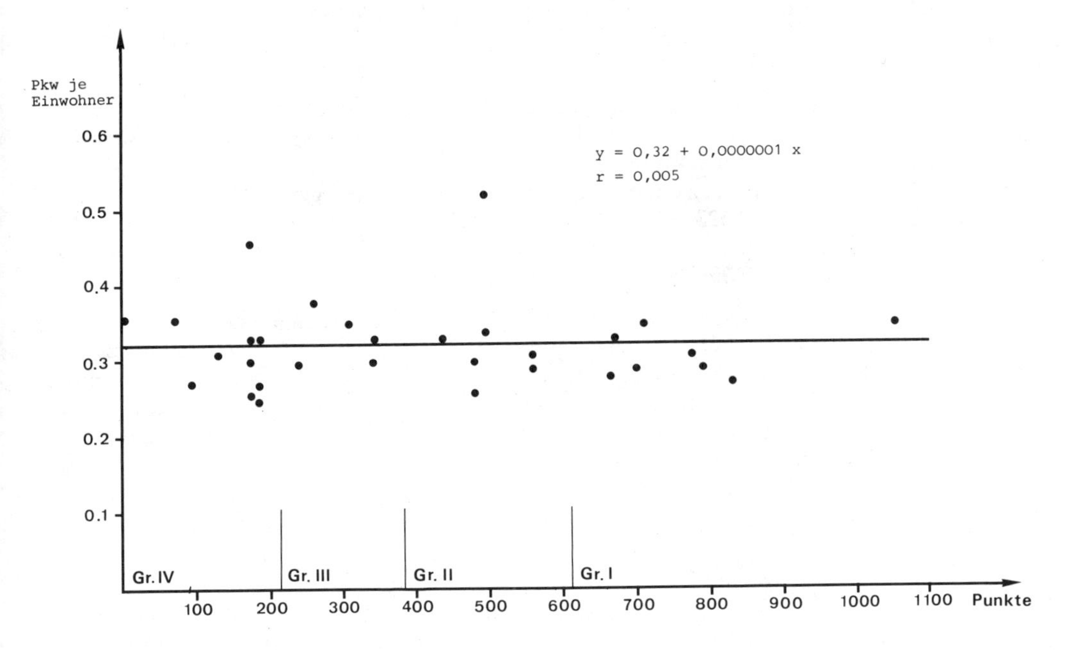

Übersicht 22: *Bestand an Pkw je Einwohner in Abhängigkeit von der ÖV-Versorgung der untersuchten Gemeindeteile (Betroffenenurteil)*

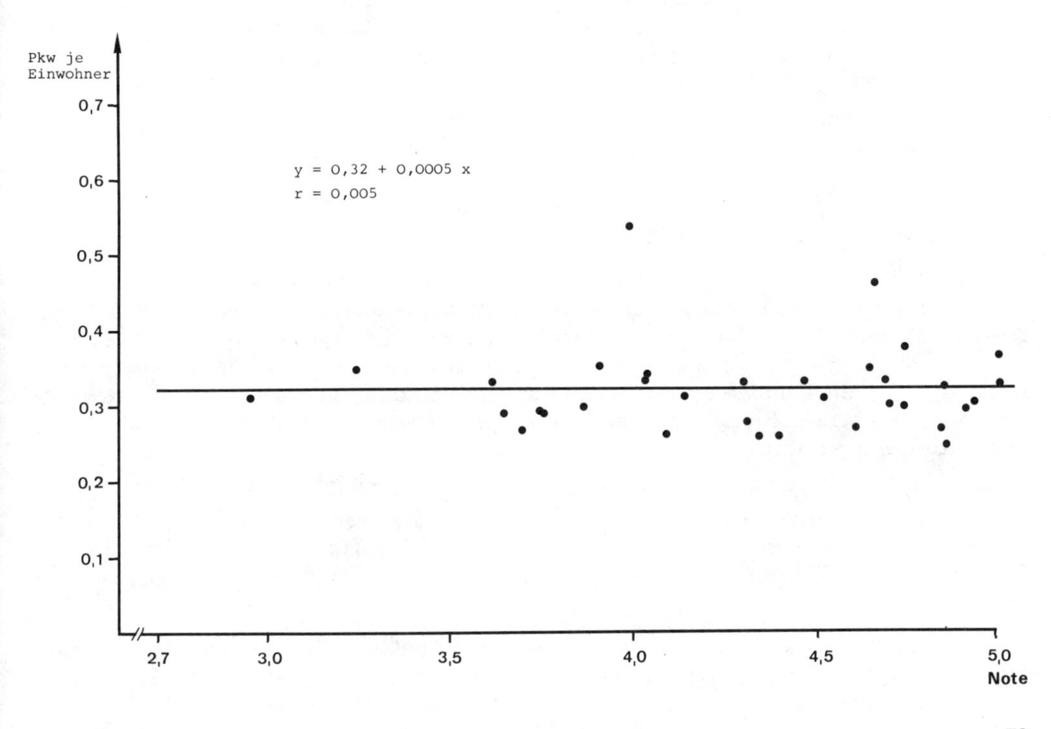

In Scheeßel selbst – als mit Abstand größtem Gemeindeteil und mit der weitaus besten ÖV-Versorgung – liegt die Quote mit 0,35 Pkw/Einwohner noch über dem Durchschnitt des Untersuchungsraumes von 0,32 und noch deutlicher über dem Durchschnitt von 0,30 der Gruppe IV mit wesentlich schlechterer ÖV-Qualität, obwohl nach der Hypothese in Scheeßel ein geringerer Motorisierungsgrad erwartet werden müßte.

Die zentralen Orte Scheeßel und Heeslingen unterscheiden sich in ihrer Größe und in ihrer Struktur deutlich von den anderen Gemeindeteilen. In einer weiteren Regressionsanalyse bleiben deshalb Scheeßel und Heeslingen unberücksichtigt. Auch hier ergibt die Regressionsanalyse keinen auch nur geringen Zusammenhang zwischen ÖV-Versorgung (Expertenurteil) und Pkw-Besitz pro Kopf ($y = 0{,}323 - 0{,}00001\,x$, $r = -0{,}039$). Eine entsprechende Berechnung auf der Basis der Notendurchschnitte (Betroffenenurteil) ergibt auch keine Verbesserung des Ergebnisses ($y = 0{,}30 + 0{,}00455\,x$, $r = 0{,}039$).

Somit kann zusammenfassend festgestellt werden, daß sich im Rahmen dieser Untersuchung ein Zusammenhang zwischen ÖV-Angebotsqualität und Pkw-Besitz je Einwohner auf der Basis kleiner Gemeinden ähnlicher demographischer und sozio-ökonomischer Struktur nicht einmal andeutungsweise aufzeigen läßt. Aus diesem Grund kann angenommen werden, daß ein unterschiedlicher Motorisierungsgrad oder eine eventuell geringere Pkw-Verfügbarkeit in zentralen Orten, die im allgemeinen mit der besseren ÖV-Versorgung dieser Ortsteile erklärt werden, auf andere Faktoren zurückgeführt werden müssen.

9.4.3 Nichtbesitz von Pkw und ÖV-Versorgung

Um die am Ende des Abschnitts 9.4.2 angedeuteten Zusammenhänge weiter zu analysieren, wurde in einer Regressionsanalyse auf der Basis der Angaben in Übersicht A43, Spalte 6, der Zusammenhang zwischen ÖV-Qualität und Anteil der Haushalte ohne Pkw untersucht. Es ist denkbar, daß die Haushalte in schlecht vom öffentlichen Verkehr bedienten Gemeindeteilen eher veranlaßt sein könnten, einen Pkw zu halten, als dies für Haushalte in gut bedienten Gemeindeteilen und Gemeinden gilt. In Abschnitt 9.3.4 wurde schon darauf hingewiesen, daß eine Betrachtung des Motorisierungsgrades (Pkw/1000 Einwohner) nicht ausreicht, sondern daß unter dem Gesichtspunkt der potentiellen Mitbenutzung durch andere Haushaltsmitglieder der haushaltsbezogenen Pkw-Verfügbarkeit eine sehr entscheidende Rolle zukommen könnte.

Bei Verwendung der Punktbewertung ergibt sich eine Regressionsfunktion von $y = 9{,}39 + 0{,}004\,x$ mit einem Korrelationskoeffizienten von $r = 0{,}148$. Angesichts dieses Korrelationskoeffizienten und der großen Streuung der endogenen Variablen besitzt dieser Zusammenhang keinerlei Signifikanz; vgl. Übersicht 23. Die Verwendung der Notenbewertung als exogene Variable ergibt die Regressionsfunktion $y = 25{,}62 - 3{,}442\,x$ mit $r = 0{,}275$.

Führt man eine Regressionsanalyse ohne Berücksichtigung der zentralen Orte Scheeßel und Heeslingen durch, so ergibt sich auf der Basis der Punktbewertung: $y = 10{,}066 + 0{,}00132\,x$ und $r = 0{,}0465$. Unter Verwendung der Durchschnittsnoten für die einzelnen Gemeindeteile findet man $y = 23{,}147 - 2{,}917\,x$ mit $r = -0{,}222$. Wie nach den Ergebnissen der entsprechenden Rechnungen in Abschnitt 9.4.2 zu vermuten war, ist damit unter Verwendung beider exogener Variablentypen bei der Regression ohne Scheeßel und Heeslingen der Korrelationskoeffizient noch niedriger geworden.

Unter Berücksichtigung der sehr geringen Besetzungen des Merkmals „Haushalt ohne Pkw“ in den einzelnen Gemeindeteilen kann mit den oben genannten Regressionsfunktionen ein Zusammenhang zwischen ÖV-Versorgung und Anteil der Haushalte ohne Pkw in den Gemeindeteilen, die nicht Gemeindezentrum und zentrale Orte darstellen, nicht nachgewiesen werden.

Ein Vergleich des Gemeindeteils Scheeßel mit einem Anteil von 17,7 % Haushalte ohne Pkw zeigt einen deutlich höheren Wert im Vergleich zum Gesamtdurchschnitt von 12,7 %. Ermittelt

Übersicht 23: *Anteil der Haushalte ohne Pkw-Besitz an den gesamten Haushalten in Abhängigkeit von der ÖV-Versorgung der untersuchten Gemeindeteile*

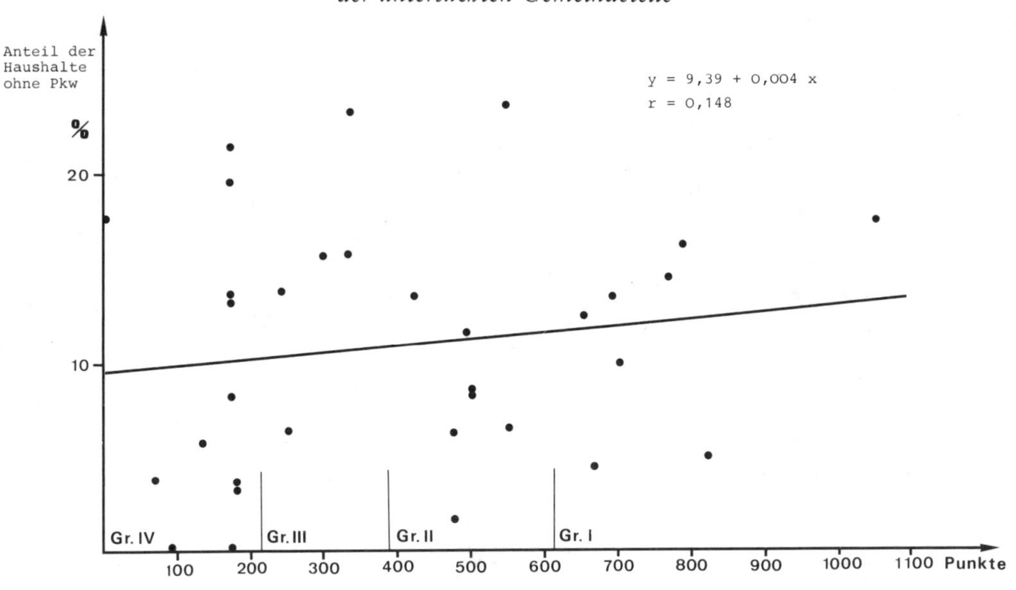

man den Durchschnitt aller Gemeindeteile, ohne dabei Scheeßel zu berücksichtigen, so ergibt sich ein Wert von 9,7% Haushalte ohne Pkw, und die Differenz zum Gemeindeteil Scheeßel wird noch augenfälliger.

Da sich andererseits aber – wie oben dargestellt – bei kleineren Gemeindeteilen keine Abhängigkeit zwischen stark variierender Qualität der ÖV-Versorgung und haushaltsbezogenem Pkw-Besitz feststellen läßt, liegt wiederum die Schlußfolgerung nahe, daß ein höherer Anteil von Haushalten ohne Pkw in Scheeßel durch andere strukturelle Merkmale erklärt werden muß als durch eine dort besonders hohe ÖV-Bedienungsqualität.

9.4.4 Pkw-Mehrfachbesitz und ÖV-Versorgung

Die Übersichten 24 und A45 geben gruppenbezogen gegliedert die Anteile des Mehrfachbesitzes von Pkw in den Haushalten der untersuchten Gemeinden wieder.

In diesem Zusammenhang wird die Hypothese getestet, daß ein schlechter ÖV-Versorgungsgrad einen höheren Zweitwagenanteil in den Haushalten bewirkt. Auf der Basis der Punktbewertung – vgl. Übersicht 25 – ergibt sich eine Regressionsfunktion von $y = 28{,}98 - 0{,}0035\,x$, $r = -0{,}096$, auf der Basis der Notenbewertung $y = 22{,}997 + 1{,}066\,x$, $r = 0{,}0587$. Beide Funktionen deuten nicht auf einen Zusammenhang hin.

In Scheeßel und auch in Heeslingen liegt der Zweitwagenanteil mit 15,2% bzw. 17,5% deutlich unter dem Durchschnitt der Untersuchungsgemeinden von 24,5%. Die Regressionsfunktionen ohne Berücksichtigung von Scheeßel und Heeslingen lauten bei Verwendung der Punktbewertung $y = 27{,}2 + 0{,}0029\,x$, $r = 0{,}072$ und bei Verwendung der Notenbewertung $y = 36{,}46 - 1{,}893\,x$, $r = -0{,}101$, ohne damit auch nur einen geringen Zusammenhang aufzeigen zu können.

Übersicht 24: *Anteil der Haushalte mit ... Pkw an den gesamten Haushalten in Abhängigkeit von der ÖV-Versorgung der untersuchten Gemeindeteile*

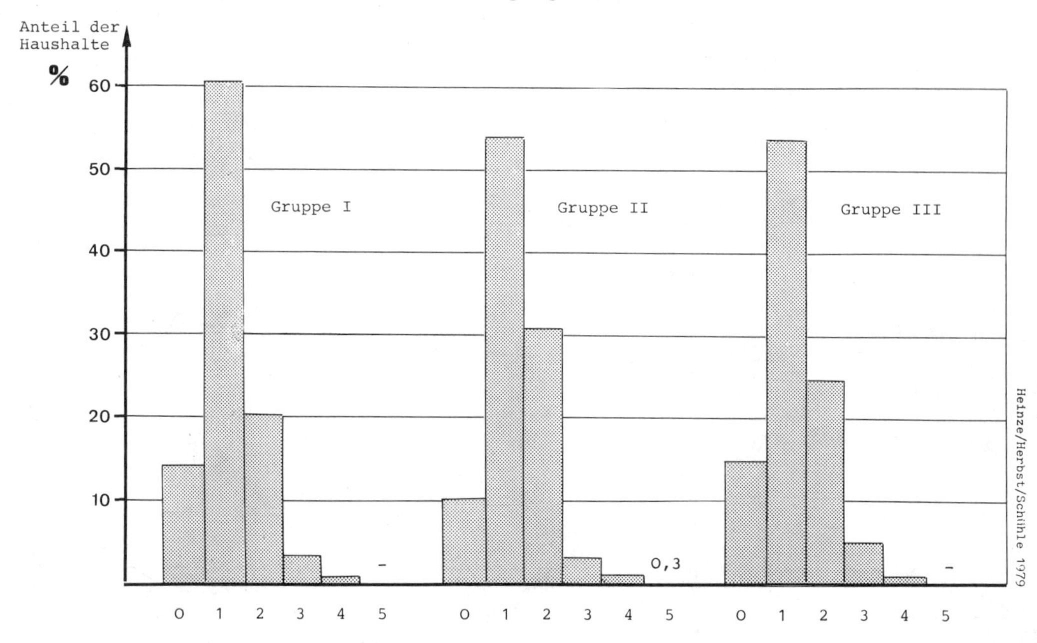

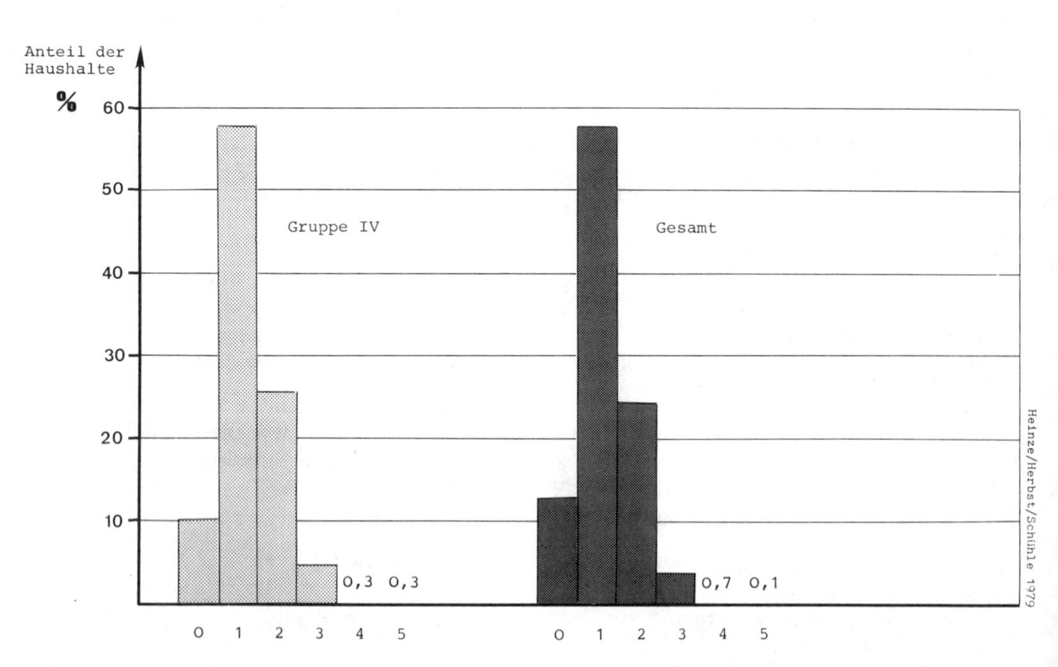

Übersicht 25: *Anteil der Haushalte mit Zweitwagen in Abhängigkeit von der ÖV-Versorgung der untersuchten Gemeindeteile*

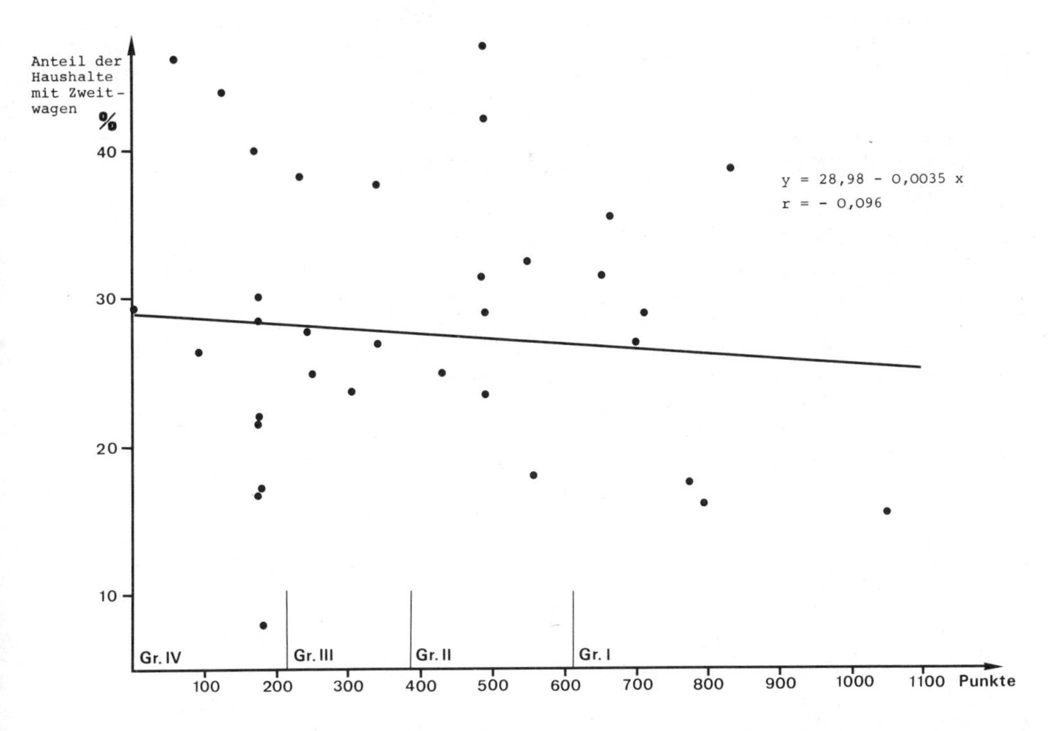

Auch hier ist – analog zu Abschnitt 9.4.3 – für Scheeßel und Heeslingen zu folgern, daß ein geringerer Zweitwagenanteil auf andere Ursachen als eine bessere ÖV-Versorgung zurückgeführt werden muß, da sich insgesamt und insbesondere bei der Betrachtung der ähnlich strukturierten kleineren Gemeindeteile ein Zusammenhang zwischen ÖV-Qualität und Zweitwagenanteil nicht nachweisen läßt.

10. Die Struktur des Berufsverkehrs in den untersuchten Gemeinden

Ziel dieses Untersuchungsabschnittes ist es, die Struktur der Berufsverkehrsströme, insbesondere der Auspendlerströme, in den untersuchten Gemeindeteilen zu analysieren. Von besonderem Interesse sind dabei die Verkehrsmittelwahl im Berufsverkehr des ländlichen Raumes, die durchschnittliche Berufsweglänge und Berufswegdauer als Kenngrößen gegebenenfalls benachteiligter Erreichbarkeitsverhältnisse in ländlichen Räumen und ihre verkehrsmittelspezifische Differenzierung als Maßstab geringerer Mobilitätschancen von Berufstätigen, die öffentliche Verkehrsmittel benutzen.

Nach Angaben der VZ 70 liegt der Anteil der Auspendler an den Berufstätigen des Wohnorts im Altkreis Bremervörde durchschnittlich bei 31,7% und im Altkreis Rotenburg bei 30,4%, insgesamt bei 31,1%[103]). Damit lagen beide Kreise dicht am bundesdurchschnittlichen Berufsauspendleranteil von 28,1%. Gleichzeitig gilt für beide Kreise, daß saldiert die Zahl der Auspendler deutlich die der Einpendler übersteigt[104]). Für die untersuchten Gemeinden finden sich auf der Basis der VZ 70 die folgenden Auspendleranteile:

Gemeinde Sottrum	42,7%
Gemeinde Scheeßel	32,8%
Gemeinde Heeslingen	32,2%
Durchschnitt	35,5%

Die in der Erhebung ermittelten Auspendlerquoten liegen demgegenüber wesentlich höher (vgl. auch Übersicht A47):

Gemeinde Sottrum	70,6%
Gemeinde Scheeßel	55,3%
Gemeinde Heeslingen	64,9%
Durchschnitt	62,2%

Im Abschnitt 6.4 konnte ein systematischer Fehler in der Erhebungsschichtung weitgehend ausgeschlossen werden. Teilweise dürfte sich somit der Unterschied in der Auspendlerquote erklären lassen einerseits durch das Sinken des Anteils der – im allgemeinen nicht pendelnden – Erwerbstätigen in der Landwirtschaft, andererseits, und auch mit Vorstehendem gekoppelt, durch den nachzuweisenden Bevölkerungsanstieg in den untersuchten Gemeindeteilen bei insgesamt etwa gleichbleibender Erwerbstätigenquote[105]) sowie durch Konzentrationstendenzen des Produktionsfaktors Kapital mit der Folge einer Intensivierung der Pendelwanderung[106]).

10.1 Quelle-Ziel-Beziehungen im Berufsverkehr

Eine Auswertung der Pendlerbeziehungen, wie sie von der VZ 70 erfaßt wurden, verweist die untersuchten Gemeinden in die Einzugsbereiche der zentralen Orte Rotenburg/Wümme (Gemeinden Scheeßel und Sottrum), Zeven (Mitgliedsgemeinde Heeslingen), Bremen (Gemeinde Sottrum) und Hamburg (Gemeinden Scheeßel und Heeslingen)[107]). Zu einem ähnlichen Schluß kommen KLEMMER, ECKEY und SCHWARZ bei einer Betrachtung der Einzugsbereiche der

[103]) Zahlen nach Angaben des Niedersächsischen Landesverwaltungsamtes – Statistik.

[104]) Vgl. Bundesforschungsanstalt für Landeskunde und Raumordnung (Hrsg.): Atlas zur Raumentwicklung, Bd. 1, Arbeit, a.a.O., Karte 1.12.1.

[105]) Vgl. hierzu Übersichten 1 und 2 in Abschnitt 3.2, Abschnitt 6.4.4 sowie Übersicht A21.

[106]) Vgl. Bundesforschungsanstalt für Landeskunde und Raumordnung (Hrsg.): Atlas zur Raumentwicklung, Bd. 1, Arbeit, a.a.O., Abschnitt 1.12.

[107]) Vgl. Niedersächsischer Ministerpräsident – Staatskanzlei (Hrsg.): Landesentwicklungsprogramm Niedersachsen 1985, Stand: Sommer 1973, Hannover 1973, S. 100 f.; berücksichtigt wurden bei dieser Auswertung nur Pendlerströme von 50 und mehr Berufspendlern zum jeweiligen Zielort.

effektiven, selbsttragenden Wachstumspole in Niedersachsen[108]), wobei sie sich auf einen aus Arbeitsmarkt- und Dienstleistungsmarktverflechtung gebildeten Indikator stützen. Danach gehört die Gemeinde Sottrum mit allen Gemeindeteilen zum Einzugsbereich von Bremen, die Gemeinden Scheeßel und Heeslingen zum Einzugsbereich von Hamburg, die letzteren beiden Gemeinden allerdings in einer – als nicht vollständig zufriedenstellend zu beurteilenden[109]) – Pkw-Fahrzeitentfernung von über 30 Minuten dorthin. Berücksichtigt man über diese als selbsttragend ausgewiesenen Wachstumspole hinaus auch solche, die als potentielle Zentren zu betrachten sind, fallen alle untersuchten Gemeindeteile in den Einzugsbereich von Rotenburg/Wümme[110]).

Entsprechend dieser räumlichen Eingliederung sollten für die untersuchten Gemeindeteile deutliche Pendlerbeziehungen im Berufsverkehr zu den genannten Zielen nachzuweisen sein.

Übersicht A46 zeigt, welche Ortstypen von den gesamten Erwerbstätigen der untersuchten Gemeinden als Arbeitsort angegeben wurden. Im jeweiligen Wohngemeindeteil arbeiten durchschnittlich 33,9 % der Erwerbstätigen. In der Gemeinde Sottrum liegt dieser Prozentwert bei 26,5 %, in der Gemeinde Scheeßel bei 40,0 % und in der Gemeinde Heeslingen bei 31,7 %.

Insbesondere der Wert der Gemeinde Scheeßel – wobei gleiches aber auch tendenziell für die Gemeinde Heeslingen gilt – wird stark beeinflußt durch den stadtähnlichen Charakter des Ortsteils Scheeßel (bzw. Heeslingen), der relativ mehr Arbeitsplätze verschiedenster Bereiche verfügbar macht. Somit sind die Einwohner des Gemeindeteils Scheeßel (Heeslingen) nicht in gleich hohem Maße wie die der umliegenden ländlichen Gemeindeteile auf Pendlerbewegungen in andere Gemeindeteile bzw. Gemeinden angewiesen.

Betrachtet man nur die aus den peripheren Gemeindeteilen in die jeweiligen Gemeindezentren pendelnden Erwerbstätigen (Übersicht A46, Spalte 3), zeigen sich für alle drei Gemeinden ähnliche Quoten: 6,8 % für die Gemeinde Sottrum, 7,5 % für die Gemeinde Scheeßel, 7,7 % für die Gemeinde Heeslingen.

Gleiches gilt auch für die Pendleranteile zwischen den peripheren Gemeindeteilen: 3,2 % der Erwerbstätigen der untersuchten Gemeindeteile der Gemeinde Sottrum arbeiten in anderen Gemeindeteilen des Ortes, wobei der jeweilige Wohngemeindeteil und das Gemeindezentrum nicht berücksichtigt wurden; analog ergeben sich in der Gemeinde Scheeßel 2,4 % und in der Gemeinde Heeslingen 2,0 %, im Durchschnitt 2,5 %. Insgesamt wird an diesen niedrigen Werten deutlich, daß der berufsbezogene Querverkehr zwischen den nicht als Zentren ausgewiesenen Gemeindeteilen einer Gemeinde äußerst gering ist.

Zum jeweiligen Mittelzentrum pendeln durchschnittlich 21,0 % der Erwerbstätigen; in der Gemeinde Sottrum sind es 20,2 %, in der Gemeinde Scheeßel 20,3 % und in der Gemeinde Heeslingen 23,0 %.

Gemeindespezifisch sehr unterschiedliche Anteile ergeben sich für die Erwerbstätigen, die in einem der Oberzentren Bremen oder Hamburg arbeiten. Die Gemeinde Sottrum weist eine Quote von 18 % der Berufstätigen mit Arbeitsplatz in einer dieser Städte auf, die Gemeinde Scheeßel hingegen nur 9,4 % und die Gemeinde Heeslingen 7,6 %. Übersicht A47 verdeutlicht die unterschiedliche Bindung der Gemeinden an Hamburg oder Bremen. Insgesamt geben etwa gleiche Anteile der Berufsauspendler Bremen (10,5 %) oder Hamburg (9,6 %) als Arbeitsort an. Für die einzelnen Gemeinden ergeben sich aber sehr unterschiedliche Anteile: Die Gemeinde Sottrum ist besonders stark nach Bremen ausgerichtet mit 25,3 % der Berufsauspendler

---

[108]) Vgl. P. KLEMMER, H.-F. ECKEY, N. SCHWARZ: Wachstumspole in Niedersachsen und ihre Einzugsgebiete, a. a. O., Abb. 2.

[109]) Vgl. ebenda, S. 39.

[110]) Vgl. ebenda, S. 43 ff. und Abb. 4.

gegenüber nur 2,6% nach Hamburg; für die Gemeinden Scheeßel und Heeslingen ergibt sich hingegen eine überwiegende Ausrichtung auf Hamburg mit 14,5% (Gemeinde Scheeßel) bzw. 10,9% (Gemeinde Heeslingen), während die Anteile mit Ziel Bremen nur 4,4% (Gemeinde Scheeßel) bzw. 2,2% (Gemeinde Heeslingen) betragen.

Besonders interessant ist, daß alle übrigen genannten Berufspendlerziele (angegeben auf Übersicht A47 Blatt 1 unten) praktisch keine Ströme aus den untersuchten Gemeindeteilen auf sich ziehen, die den auf die Zentren gerichteten Werten auch nur entfernt nahekommen. Allgemein kann man also feststellen, daß das Auftreten von Quelle-Ziel-Beziehungen im Berufsverkehr weitgehend kongruent ist mit der zentralörtlichen Zuordnung der jeweiligen Gemeindeteile bzw. Gemeinden, was wiederum tendenziell die Ausrichtung eines berufsverkehrsbezogenen öffentlichen Verkehrssystems auf eben diese funktionalen Orte nahelegt.

10.2 Verkehrsmittelwahl im Berufsverkehr und ihre Abhängigkeit von der ÖV-Versorgung

10.2.1 Verkehrsmittelwahl im Berufsverkehr

Die berufstätigen Einwohner der untersuchten Gemeinden wurden nach dem Verkehrsmittel befragt, mit dem sie den größten Teil des Weges zu ihrer Arbeitsstätte zurücklegen. Auf eine Erfassung von Verkehrsmittelkombinationen wurde verzichtet, da nach bisherigen Ergebnissen allgemein nur bei 5% aller Wege zwei oder mehr Verkehrsmittel benutzt werden[111]. Auch im Berufsverkehr werden für einen Weg – statistisch – durchschnittlich lediglich 1,08 Verkehrsmittel benutzt[112]. Am häufigsten werden danach Fußwege mit öffentlichen Verkehrsmitteln (Weg zur Haltestelle) und öffentliche Verkehrsmittel untereinander (Umsteigen) kombiniert.

In der Erhebung waren die für den Untersuchungsraum relevanten Verkehrsmittel vorgegeben. Es ergab sich folgende Verkehrsmittelwahl im Berufsverkehr (vgl. Übersichten 26 und A48):

Verkehrsmittel	Anteil an den Berufswegen
zu Fuß	11,9%
Fahrrad/Moped/Mofa	16,8%
Pkw/Motorrad/Lkw	55,2%
Mitfahrer	5,3%
öffentlicher Linienbus	1,6%
Werkbus	4,8%
Eisenbahn	4,4%

Erwartungsgemäß stellen im Berufsverkehr die Selbstfahrer mit Pkw/Motorrad/Lkw mit über 55% den weitaus größten Anteil. Hierbei wiederum handelt es sich nahezu ausschließlich um Pkw-Verkehr, da Motorrad und Lkw in den befragten Haushalten kaum vorhanden sind (vgl. Übersichten A39 und A40). Im anderen Extrem ist der Berufsverkehr mit dem öffentlichen Linienbus mit 1,6% nahezu bedeutungslos. Die öffentlichen Verkehrsmittel (Linienbus/

---

111) Vgl. PROGNOS Stadtentwicklung und Regionalplanung (Hrsg.): Mobilitätschancen unterschiedlicher Bevölkerungsgruppen im Personenverkehr, a.a.O., S. 21.

112) Vgl. SOZIALFORSCHUNG BRÖG (Hrsg.): KONTIV 1977, Ergebnisse der Erhebung Januar-Juni, Tabellenband, München, o.J., Tabelle 11a.

Übersicht 26: *Verkehrsmittelwahl der Erwerbstätigen im Berufsverkehr der untersuchten Gemeinden*

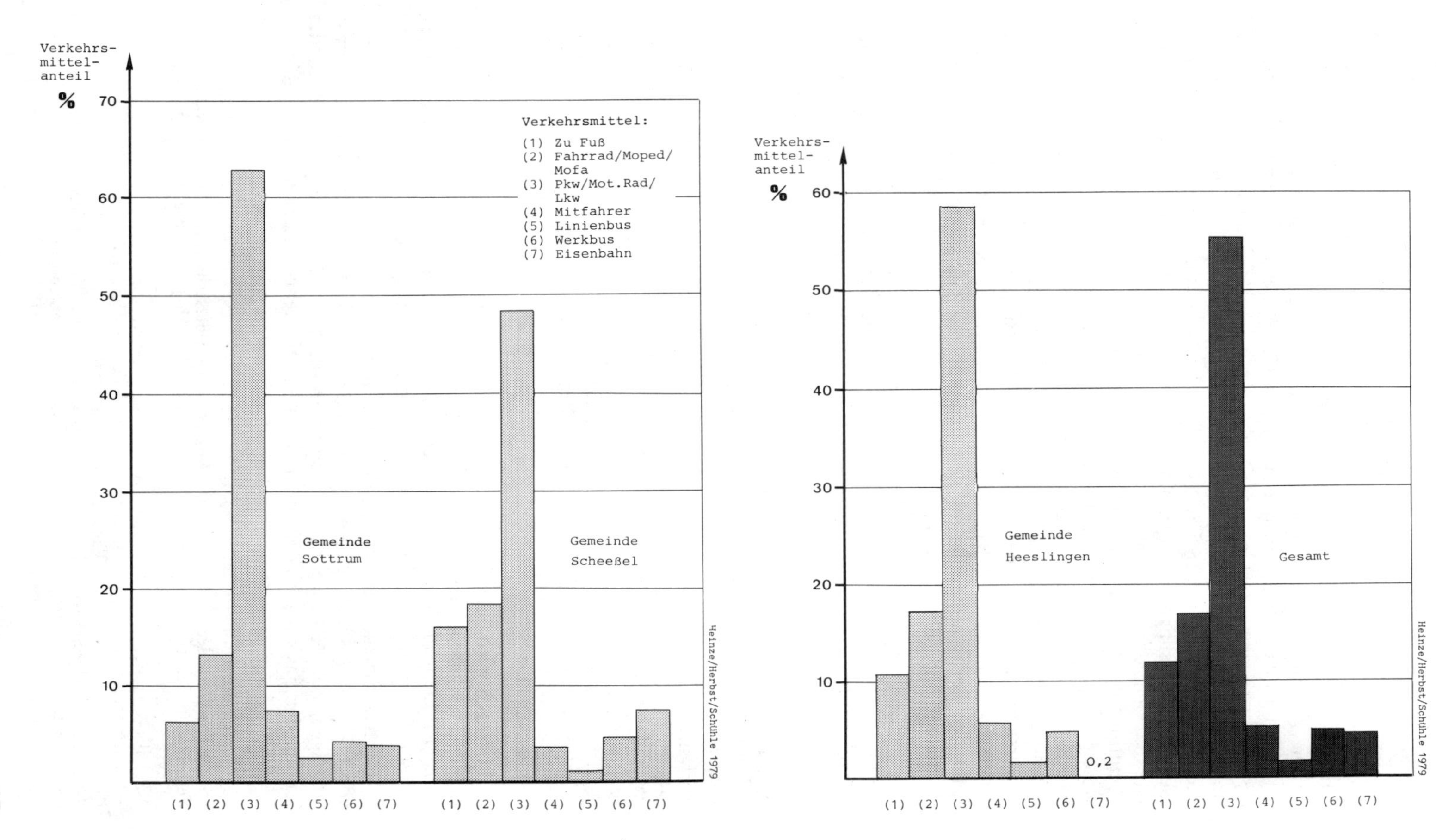

Werkbus/Eisenbahn) erreichen zusammen mit einem Anteil von 10,8 % nicht einmal den Anteil der Fußwege von 11,9 % und deutlich weniger als die Wege mit Fahrrad/Moped/Mofa mit 16,8 % aller Wege – auch der innerörtlichen – im Berufsverkehr in den untersuchten Gemeindeteilen.

Die Anteile je Verkehrsmittel unterscheiden sich in den einzelnen Gemeinden zum Teil erheblich. So weist die Gemeinde Sottrum mit 62,9 % einen deutlich höheren Pkw-Anteil an den Berufsfahrten auf als die Gemeinde Scheeßel mit 48,4 %. Demgegenüber ist der fußläufige Anteil im Gemeindegebiet Scheeßel mit 16,2 % gegenüber 6,3 % und der Anteil der Fahrrad/Moped/Mofa-Wege mit 18,5 % gegenüber 13,3 % deutlich höher als im Gebiet von Sottrum. Die Gemeinde Heeslingen dagegen nimmt bei diesen Verkehrsmitteln etwa eine Mittelposition ein. Die unterschiedlichen Ergebnisse dürften in erster Linie von unterschiedlichen Pendlerquoten beeinflußt werden. Die ermittelte Pendlerquote liegt in der Gemeinde Sottrum mit 70,6 % wesentlich höher als in der Gemeinde Scheeßel mit 55,3 % und in der Gemeinde Heeslingen mit 64,9 % (vgl. Übersicht A47, Abschnitt 9.1). Eine höhere Pendlerquote bedeutet im allgemeinen einen tendenziell geringeren Anteil an Fußwegen und Fahrrad/Moped/Mofa-Wegen aufgrund längerer Berufswege[113]). Bereinigt man die Untersuchung des Modal-Splits um den Einfluß der unterschiedlichen Stärke der Binnenarbeitsmärkte und betrachtet lediglich die Verkehrsmittelwahl der Berufsauspendler in den untersuchten Gemeindeteilen, so ergibt sich folgende Aufteilung (vgl. Übersicht A49[114])):

Verkehrsmittel	Anteil an den Auspendlerwegen in den untersuchten Gemeinden	
	Erhebung 1978	Volkszählung 1970
zu Fuß	1,3 %	0,3 %
Fahrrad/Moped/Mofa	12,4 %	11,9 %¹)
Pkw/Motorrad/Lkw	65,8 %	49,0 %²)
Mitfahrer	6,8 %	11,8 %
öffentlicher Linienbus	1,7 %	4,9 %
Werkbus	6,1 %	11,1 %³)
Eisenbahn	5,9 %	10,9 %

¹) inkl. Motorrad
²) ohne Motorrad
³) Werkbus und Schulbus

Hiernach wird über öffentliche Verkehrsmittel ein Anteil von 13,7 % an den Pendlerwegen abgedeckt, während der Individualverkehr noch 86,3 % umfaßt. Die Verkehrsmittelanteile in den einzelnen Gemeinden weichen in wesentlich geringerem Umfang voneinander ab, als dies bei Einbeziehung auch der innergemeindlichen Berufswege der Fall ist.

Die tendenzielle Entwicklung der Verkehrsmittelwahl im Berufspendlerverkehr im Zeitraum von 1970 bis 1978 läßt sich aus einem Vergleich der Erhebungsdaten mit Ergebnissen der VZ 70 aufzeigen. WESTPHAL weist für Berufsauspendler zwischen Gemeinden des Landes Niedersachsen auf der Basis der VZ 70 für individuelle Verkehrsmittel (Pkw als Selbst- und Mitfahrer,

---

113) Vgl. dazu ausführlich Abschnitt 10.4.

114) Die Werte der VZ 70 beruhen auf Angaben des Niedersächsischen Landesverwaltungsamtes – Statistik zur Verkehrsmittelwahl der Auspendler in den Gemeinden der (Alt-) Kreise Bremervörde und Rotenburg. Eine genaue Analyse auf der Basis der Volkszählung 1970 nach
– Pendlerkategorien: Berufs-, Ausbildungspendler, Summe
– Pendlerrelationen: innerhalb der Gemeinde, zwischen Gemeinden des Landes Niedersachsen, über die Landesgrenze, insgesamt
– Verkehrsmittelgruppen: kein Verkehrsmittel, öffentliche Verkehrsmittel, individuelle Verkehrsmittel
findet sich bei J. WESTPHAL: Gesetzmäßigkeiten des Berufsverkehrs in einem Flächenland, dargestellt am Beispiel Niedersachsens. In: Internationales Verkehrswesen, 29. Jg. (1977), 3. Heft, S. 158–165.

Fahrrad, Moped, Motorrad u. ä.) einen Anteil von 69%, für Fußgänger von 1,4% und für öffentliche Verkehrsmittel von 29,6% aus[115]). Eine Zusammenfassung der entsprechenden Werte aus vorhergehender Tabelle ergibt für das Untersuchungsgebiet:

Verkehrsmittel	Anteil an den Auspendlerwegen in den untersuchten Gemeinden	
	Erhebung 1978	Volkszählung 1970
zu Fuß	1,3%	0,3%
Individualverkehrsmittel	85,0%	72,7%
öffentliche Verkehrsmittel	13,7%	26,9%

Es wird deutlich, daß schon zum Zeitpunkt der VZ 70 im Untersuchungsraum zu Lasten der Fußwege und des öffentlichen Verkehrs relativ mehr Wege im Berufsverkehr mittels individueller Verkehrsmittel zurückgelegt wurden als in den vergleichbaren Pendlerbeziehungen zwischen niedersächsischen Gemeinden, wie sie WESTPHAL aufführt. Vergleicht man nunmehr die im Zeitraum 1970 bis 1978 eingetretenen Veränderungen, fällt der besonders gravierende Anstieg der Individualverkehrsmittel – zu Lasten des öffentlichen Verkehrs – im Berufsverkehr auf. Eine nähere Analyse der Frage, welches spezielle Individualverkehrsmittel besonders hohe Zuwächse zu verzeichnen hatte, ermöglicht die vorletzte Tabelle im Text. Danach ergibt sich eine deutliche Zunahme des Pkw-Selbstfahrer-Anteils um nahezu 35% von 49,0% im Jahre 1970 auf 65,8% im Jahre 1978. Dieser Zunahme steht eine in etwa gleiche Abnahme der Anteile der öffentlichen Verkehrsträger, also des Linien- und Werkbus- sowie des Eisenbahnverkehrs, gegenüber, die von insgesamt 26,9% im Jahre 1970 auf lediglich 13,7% im Jahre 1978 zurückgingen.

Dieser Rückgang des Anteils öffentlicher Verkehrsmittel ist besonders unter dem im Abschnitt 4.2.2 aufgezeigten Aspekt interessant, da sich – zumindest im Untersuchungsraum – die Angebotsqualität im Zeitraum von 1968–1978 eher verbessert als verschlechtert hat. Es liegt daher die Vermutung nahe, daß eine Steigerung des Anteils des öffentlichen Verkehrs am Gesamtverkehrsaufkommen bei gleichbleibenden Rahmenbedingungen – zumindest hier – nur in sehr geringem Umfang durch überproportionale Qualitäts- und Attraktivitätsverbesserungen erreichbar sein dürfte.

Für einen Querschnittsvergleich aller Berufswege im Bundesdurchschnitt stehen zunächst die Ergebnisse der KONTIV 1977 zur Verfügung[116]):

Verkehrsmittel	Anteil an den Berufswegen nach KONTIV 77
zu Fuß	20,3%
Fahrrad/Mofa	8,0%
Moped/Motorrad	1,0%
Pkw als Mitfahrer	6,9%
Pkw als Fahrer	53,4%
Taxi	0,1%
Bus	9,3%
Straßenbahn	3,2%
S-Bahn	1,4%
U-Bahn	1,1%
sonstige öffentliche Nahverkehrsmittel	0,1%
Eisenbahn	3,1%
sonstige öffentliche Verkehrsmittel	0,1%
	108,0%

[115]) Vgl. J. WESTPHAL: Gesetzmäßigkeiten des Berufsverkehrs in einem Flächenland, a.a.O., S. 161.

[116]) Vgl. SOZIALFORSCHUNG BRÖG (Hrsg.): KONTIV 77, Tabellenband, a.a.O., Tabelle 11a.

In dieser Tabelle sind die Anteile der benutzten Verkehrsmittel auf die durchgeführten Wege bezogen. Durch die Mehrfachnennungen von Verkehrsmitteln bei einem Teil der Wege summieren sich die Anteile auf mehr als 100%.

Der Anteil der Fußwege liegt in der KONTIV-Untersuchung mit 20,3% deutlich über den Erhebungsdaten von 11,9%. Berücksichtigt man jedoch, daß die Fußwege in der KONTIV-Untersuchung auch die Anmarschwege zur Haltestelle enthalten, so dürfte der Anteil der Wege im Berufsverkehr, die hauptsächlich zu Fuß zurückgelegt werden, um einige Prozent geringer sein. Trotzdem ist der Anteil der berufsverkehrlichen Fußwege im ländlichen Raum aufgrund der geringeren Agglomeration erwartungsgemäß geringer als im Bundesdurchschnitt.

Für Fahrrad/Mofa-Wege nennt KONTIV einen Anteil von 8%, für Moped/Motorradwege von 1%. Im Untersuchungsraum dagegen entfällt auf Fahrrad/Moped/Mofa-Wege ein etwa doppelt so hoher Anteil von 16,8%[117]). Hier wird noch einmal die überdurchschnittliche Bedeutung dieser Verkehrsmittel für den untersuchten ländlichen Raum deutlich, worauf bereits im Abschnitt 9.3.1 (Fahrradbesitz) hingewiesen wurde.

Der Anteil der Pkw-Fahrten liegt mit 55,2% nur geringfügig über einem Bundesdurchschnitt – laut KONTIV 77 – von 53,4%. Der Mitfahrer-Anteil liegt mit 5,3% noch unter dem KONTIV-Wert von 6,9%.

Aus den Einzelergebnissen berechnet KONTIV 77 einen „klassischen Modal-Split". Dieser Modal-Split umfaßt beim Individualverkehr: Moped/Motorrad – Pkw als Fahrer – Pkw als Mitfahrer und beim öffentlichen Verkehr: Taxi – Bus – Straßenbahn – S-Bahn – U-Bahn – Eisenbahn – sonstige öffentliche Verkehrsmittel[118]): Die Anteile an den Berufsverkehrswegen betragen dort:

Individualverkehr	80%
öffentlicher Verkehr	20%

Eine analoge Zusammenfassung der in der vorliegenden Untersuchung erhobenen Werte ergibt einen „klassischen Modal-Split" von[119]):

Individualverkehr	84,9%
öffentlicher Verkehr	15,1%

Vergleicht man einen um Fußwege und Fahrrad/Mofa-Wege ergänzten „erweiterten Modal-Split", so ergibt sich[120]):

Verkehrsmittel	KONTIV 77	Erhebung
zu Fuß, Fahrrad/Moped/Mofa	24%	28,7%
individuelle Verkehrsmittel	61%	60,5%
öffentliche Verkehrsmittel	16%	10,8%

[117]) In der Erhebung wurde eine etwas andere Abgrenzung als in der KONTIV 77 verwendet, indem Fahrrad/Moped/Mofa – ohne Motorrad – zu einer Gruppe zusammengezogen wurden; die Berufswege per Motorrad dürften aber vernachlässigbar klein sein, betrachtet man den insgesamt äußerst geringen Motorradbestand in den untersuchten Gemeindeteilen (vgl. Übersicht A39).

[118]) Vgl. SOZIALFORSCHUNG BRÖG (Hrsg.): KONTIV 77, Tabellenband, a.a.O., Tabelle 12.

[119]) Die Vergleichbarkeit ist durch unterschiedliche Abgrenzungen geringfügig beeinträchtigt. In der Erhebung werden die Mopedwege den Fahrrad-Moped-Wegen zugerechnet und sind demnach im „klassischen Modal-Split" mit Erhebungswerten nicht enthalten. Entsprechend ist der Anteil des Individualverkehrs im Vergleich zum KONTIV-Wert geringfügig zu niedrig.

[120]) Vgl. SOZIALFORSCHUNG BRÖG (Hrsg.): KONTIV 77, Tabellenband, a.a.O., Tabelle 15a. Zur Einschränkung der Vergleichbarkeit der angegebenen Werte vgl. Anmerkungen 117 und 119.

Bei einem annähernd gleichen Anteil an Individualverkehrsmitteln (im wesentlichen Pkw als Selbstfahrer und Pkw als Mitfahrer) wird der geringere Anteil des öffentlichen Verkehrs durch Fuß-, Rad- und Mofa-Wege[121]) ausgeglichen, wobei innerhalb dieser Gruppe – wie schon aufgezeigt – die Fahrrad/Moped/Mofa-Wege diese Substitution bewirken.

Vergleichbare Prozentsätze ergibt die Untersuchung „Infrastruktur im ländlichen Raum" der AGRARSOZIALEN GESELLSCHAFT[122]). Demnach benutzen 6% aller Erwerbstätigen für ihren Berufsweg Bus oder Bahn (Erhebung: 6%), 52% den Pkw (55,2%), 16% Firmenbus oder Fahrgemeinschaft (10,1%), 4% Fahrrad/Moped (16,8%), und 22% gehen zu Fuß (11,9%).

10.2.2 Verkehrsmittelwahl im Berufsverkehr in Abhängigkeit von der ÖV-Versorgung

In der Übersicht A50 wird die Abhängigkeit der Verkehrsmittelwahl im Berufsverkehr, auch innerhalb der Gemeindeteile, von der ÖV-Angebotsqualität untersucht und in Übersicht 27 grafisch dargestellt.

Betrachtet man zunächst die öffentlichen Verkehrsmittel, so sinkt deren Gesamtanteil von 13,3% in der Gruppe I über 11,6% auf 8,7% in der Gruppe III und 6% in der Gruppe IV. Es wird ferner deutlich, daß selbst dort, wo verhältnismäßig gute Linienbus-Verbindungen existieren (Gruppe I), der Anteil der Busfahrten am Berufsverkehr 2,4% nicht überschreitet und

Übersicht 27: *Verkehrsmittelwahl der Erwerbstätigen im Berufsverkehr in Abhängigkeit von der ÖV-Versorgung der untersuchten Gemeinden*

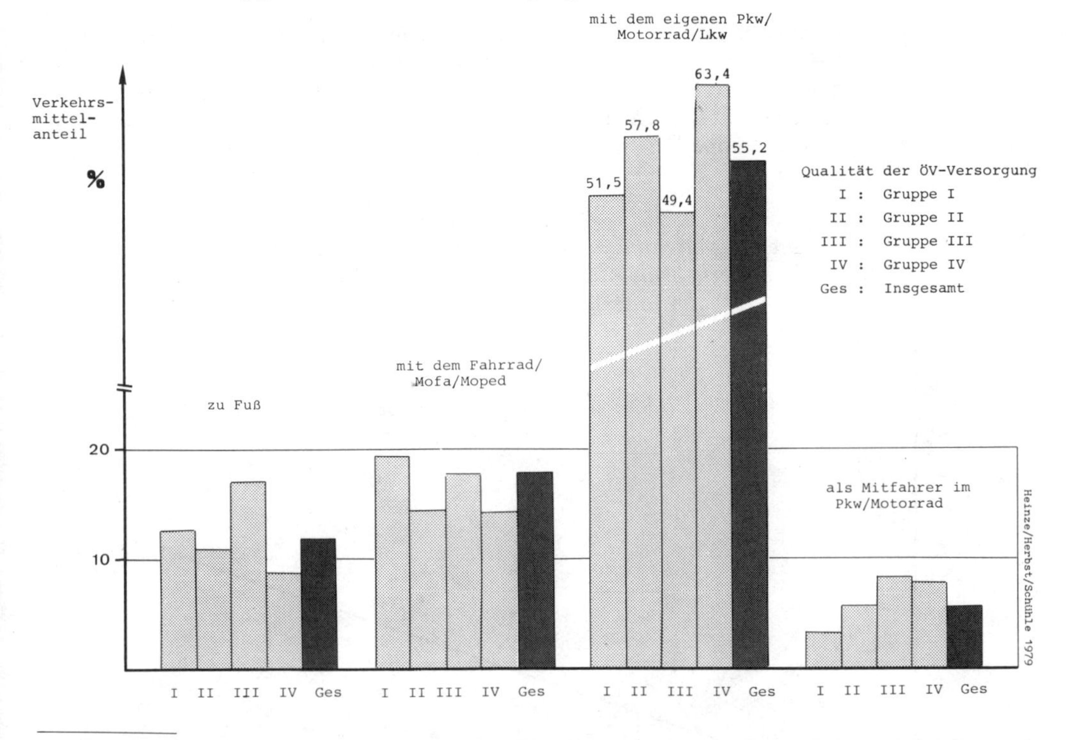

[121]) Vgl. H. STRAUCH, H.-P. TIETZ: Zusammenhänge zwischen sozio-ökonomischen Merkmalen und Verkehrsmobilität, Veröffentlichungen des Instituts für Städtebau und Landesplanung, Karlsruhe 1978, S. 26. Den Auswertungen dieser Untersuchung liegt als Datenmaterial die KONTIV 76 zugrunde; vgl. ebenda, S. 3.

[122]) Vgl. Anmerkung 86.

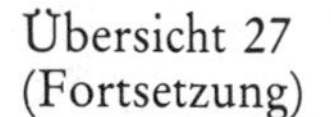

Übersicht 27 (Fortsetzung) *Verkehrsmittelwahl der Erwerbstätigen im Berufsverkehr in Abhängigkeit von der ÖV-Versorgung der untersuchten Gemeinden*

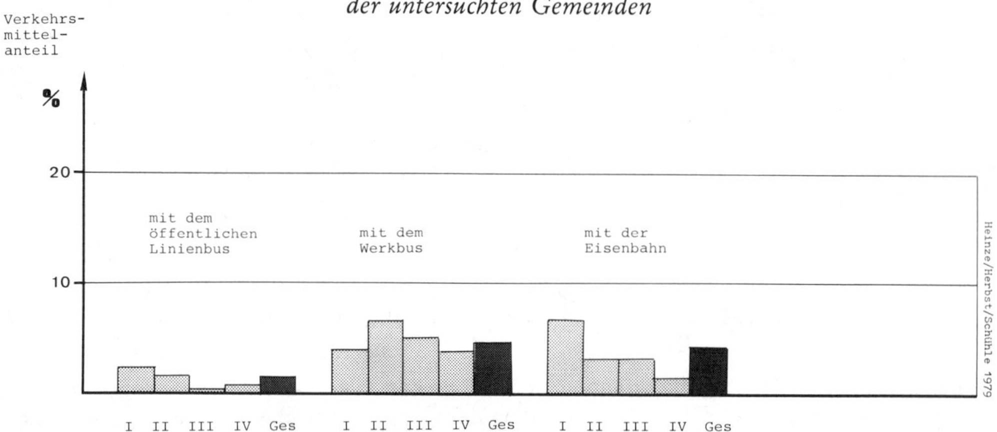

über 1,6 % in der Gruppe II auf 0,4 % bzw. 0,7 % in den anderen Gruppen absinkt. Die Analyse dieser Abhängigkeiten ist jedoch aufgrund der sehr geringen absoluten Zahl der ÖV-Benutzer (insgesamt 208 von 1926 Berufstätigen) und insbesondere der Busbenutzer (31 von 1926) mit größeren Unsicherheiten behaftet.

Einen deutlich höheren Anteil als der allgemeine Linienverkehr mit Bussen besitzt die Eisenbahn mit insgesamt 4,3 %. Dieser Anteil erreicht in den an das Schienennetz angeschlossenen Gemeinden wesentlich höhere Werte von 12,3 % in Scheeßel und 13,6 % in Hassendorf. Der Anteil der Eisenbahn sinkt mit schlechterer Versorgungsqualität von 6,8 % im Durchschnitt der Gruppe I auf 1,4 % der Gruppe IV.

Übersicht 28: *Anteil des öffentlichen Verkehrs (ohne Werksverkehr) am Berufsverkehr in Abhängigkeit von der ÖV-Versorgung der untersuchten Gemeindeteile*

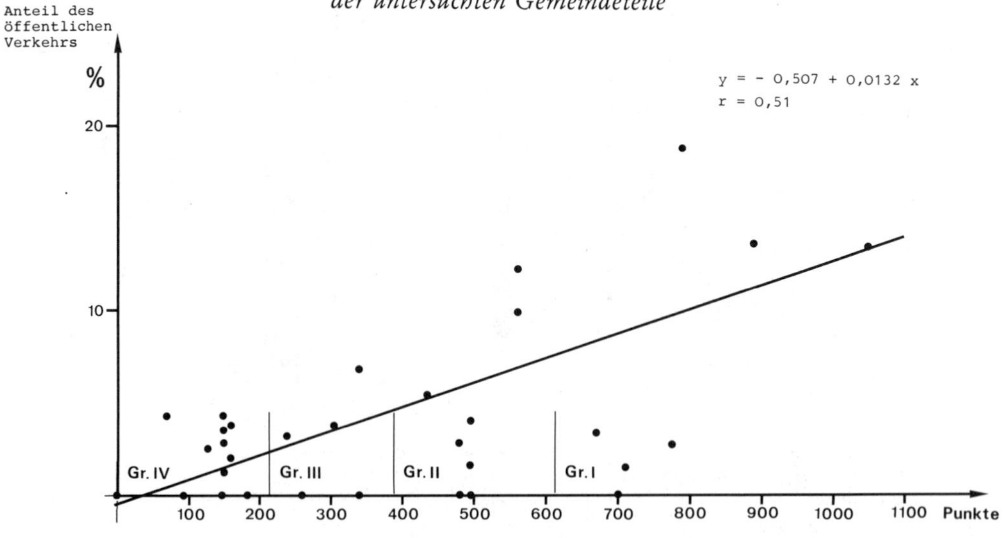

Betrachtet man die Summe der Anteile im allgemeinen Linienverkehr mit Bussen und mit der Eisenbahn, so zeigt sich in Übersicht 28 ein schwacher Zusammenhang der Form $y = -0{,}507 + 0{,}0132\,x$ mit $r = 0{,}51$ bzw. ohne Berücksichtigung des Wertes aus Höperhöfen, der auf der Basis von lediglich vier Personen offensichtlich einen „Ausreißer" darstellt: $y = -0{,}228 + 0{,}0097\,x$ mit $r = 0{,}56$.

Der geringe Besetzungsgrad des ÖV-Anteils ermöglicht kaum eine Analyse intermodaler Substitutionsvorgänge im Untersuchungsraum in Abhängigkeit von der ÖV-Qualität.

Die Mitfahrer-Anteile steigen von 3,2 % in der Gruppe I auf 8,3 % bzw. 7,7 % in den Gruppen III und IV, allerdings gelten bezüglich der Signifikanz dieser Werte aufgrund der geringen Besetzung die gleichen Einschränkungen wie beim ÖV-Anteil.

Die Schwankungen der Anteile der anderen Verkehrsmittel innerhalb der vier Gruppen lassen eine weitergehende Analyse nicht zu.

Eine Zusammenfassung nach Verkehrsmittelgruppen zeigt bei sich verschlechternder Qualität der ÖV-Versorgung eine abnehmende Tendenz im Bereich des öffentlichen Verkehrs. Die Gruppe der Pkw-Fahrer (Selbstfahrer und Mitfahrer) zeigt dagegen eine steigende Tendenz bei schlechterer ÖV-Versorgung. Während in den gut bedienten Gemeindeteilen dieser Anteil 54,7 % beträgt, ist er in den am schlechtesten erschlossenen Gemeindeteilen mit 71,1 % fast 30 % höher. Eine klare Tendenzaussage wird durch den Anteil dieser Verkehrsmittel in der Gruppe III beeinträchtigt, der hier noch unter dem Anteil in der Gruppe II und nur um 3 % über dem Anteil in der Gruppe I liegt. Der Selbstfahrer-Anteil liegt sogar noch unter dem Anteil der Gruppe I. Die Fußwege und die Fahrrad/Moped/Mofa-Wege lassen eine Abhängigkeit von der ÖV-Qualität nicht erkennen.

Gruppenspezifisch ergibt sich folgender „erweiterter Modal-Split":

Verkehrsmittel	Gruppe I	Gruppe II	Gruppe III	Gruppe IV
	%	%	%	%
zu Fuß, Fahrrad/Moped/Mofa	31,9	25,2	33,6	22,9
individuelle Verkehrsmittel	54,7	63,3	57,7	71,1
öffentliche Verkehrsmittel	13,3	11,6	8,7	6,0

Betrachtet man lediglich die Verkehrsmittelwahl der Berufsauspendler (vgl. Übersicht A51), so entfallen die Fußwege erwartungsgemäß nahezu vollständig, und es ergibt sich ein „erweiterter Modal-Split" von:

Verkehrsmittel	Gruppe I	Gruppe II	Gruppe III	Gruppe IV
	%	%	%	%
zu Fuß, Fahrrad/Moped/Mofa	11,6	14,7	18,1	13,5
individuelle Verkehrsmittel	69,3	72,1	71,3	79,4
öffentliche Verkehrsmittel	19,1	13,3	10,7	7,0

10.3 Gründe für die Nichtbenutzung öffentlicher Verkehrsmittel

In der Erhebung wurden die Erwerbstätigen, die nicht mit dem öffentlichen Linienbus oder der Eisenbahn zur Arbeit fahren, nach ihren Gründen dafür gefragt. Es konnte zwischen vorgegebenen Antwortkategorien gewählt werden, wobei Mehrfachnennungen möglich waren. Die Übersichten 29 und A52 zeigen die Ergebnisse grafisch und tabellarisch. Deutlich überwiegt die Antwort „Es gibt keine Verbindung" mit einem Anteil von 26,5 % in der Gruppe I bis hin zu 65,3 % in der Gruppe IV. Deutlich an zweiter Stelle liegt der Anteil der Antworten „Bus oder Bahn fährt zu selten oder zu ungünstigen Zeiten" mit durchschnittlich 24,4 %. Auf beide Antwortkategorien entfallen zusammen mit 64,6 % fast 2/3 aller Nennungen. Hier bestätigt sich nochmals, daß es gerechtfertigt war, die Bewertung der ÖV-Qualität in Abschnitt 5.1 auf die Existenz einer Verbindung bzw. auf die Häufigkeit der Anschlüsse und deren tageszeitliche Verteilung auszurichten.

Für einen Teil der Berufstätigen stellt sich allerdings nicht die Wahl des Verkehrsmittels, da sie generell die Möglichkeiten haben, ihre Arbeitsstätte zu Fuß zu erreichen. Dies gilt im Durchschnitt für 11,5 % der Nennungen.

Übersicht 29: *Gründe für die ÖV-Ablehnung durch IV-Benutzer im Berufsverkehr der untersuchten Gemeindeteile*

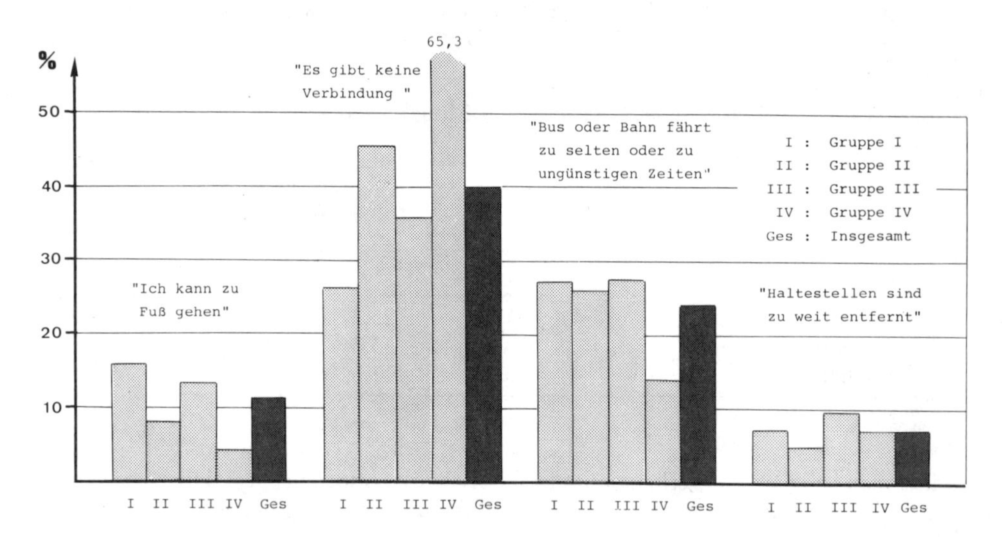

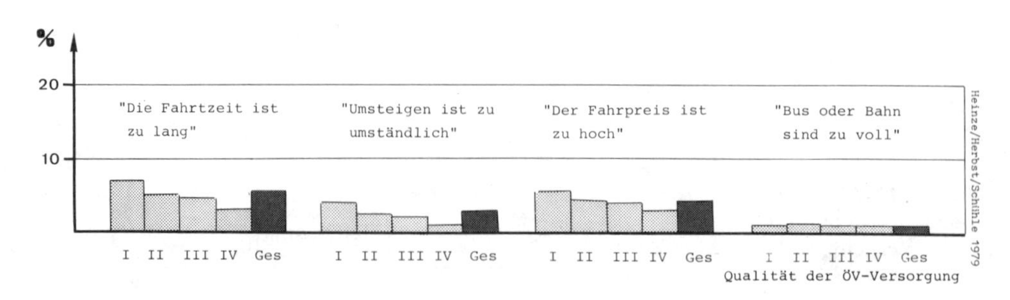

An vierter Stelle der Ausschlußgründe für die Benutzung öffentlicher Verkehrsmittel im Berufsverkehr steht – gemessen am Durchschnitt der Nennungen – mit 7% die zu weite Entfernung der Haltestelle. Dieses Ergebnis ist kompatibel mit der Analyse der Haltestellen-Erreichbarkeit im Abschnitt 8, wo sich Einschränkungen einer möglichen ÖV-Benutzung wegen ungenügender Haltestellen-Erreichbarkeiten für etwa 10% der Bevölkerung ergeben.

Die weiteren Antwortkategorien erreichen nur noch geringe und teilweise unbedeutende Anteile. Insbesondere ist darauf hinzuweisen, daß der Fahrpreis mit 4,5% der Nennungen ein hier zu vernachlässigender Ausschlußgrund ist. Beispielsweise – um hier nur einige Relationen zu nennen – kostet im Jahr 1978 die einfache Fahrt von den Grundzentren Sottrum und Scheeßel nach Rotenburg mit dem Bahnbus 2,00 DM, die Monatskarte (M) 51,00 DM und die Schülermonatskarte (SchM) 39,00 DM. Von Sottrum nach Bremen beträgt der Fahrpreis 4,40 DM bzw. 93,00 DM (M) und 70,00 DM (SchM) und von Scheeßel nach Hamburg 9,00 DM bzw. 139,00 DM bis 144,00 DM (M) und 105,00 DM bis 108,00 DM (SchM).

Komfortaspekte wie „Bus oder Bahn sind zu voll" oder „... zu unbequem" spielen im Untersuchungsraum offensichtlich keine Rolle. Die Antwortkategorie „Ich fahre sowieso nur ungern Bus/Bahn", in der sich nichtrationale Entscheidungsgründe widerspiegeln sollten, erreichte mit 1,5% nur einen völlig unbedeutenden Anteil.

Bei der Beurteilung dieser Antworten darf nicht übersehen werden, daß nur diejenigen Berufstätigen befragt wurden, die nicht den öffentlichen Verkehr benutzen.

10.4 Weglänge und Zeitaufwand im Berufsverkehr

Längere Berufswege und ein damit verbundener höherer Zeitaufwand würden eine Benachteiligung der Bevölkerung im Untersuchungsraum im Vergleich zu Bevölkerungsteilen mit kürzeren Berufswegen in anderen Räumen bedeuten. In den folgenden Abschnitten wird der Umfang dieser regionalen sozialen Disparitäten anhand der Merkmale „Berufsweglänge" und „Berufswegdauer" untersucht. Zunächst erfolgt eine Betrachtung der gesamten Berufswege im Untersuchungsraum, später wird nach benutzten Verkehrsmitteln differenziert.

Die Weglänge von der Wohnung zum Arbeitsplatz ist nach Kilometer-Klassen und die Wegdauer nach Minuten-Klassen ausgewertet; die jeweiligen Mittelwerte $\bar{x}$ sind ebenfalls angegeben. Die Antworten der Probanden zu diesem Fragenkomplex wurden um einige offensichtlich unsinnige Angaben bereinigt, so wurde etwa ein Fußweg von 600 km oder ein Zeitaufwand für den täglichen Hinweg zum Arbeitsplatz von 4 Stunden genannt. Wenn auch die Besetzung der einzelnen Entfernungs- bzw. Zeitklassen dadurch kaum berührt wird, kann der Durchschnitt jedoch durch solche extremen Fehlmeldungen erheblich nach oben verzerrt werden. Aus diesem Grund wird neben einem unkorrigierten Durchschnitt $\bar{x}$ ein verkehrsmittelspezifisch korrigierter Durchschnitt $\bar{x}_k$ angegeben. Bei diesem Mittelwert bleiben folgende Angaben unberücksichtigt:

Weglänge:	zu Fuß	> 10 km
	Fahrrad/Moped/Mofa	> 60 km
	sonstige Verkehrsmittel	> 150 km
Wegdauer:	alle Verkehrsmittel	> 120 Min.

Ferner ist zu berücksichtigen, daß es sich bei den Angaben zu Weglänge und Wegdauer jeweils um Schätzwerte der befragten Personen handelt, die mehr oder weniger von den realen Größen abweichen können. So ergab eine Vergleichsuntersuchung im Rahmen der KONTIV 77, daß gerade die Dauer des Berufsweges mit Individual-Verkehrsmitteln stark unter- und mit öffentlichen Verkehrsmitteln stark überschätzt wurde[123]).

---

[123]) Vgl. SOZIALFORSCHUNG BRÖG (Hrsg.): KONTIV 77 – Endbericht, a.a.O., S. 9.

10.4.1 Durchschnittliche Weglänge

Für den gesamten Untersuchungsraum ergibt sich eine durchschnittliche Berufsweglänge von $\bar{x}$ = 20,1 km bzw. $\bar{x}_k$ = 17,7 km. Die Mittelwerte variieren in den einzelnen Gemeinden, in Sottrum sind es $\bar{x}$ = 22,9 km bzw. $\bar{x}_k$ = 21,4 km, in Scheeßel $\bar{x}$ = 18,5 km bzw. $\bar{x}_k$ = 15,7 km und in Heeslingen $\bar{x}$ = 20,0 km bzw. $\bar{x}_k$ = 17,3 km (vgl. Übersichten 30 bis 33 und A53). Verteilungen der Weglänge weisen jedoch im allgemeinen eine ausgeprägte Schiefe auf, so daß der Mittelwert durch wenige, aber weite Berufswege bestimmt wird. Eine eingehendere Analyse ermöglicht die Übersicht 34 sowie die Angabe der Mediane, also des Wertes, ober- und unterhalb dessen je 50 % der Beobachtungswerte der Stichprobe liegen[124]):

	Erhebung				KONTIV 75
	Gesamt	Gemeinde			
		Sottrum	Scheeßel	Heeslingen	
	km	km	km	km	km
Durchschnitt $\bar{x}_k$	17,7	21,4	15,7	17,3	8,9
Median	9,6	15,2	7,5	8,4	5,1

Insgesamt sind demnach im Untersuchungsgebiet 50 % aller Berufswege kürzer als 9,6 km. Die Vergleichswerte auf der Basis der Septemberergebnisse der KONTIV 1975 zeigen deutlich kürzere Berufswege mit einem Durchschnitt von 8,9 km bzw. einem Median von 5,1 km. Neuere Vergleichswerte können aus der KONTIV 1977 berechnet werden[125]). Danach ergibt sich eine durchschnittliche Berufsweglänge von ca. 9,3 Kilometern.

Die Vergleichbarkeit der Werte ist auch hier aufgrund unterschiedlicher Abgrenzungen eingeschränkt. KONTIV unterscheidet zwischen einfachen oder direkten Aktivitäten, bei denen nur der übergeordnete Fahrtzweck verfolgt wird und kombinierten Aktivitäten, bei denen ein oder mehrere Zwischenziele angegangen werden können. Das Fahrtzweck-Muster „Wohnung – Kind zur Schule – Arbeitsplatz“ beispielsweise besteht nach der KONTIV-Abgrenzung aus zwei Arbeitswegen[126]).

Durch diese Codierungsform dürften die Wegelemente kombinierter Aktivitäten tendenziell kürzere Entfernungen aufweisen als die direkten Wege. Da in der Erhebung im Raum Rotenburg/Wümme nur die Länge der direkten Wege Wohnung – Arbeitsplatz erfragt wurde, sind die KONTIV-Werte im Vergleich möglicherweise tendenziell zu niedrig. Im September 1975 betrug der Anteil der Arbeitswege (kombinierte und direkte) nach KONTIV 29,4 %, mit einem überwiegenden Anteil direkter Wege[127]).

Trotz dieser geringfügigen Einschränkungen der Vergleichbarkeit können damit im untersuchten ländlichen Raum deutlich längere Arbeitswege als im Bundesdurchschnitt festgestellt werden. Sowohl der Median als auch das arithmetische Mittel weisen nahezu doppelt so hohe Werte auf wie die KONTIV-Ergebnisse.

---

[124]) Die Vergleichswerte der KONTIV 75 wurden entnommen H. HAUTZINGER, P. KESSEL: Mobilität im Personenverkehr, Bundesminister für Verkehr (Hrsg.)., Forschung Straßenbau und Straßenverkehrstechnik, Heft 231, Bonn 1977, S. 23, Tabelle C 3.11.

[125]) Berechnungen nach SOZIALFORSCHUNG BRÖG (Hrsg.): KONTIV 77, Tabellenband, a.a.O., Tabellen 7a und 11a.

[126]) Vgl. SOZIALFORSCHUNG BRÖG (Hrsg.): KONTIV 77 – Endberichte, a.a.O., S. 37 f.

[127]) Vgl. hierzu ausführlicher H. HAUTZINGER, P. KESSEL: Mobilität im Personenverkehr, a.a.O., S. 18 f.

Übersicht 30: *Entfernungsprofil der Berufswege im Untersuchungsgebiet*

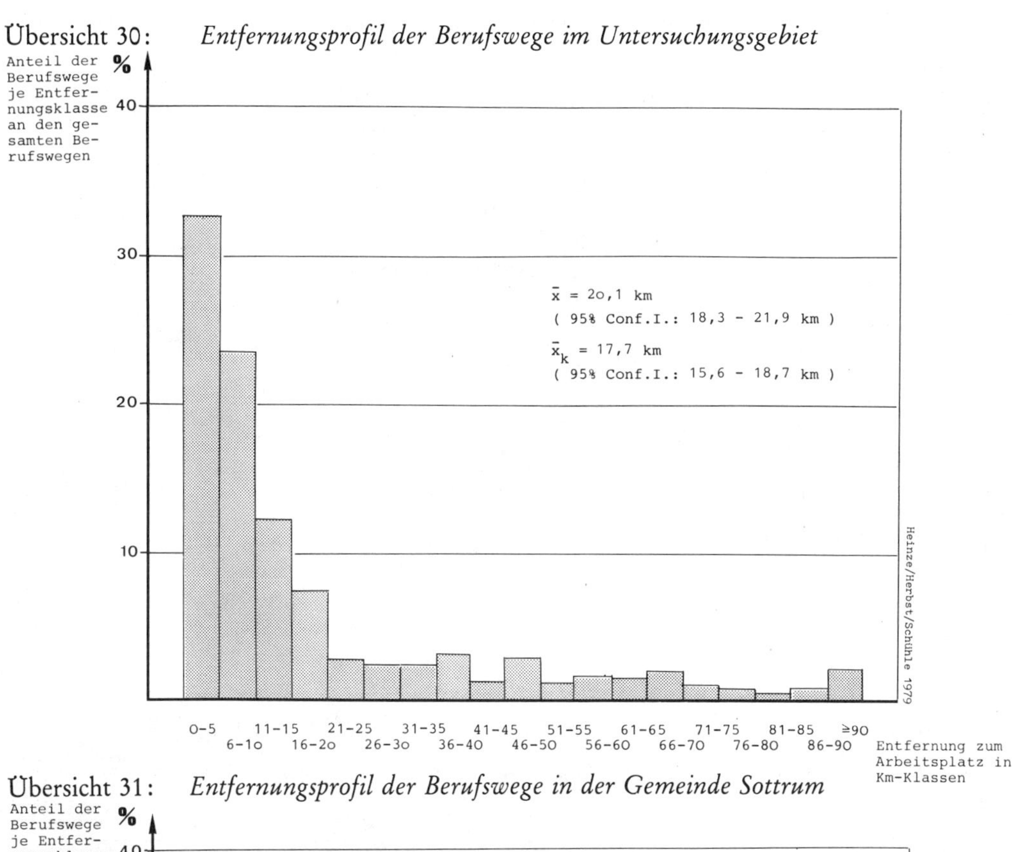

Übersicht 31: *Entfernungsprofil der Berufswege in der Gemeinde Sottrum*

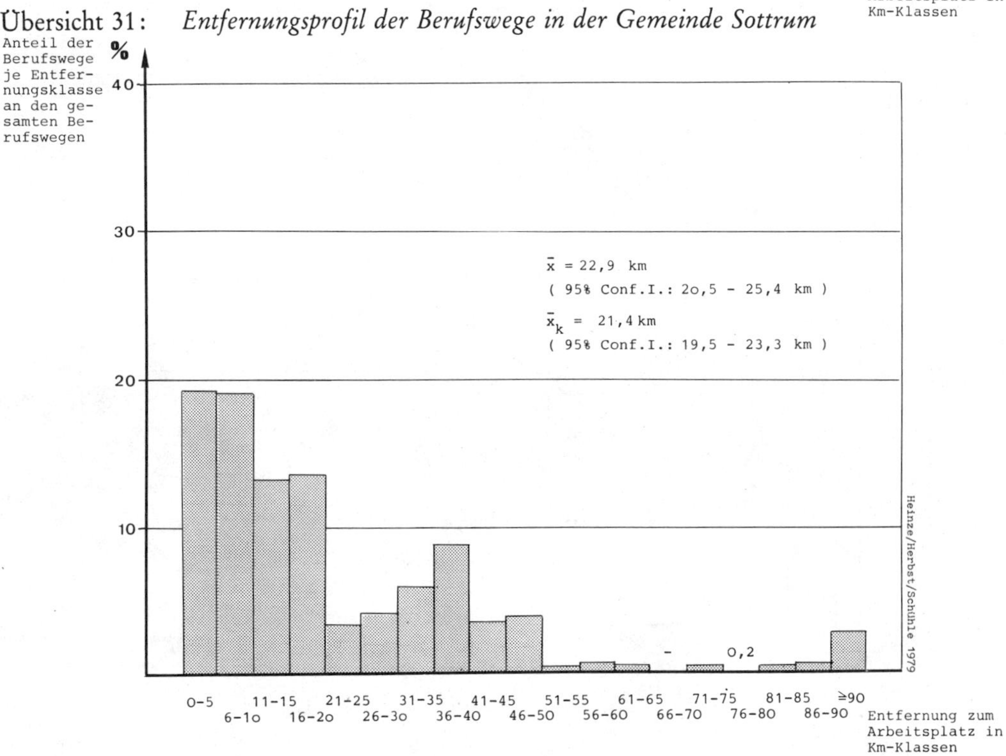

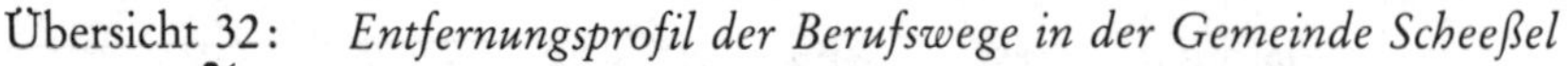

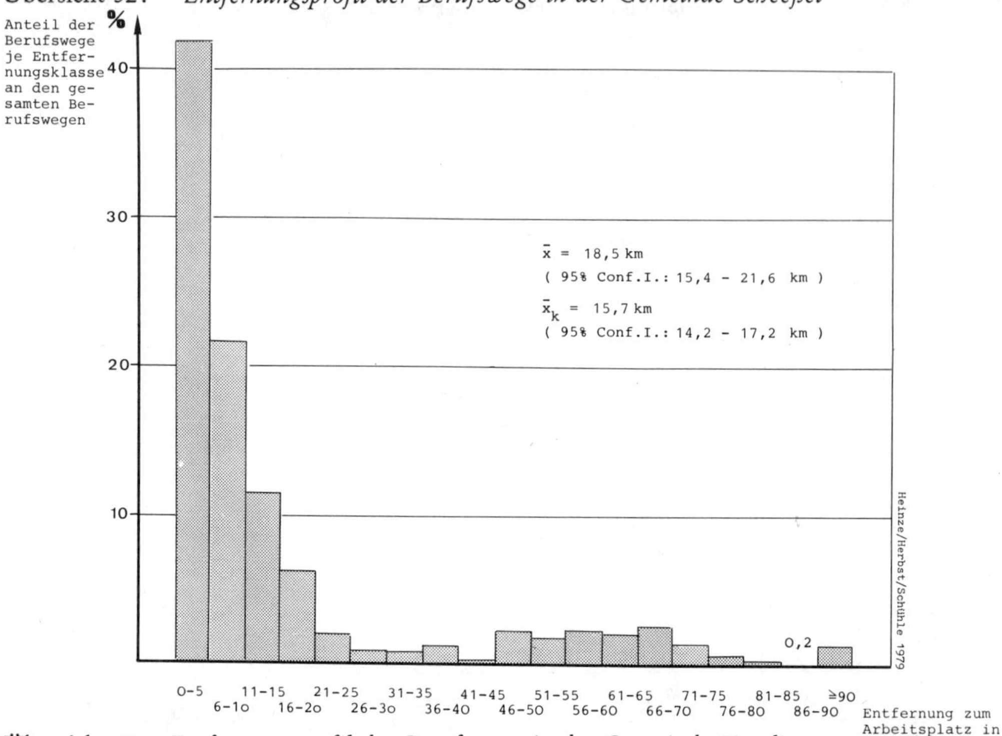

Übersicht 33: *Entfernungsprofil der Berufswege in der Gemeinde Heeslingen*

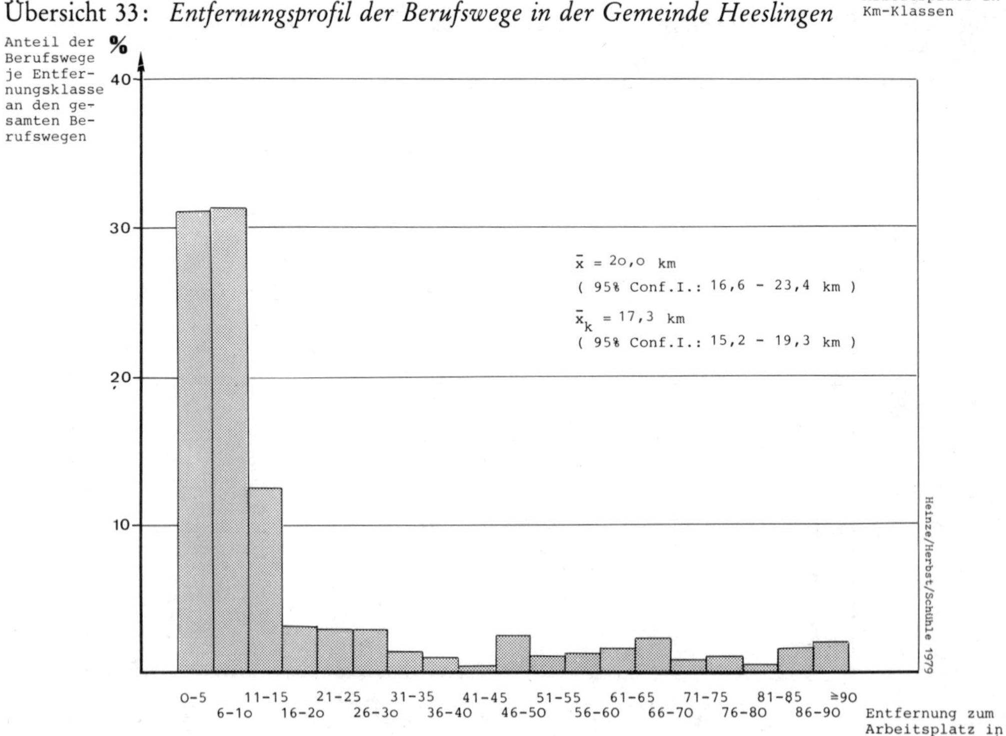

Übersicht 34: *Summenlinien der Berufsweglänge in den untersuchten Gemeinden*

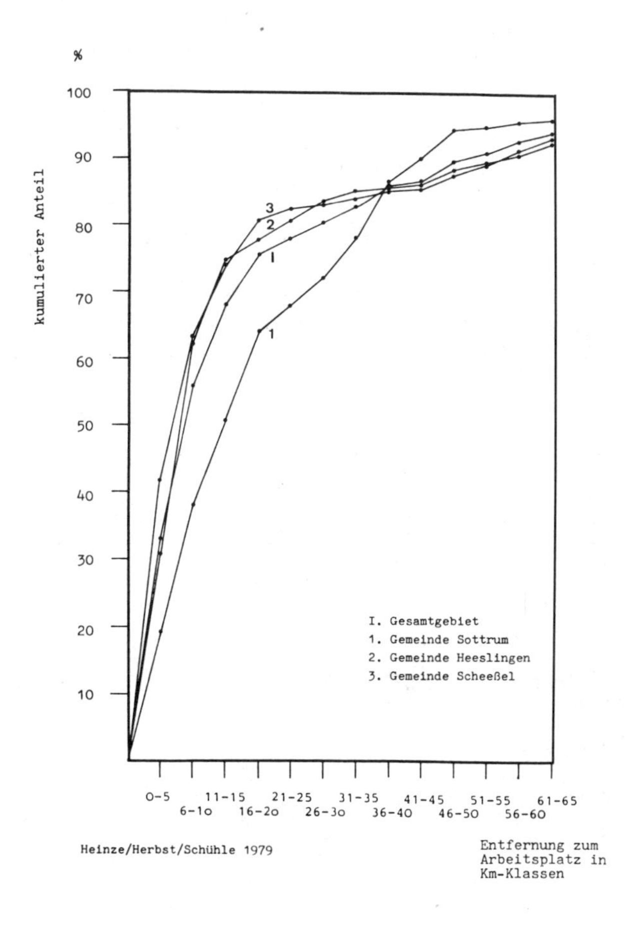

10.4.2 Durchschnittliche Wegdauer

Für den gesamten Untersuchungsraum ergibt sich eine Berufswegdauer von durchschnittlich $\bar{x}$ = 23,4 Minuten bzw. $\bar{x}_k$ = 20,7 Minuten (vgl. Übersicht 35). In den einzelnen Gemeinden ergeben sich als Durchschnitte und Mediane (siehe auch Übersichten 36 bis 39 und A54):

	Gesamt Min.	Gemeinde Sottrum Min.	Scheeßel Min.	Heeslingen Min.
Durchschnitt $\bar{x}_k$	20,7	22,8	20,3	19,3
Median	14,8	19,7	14,7	11,5

Übersicht 35: *Zeitprofil der Berufswege im Untersuchungsgebiet*

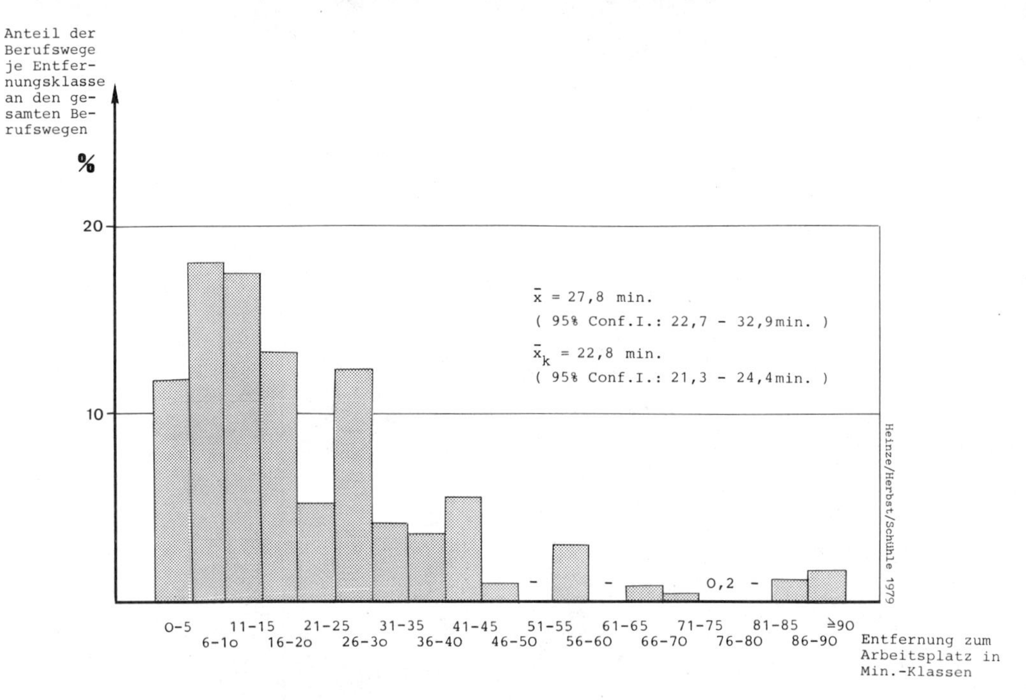

Übersicht 36: *Zeitprofil der Berufswege in der Gemeinde Sottrum*

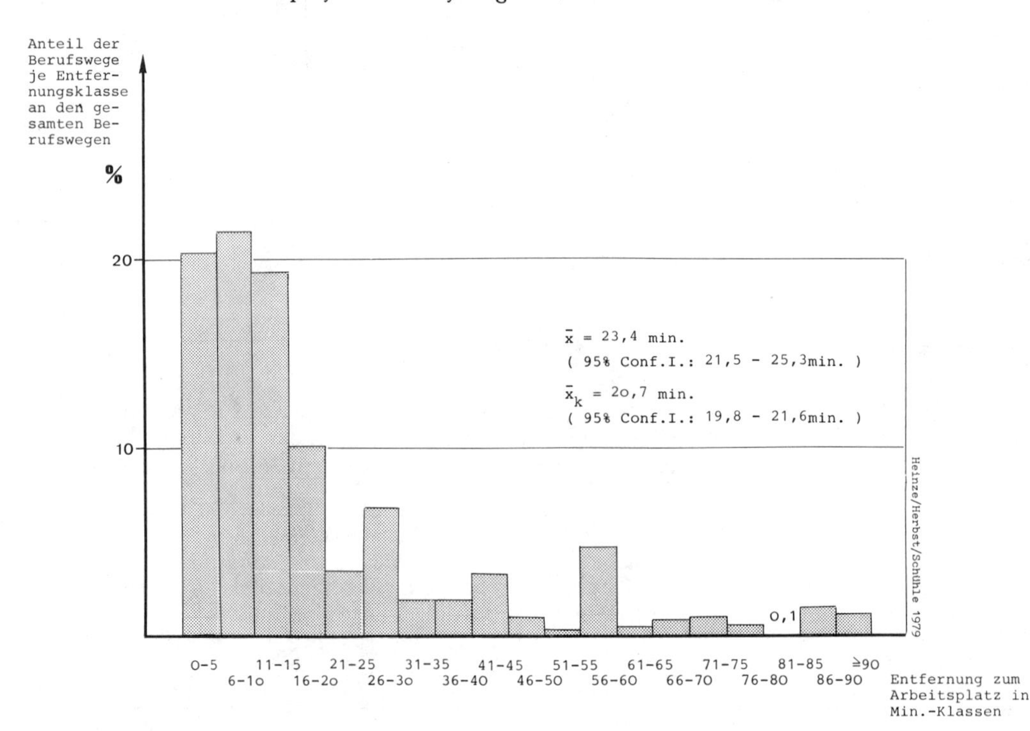

Übersicht 37: *Zeitprofil der Berufswege in der Gemeinde Scheeßel*

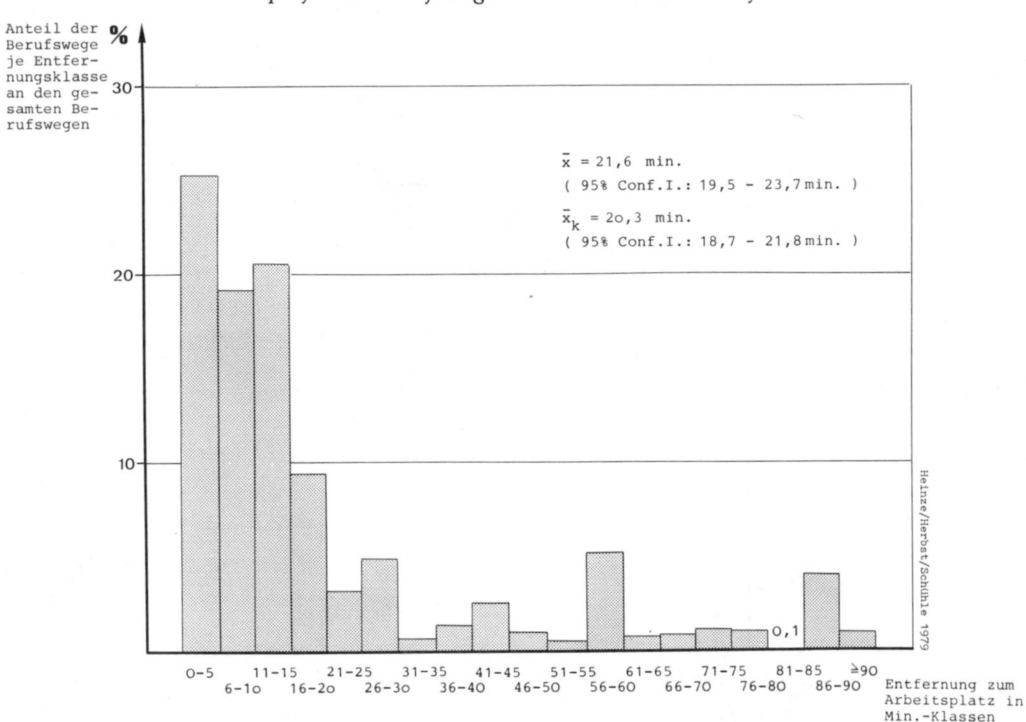

Übersicht 38: *Zeitprofil der Berufswege in der Gemeinde Heeslingen*

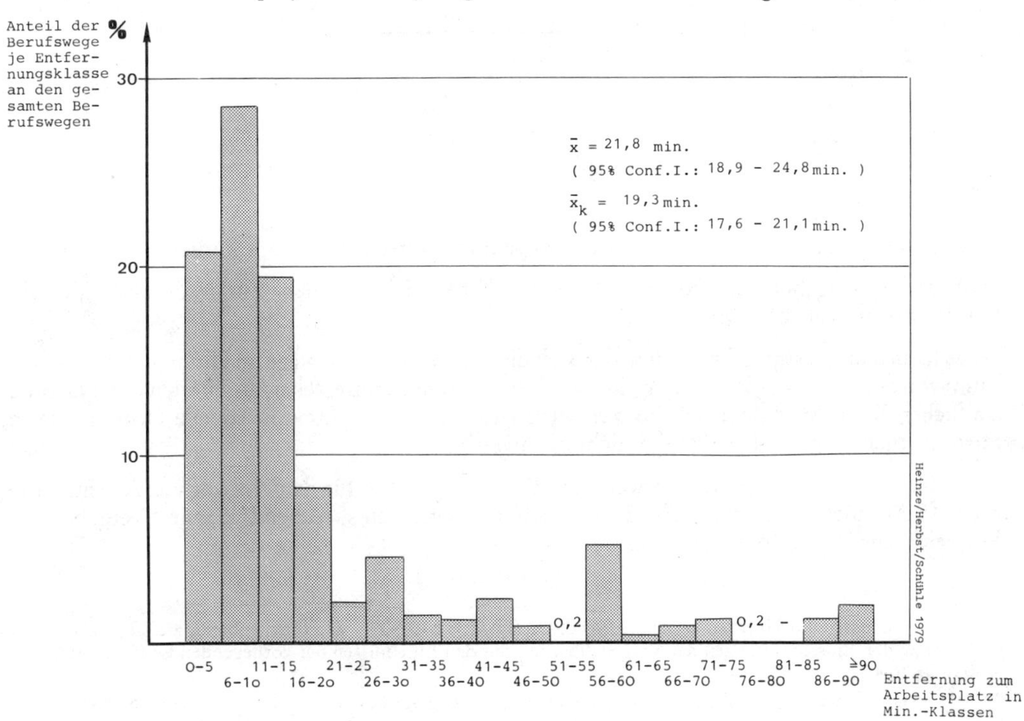

Übersicht 39: *Summenlinien der Berufswegdauer in den untersuchten Gemeinden*

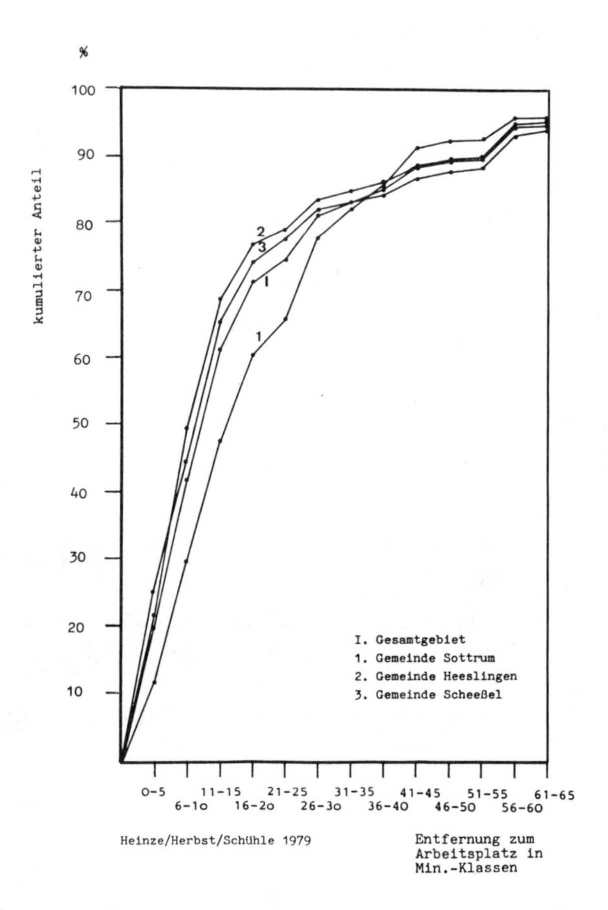

Insgesamt sind damit 50% aller Berufswege im Untersuchungsraum kürzer als 14,8 Min.

Aus den Angaben der KONTIV 77 berechnet sich für den Bundesdurchschnitt ein Vergleichswert von 22,7 Minuten[128]).

Es kann damit festgestellt werden, daß sich die Dauer der Berufswege im Untersuchungsgebiet kaum von der Dauer der Berufswege im Bundesdurchschnitt unterscheidet. Für den untersuchten ländlichen Raum sind demnach im Vergleich zum Bundesdurchschnitt soziale Disparitäten in Form zeitlich längerer Berufswege nicht nachweisbar.

In der VZ 70 wurde der Zeitaufwand der Berufsauspendler für den Hinweg zur Arbeitsstätte nach 15-Minuten-Klassen erfaßt. Die Erhebungswerte, entsprechend klassiert, ergeben im Vergleich zur VZ 70 folgendes Bild[129]):

---

[128]) Berechnungen nach SOZIALFORSCHUNG BRÖG (Hrsg.): KONTIV 77, Tabellenband, a.a.O., Tabellen 7a und 11a; zu den Einschränkungen der Vergleichbarkeit mit den Ergebnissen der vorliegenden Untersuchung vgl. Abschnitt 10.4.1.

[129]) Vergleichswerte der VZ 70 nach Angaben des Landesverwaltungsamtes Niedersachsen – Statistik.

	Zeitaufwand für den Hinweg zur Arbeitsstätte nach Min.-Klassen							
	unter 15		15–29		30–59		60 u. mehr	
	VZ 70	Erh.	VZ 70	Erh.	VZ 70	Erh.	VZ 70	Erh.
	%	%	%	%	%	%	%	%
Kreis Rotenburg	20,4	–	37,5	–	24,6	–	17,5	–
(Alt-)Kreis Rotenburg	19,4	–	39,8	–	22,9	–	17,9	–
(Alt-)Kreis Bremervörde	21,1	–	35,9	–	25,8	–	17,2	–
Untersuchungsgebiet	25,3	51,3	37,4	17,1	19,7	19,5	17,6	12,1
Gemeinde Sottrum	23,8	42,1	36,3	20,0	27,5	31,1	12,4	6,8
Gemeinde Heeslingen	38,6	62,5	34,3	12,6	10,5	13,1	16,7	11,8
Gemeinde Scheeßel	21,2	50,6	39,5	17,9	17,1	14,9	22,2	16,6

Im Vergleich der Jahre 1970 und 1978 zeigt sich deutlich eine Verbesserung der Erreichbarkeitsverhältnisse im Untersuchungsraum. Der Anteil der Berufsauspendler mit einem Zeitaufwand von weniger als 15 Minuten hat sich in diesem Zeitraum von 25,3 % auf 51,3 % verdoppelt. Dieser Zunahme steht eine deutliche Abnahme in der Gruppe von 15–29 Minuten gegenüber, während der Anteil in der Gruppe 30–59 Minuten Zeitaufwand nahezu konstant geblieben ist und in der Gruppe über 60 Minuten um etwa 5 % abgenommen hat.

10.4.3 Verkehrsmittelspezifische Weglänge

Die Übersichten 40 bis 45 zeigen die durchschnittliche Weglänge im Berufsverkehr in Abhängigkeit von der Wahl des Verkehrsmittels; tabellarisch wird der Sachverhalt nochmals in Übersicht A55 dargestellt. Eine Gegenüberstellung dieser Ergebnisse mit entsprechenden Werten der KONTIV ergibt[130]:

	Durchschnittliche Weglänge im Berufsverkehr in km	
	Erhebung ($\bar{x}_k$)	KONTIV 77
zu Fuß	0,4	0,9
Fahrrad/Moped/Mofa	7,3	2,6[1])
Moped/Motorrad	–	6,3
Pkw/Motorrad	18,7	12,0[2])
Mitfahrer	21,7	–
Linienbus	27,4	9,4
Werkbus	41,7	–
Eisenbahn (S-Bahn)	57,1	25,9[3])

[1]) KONTIV-Werte ohne Berücksichtigung von Moped-Fahrten
[2]) KONTIV-Werte ohne Berücksichtigung von Motorrad-Fahrten
[3]) KONTIV-Werte einschließlich S-Bahn

[130]) Vgl. SOZIALFORSCHUNG BRÖG (Hrsg.): KONTIV 77, Tabellenband, a.a.O., Tabelle 7a.

Übersicht 40: *Entfernungsprofil der Berufswege mit Fahrrad/Moped/Mofa im Untersuchungsgebiet*

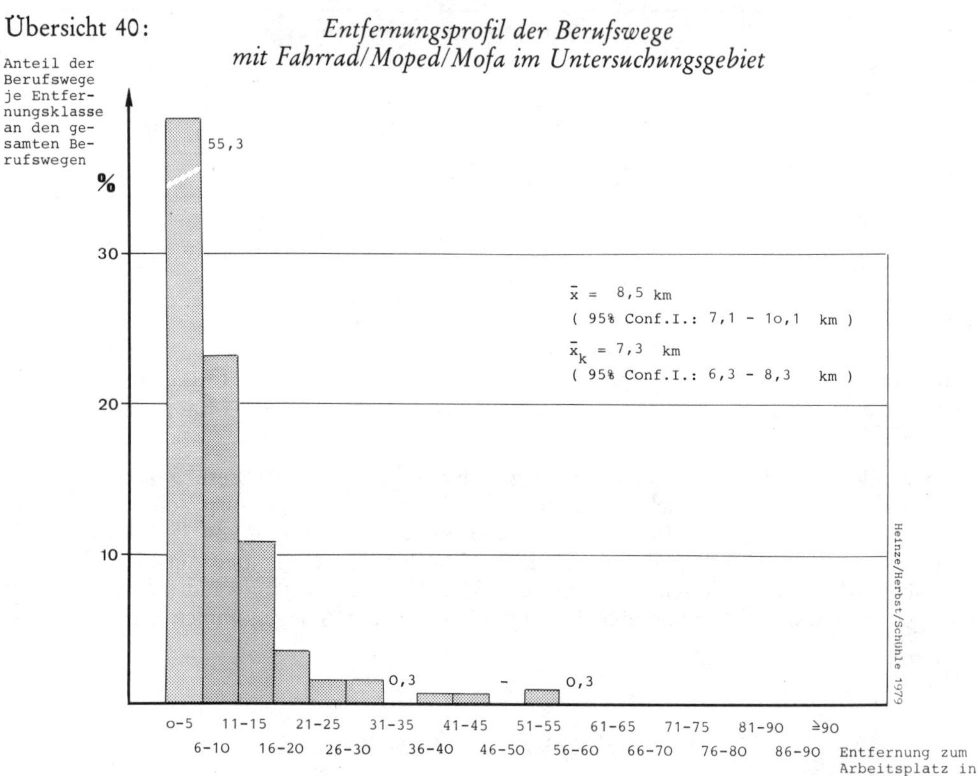

Übersicht 41: *Entfernungsprofil der Berufswege als Selbstfahrer mit Pkw/Motorrad im Untersuchungsgebiet*

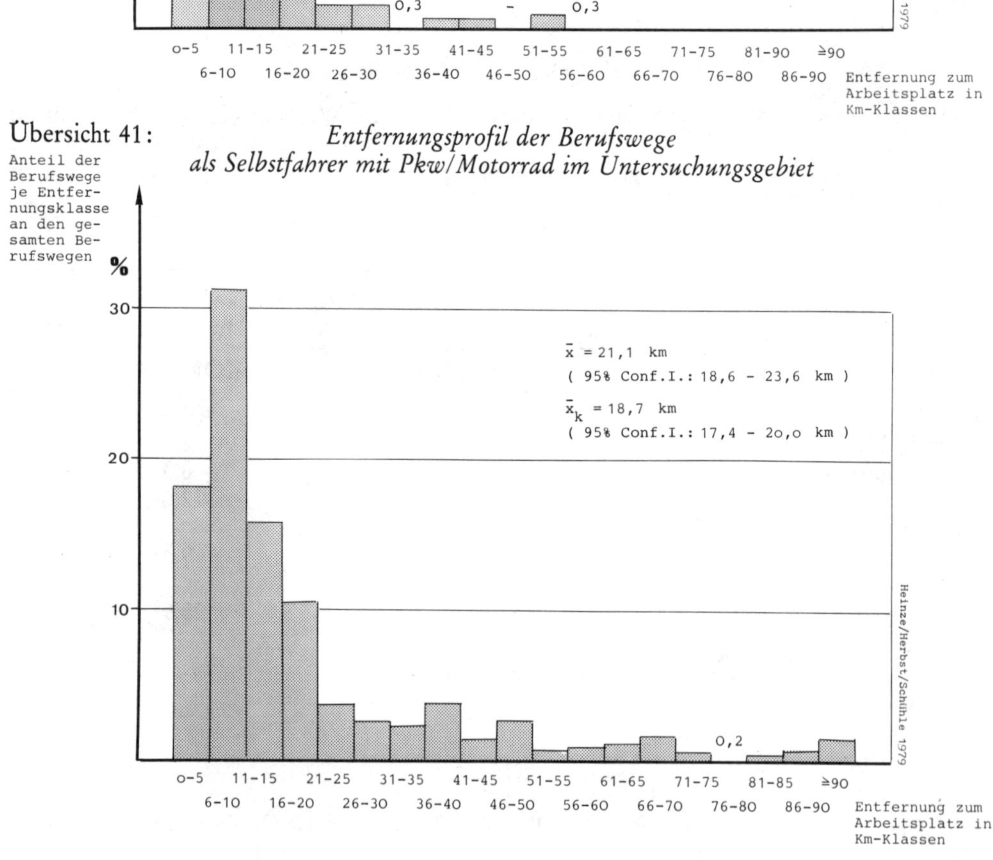

Übersicht 42: *Entfernungsprofil der Berufswege als Mitfahrer mit Pkw/Motorrad im Untersuchungsgebiet*

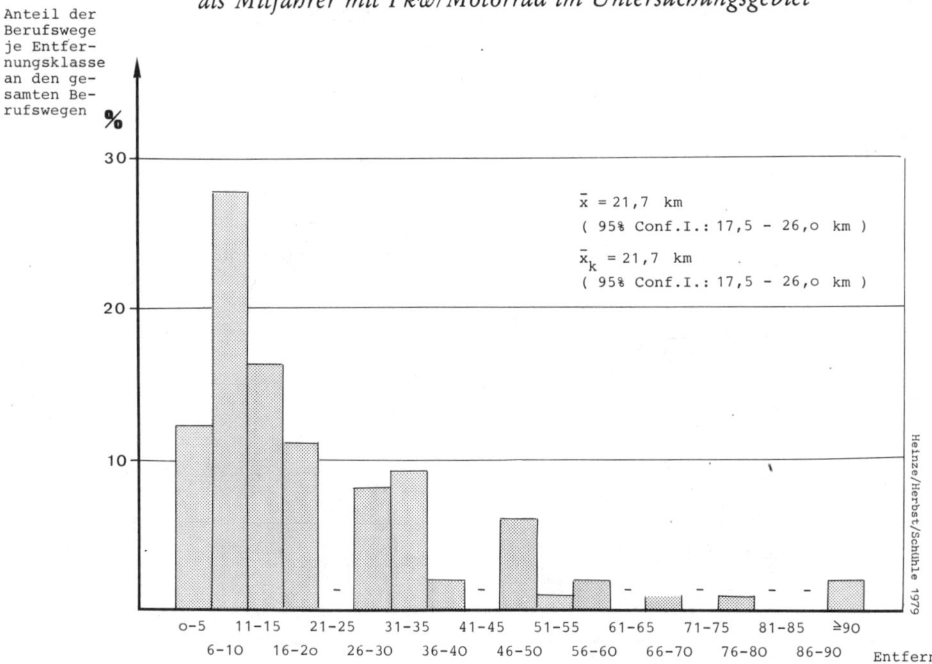

Übersicht 43: *Entfernungsprofil der Berufswege mit dem Linienbus im Untersuchungsgebiet*

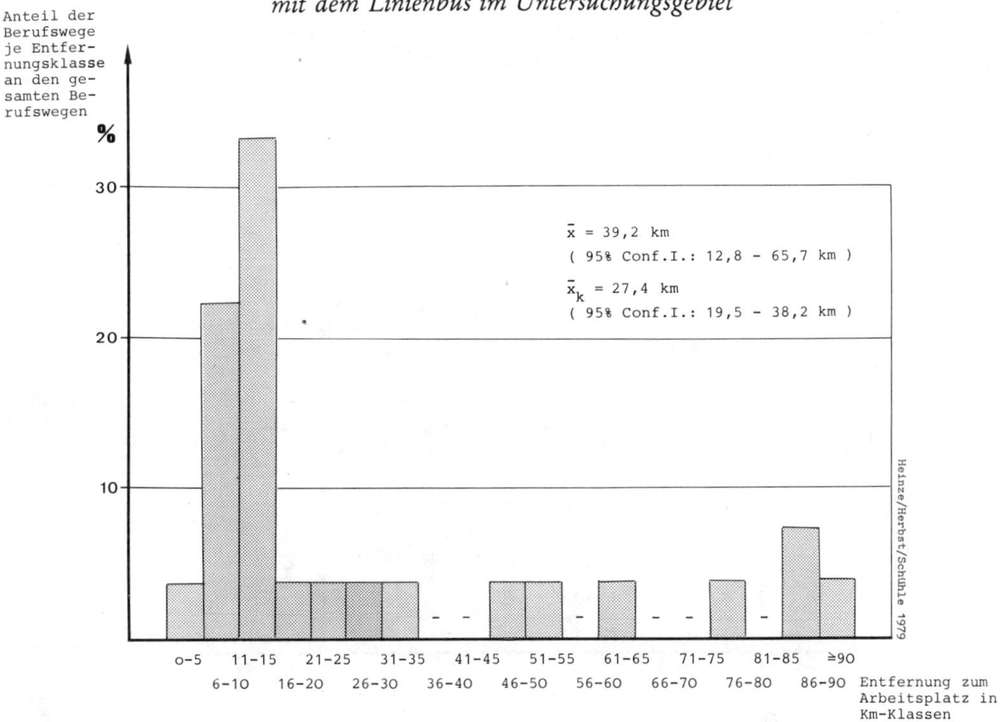

Übersicht 44: *Entfernungsprofil der Berufswege mit dem Werkbus im Untersuchungsgebiet*

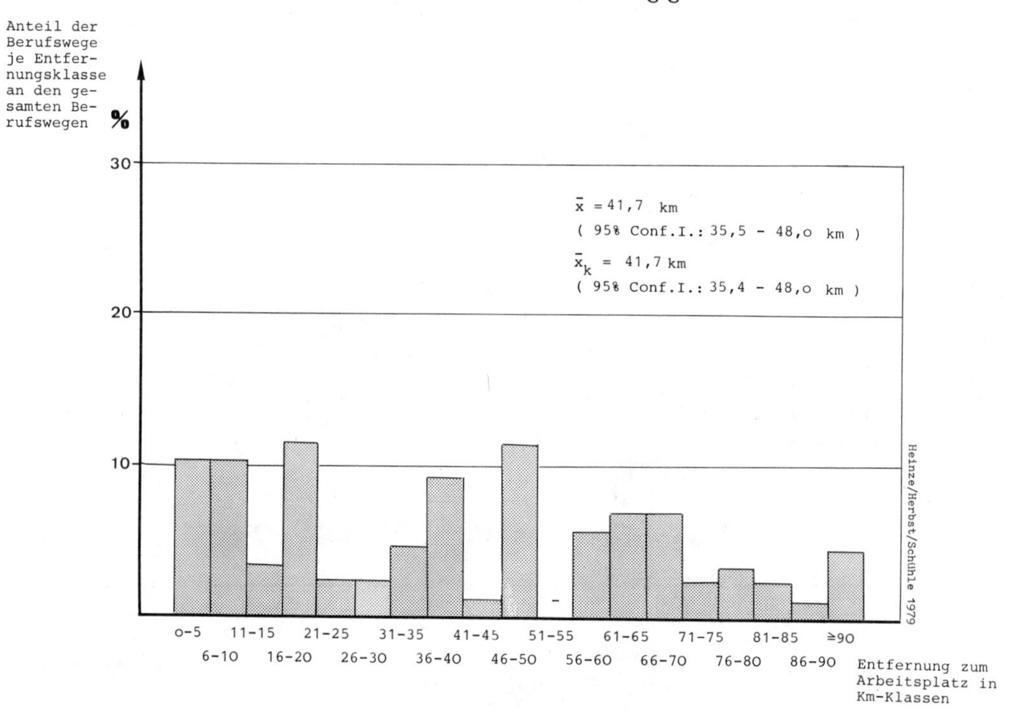

Übersicht 45: *Entfernungsprofil der Berufswege mit der Eisenbahn im Untersuchungsgebiet*

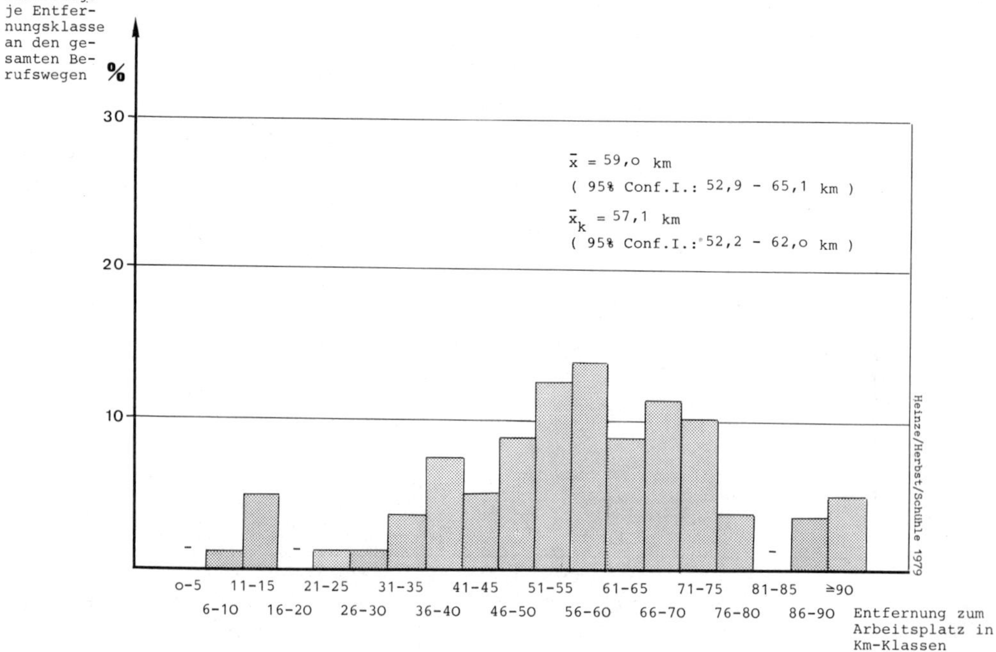

Während die Länge der Fußwege, die im allgemeinen nur innergemeindlich durchgeführt werden, aufgrund der sehr kleinen Gemeindeteile mit 0,4 km deutlich unter dem KONTIV-Wert von 0,9 km liegt, sind die Fahrrad-/Moped-/Mofa-Wege im Untersuchungsgebiet nahezu dreimal so weit wie im Bundesdurchschnitt. Selbst wenn angenommen wird, daß die Zuordnung der Moped-Wege in der Erhebung zu dieser Gruppe der Verkehrsmittel zu einer im Vergleich zu den KONTIV-Werten geringfügig zu hohen Angabe führt, bleibt dieser Unterschied deutlich.

Aufgrund des hohen Anteils an Fahrrad-Fahrten ist die Entfernungsklasse bis 5 km weitaus am stärksten besetzt (Modus – der am häufigsten vorkommende Beobachtungswert – 1,0 km), und die Besetzungen in den weiteren Entfernungsklassen nehmen dann rasch ab. Der Median beträgt 4,25 km und 90% aller Fahrrad-/Moped-/Mofa-Fahrten im Untersuchungsraum sind nicht weiter als 15 km.

Die Berufswege, die mit dem Pkw als Selbstfahrer zurückgelegt werden, sind etwa 50% weiter als im Bundesdurchschnitt. Am häufigsten ist hier die Entfernungsklasse 6–10 km vertreten (Modus 10,0 km) bei einer stärkeren Streuung und entsprechend weniger steilen Abnahme; vgl. auch Übersicht 41. Der Median beträgt 10,7 km, 90% aller Fahrten sind nicht weiter als 49 km.

Ein ähnliches Bild zeigt das Entfernungsprofil der Pkw-/Motorrad-Mitfahrer, mit der stärksten Besetzung in der gleichen Entfernungsklasse wie bei den Selbstfahrern, mit einem Modus von 8,0 km und einer 90%-Grenze von etwas unter 50 km; siehe auch Übersicht 42.

Bei den Pkw-Fahrten ist ein Vergleich der Entwicklung im Zeitraum von 1970 bis 1978 auf der Basis von Werten der VZ 70 und der Erhebung möglich. Die vorliegenden Daten der VZ 70 unterscheiden allerdings nur zwischen Fahrten mit dem Pkw, die bis zu 10 km lang, und solchen, die 10 km und länger sind[131]).

	Länge der Pendlerwege mit dem Pkw							
	als Selbstfahrer				als Mitfahrer			
	bis 10 km		über 10 km		bis 10 km		über 10 km	
	VZ 70	Erh.	VZ 70	Erh.	VZ 70	Erh.	VZ 70	Erh.
	%	%	%	%	%	%	%	%
Kreis Rotenburg	28,7	–	71,3	–	26,0	–	74,0	–
(Alt-)Kreis Rotenburg	30,5	–	69,5	–	27,4	–	72,6	–
(Alt-)Kreis Bremervörde	27,4	–	72,6	–	25,0	–	75,0	–
Untersuchungsgebiet	41,3	49,3	58,7	50,7	38,0	39,8	62,0	60,2
Sottrum	32,8	30,8	67,2	69,2	34,5	21,6	65,5	78,4
Heeslingen	52,1	63,3	47,9	36,7	40,8	45,2	59,2	54,8
Scheeßel	43,8	52,7	56,2	47,3	40,2	56,7	59,8	43,3

Der Anteil der kürzeren Berufswege mit dem Pkw lag zum Zeitpunkt der VZ 70 in den Untersuchungsgemeinden deutlich über dem Anteil im Kreis Rotenburg bzw. den Altkreisen Bremervörde und Rotenburg. Der Vergleich der Erhebungswerte mit den Ergebnissen der VZ 70 zeigt einen Trend zu kürzeren Berufswegen mit dem Pkw. Der Anteil der Pkw-Fahrten, die bis zu 10 km lang sind, ist im Vergleichszeitraum im Untersuchungsgebiet von 41,3% auf 49,3% angestiegen. Eine Ausnahme bildet allerdings die Gemeinde Sottrum mit einem nahezu gleichbleibenden Anteil.

---

131) Vergleichswerte der VZ 70 nach Angaben des Landesverwaltungsamtes Niedersachsen – Statistik.

Der Anteil der Mitfahrer, die einen Berufsweg von maximal 10 km zurücklegen, ist demgegenüber im Vergleich der Jahre 1970 und 1978 im Durchschnitt nahezu konstant geblieben. Innerhalb der Gemeinden zeigt sich in der Gemeinde Sottrum jedoch eine Entwicklung zu kürzeren Mitfahr-Wegen, denen in den Gemeinden Scheeßel und Heeslingen tendenziell weitere Wege gegenüberstehen.

Ein deutlich unterschiedliches Bild ergibt sich bei der Betrachtung der öffentlichen Verkehrsmittel. Während im Bundesdurchschnitt die Weglängen mit dem Bus mit 9,4 km deutlich unter denen mit dem Pkw von 12,0 km liegen, sind sie im Untersuchungsraum mit 27,4 km im Durchschnitt etwa dreimal so lang. Die geringe Besetzung dieses Verkehrsmittels bedingt allerdings ein weites Konfidenzintervall für den Mittelwert. Die Entfernungsklasse von 11–15 km ist hier am häufigsten besetzt (Modus: 13 km), der Median beträgt 13,5 km; vgl. Übersicht 43.

Ein weniger differenziertes Profil zeigt der Werkbusverkehr; Übersicht 44. Da Werkbusverkehr – wie im Abschnitt 4.2.3 beschrieben – im Untersuchungsgebiet sowohl von Firmen im Nahbereich als auch von Firmen in den Oberzentren betrieben wird, ergibt sich eine Verteilung mit zwei Spitzen in den Entfernungsklassen von 16–20 km und von 46–50 km. Die 90%-Grenze liegt demnach erst zwischen 75 und 80 km.

Übersicht 46: *Summenlinien der Berufsweglänge nach überwiegend benutztem Verkehrsmittel im Untersuchungsgebiet*

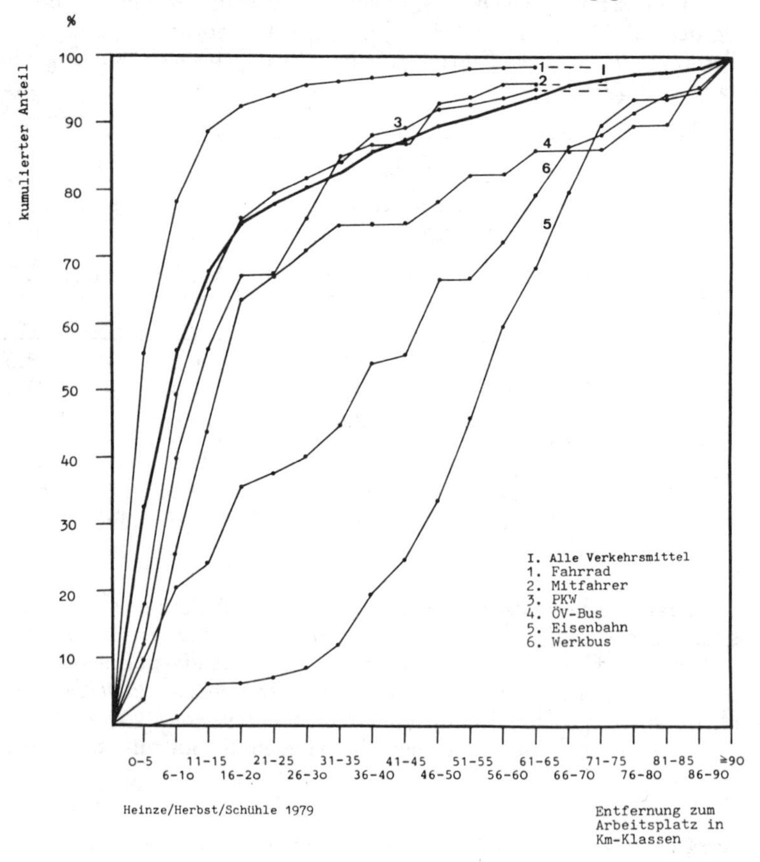

Die Berufsverkehrswege mit der Eisenbahn (Übersicht 45) sind im Mittel mit 57,1 km mehr als doppelt so weit wie im Bundesdurchschnitt von 25,9 km. Damit kommt der Eisenbahn im Untersuchungsgebiet Fernerreichbarkeitsfunktion zu. Die Entfernungsklasse von 56–60 km ist hier am stärksten besetzt (Modus: 60,0 km) mit einem Median von 59,0 km und einer 90 %-Grenze von etwa 75 km.

Die Summenlinien der Berufsweglängen für alle betrachteten Verkehrsmittel zeigt die Übersicht 46.

10.4.4 Verkehrsmittelspezifische Wegdauer

In Übersicht A56 wird die durchschnittliche Wegdauer im Berufsverkehr in Abhängigkeit vom benutzten Verkehrsmittel angegeben und in den Übersichten 47 bis 52 grafisch dargestellt. Auf der Basis der Erhebung ergeben sich die folgenden Werte, denen die entsprechenden Vergleichswerte der KONTIV 77 gegenübergestellt sind; bezüglich der Einschränkungen der Vergleichbarkeit wird auf die Ausführungen im Abschnitt 10.4.1 verwiesen[132]):

	Durchschnittliche Wegdauer im Berufsverkehr in Min.	
	Erhebung 78 ($\bar{x}_k$)	KONTIV 77
zu Fuß	3,0	14
Fahrrad/Moped/Mofa	15,2	15[1])
Moped/Motorrad	–	15
Pkw/Motorrad	19,8	21[2])
Mitfahrer	23,2	21
Linienbus	36,7	35
Werkbus	43,9	–
Eisenbahn (S-Bahn)	58,1	59[3])

[1]) KONTIV-Werte ohne Berücksichtigung von Moped-Fahrten
[2]) KONTIV-Werte ohne Berücksichtigung von Motorrad-Fahrten
[3]) KONTIV-Werte einschließlich S-Bahn

Die Angaben für den Untersuchungsraum stimmen – mit Ausnahme der hier deutlich kürzeren Fußwegzeiten – bis auf sehr geringfügige Abweichungen mit den Vergleichsdaten der KONTIV 77 überein. Hier dürfte sich vor allem der Einfluß einer wesentlich geringeren Verkehrsdichte auf den Straßen und größerer Haltestellenabstände im öffentlichen Verkehr mit der Folge höherer Durchschnittsgeschwindigkeiten auswirken.

Wie schon bei der Betrachtung der durchschnittlichen Wegdauer im Berufsverkehr sind somit auch verkehrsmittelspezifisch soziale Disparitäten in Form zeitlich längerer Berufswege im Vergleich zum Bundesdurchschnitt nicht nachweisbar. Zwar sind die Berufswege im Untersuchungsraum doppelt so lang, die für Erreichbarkeitsverhältnisse charakteristischere und das individuelle Verhalten weit eher bestimmende Wegdauer erweist sich jedoch als nicht verschieden.

Darüber hinaus können jedoch soziale Disparitäten, insbesondere im Vergleich zu Verdichtungsräumen – trotz doppelt so weiter Berufswege –, aufgrund geringerer Auswahlmöglichkeiten an alternativen Arbeitsplätzen bzw. qualitativ geringwertigerer Arbeitsplätze innerhalb gleicher Isochronen bestehen. Ferner bleiben die Disparitäten zwischen IV- und ÖV-Benutzern infolge unterschiedlicher Berufswegdauer erhalten.

[132]) Vergleichswerte der KONTIV 77 aus Sozialforschung Brög (Hrsg.): KONTIV 77, Tabellenband, a. a. O., Tabelle 7a.

Übersicht 47: *Zeitprofil der Berufswege mit Fahrrad/Moped/Mofa im Untersuchungsgebiet*

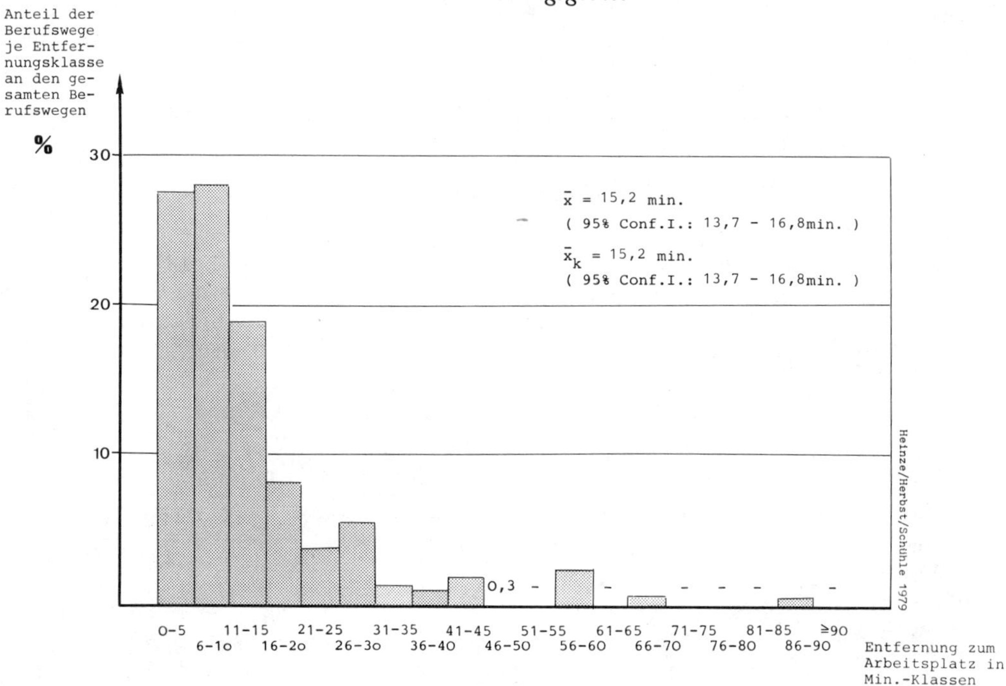

Übersicht 48: *Zeitprofil der Berufswege als Selbstfahrer mit Pkw/Motorrad im Untersuchungsgebiet*

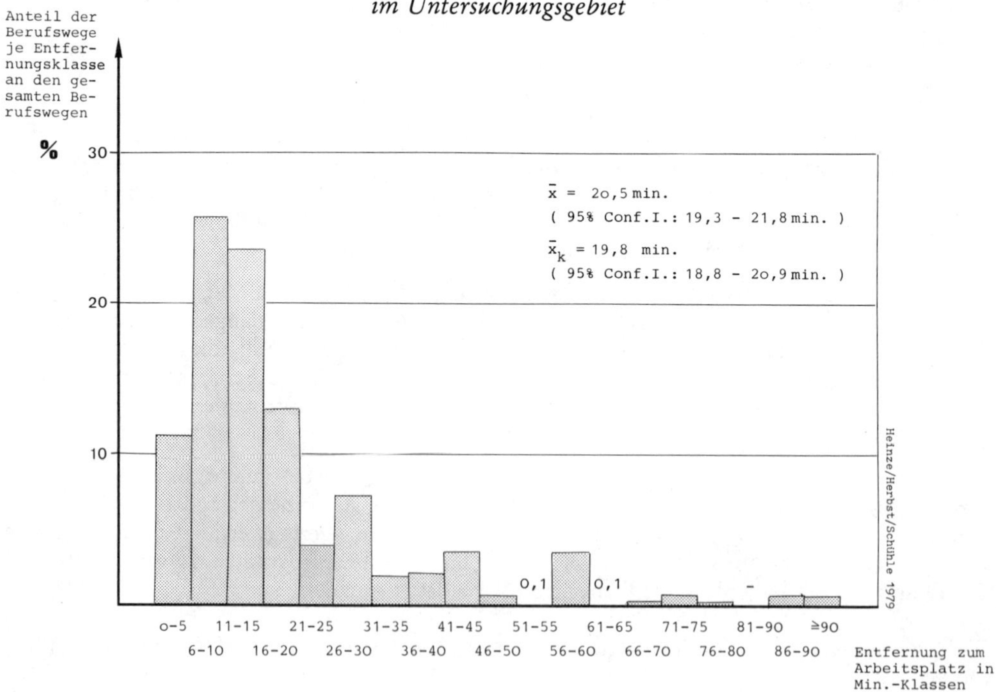

Übersicht 49: *Zeitprofil der Berufswege als Mitfahrer mit Pkw/Motorrad im Untersuchungsgebiet*

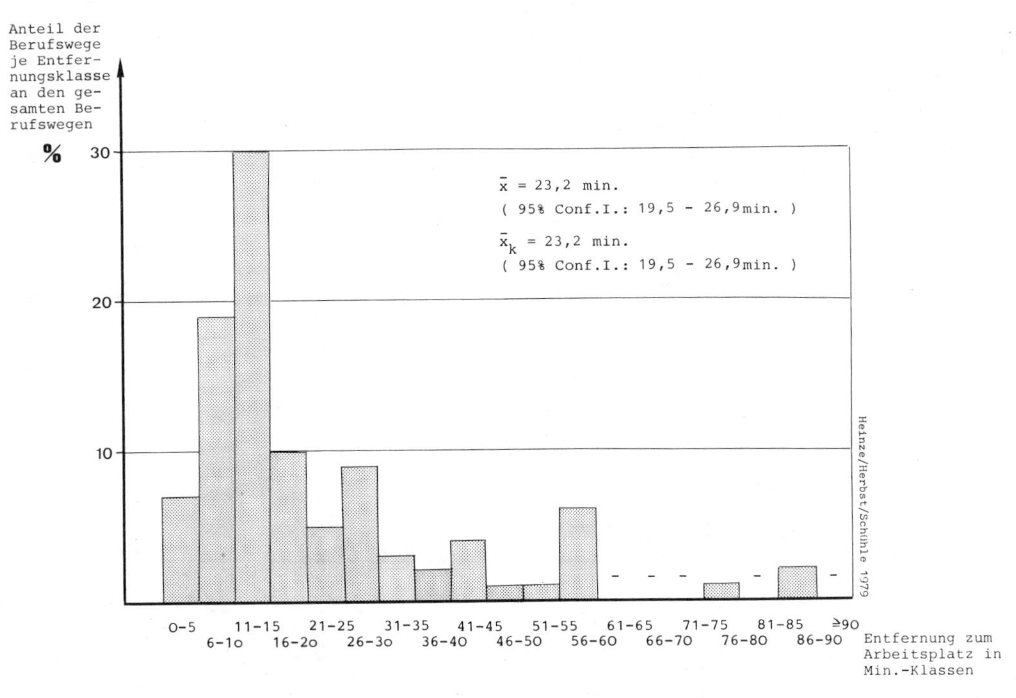

Übersicht 50: *Zeitprofil der Berufswege mit dem Linienbus im Untersuchungsgebiet*

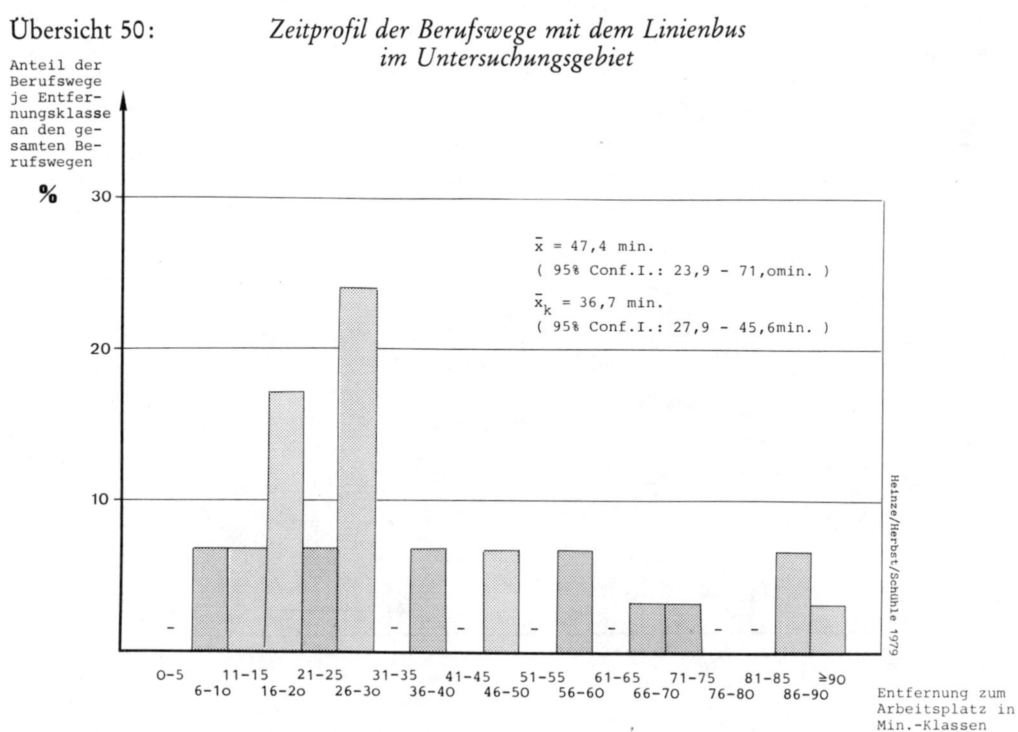

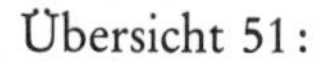

Übersicht 51: *Zeitprofil der Berufswege mit dem Werkbus im Untersuchungsgebiet*

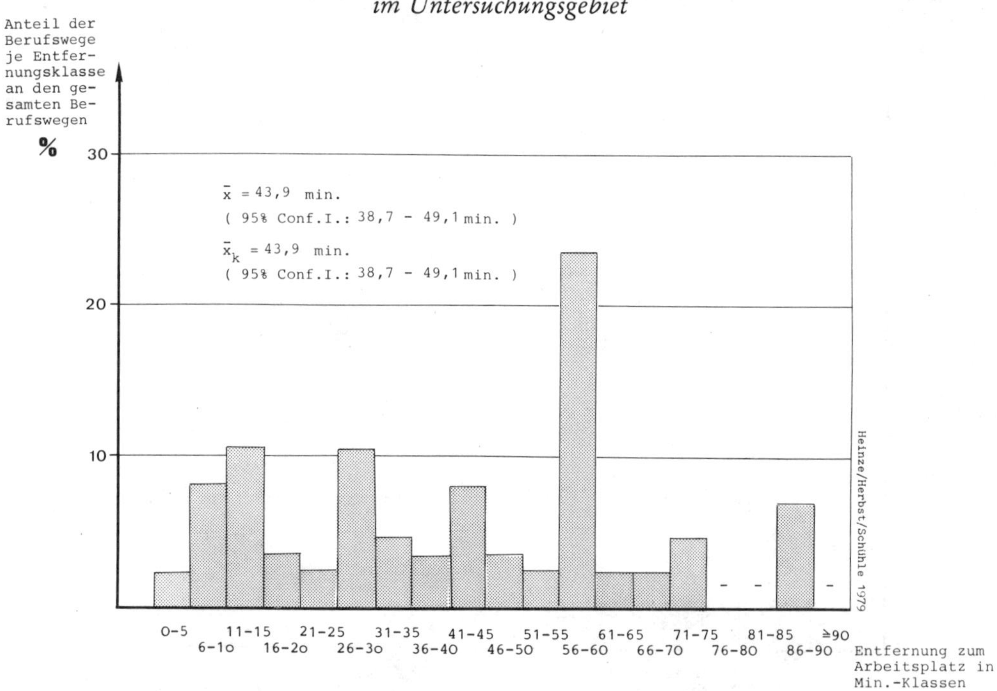

Übersicht 52: *Zeitprofil der Berufswege mit der Eisenbahn im Untersuchungsgebiet*

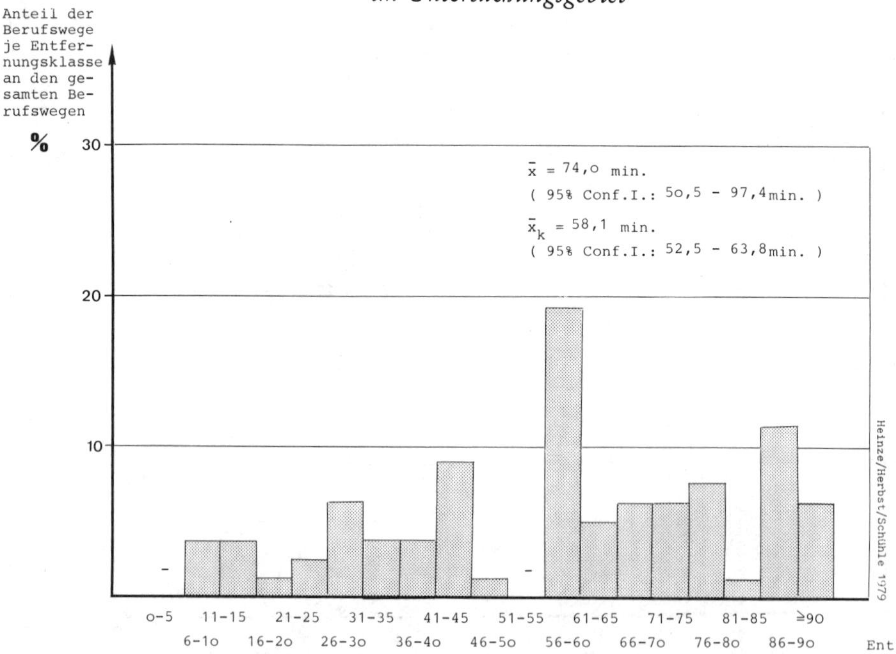

Im einzelnen zeigt die Übersicht 53 mit den Summenlinien der Berufswegdauer für die Fahrrad-/Moped-/Mofa-Wege die häufigste Besetzung in den ersten beiden Minuten-Klassen von 0–5 und 6–10 Minuten (Modus: 10,0 Minuten) mit zusammen etwa 50% aller Fahrten (Median: 10,3 Minuten). Etwa 90% aller Fahrten mit diesen Verkehrsmitteln sind nicht länger als 30 Minuten.

Bei den Pkw-Selbstfahrern liegen die häufigsten Werte in den Minuten-Klassen von 6–10 und 11–15 Minuten (Modus: 10,0 Min.). Der Median beträgt hier 15 Minuten und die 90%-Grenze 40 Minuten. Das Zeitprofil der Mitfahrer zeigt dagegen etwas längere Fahrtzeiten mit den meisten Nennungen in der Klasse von 11–15 Minuten (Modus: 15,0 Min.), einem Median von 15,0 Min. und einer 90%-Grenze von 50 Minuten.

Für den allgemeinen Linienverkehr mit Bussen ergeben sich dagegen deutlich höhere Werte. Die meisten Berufstätigen benötigen mit diesem Verkehrsmittel zwischen 26 und 30 Minuten (Modus: 30,0 Min.). Der Median beträgt 29,9 Minuten und die 90%-Grenze etwa 70 Minuten.

Der Werkbusverkehr weist bei dieser Staffelung nach Minuten-Klassen – analog der Kilometer-Klassen – eine differenziertere Verteilung als die anderen Verkehrsmittel auf, die mit den verwendeten Maßgrößen nur ungenügend beschrieben werden kann. Der Modus beträgt 60,0 Min., der Median 45,0 Min., und die 90%-Grenze liegt zwischen 70 und 75 Minuten.

Das Zeitprofil der Eisenbahn schließlich ist gekennzeichnet durch die höchsten Fahrtzeiten mit einem Modus von 60,0 Minuten, einem Median von 60,0 Minuten und einer 90%-Grenze zwischen 85,0 und 90,0 Minuten.

Übersicht 53: *Summenlinien der Berufswegdauer nach überwiegend benutztem Verkehrsmittel im Untersuchungsgebiet*

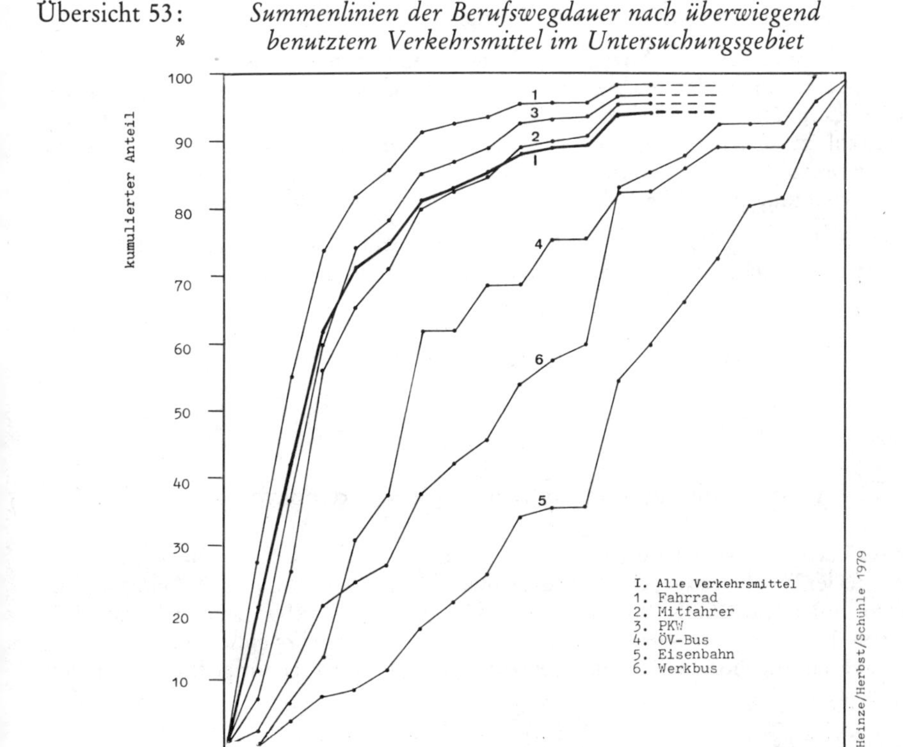

11. Die Struktur des Versorgungsverkehrs in den untersuchten Gemeinden

Ziel dieses Untersuchungsabschnittes ist die Analyse der Struktur des Versorgungsverkehrs der untersuchten Gemeinden, soweit er die Gemeinde(teil)grenzen überschreitet. Unter den Begriff „Versorgung“ fallen hier – wie allgemein üblich[133]) – Einkaufen, Inanspruchnahme von Dienstleistungen im weitesten Sinne, z. B. Behördengänge, Bank- und Arztbesuche.

Das Aufkommen im Versorgungsverkehr und seine Aufteilung auf Ziele unterschiedlicher zentralörtlicher Hierarchiestufe wird ermittelt. Daran anschließend wird die Verkehrsmittelwahl im Versorgungsverkehr analysiert und mit entsprechenden bundesweiten Durchschnittswerten verglichen.

In der Vorbereitungsstufe der Erhebung wurden in Gesprächen mit Kommunalpolitikern der Gemeinden jeweils die drei voraussichtlich wichtigsten Ziele des Versorgungsverkehrs ermittelt und im Fragebogen vorgegeben. Bei diesen vorgegebenen Orten handelt es sich jeweils um das den Gemeindeteilen zugehörige Gemeinde- und Mittelzentrum, für die Gemeinden Sottrum und Scheeßel zusätzlich um ein großes Einkaufszentrum „auf der grünen Wiese“ in Posthausen sowie für die Gemeinde Heeslingen, die so weit vom genannten Einkaufszentrum entfernt liegt, daß hier keine Versorgungsfahrten in nennenswertem Umfang durchgeführt werden, zusätzlich um die Kreisstadt Rotenburg.

Darüber hinaus bestand je Person die Möglichkeit, zwei weitere frei wählbare Zielorte ihres Versorgungsverkehrs anzugeben. Durch das gewählte Vorgehen konnten die wesentlichen Verkehrsbeziehungen im Versorgungsverkehr erfaßt werden, soweit sie die Grenzen der untersuchten Gemeindeteile überschreiten; eine Ausnahme bildet der Ortsteil Heeslingen, wo auch ortsinterne Versorgungsaktivitäten erfaßt wurden.

Die Probanden wurden nach der Anzahl ihrer Versorgungsfahrten zu den vorgegebenen und frei wählbaren Zielorten in den letzten vier Wochen gefragt. Erfahrungsgemäß führt eine solche Vorgehensweise besonders bei der Erhebung der Fahrtenhäufigkeit, weniger bei der Ziel- und Verkehrsmittelwahl, zu ungenaueren Ergebnissen als etwa eine Auswertung auf der Basis von individuellen Wegprotokollen eines bestimmten Wochentages – selbst dann, wenn sich die Fehler bei der Selbsteinschätzung durch die Befragten im Durchschnitt teilweise ausgleichen.

Wie einleitend bereits ausgeführt wird, war eine Erhebung und Auswertung von Tagesprotokollen im zeitlichen und finanziellen Rahmen dieser Untersuchung nicht möglich. Als beste Alternative wurde das oben beschriebene Verfahren gewählt.

11.1 Wegehäufigkeit und Zielwahl im Versorgungsverkehr

Übersicht A 57 zeigt die Wegehäufigkeit im Versorgungsverkehr, die von den Befragten für den Zeitraum von vier Wochen angegeben wurde, sowie die Differenzierung nach Zielorten. Von durchschnittlich insgesamt 10,35 Wegepaaren bzw. 20,7 Wegen bezogen sich mit 5,53 Wegepaaren bzw. 11,06 Wegen mehr als 50 % des Versorgungsverkehrs außerhalb des eigenen Gemeindeteils auf das zugehörige Gemeindezentrum, gefolgt vom zugehörigen Mittelzentrum mit 3,62 Wegepaaren.

---

[133]) Vgl. z. B. H. HAUTZINGER, P. KESSEL: Mobilität im Personenverkehr, a. a. O., S. 7.

Die Werte schwanken jedoch von Gemeindeteil zu Gemeindeteil erheblich; als Erklärungen bieten sich zum einen die jeweilige Gemeindeteilgröße an, die – im Sinne relativ kleinerer Orte – mehr nach außen gerichtete Versorgungsfahrten notwendig macht, zum anderen die räumliche Nähe zu den vorgegebenen Zielen.

So weist beispielsweise Jeersdorf bezogen auf das fußläufig erreichbare Grundzentrum Scheeßel einen besonders hohen Wert von ca. 10,6 Wegepaaren pro Person und Monat auf. Ähnliches gilt für Heeslingen, wobei hier zwei Effekte zusammenkommen: einmal gilt das eben für Jeersdorf und Scheeßel Gesagte entsprechend für die Bewohner der Ortsteile in unmittelbarer Nähe von Heeslingen, die ihrerseits nicht getrennt erfaßt wurden (Ortsteil Offensen); zum zweiten sind hier ausnahmsweise auch innerörtliche Versorgungswege enthalten, da der Ort Heeslingen gleichzeitig Grundzentrumsfunktion für seine Bewohner erfüllt.

Die Zahl der Wegepaare im Versorgungsverkehr nach Bremen und Hamburg liegt für alle Gemeinden mit insgesamt etwa 0,34 pro Person und Monat deutlich unter den Werten für das Gemeinde- bzw. Mittelzentrum. Auch gemeindeweise lassen sich hier Unterschiede erkennen, die mit der jeweils unterschiedlichen räumlichen Entfernung zwischen untersuchter Gemeinde und Großstadt erklärt werden dürften: von der Gemeinde Sottrum – relativ nahe bei Bremen – werden im Monatsschnitt pro Person 0,41 Wege nach einer Großstadt durchgeführt, von der Gemeinde Scheeßel, die an einer Straßen- und Bahnverbindung zwischen Hamburg und Bremen liegt, sind es 0,39 Wegepaare und von der relativ abgelegenen Gemeinde Heeslingen nur 0,22 Wegepaare pro Monat.

Der gemeindeinterne Querverkehr zwischen einzelnen Gemeindeteilen weist bei allen Gemeinden für Versorgungsaktivitäten nur geringe Werte auf, was in Anbetracht der ähnlichen Angebotsstruktur von Versorgungsleistungen in den peripheren Gemeindeteilen plausibel erscheint. Zur Befriedigung gehobener oder spezieller Bedürfnisse sind die Bewohner dieser Ortsteile im allgemeinen darauf angewiesen, einen größeren Ort aufzusuchen.

Bei der Interpretation der Versorgungswege zur 3. Zielvergabe – für die Gemeinden Sottrum und Scheeßel das Einkaufszentrum Posthausen, für die Gemeinde Heeslingen die Kreisstadt Rotenburg – müssen ebenfalls die Siedlungs- und Zielstruktur beachtet werden. Durchschnittlich weist die Gemeinde Sottrum, deren Gemeindeteile teilweise direkt an Posthausen grenzen, mit 1,6 Wegen pro Person und Monat den höchsten Wert auf, während es von der Gemeinde Scheeßel, die räumlich ungünstiger liegt, nur 0,37 Wege sind.

Erstaunlich und unerwartet ist jedoch die relativ hohe Zahl von 0,4 Wegen pro Person und Monat aus der Gemeinde Heeslingen nach Rotenburg, die in ihrer Aussagekraft durch für fast alle Gemeindeteile dieses Ortes ähnliche Werte abgesichert erscheint.

Die sonstigen Ziele im Versorgungsverkehr wurden nur zusammengefaßt ausgewertet. Durchschnittlich erfolgen zu solchen Zielen 0,78 Wegepaare pro Person und Monat mit Einzelwerten von 0,68 für die Gemeinde Sottrum, 0,56 für die Gemeinde Scheeßel und 1,19 für die Gemeinde Heeslingen.

Zusammengefaßt ergeben sich im Untersuchungsgebiet im Versorgungsverkehr, soweit er die Grenzen des Wohn-Gemeindeteils überschreitet, durchschnittlich je erfaßter Person 10,35 Wegepaare bzw. 20,7 Wege pro Monat. Diese Werte differieren in den Gemeinden von 8,01 Wegepaaren (Gemeinde Scheeßel) über 10,07 Wegepaare in der Gemeinde Sottrum bis zu 13,89 Wegepaare in der Gemeinde Heeslingen. Den höchsten Wert weist der Gemeindeteil Heeslingen mit 17,92 Wegepaaren auf; allerdings muß hier beachtet werden – wie oben ausgeführt –, daß in diesem Ortsteil auch gemeindeteilinterne Versorgungswege erfaßt wurden.

Auswertungen auf der Basis der KONTIV 75 weisen im Mittel aller sozio-ökonomischen Personengruppen ca. 0,79 Versorgungswege pro Tag und Person bei einer sehr hohen

Standardabweichung von 1,24 aus[134]). Für einzelne Sozialgruppen werden an gleicher Stelle auch bedeutend höhere Mittelwerte genannt, so z. B. für die Gruppe der Hausfrauen mit 1,49 täglichen Versorgungswegen.

Rechnet man den in der Untersuchung im Raum Rotenburg gewonnenen Wert von durchschnittlich 10,35 Wegepaaren pro Monat unter Annahme von ca. vier Tagen, die nicht für irgendwelche Versorgungsaktivitäten genutzt werden können, um, ergeben sich ca. 0,76 Versorgungswege pro Person und Tag. Um mit obigen KONTIV-Angaben vergleichbar zu sein, mußte dieser Wert allerdings noch um einen – unbekannten – den gemeindeteilinternen Versorgungsverkehr berücksichtigenden Betrag erhöht werden. Dieser Betrag dürfte aber infolge der relativ schlechten Versorgungsmöglichkeiten in den untersuchten kleinen Gemeindeteilen nicht allzu hoch sein.

Insgesamt dürfte sich somit in den untersuchten Gemeindeteilen ein tendenziell etwas höherer Wert an Versorgungswegen pro Person ergeben als er bundesdurchschnittlich auf der Basis der KONTIV angegeben wird. Die Interpretationsfähigkeit beider Werte wird allerdings durch die schon erwähnten hohen Abweichungen vom Mittelwert für einzelne Gemeindeteile (Erhebung Raum Rotenburg) bzw. die hohe Standardabweichung (KONTIV) eingeschränkt.

11.2 Verkehrsmittelwahl im Versorgungsverkehr

Die Probanden wurden beim Versorgungsverkehr zu den vorgegebenen Zielorten gleichzeitig nach dem Verkehrsmittel gefragt, mit dem der überwiegende Teil der Wege zurückgelegt wird. Diese Verkehrsmittelwahl zeigen die Übersichten 54 und A58. Auch hier wurde auf eine Erfassung von Verkehrsmittelkombinationen verzichtet, da sie in noch geringerem Umfang als beim Berufsverkehr auftreten. Im Versorgungsverkehr werden für einen Weg durchschnittlich 1,029 Verkehrsmittel benutzt[135]).

Für die untersuchten Gemeindeteile ergab sich folgende Verkehrsmittelwahl im Versorgungsverkehr:

Verkehrsmittel	Anteil an den Versorgungswegen
zu Fuß	4,3 %
Fahrrad/Moped/Mofa	15,2 %
Pkw/Motorrad/Lkw	65,2 %
Mitfahrer	10,3 %
öffentlicher Linienbus	4,9 %
Eisenbahn	0,1 %

Erwartungsgemäß stellen auch im Versorgungsverkehr die Selbstfahrer mit dem Pkw mit 65,2% der Fahrten den größten Anteil. Auf die öffentlichen Verkehrsmittel entfällt im Versorgungsverkehr des Untersuchungsgebietes nur ein geringer Anteil von 5,0%, der fast ausschließlich aus Fahrten mit dem Bus besteht (4,9%), während die Eisenbahn im Versorgungsverkehr praktisch ohne Bedeutung (0,1 %) ist. Im Vergleich zum ÖV-Anteil ist der

134) Vgl. H. Hautzinger, P. Kessel: Mobilität im Personenverkehr, a.a.O., S. 59.

135) Vgl. Sozialforschung Brög (Hrsg.): KONTIV 77, Tabellenband, a.a.O., Tabelle 11c.

Anteil der Fahrrad/Moped/Mofa-Fahrten dreimal, der Anteil der Fahrten als Mitfahrer mehr als doppelt so hoch.

Vergleicht man die Verkehrsmittelwahl im Versorgungsverkehr mit derjenigen der Berufsauspendler (vgl. Abschnitt 10.2.1), so zeigt sich ein etwas höherer Anteil der Fahrrad/Moped/Mofa-Wege, ein nahezu gleichbleibender Anteil der Selbstfahrer und ein höherer Mitfahreranteil. Der Busverkehr mit öffentlichen Linienbussen besitzt im Versorgungsverkehr eine – relativ – höhere Bedeutung als im Berufsverkehr.

Übersicht 54: *Verkehrsmittelwahl im ortsteilgrenzenüberschreitenden Versorgungsverkehr der untersuchten Gemeindeteile*

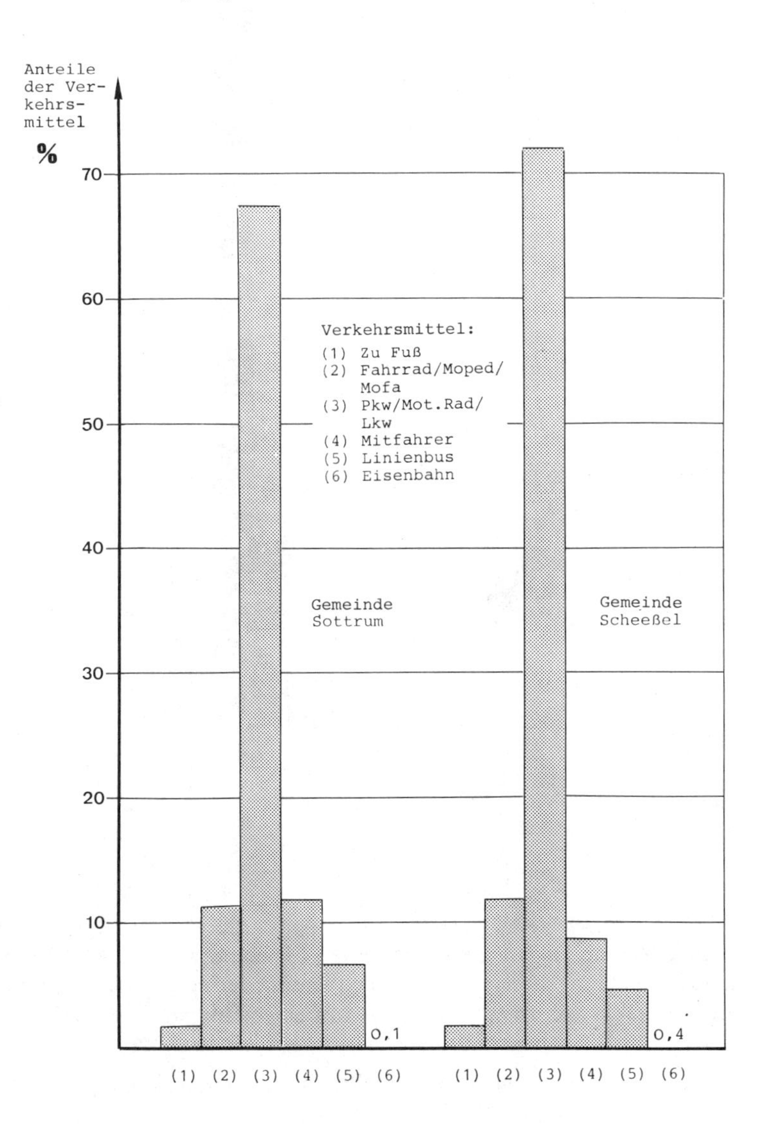

Übersicht 54 (Fortsetzung) *Verkehrsmittelwahl im ortsteilgrenzenüberschreitenden Versorgungsverkehr der untersuchten Gemeindeteile*

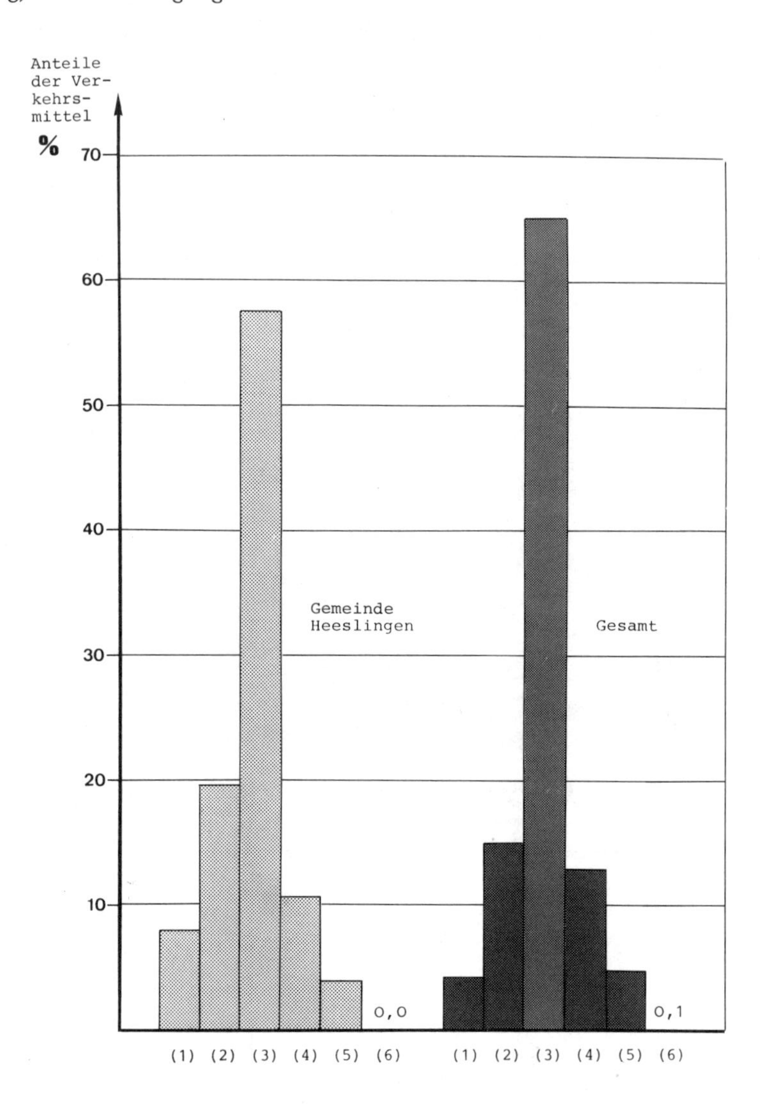

Für einen Querschnittsvergleich stehen auch hier die Werte der KONTIV 77 zur Verfügung. Im Unterschied zur im Untersuchungsraum angewandten Erhebungsmethodik, die nur außergemeindliche Versorgungswege und damit einen nur geringen Fußweganteil erfaßt, berücksichtigt die KONTIV alle Versorgungswege mit einem entsprechend höheren Fußweganteil.

Im folgenden sind die Fußwege sowohl aus den Erhebungswerten als auch aus der KONTIV herausgerechnet. Somit wird nur die Verkehrsmittelwahl bei den ortsteilgrenzenüberschreitenden Versorgungsfahrten mit den KONTIV-Werten verglichen.

Hierbei wurde angenommen, daß Doppelzählungen nur bei den Fußwegen auftreten (Anmarsch- und Abmarschwege zu Haltestellen). Der geringere Anteil von Doppelnennungen aufgrund von Umsteigevorgängen im ÖV wird vernachlässigt; der so entstandene Fehler dürfte minimal sein[136]):

Verkehrsmittel	Anteil an den Versorgungsfahrten auf der Basis der KONTIV 77
Fahrrad/Mofa	17,9 %
Moped/Motorrad	0,5 %
Pkw als Mitfahrer	15,0 %
Pkw als Fahrer	51,2 %
Taxi	0,5 %
Bus	9,5 %
Straßenbahn	3,2 %
S-Bahn	0,8 %
U-Bahn	0,5 %
sonstige öffentliche Nahverkehrsmittel	–
Eisenbahn	0,7 %
sonstige öffentliche Verkehrsmittel	–

Der „klassische Modal-Split" – zur Abgrenzung vgl. Abschnitt 10.2.1 – ergibt sich bei den Versorgungswegen als[137]):

	KONTIV 77	Erhebung
Individualverkehr	82 %	93,7 %
öffentlicher Verkehr	18 %	6,3 %

Die Verkehrsmittelwahl im Versorgungsverkehr wurde schließlich differenziert nach den Zielorten Grund- und Mittelzentrum analysiert. Hierbei ergab sich:

Verkehrsmittel	zum Grundzentrum %	zum Mittelzentrum %	insgesamt %
zu Fuß	6,9	1,1	4,3
Fahrrad/Moped/Mofa	20,4	9,7	15,2
Pkw/Lkw/Motorrad	60,2	70,8	65,2
Mitfahrer	8,4	11,5	10,3
öffentlicher Bus	4,1	6,5	4,9
Eisenbahn	0,0	0,4	0,1

Insbesondere wird hier ein Substitutionsprozeß bei kürzeren Fahrten zum Grundzentrum von Pkw-Fahrten durch Fahrrad/Moped/Mofa-Fahrten deutlich.

136) Berechnungen nach ebenda, Tabelle 7a und 11a.

137) Ebenda, Tabelle 15b; zur Einschränkung der Vergleichbarkeit vgl. Anmerkung 119.

11.3 Verkehrsmittelwahl im Versorgungsverkehr in Abhängigkeit von der ÖV-Versorgung

Die Übersichten 55 und A59 zeigen die Abhängigkeit der Verkehrsmittelwahl im Versorgungsverkehr von der Qualität des ÖV-Angebots in den untersuchten Gemeindeteilen.

Betrachtet man zunächst die öffentlichen Verkehrsmittel, so zeigt sich, daß deren Anteil – einschließlich Eisenbahn – von 6,0 % in der Gruppe I auf 3,7 % in der Gruppe IV kontinuierlich abnimmt ($y = 2{,}83 + 0{,}0055\,x$, $r = 0{,}34$). Der Eisenbahn-Anteil darin ist, wie oben im Abschnitt 11.2 schon ausgeführt, unbedeutend. Vergleicht man insbesondere die Werte der Gruppe I und der Gruppe IV, so zeigt sich zwar ein unterschiedlicher Anteil des Busverkehrs am gesamten Versorgungsverkehr. Die Differenz erreicht jedoch nicht die Höhe, die die erheblich unterschiedliche Angebotsqualität der in den jeweiligen Gruppen zusammengefaßten Gemeindeteile zunächst erwarten ließ.

Damit liegt die Vermutung nahe, daß nur eine bestimmte Personengruppe, deren Mobilitätschancen im Individualverkehr stark beeinträchtigt ist, den öffentlichen Verkehr zu Versorgungsfahrten benutzt. Starke Attraktivitätsverbesserungen dürften – wie diese angebotsqualitäts-orientierte Querschnittsanalyse zeigt – auch hier nur zu einer mäßigen Zunahme des ÖV-Verkehrsmittelanteils führen.

Zu einem ähnlichen Schluß führten auch schon die Überlegungen im Abschnitt 10.2.1, wo die Entwicklung der Verkehrsmittelanteile im Berufsauspendlerverkehr der untersuchten Gemeindeteile für den Zeitraum 1970 bis 1978 betrachtet wurde.

Eine stärkere Aufgliederung der ÖV-Benutzer im Versorgungsverkehr nach Stellung im Beruf, Führerschein- und Pkw-Besitz etc. muß – ebenso wie Detailfragen zu anderen Abschnitten dieser Untersuchung auch – einer späteren umfassenderen Auswertung des vorhandenen Datenmaterials vorbehalten bleiben.

Die Mitfahrer-Anteile sind in allen Gruppen nahezu gleich. Eine Abhängigkeit von der ÖV-Versorgung läßt sich daher nicht aufzeigen. Somit kann für den Untersuchungsraum nicht geschlossen werden, daß eine ungenügende ÖV-Versorgung zu einem Ansteigen der Mitfahrerquote im Versorgungsverkehr führt.

Da einerseits die relativen Schwankungen der gruppenspezifischen Anteile anderer Verkehrsmittel recht stark sind und andererseits der ÖV-Anteil am Gesamtverkehr sehr gering ist, läßt sich eine weitergehende Analyse intermodaler Substitutionsvorgänge (in Abhängigkeit von der ÖV-Versorgung der untersuchten Gemeindeteile) nicht durchführen.

Gruppenspezifisch ergibt sich beim Versorgungsverkehr ein „klassischer Modal-Split" von:

	Gruppe			
	I	II	III	IV
	%	%	%	%
Individualverkehr	92	94,2	94,2	95,6
öffentlicher Verkehr	8	5,8	5,8	4,4

Übersicht 55: *Verkehrsmittelwahl im ortsteilgrenzenüberschreitenden Versorgungsverkehr in Abhängigkeit von der ÖV-Versorgung der untersuchten Gemeindeteile*

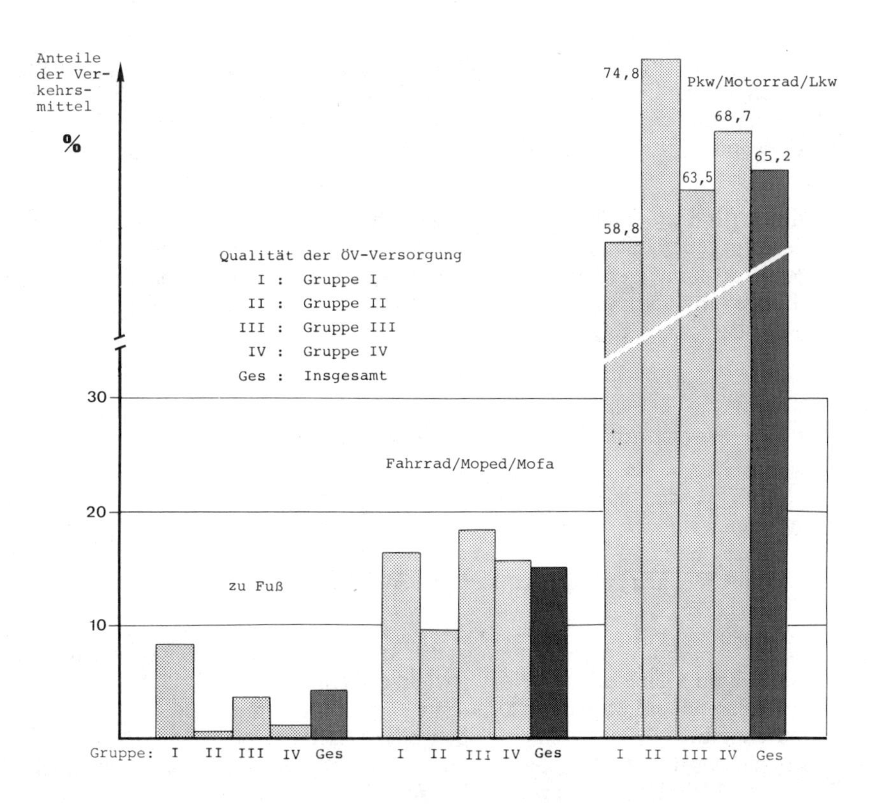

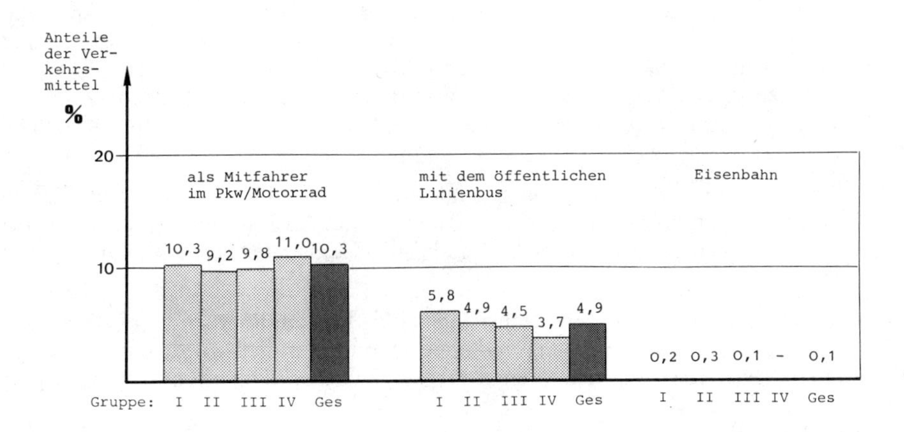

12. Die Struktur des Freizeitverkehrs in den untersuchten Gemeinden

Ähnlich wie im vorangehenden Kapitel für den Versorgungsverkehr soll nunmehr die Struktur des Freizeitverkehrs der untersuchten Gemeindeteile analysiert werden. Unter dem Begriff des Freizeitverkehrs wurden auch die – im allgemeinen in der Freizeit durchgeführten – Besuche bei Verwandten und Freunden zusammengefaßt. Diese Vorgehensweise ist üblich[138]).

Auch hier wurden für die Gemeinden wieder die jeweiligen Gemeinde- und Mittelzentren als mögliche Zielorte vorgegeben, daneben konnten auch je Person wieder zwei frei wählbare Ziele des Freizeitverkehrs genannt werden. Damit dürfte der Freizeitverkehr zu den wichtigsten Zielorten in der Umgebung der untersuchten Gemeinden erfaßt sein, soweit er die Grenzen des Quellgemeindeteils überschreitet.

12.1 Wegehäufigkeit und Zielwahl im Freizeitverkehr

Übersicht A60 zeigt die Wegehäufigkeit im Freizeitverkehr zu den verschiedenen vorgegebenen und frei wählbaren Zielorten, wie sie sich aus den Angaben der Befragten im Untersuchungsgebiet ergibt. Die Werte basieren wieder auf Eigenschätzungen der Probanden für einen Zeitraum von vier Wochen; vgl. hierzu auch die Ausführungen in den Abschnitten 11. und 11.1.

Der Hauptteil der über den Wohn-Gemeindeteil hinausgehenden Freizeitaktivitäten richtet sich in allen untersuchten Gemeinden auf das jeweilige Gemeindezentrum. In der Gemeinde Sottrum werden pro Person und Monat etwa 1,46 Wegepaare – entsprechend 2,92 Wegen – zum Grundzentrum durchgeführt, in der Gemeinde Scheeßel 1,84 Paare oder 3,68 Wege und in der Gemeinde Heeslingen sogar 2,40 Wegepaare bzw. 4,8 Wege. Der Durchschnittswert für alle Gemeinden liegt bei 1,91 Wegepaaren bzw. 3,82 Freizeitwegen insgesamt pro Person und Monat. Auch hier zeigen sich – ähnlich wie beim Versorgungsverkehr – relativ starke Schwankungen der Angaben, die bei Betrachtung der gemeindespezifischen Einzelangaben, wie sie in Übersicht A 60 wiedergegeben sind, noch deutlicher werden.

Die zugehörigen Mittelzentren, also die Orte Rotenburg oder Zeven, haben eine nicht ganz so große Bedeutung im Freizeitverkehr der Gemeinden wie die Gemeindezentren. Aus der Gemeinde Sottrum gehen monatlich pro Person etwa 0,94 Wegepaare nach Rotenburg und von den Gemeindeteilen Heeslingens etwa 1,72 Wegepaare nach Zeven. Bezogen auf die Mittelzentren ergibt sich ein Durchschnittswert aller drei Gemeinden von 1,22 Wegepaaren oder 2,44 Wegen.

Die Großstädte Bremen und Hamburg sind nur in unbedeutendem Maße Ziel von Freizeitaktivitäten. Durchschnittlich wurden für den Monat 0,16 Wegepaare angegeben mit Einzelwerten in der Gemeinde Sottrum von 0,26 und in den Gemeinden Scheeßel und Heeslingen von je 0,12.

Der Querverkehr zwischen den Teilen einer Gemeinde liegt im Rahmen von Freizeitaktivitäten höher als im Bereich des Versorgungsverkehrs. Durchschnittlich wurde ein Wert von ca. 0,32 Wegepaaren (gegenüber 0,2 beim Versorgungsverkehr) genannt. Diese Aussage gilt in

[138]) Vgl. z.B. H. Hautzinger, P. Kessel: Mobilität im Personenverkehr, a.a.O., S. 7.

gleichem Maße für alle untersuchten Gemeinden: In der Gemeinde Scheeßel ergeben sich 0,23 Wegepaare (im Versorgungsverkehr: 0,15), in der Gemeinde Heeslingen 0,43 (gegenüber 0,14) und für die Gemeinde Sottrum bleibt der Wert mit 0,33 für beide Aktivitätstypen gleich.

Diese tendenziell im Freizeitverkehr höheren Werte des gemeindeinternen Querverkehrs sind plausibel. Verwandtschaftliche – und wohl auch vereinsmäßige – Beziehungen zwischen benachbarten Ortsteilen dürften eine regere Kommunikation bewirken als sie sich für diese Raumbeziehungen im Versorgungsverkehr ergeben, der doch wesentlich von der Angebotsattraktivität abhängig ist – die wiederum mit der Zentralitätsstufe des betrachteten Ortsteils zusammenhängt.

Entsprechend dieser Zentralitäts-Ungebundenheit des – von anderen Attraktivitätsparametern abhängigen – Freizeitverkehrs weisen die „Sonstigen Ziele" (einschließlich der aus erhebungstechnischen Gründen getrennt erfaßten „3. Zielvorgabe") relativ hohe Besetzungswerte auf. Im Gesamtdurchschitt werden pro Person und Monat 1,14 Wegepaare zu weiteren Zielen genannt. Ähnliche Werte ergeben sich auch für die jeweiligen Gemeindedurchschnitte: 1,02 für die Gemeinde Sottrum, 1,09 für die Gemeinde Scheeßel und 1,32 für die Gemeinde Heeslingen.

Ausgesprochene Zielschwerpunkte des Freizeitverkehrs konnten aus den frei genannten Zielen nicht ermittelt werden, vielmehr zeigte sich eine sehr breite Streuung über eine Vielzahl von Zielen. Da in der Umgebung des Untersuchungsraumes nur relativ wenige „Fremdenverkehrs-Attraktivitäten" bzw. Ausflugsziele vorhanden sind, dürfte diese Streuung wohl insbesondere auf verwandtschaftliche oder freundschaftliche Beziehungen zurückzuführen sein.

Faßt man alle Ziele zusammen, folgt pro Person eine Zahl von ca. 4,45 Wegepaaren bzw. 8,9 Wegen je Monat im Freizeitverkehr. Gemeindespezifisch schwanken diese Werte wieder von 3,65 Wegepaaren in der Gemeinde Scheeßel über 4,01 Paare in der Gemeinde Sottrum bis zu 5,98 Wegepaaren in der Gemeinde Heeslingen.

Vergleichswerte lassen sich wie beim Versorgungsverkehr auf der Basis der KONTIV 75 angeben[139]). Danach werden von jeder Person durchschnittlich pro Tag 0,64 Wege im Rahmen der Freizeitgestaltung zurückgelegt, bei einer wieder hohen Standardabweichung von 1,13. Rechnet man den in der Erhebung für den Raum Rotenburg für einen Vier-Wochen-Zeitraum gewonnenen Wert um, ergibt sich eine Vergleichszahl von ca. 0,32 Freizeitwegen pro Tag. Zu diesen – die Gemeindegrenzen überschreitenden Wegen – müßte noch ein – auch hier wie beim Versorgungsverkehr unbekannter – Anteil an ortsinternen Wegen hinzugezählt werden.

Tendenziell dürfte sich für die Untersuchungsgemeinden ein Wert ergeben, der etwas unter den vergleichbaren Angaben der KONTIV liegt, wobei allerdings auch hier die in Abschnitt 11.1 genannten Einschränkungen infolge großer Streuungsbreiten bei einer Interpretation beider Zahlen beachtet werden sollten.

12.2 Verkehrsmittelwahl im Freizeitverkehr und deren Abhängigkeit von der ÖV-Versorgung

Die Ermittlung der Verkehrsmittelwahl im Freizeitverkehr erfolgte in Analogie zur Vorgehensweise beim Versorgungsverkehr (vgl. Abschnitt 11.2).

Für die untersuchten Gemeindeteile ergab sich für Aktivitäten in der Freizeit, soweit sie mit vor- und nachgelagerten Verkehrsvorgängen über die Gemeindeteilgrenze verbunden sind, die in

---

139) Ebenda, S. 57 und S. 60 f.

den Übersichten 56 und A 61 dargestellte Verkehrsmittelwahl. Die Durchschnittswerte aller untersuchten Gemeindeteile ergeben folgendes Bild:

Verkehrsmittelwahl	Anteil an den Freizeitwegen über Gemeindeteilgrenzen hinaus
zu Fuß	5,8 %
Fahrrad/Moped/Mofa	15,7 %
Pkw/Motorrad/Lkw	60,5 %
Mitfahrer	16,2 %
öffentlicher Linienbus	1,6 %
Eisenbahn	0,2 %

Übersicht 56: *Verkehrsmittelwahl im ortsteilgrenzenüberschreitenden Freizeitverkehr der untersuchten Gemeindeteile*

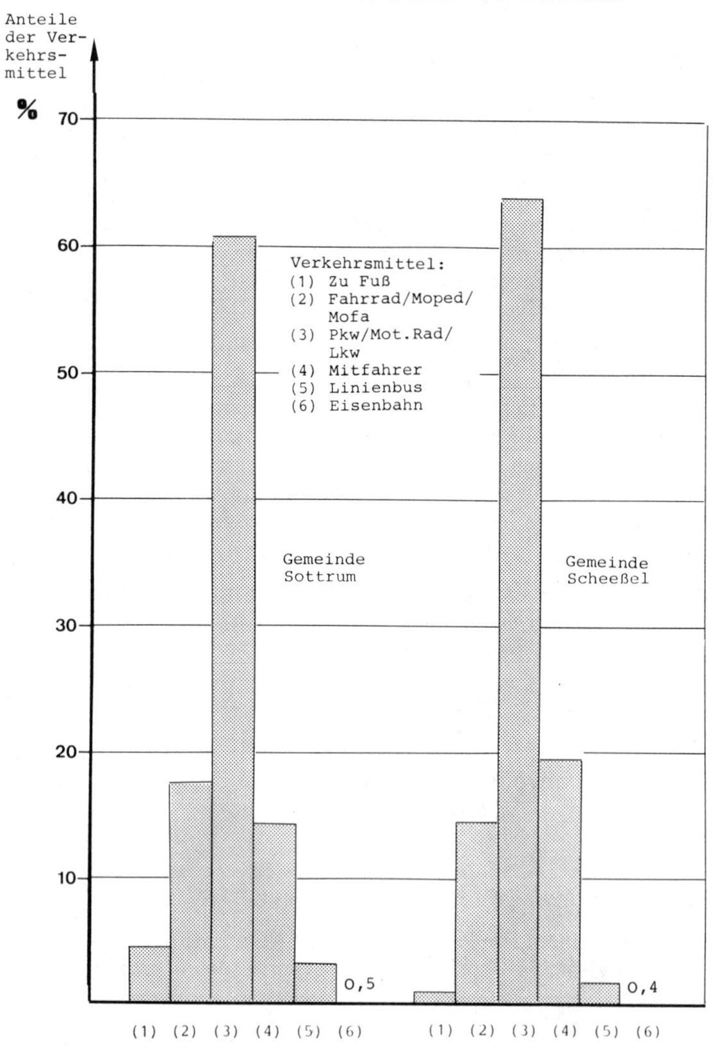

Auf die öffentlichen Verkehrsmittel Busse und Bahnen entfällt zusammen nur ein geringfügiger Anteil von insgesamt 1,8% an allen erfaßten Freizeitwegen. Dieser – im Vergleich zum Versorgungsverkehr deutlich niedrigere – Anteil dürfte sich zum einen aus der disperseren Struktur der Verkehrsströme im Freizeitverkehr erklären (vgl. Abschnitt 11.1), der der öffentliche Verkehr als massenorientiertes Verkehrsmittel weniger gerecht werden kann, zum anderen finden Freizeitaktivitäten – und damit auch Freizeitverkehr – verstärkt an Samstagen und Sonntagen statt[140]). An diesen Tagen besteht jedoch im Untersuchungsraum im Vergleich zu den anderen Wochentagen ein, wie im Abschnitt 4.3.2 gezeigt, im allgemeinen wesentlich schlechteres und teilweise sogar kein ÖV-Angebot.

Übersicht 56 (Fortsetzung)

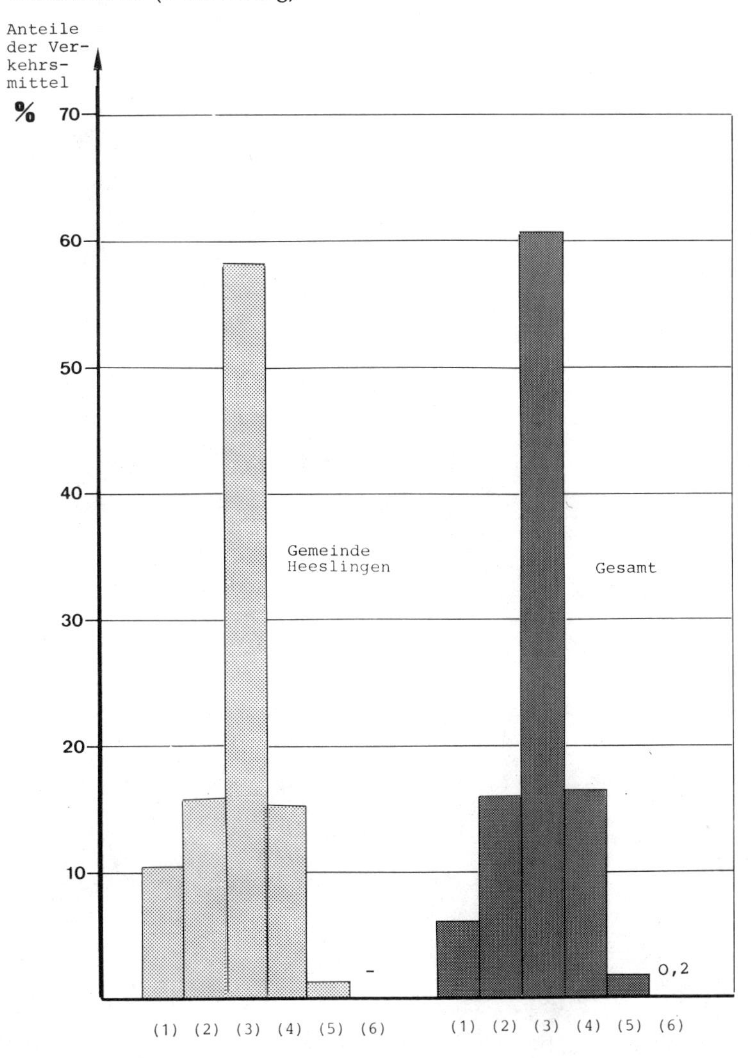

140) Vgl. H. HAUTZINGER, P. KESSEL: Mobilität im Personenverkehr, a.a.O., S. 12.

Übersicht 57: *Verkehrsmittelwahl im ortsteilgrenzenüberschreitenden Freizeitverkehr in Abhängigkeit von der ÖV-Versorgung der untersuchten Gemeindeteile*

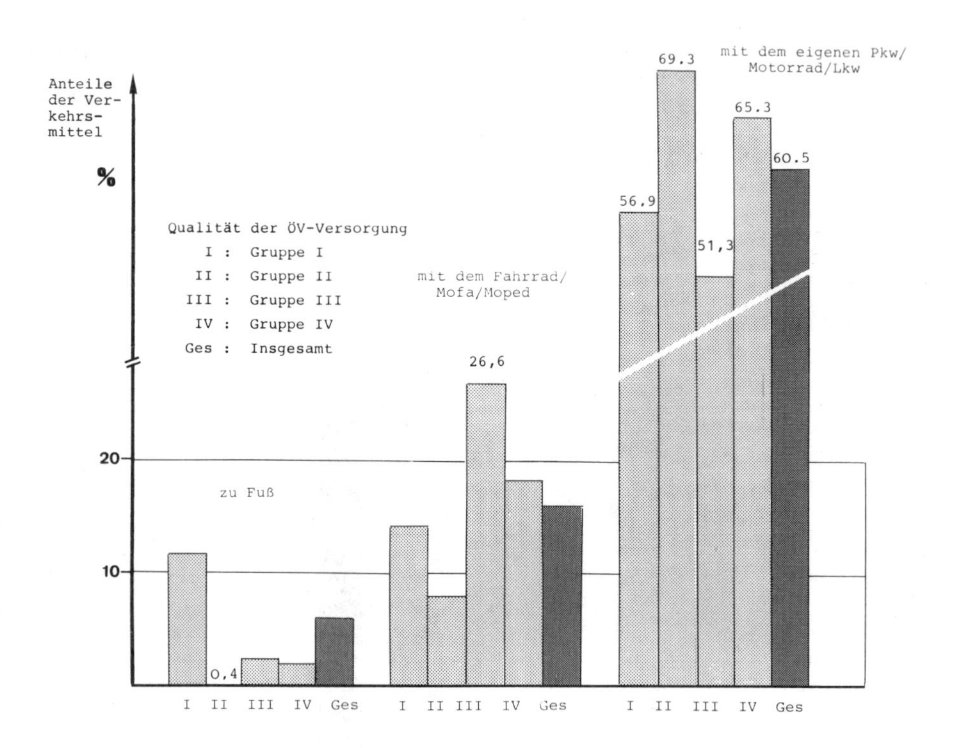

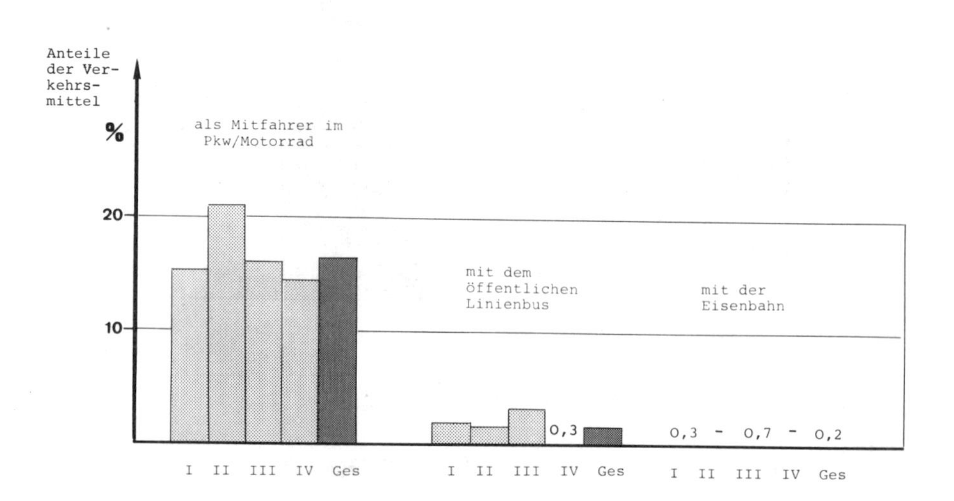

Der Fahrrad/Moped/Mofa-Anteil im Freizeitverkehr entspricht dagegen weitgehend dem Anteil beim Versorgungsverkehr. Der Selbstfahreranteil ist zugunsten des Mitfahreranteils im Vergleich zum Versorgungsverkehr um etwa 5 % geringer. Eine nach Zielorten differenzierte Querschnittsbetrachtung läßt – ähnlich wie beim Versorgungsverkehr – mit steigender Entfernung einen Substitutionsprozeß von Fahrrad/Moped/Mofa-Fahrten sowie Fußwegen durch Pkw-Fahrten in bezug auf das nähere Grundzentrum erkennen:

Verkehrsmittel	zum Grundzentrum %	zum Mittelzentrum %	insgesamt %
zu Fuß	10,2	0,5	5,8
Fahrrad/Moped/Mofa	20,3	11,5	15,7
Pkw/Motorrad/Lkw	54,6	68,3	60,5
Mitfahrer	14,1	16,3	16,2
öffentlicher Bus	0,8	2,8	1,6
Eisenbahn	–	0,6	0,2

Vergleichsdaten aus der KONTIV 77 stehen hier nicht zur Verfügung, da dort – zumindest in den den Bearbeitern bekannten Auswertungen – die Verkehrsmittelwahl im Freizeitverkehr nicht getrennt ausgewiesen, sondern unter dem Verkehrszweck „Sonstige Wege" subsummiert wird.

Der außerordentlich geringe ÖV-Anteil im Freizeitverkehr, wie auch die von Gruppe zu Gruppe ähnlicher ÖV-Versorgung uneinheitlich schwankenden Werte der anderen Verkehrsmittel, läßt Aussagen über die Verkehrsmittelwahl in Abhängigkeit von der ÖV-Bedienungsqualität der Gemeindeteile nicht zu; vgl. hierzu die Übersichten 57 und A62.

13. Verkehrsmittel in den untersuchten Gemeinden und deren Abhängigkeit von der ÖV-Versorgung

In der Übersicht A63 ist die Verkehrsmittelwahl auf allen erfaßten Berufs-, Versorgungs- und Freizeitwegen dargestellt, soweit diese über die Grenzen des jeweiligen Wohn-Gemeindeteils hinausführten. Der im wesentlichen fußläufige Binnenverkehr in den Gemeindeteilen bleibt im folgenden demnach unberücksichtigt.

Mit 64,4 % stellen die Selbstfahrer mit dem Pkw/Motorrad den stärksten Anteil bei der Verkehrsmittelwahl. In den einzelnen Gemeinden ergeben sich Werte von 60,3 % in Heeslingen, 66,6 % in Sottrum und 67,2 % in Scheeßel.

Danach folgen als nächst wichtigste Verkehrsmittel Fahrräder/Mopeds/Mofas, mit denen durchschnittlich 14,5 % der erfaßten Wege zurückgelegt werden. Der entsprechende Wert für die Gemeinde Sottrum liegt bei 12,6 %, für die Gemeinde Scheeßel bei 12,8 % und für die Gemeinde Heeslingen bei 17,4 %.

Etwas geringer ist der Anteil der Mitfahrerwege mit durchschnittlich etwa 10,6 % und geringen Schwankungen in den einzelnen Gemeinden mit Anteilen von 11,2 % in Sottrum, 10,0 % in Scheeßel und 10,8 % in Heeslingen.

Im Durchschnitt des Untersuchungsgebiets werden 3,8% aller Wege durch fußläufigen Verkehr abgedeckt, wobei dieser Wert aber durch die erhebungstechnisch bedingte relativ hohe Einzelangabe im Ortsteil Heeslingen von 14,2% zu einem höheren Wert hin verzerrt wird. Infolge dieser Verzerrung ergibt sich für die Gemeinde Heeslingen auch der hohe Durchschnittswert von 7,0%, dem in den Gemeinden Sottrum und Scheeßel die bedeutend niedrigeren – aber wohl realistischeren Angaben – von 2,0% bzw. 1,5% gegenüberstehen.

Für den öffentlichen Verkehr verbleibt damit nur ein Anteil von durchschnittlich 6,8%. Diese Quote teilen sich die öffentlichen Linienbusse (3,3%), der Werkbusverkehr (1,7 %) und der Eisenbahnverkehr (1,8%). An dieser Stelle sei allerdings nochmals ausdrücklich darauf hingewiesen, daß in der Erhebung der Ausbildungsverkehr der Schüler nicht berücksichtigt wurde, der zu einem sehr großen Teil über Schulbusse abgewickelt wird, die ihrerseits aber nach der gegenwärtigen Rechtslage prinzipiell noch immer der Öffentlichkeit nicht zugänglich sind – und damit nicht Gegenstand dieser Untersuchung waren.

Insgesamt ergibt sich damit für diese drei Fahrtzwecke ein „klassischer Modal-Split" von

Individualverkehr:	91,7%
öffentlicher Verkehr:	8,3%

Die Abhängigkeit der Verkehrsmittelwahl – zusammengefaßt über die drei in der Untersuchung betrachteten Fahrtzwecke – von der Qualität der ÖV-Versorgung in den Gemeindeteilen zeigt die Übersicht A64.

Der Anteil der öffentlichen Verkehrsmittel Busse und Eisenbahn (ohne Werkbus) ist in der Gruppe I mit 7% am höchsten und sinkt dann über 4,6% und 4,4% auf 2,6% in der Gruppe IV ab. Regressionsanalytisch ergibt sich ein deutlicher Zusammenhang zwischen ÖV-Anteil und

Übersicht 58: *Anteil der Verkehrsmittel Öff. Bus und Eisenbahn am ortsteilgrenzenüberschreitenden Verkehr in Abhängigkeit von der ÖV-Versorgung der untersuchten Gemeindeteile*

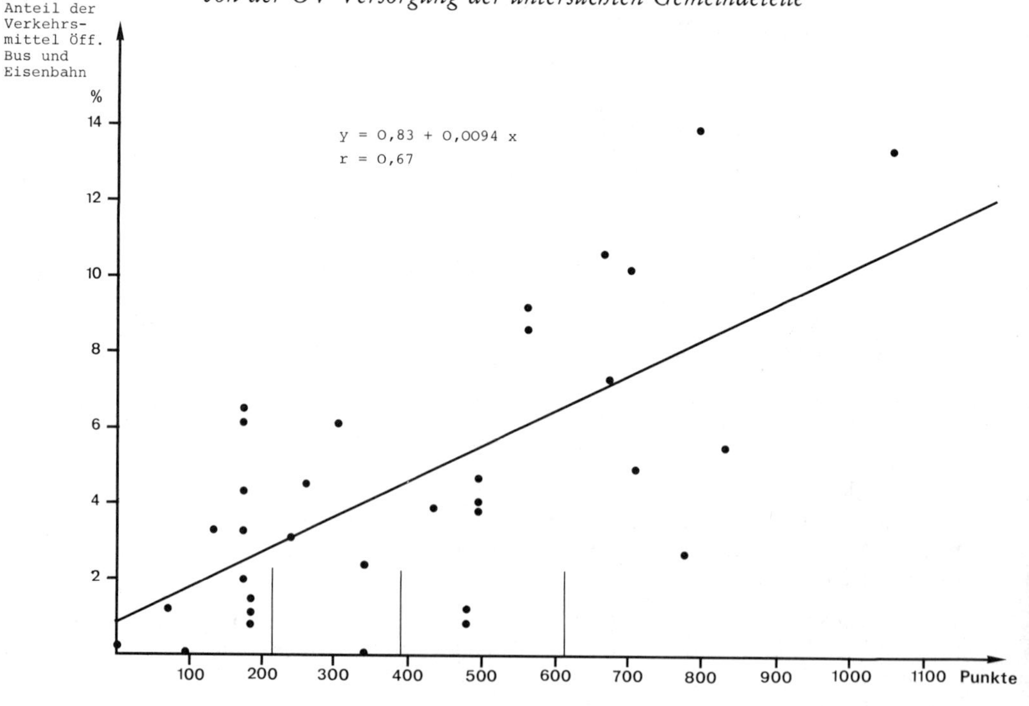

ÖV-Qualität (Expertenurteil) mit $y = 0{,}83 + 0{,}0094\,x$ und $r = 0{,}67$, der sich im Zusammenhang zwischen ÖV-Anteil und ÖV-Qualität (Betroffenenurteil) von $y = 25{,}24–4{,}8134\,x$ und $r = –0{,}68$ ebenso klar bestätigt (vgl. Übersicht 58).

Betrachtet man lediglich den Busverkehr (ohne Werkbus), so entwickelt sich der Anteil von 4,2% in Gruppe I über 3,1% in den Gruppen II und III auf 2,1% in Gruppe IV. Der Zusammenhang mit der ÖV-Qualität ist schwächer als in obiger Auswertung und lautet $y = 1{,}227 + 0{,}005\,x$ mit $r = 0{,}48$ bzw. bei Verwendung des Betroffenenurteils $y = 11{,}625 - 1{,}93\,x$ und $r = -0{,}41$.

Dabei ist allerdings – wie bei den anderen Regressionsanalysen auch – zu beachten, daß bei der Bewertung der ÖV-Qualität (Expertenurteil) auch die Eisenbahnverbindungen berücksichtigt wurden bzw. beim Betroffenenurteil nach der Gesamtnote für die Bus- und Bahnverbindungen gefragt wurde. Die Aussagefähigkeit dieser Werte als exogene Variable zur Erklärung allein des Busverkehrs ist deshalb eingeschränkt und dürfte sich in einem geringeren Korrelationskoeffizienten äußern.

Auch bei der Betrachtung der Verkehrsmittelwahl für die zusammengefaßten Fahrtzwecke ist eine Analyse intermodaler Substitutionsvorgänge aufgrund des geringen ÖV-Anteils nicht möglich.

14. Ausblick

Die hier vorgelegten Ergebnisse gelten zunächst nur für die betrachteten Gemeinden im Kreis Rotenburg/Wümme. Vor einer Übertragung der Schlußfolgerungen auf andere Räume ist zu beachten, daß dieses Untersuchungsgebiet zu den dünnbesiedelsten Kreisen der Bundesrepublik zählt und wie nur noch wenige andere Kreise landwirtschaftlich geprägt ist.

Das zentrale Ergebnis dieser Untersuchung besagt, daß – unter den bisher gültigen Randbedingungen – auch durch wesentliche Verbesserungen der Angebotsqualität des öffentlichen Verkehrs nur eine deutlich unterproportionale Zunahme der Nachfrage erreicht werden kann. Damit scheint der Anteil der Bevölkerung, der im Untersuchungsgebiet auf einem funktionierenden öffentlichen Verkehr angewiesen ist, wenige Prozent nicht zu überschreiten. Die Erklärung für diese überraschende Feststellung dürfte zunächst in den deutlich höheren Mobilitätschancen im IV im Vergleich zum Bundesdurchschnitt und zu Ballungsräumen zu suchen sein, die im deutlich höheren Führerschein- und Pkw-Besitzniveau zum Ausdruck kommen. Ferner gibt es kaum Haushalte ohne Pkw und Fahrrad/Moped, wobei in den größeren Familieneinheiten des ländlichen Raumes offensichtlich auch diejenigen – meist älteren – Personen mitversorgt werden, die sonst als Einzelhaushalte ohne Pkw auf den ÖV angewiesen wären.

Im Freizeitverkehr dürfte das generell niedrige Nachfrageniveau im ÖV auf die hier weitestgehend mögliche fußläufige Ortsveränderung bei in- wie aushäusigen Aktivitäten im Freizeitbereich zurückgehen. Im Berufsverkehr hingegen ist eine enge Substitution der ÖV-Benutzung durch Fahrrad, Mofa oder Moped erkennbar.

Zu diesem intermodalen und sozial-organisatorischen Substitutionsprozeß tritt der Schülerverkehr als bedeutendes Nachfragepotential. Dieser Teilverkehr, der die Aufrechterhaltung eines ÖV-Angebotes in weiten Bereichen des ländlichen Raumes erst ermöglichen und sichern dürfte, mußte jedoch in der Untersuchung aus finanziellen Gründen unberücksichtigt bleiben.

Zur Bedeutung des ÖV läßt sich zusammenfassend sagen, daß Zielvorstellungen noch stärker als bisher den verfassungsrechtlichen und sozialpolitischen Aspekt der Versorgung verbleibender Randgruppen berücksichtigen sollten. Vor allem aber bildet ein verfügbares ÖV-Grundnetz eine Sicherheitsreserve für krisenhafte Angebotsverknappungen im IV des dünnbesiedelten ländlichen Raumes mit seinen weit überdurchschnittlichen Pendlerentfernungen.

Wegen der Problematik regionaler Übertragbarkeit relativ kleinräumig gewonnener Ergebnisse und unter Berücksichtigung der methodisch bedingten spezifischen Genauigkeitsgrenzen einer jeden Erhebung erscheint es unumgänglich, die in dieser Analyse gewonnenen, teilweise überraschenden Ergebnisse durch weitere Untersuchungen abzusichern. Ein erster Schritt hierzu bildet die gleichartige Untersuchung im süddeutschen Raum Saulgau (Landkreis Sigmaringen), die sich zur Zeit in Arbeit befindet und deren Ergebnisse von den Verfassern in Kürze vorgelegt werden.

Verzeichnis der Übersichten im Anhang

Übersicht A 1: Zahl der Gemeinden nach Gemeindegrößenklassen (VZ 70)

Gemeinde-größenklassen (Einwohner)	Auf die betreffende Größenklasse entfielen . . . Gemeinden								
	Altkreis Rotenburg			Altkreis Bremervörde			Niedersachsen		
	abs.	%	kum. %	abs.	%	kum. %	abs.	%	kum. %
0 - 50	1	1,6	1,6	-	-	-	138	3,3	3,3
50 - 100	3	4,7	6,3	2	1,8	1,8	184	4,4	7,7
101 - 200	9	14,1	20,4	17	15,7	17,5	468	11,3	19,0
201 - 300	10	15,6	36,0	25	23,2	40,7	499	12,0	31,0
301 - 400	7	10,9	46,9	17	15,7	56,4	446	10,7	41,7
401 - 500	8	12,5	59,4	9	8,3	64,7	311	7,5	49,2
501 - 600	8	12,5	71,9	9	8,3	73,0	277	6,7	55,9
601 - 700	2	3,1	75,0	8	7,4	80,4	198	4,8	60,7
701 - 800	3	4,7	79,7	4	3,7	84,1	216	5,2	65,9
801 - 900	3	4,7	84,4	3	2,8	86,9	141	3,4	69,3
901 - 1000	2	3,1	87,5	2	1,9	88,8	140	3,4	72,7
1001 - 1500	2	3,1	90,6	4	3,7	92,5	377	9,1	81,8
1501 - 2000	2	3,1	93,7	3	2,8	95,3	206	5,0	86,8
2001 - 3000	1	1,6	95,3	1	1,9	97,2	194	4,7	91,4
≥ 3001	3	4,7	100	2	2,8	100	357	8,6	100

Quelle: Eigene Berechnungen nach einer Sonderauswertung des Niedersächsischen Landesverwaltungsamts - Statistik -

Übersicht A 2: Zahl der Einwohner nach Gemeindegrößenklassen (VZ 70)

Gemeinde-größenklasse (Einwohner)	Auf die betreffende Größenklasse entfielen . . . Einwohner								
	Altkreis Rotenburg			Altkreis Bremervörde			Niedersachsen		
	abs.	%	kum. %	abs.	%	kum. %	abs.	%	kum. %
0 - 50	40	0,1	0,1	-	-	-	2251	-	-
50 - 100	221	0,4	0,5	156	0,2	0,2	14169	0,2	0,2
101 - 200	1391	2,5	3,0	2798	3,9	4,1	69970	0,9	1,1
201 - 300	2589	4,6	7,6	6467	8,9	13,0	123685	1,7	2,8
301 - 400	2382	4,2	11,8	5944	8,2	21,2	155128	2,2	5,0
401 - 500	3610	6,4	18,2	4039	5,6	26,8	139288	2,0	7,0
501 - 600	4328	7,7	25,9	4821	6,7	33,5	151692	2,1	9,1
601 - 700	1329	2,4	28,3	5157	7,1	40,6	127894	1,8	10,9
701 - 800	2243	4,0	32,3	3040	4,2	44,8	161763	2,3	13,2
801 - 900	2528	4,5	36,8	2512	3,5	48,3	119206	1,7	14,9
901 - 1000	1915	3,4	40,2	1898	2,6	50,9	132755	1,9	16,8
1001 - 1500	2349	4,2	44,4	4904	6,8	57,7	456804	6,5	23,3
1501 - 2000	3103	5,5	49,9	4803	6,6	64,3	356029	5,0	28,3
2001 - 3000	2253	4,0	53,9	4525	6,2	70,5	467965	6,6	35,0
≥ 3001	25982	46,1	100	21349	29,5	100	4603199	65,0	100

Quelle: Eigene Berechnungen nach einer Sonderauswertung des Niedersächsischen Landesverwaltungsamts - Statistik

Übersicht A 3 : Gemeinde SOTTRUM, Bus-/Bahnverbindungen von den Gemeindeteilen nach Sottrum (GZ), Stand: Fahrplan Sommer 1978

	Montag - Freitag																						Samstag						Sonntag			
	ganzjährig										zusätzlich während der Schulzeit										erste/ letzte Abfahrt		ganz-jähr.		zu-sätzl. Schul-zeit		erste/ letzte Abfahrt		ganz-jähr.		erste/ letzte Abfahrt	
	05-09		09-15		15-19		19-05		insges.		05-09		09-15		15-19		19-05		insges.													
	H	R	H	R	H	R	H	R	H	R	H	R	H	R	H	R	H	R	H	R	H	R	H	R	H	R	H	R	H	R	H	R
Ahausen	1	-	2	1	1	1	-	-	4	2	-	1	1	1	-	-	-	-	1	2	6.54 18.53	6.54 18.19	2	2	1	2	6.54 14.58	6.54 16.21	1	-	13.04	
Eversen	1	-	1	1	1	1	-	-	3	2	-	1	-	1	-	-	-	-	-	2	6.15 18.50	12.54 18.19	1	2	-	2	6.51 14.54	6.54 16.21	-	-		
Bötersen	2	-	-	1	-	1	-	1	2	3	-	1	1	-	-	-	-	-	1	1	6.17 13.21	6.37 20.56	2	-	1	2	6.17 13.21	7.24 12.15	1	1	13.21	21.15
Höperhöfen	2	-	-	1	-	1	-	1	2	3	-	1	1	-	-	-	-	-	1	1	6.15 13.24	6.37 20.56	2	-	1	2	6.15 13.24	7.21 12.15	1	1	13.24	21.15
Hassendorf	1	-	2	-	1	2	-	-	2	2	-	1	1	-	-	-	-	-	1	1	7.42 14.30	6.54 17.08	1	1	1	2	7.42 11.57	6.54 13.51	-	1		0.09
Hellwege	-	-	-	1	1	-	-	-	1	1	-	-	-	1	-	-	-	-	-	1	18.46	12.11 12.54	-	1	-	-		12.54	-	-		
Horstedt	-	-	-	-	-	-	-	-	-	-	-	1	1	-	-	-	-	-	1	1	13.40	6.37	-	-	1	1	13.40	7.05	-	-		
Stapel	-	-	-	-	-	-	-	-	-	-	-	1	1	-	-	-	-	-	1	1	12.53	6.37	-	-	1	1	13.53	6.52	-	-		
Winkeldorf	-	-	-	-	-	-	-	-	-	-	1	1	1	1	-	-	-	-	2	2	6.26 13.45	6.37 14.30	-	-	2	2	6.26 13.45	7.00 14.30	-	-		
Clüversborstel	-	-	-	-	-	-	-	-	-	-	-	-	-	-	-	-	-	-	-	-			-	-	-	-			-	-		
Reeßum	-	-	-	-	-	-	-	-	-	-	-	1	1	-	-	-	-	-	1	1	14.03	6.37	-	-	1	1	14.03	6.37	-	-		
Schleeßel	-	-	-	-	-	-	-	-	-	-	-	1	1	-	-	-	-	-	1	1	13.29	6.37	-	-	1	1	13.29	7.16	-	-		
Taaken	-	-	-	-	-	-	-	-	-	-	-	1	1	-	-	-	-	-	1	1	13.33	6.37	-	-	1	1	13.58	6.47	-	-		
Everinghausen	-	-	-	-	-	-	-	-	-	-	-	-	-	-	-	-	-	-	-	-			-	-	-	-			-	-		
Sottrum																																
Stuckenborstel	-	-	1	1	1	1	-	-	2	2	1	1	-	-	-	-	-	-	1	1	6.49 17.05	7.46 14.34	1	1	2	1	6.49 17.05	7.46 14.34	1	-	0.06	

Quelle: Eigene Auswertungen auf der Basis des Sommerfahrplans 1978

Übersicht A 4 : Gemeinde SOTTRUM, Bus-/Bahnverbindungen von den Gemeindeteilen nach Rotenburg (MZ), Stand: Fahrplan Sommer 1978

	Montag - Freitag																						Samstag						Sonntag			
	ganzjährig										zusätzlich während der Schulzeit										erste/ letzte Abfahrt		ganz-jähr.		zu-sätzl. Schul-zeit		erste/ letzte Abfahrt		ganz-jähr.		erste/ letzte Abfahrt	
	05-09		09-15		15-19		19-05		insges.		05-09		09-15		15-19		19-05		insges.													
	H	R	H	R	H	R	H	R	H	R	H	R	H	R	H	R	H	R	H	R	H	R	H	R	H	R	H	R	H	R	H	R
Ahausen	3	3	3	3	3	3	-	1	9	10	3	-	1	2	-	-	-	-	4	2	6.54 18.52	6.15 19.25	7	7	3	1	6.54 18.18	6.15 16.45	3	4	13.04 23.13	9.50 19.25
Eversen	3	2	1	2	1	2	-	1	5	7	1	-	-	1	-	-	-	-	1	1	6.51 18.49	6.15 19.25	4	4	1	1	6.51 14.54	6.15 16.45	3	3	14.54 23.20	9.50 19.25
Bötersen	3	-	1	5	-	1	-	1	4	7	1	-	-	-	-	-	-	-	1	-	6.17 14.33	9.45 21.02	4	3	1	1	6.17 14.33	9.45 12.45	1	2	13.21	10.10 21.15
Höperhöfen	3	-	1	5	-	1	-	1	4	7	1	-	-	-	-	-	-	-	1	-	6.15 14.29	9.45 21.02	4	3	1	1	6.15 14.29	9.45 12.45	1	1	13.20	10.10 21.15
Hassendorf	2	6	6	4	4	3	2	1	14	14	1	-	-	1	-	-	-	-	1	1	6.58 20.56	5.24 19.37	10	11	2	1	6.58 20.56	5.24 18.25	7	7	7.04 0.13	6.00 19.49
Hellwege	-	1	1	1	1	-	-	-	2	2	1	-	-	1	-	-	-	-	1	1	7.05 18.47	8.25 13.20	2	2	1	1	7.05 18.12	8.25 13.20	-	-		
Horstedt	-	-	-	-	-	-	-	-	-	-	1	-	-	1	-	-	-	-	1	1	7.05	13.10	-	-	1	1	7.05	13.10	-	-		
Stapel	-	-	-	-	-	-	-	-	-	-	1	-	-	1	-	-	-	-	1	1	6.52	13.10	-	-	1	1	6.52	13.10	-	-		
Winkeldorf	-	-	-	-	-	-	-	-	-	-	2	-	-	1	-	-	-	-	2	1	6.10 7.00	13.10	-	-	2	1	6.10 7.00	13.10	-	-		
Clüversborstel	-	-	-	-	-	-	-	-	-	-	-	-	-	-	-	-	-	-	-	-			-	-	-	-			-	-		
Reeßum	-	-	-	-	-	-	-	-	-	-	1	-	-	1	-	-	-	-	1	1	6.42	13.10	-	-	1	1	6.42	13.10	-	-		
Schleeßel	-	-	-	-	-	-	-	-	-	-	1	-	-	1	-	-	-	-	1	1	7.16	13.10	-	-	1	1	7.16	13.10	-	-		
Taaken	-	-	-	-	-	-	-	-	-	-	1	-	-	1	-	-	-	-	1	1	6.47	13.10	-	-	1	1	6.47	13.10	-	-		
Everinghausen	-	-	-	-	-	-	-	-	-	-	-	-	-	-	-	-	-	-	-	-			-	-	-	-	-	-	-	-		
Sottrum	2	6	6	4	4	3	2	1	14	14	2	-	-	2	-	-	-	-	2	2	6.37 20.56	5.24 19.37	11	12	1	2	6.37 20.56	5.24 18.25	7	8	7.04 0.09	6.00 19.49
Stuckenborstel	-	1	1	1	1	-	-	-	2	2	1	-	-	1	-	-	-	-	1	1	6.49 17.11	7.21 14.08	-	-	-	-			1	-	0.13	

Quelle: Eigene Auswertungen auf der Basis des Sommerfahrplans 1978

Übersicht A 5 : Gemeinde SOTTRUM, Bus-/Bahnverbindungen von den Gemeindeteilen nach Bremen (OZ), Stand: Fahrplan Sommer 1978

	Montag - Freitag																						Samstag						Sonntag			
	ganzjährig										zusätzlich während der Schulzeit										erste/ letzte Abfahrt		ganz-jähr.		zu-sätzl. Schul-zeit		erste/ letzte Abfahrt		ganz-jähr.		erste/ letzte Abfahrt	
	05-09		09-15		15-19		19-05		insges.		05-09		09-15		15-19		19-05		insges.													
	H	R	H	R	H	R	H	R	H	R	H	R	H	R	H	R	H	R	H	R	H	R	H	R	H	R	H	R	H	R	H	R
Ahausen	4	5	2	1	3	2	-	-	9	8	-	-	2	2	-	-	-	-	2	2	6.54 18.53	6.08 17.55	4	6	2	2	6.54 13.04	6.56 15.57	2	2	13.04 18.52	9.00 22.25
Eversen	4	4	1	2	2	2	-	-	7	8	-	-	1	1	-	-	-	-	1	1	6.51 18.50	6.08 17.55	3	5	2	2	6.51 7.09	6.56 15.57	1	2	18.50	9.00 22.25
Bötersen	2	-	1	2	-	2	-	1	3	5	1	-	-	-	-	-	-	-	1	-	6.17 14.33	9.00 17.55	3	3	1	-	6.17 14.33	9.00 16.41	1	1	13.21	20.32
Höperhöfen	2	-	1	2	-	2	-	1	3	5	1	-	-	-	-	-	-	-	1	-	6.15 14.29	9.00 17.55	3	3	1	1	6.15 14.29	9.00 16.41	1	1	13.20	20.32
Hassendorf	5	2	5	6	3	4	1	2	14	14	1	-	-	-	-	-	-	-	1	-	5.30 19.43	6.40 16.00	11	11	1	-	5.30 18.31	6.40 20.32	7	7	6.06 20.32	6.40 23.10
Hellwege	-	1	-	1	1	-	-	-	1	2	1	-	-	1	-	-	-	-	1	1	7.05 18.49	7.52 12.30	-	2	1	1	7.05	7.52 12.30	-	-		
Horstedt	-	-	-	-	-	-	-	-	-	-	1	-	-	1	-	-	-	-	1	1	7.05	12.24	-	-	1	1	7.05	12.24	-	-		
Stapel	-	-	-	-	-	-	-	-	-	-	1	-	-	1	-	-	-	-	1	1	6.52	12.24	-	-	1	1	6.52	12.24	-	-		
Winkeldorf	1	-	-	1	-	-	-	-	1	1	2	-	-	1	-	-	-	-	2	1	6.10 7.23	12.24 13.30	2	1	1	1	6.10 7.23	12.24 14.30	-	-		
Clüversborstel	-	-	-	-	-	-	-	-	-	-	-	-	-	-	-	-	-	-	-	-			-	-	-	-			-	-		
Reeßum	-	-	-	-	-	-	-	-	-	-	1	-	-	1	-	-	-	-	1	1	6.42	12.24	-	-	1	1	6.42	12.24	-	-		
Schleeßel	-	-	-	-	-	-	-	-	-	-	1	-	-	1	-	-	-	-	1	1	7.16	12.24	-	-	1	1	7.16	12.24	-	-		
Taaken	-	-	-	-	-	-	-	-	-	-	1	-	-	1	-	-	-	-	1	1	6.47	12.24	-	-	1	1	6.47	12.24	-	-		
Everinghausen	-	-	-	-	-	-	-	-	-	-	-	-	-	-	-	-	-	-	-	-			-	-	-	-			-	-		
Sottrum	5	2	5	6	3	4	1	2	14	14	1	-	-	-	-	-	-	-	1	-			11	11	1	-	5.30 18.31	6.40 20.32	7	7	6.06 19.55	6.40 23.10
Stuckenborstel	1	1	1	2	-	1	-	-	2	4	1		1	1	-	-	-	-	2	1	7.49 14.37	6.40 16.00	1	2	2	-	6.49 12.04	6.40 12.45	-	1		23.10

Quelle: Eigene Auswertungen auf der Basis des Sommerfahrplans 1978

Übersicht A 6 : Gemeinde SOTTRUM, Bus-/Bahnverbindungen von den Gemeindeteilen nach Hamburg, Stand: Fahrplan Sommer 1978

	Montag - Freitag																						Samstag						Sonntag			
	ganzjährig										zusätzlich während der Schulzeit										erste/ letzte Abfahrt		ganz-jähr.		zu-sätzl. Schul-zeit		erste/ letzte Abfahrt		ganz-jähr.		erste/ letzte Abfahrt	
	05-09		09-15		15-19		19-05		insges.		05-09		09-15		15-19		19-05		insges.													
	H	R	H	R	H	R	H	R	H	R	H	R	H	R	H	R	H	R	H	R	H	R	H	R	H	R	H	R	H	R	H	R
Ahausen	3	2	1	1	1	3	-	-	5	6	-	-	-	-	-	-	-	-	-	-	6.54 16.54	6.45 8.10	3	3	1	-	6.54 16.54	6.45 16.55	1	2	23.13	13.59 18.10
Eversen	3	1	-	-	3	-	-	-	3	4	-	-	-	-	-	-	-	-	-	-	6.51 8.40	6.45 18.10	2	2	1	-	6.51 8.40	6.45 15.00	1	1	23.10	18.10
Bötersen	3	-	-	1	-	1	-	1	3	3	-	-	-	-	-	-	-	-	-	-	6.17 8.55	10.15 19.55	3	1	-	-	6.17 8.55	10.50 16.10	1	2	13.21	9.15 19.55
Höperhöfen	3	-	-	1	-	1	-	1	3	3	-	-	-	-	-	-	-	-	-	-	6.15 8.53	10.15 19.55	3	1	-	-	6.15 8.53	10.15	1	2	10.15	9.15 19.55
Hassendorf	2	2	2	2	2	2	1	-	7	6	-	-	-	-	-	-	-	-	-	-	6.58 19.30	5.50 17.20	4	4	1	1	6.58 19.30	5.50 17.20	3	4	6.40 20.56	5.50 16.10
Hellwege	-	1	1	-	-	-	-	-	1	1	-	-	-	-	-	-	-	-	-	-	11.57	7.09	1	1	-	-	11.57	7.09	-	-		
Horstedt	-	-	-	-	-	-	-	-	-	-	-	-	-	-	-	-	-	-	-	-			-	-	-	-			-	-		
Stapel	-	-	-	-	-	-	-	-	-	-	-	-	-	-	-	-	-	-	-	-			-	-	-	-			-	-		
Winkeldorf	-	-	-	-	-	-	-	-	-	-	1	-	-	-	-	-	-	-	1	-	6.10		-	-	1	-	6.10		-	-		
Clüversborstel	-	-	-	-	-	-	-	-	-	-	-	-	-	-	-	-	-	-	-	-			-	-	-	-			-	-		
Reeßum	-	-	-	-	-	-	-	-	-	-	-	-	-	-	-	-	-	-	-	-			-	-	-	-			-	-		
Schleeßel	-	-	-	-	-	-	-	-	-	-	-	-	-	-	-	-	-	-	-	-			-	-	-	-			-	-		
Taaken	-	-	-	-	-	-	-	-	-	-	-	-	-	-	-	-	-	-	-	-			-	-	-	-			-	-		
Everinghausen	-	-	-	-	-	-	-	-	-	-	-	-	-	-	-	-	-	-	-	-			-	-	-	-			-	-		
Sottrum	2	2	2	2	2	2	1	-	7	6											7.04 19.30	5.20 17.20	4	4	1	1	6.54 19.30	5.50 17.20	3	4	6.40 20.56	5.50 16.10
Stuckenborstel	-	-	-	1	1	-	-	-	1	1	1	-	-	-	-	-	-	-	1	-	6.49 17.05	12.41	-	-	2	1	6.49 12.12	10.15	-	-		

Quelle: Eigene Auswertungen auf der Basis des Sommerfahrplans 1978

Übersicht A 7 : Gemeinde SCHEESSEL, Bus-/Bahnverbindungen von den Gemeindeteilen nach Scheeßel (GZ), Stand:Fahrplan Sommer 1978

	Montag - Freitag																						Samstag						Sonntag			
	ganzjährig										zusätzlich während der Schulzeit										erste/ letzte Abfahrt		ganz- jähr.		zu- sätzl. Schul- zeit		erste/ letzte Abfahrt		ganz- jähr.		erste/ letzte Abfahrt	
	05-09		09-15		15-19		19-05		insges.		05-09		09-15		15-19		19-05		insges.													
	H	R	H	R	H	R	H	R	H	R	H	R	H	R	H	R	H	R	H	R	H	R	H	R	H	R	H	R	H	R	H	R
Abbendorf	-	-	-	1	-	-	-	-	-	1	1	-	-	1	-	-	-	-	1	1	7.05	12.05	-	-	1	2	7.05	11.05 13.06	-	-		
Bartelsdorf	-	-	-	-	-	-	-	-	-	-	1	-	1	1	-	-	-	-	2	1	7.02 12.19	13.00	-	-	2	-	7.02 12.19		-	-		
Deepen	-	-	-	-	-	-	-	-	-	-	1	-	-	2	-	-	-	-	1	2	7.00	11.57 12.55	-	-	1	2	7.00	12.30 13.10	-	-		
Einloh	-	-	1	1	-	-	-	-	1	1	2	1	-	1	-	-	-	-	2	2	6.45 14.35	7.25 12.55	-	-	2	3	6.45 8.20	7.25 12.55	-	-		
Hetzwege	1	-	-	1	-	-	-	-	1	1	1	-	-	5	-	-	-	-	1	5	7.10	9.40 13.45	1	2	1	4	7.10	9.40 12.51	-	-		
Jeersdorf	1	-	-	1	-	-	-	-	1	1	1	-	-	2	-	-	-	-	1	2	7.15 7.53	12.05 13.45	1	1	1	3	7.15 7.53	11.05 12.51	-	-		
Ostervesede	1	-	1	1	-	1	-	-	2	2	3	1	1	1	-	-	-	-	4	2	6.25 14.38	7.25 17.49	1	1	3	3	6.25 8.23	7.25 13.28	-	-		
Scheeßel																																
Sothel	1	-	-	-	-	-	-	-	1	-	1	-	1	4	-	-	-	-	2	4	6.55 10.32	9.40 13.45	1	1	2	3	6.55 10.32	9.40 12.51	-	-		
Westeresch	-	-	-	1	-	-	-	-	-	1	3	-	1	2	-	-	-	-	4	2	7.15 10.40	12.10 13.00	-	-	4	1	7.15 10.40	11.05	-	-		
Westerholz	1	-	-	2	-	-	-	-	1	2	1	-	-	2	-	-	-	-	1	2	7.13 7.50	12.05 13.45	1	1	1	3	7.13 7.50	11.05 12.51	-	-		
Westervesede	1	-	1	1	-	1	-	-	2	2	3	1	1	1	-	-	-	-	4	2	6.27 14.41	7.25 17.35	1	1	3	3	6.27 8.26	7.30 13.28	-	-		
Wittkopsbostel	1	-	-	-	-	-	-	-	1	-	-	-	-	4	-	-	-	-	-	4	7.00	9.40 13.45	1	1	-	3	7.00	9.40 12.51	-	-		
Wohlsdorf	-	-	-	-	-	-	-	-	-	-	1	-	1	1	-	-	-	-	2	1	7.00 12.17	13.09	-	-	2	-	7.00 12.17		-	-		

Quelle: Eigene Auswertungen auf der Basis des Sommerfahrplans 1978

Übersicht A 8 : Gemeinde SCHEESSEL, Bus-/Bahnverbindungen von den Gemeindeteilen nach Rotenburg (MZ), Stand:Fahrplan Sommer 1978

	Montag - Freitag																						Samstag						Sonntag			
	ganzjährig										zusätzlich während der Schulzeit										erste/ letzte Abfahrt		ganz- jähr.		zu- sätzl. Schul- zeit		erste/ letzte Abfahrt		ganz- jähr.		erste/ letzte Abfahrt	
	05-09		09-15		15-19		19-05		insges.		05-09		09-15		15-19		19-05		insges.													
	H	R	H	R	H	R	H	R	H	R	H	R	H	R	H	R	H	R	H	R	H	R	H	R	H	R	H	R	H	R	H	R
Abbendorf	-	-	-	-	-	-	-	-	-	-	1	-	-	3	-	-	-	-	1	3	7.05	11.47 12.41	-	-	1	2	7.05	11.40 11.41	-	-		
Bartelsdorf	-	-	-	-	-	-	-	-	-	-	-	2	1	1	-	-	-	-	1	3	13.07	7.02 13.35	-	-	-	2		6.55 7.43	-	-		
Deepen	-	-	-	-	-	-	-	-	-	-	1	-	-	2	-	-	-	-	1	2	7.00	11.47 12.25	-	-	1	2	7.00	11.40 12.35	-	-		
Einloh	-	-	1	1	-	-	-	-	1	1	2	1	-	1	-	-	-	-	2	2	6.45 14.35	8.05 12.35	-	-	2	1	6.45 8.20	7.43	-	-		
Hetzwege	1	-	1	1	-	1	-	-	2	2	-	-	-	4	-	-	-	-	-	4	7.10 14.08	9.21 16.45	1	1	-	2	7.10	11.50 16.45	-	-		
Jeersdorf	1	-	-	1	-	-	-	-	1	1	1	-	-	2	-	-	-	-	1	2	7.15 7.53	11.44 13.22	1	-	-	2	7.15	11.50 12.41	-	-		
Ostervesede	1	-	1	1	-	1	-	-	2	2	2	2	1	2	-	-	-	-	3	4	6.25 14.38	8.00 17.49	1	1	2	3	6.25 8.23	6.55 13.38	-	-		
Scheeßel	10	10	8	9	7	7	5	4	30	30	3	1	2	3	-	-	-	-	5	4	5.43 0.20	4.23 21.53	25	23	4	4	5.43 0.20	4.29 21.53	15	11	6.25 0.20	7.18 21.53
Sothel	1	-	1	-	-	1	-	-	2	1	1	-	-	4	-	-	-	-	1	4	6.55 13.53	9.21 16.45	1	1	1	2	6.55 7.08	11.50 16.45	-	-		
Westeresch	-	-	-	-	-	-	-	-	-	-	2	-	1	3	-	-	-	-	3	3	7.15 10.40	9.21 12.25	-	-	1	-	7.15		-	-		
Westerholz	1	-	1	1	-	1	-	-	2	2	1	-	-	2	-	-	-	-	1	2	7.13 14.11	11.47 16.45	1	1	-	2	7.13	11.50 16.45	-	-		
Westervesede	1	-	1	1	-	1	-	-	2	2	2	2	1	2	-	-	-	-	3	4	6.27 14.41	6.55 17.46	1	1	2	3	6.27 8.26	7.43 13.35	-	-		
Wittkopsbostel	1	-	1	-	-	1	-	-	2	1	-	-	-	4	-	-	-	-	-	4	7.00 13.57	9.21 16.45	1	1	-	2	7.00	11.50 16.45	-	-		
Wohlsdorf	-	-	-	-	-	-	-	-	-	-	-	2	1	1	-	-	-	-	1	3	13.09	7.00 13.32	-	-	-	2		6.55 7.43	-	-		

Quelle: Eigene Auswertungen auf der Basis des Sommerfahrplans 1978

Übersicht A 9 : Gemeinde SCHEESSEL, Bus-/Bahnverbindungen von den Gemeindeteilen nach Bremen (OZ), Stand: Fahrplan Sommer 1978

	Montag - Freitag																						Samstag						Sonntag			
	ganzjährig										zusätzlich während der Schulzeit										erste/ letzte Abfahrt		ganz- jähr.		zu- sätzl. Schul- zeit		erste/ letzte Abfahrt		ganz- jähr.		erste/ letzte Abfahrt	
	05-09		09-15		15-19		19-05		insges.		05-09		09-15		15-19		19-05		insges.													
	H	R	H	R	H	R	H	R	H	R	H	R	H	R	H	R	H	R	H	R	H	R	H	R	H	R	H	R	H	R	H	R
Abbendorf	-	-	-	-	-	-	-	-	-	-	1	-	-	2	-	-	-	-	1	2	7.05	12.23 12.24	-	-	1	-	7.05		-	-		
Bartelsdorf	-	-	-	-	-	-	-	-	-	-	1	2	1	1	-	-	-	-	2	3	7.02 13.07	6.11 12.24	-	-	-	2		6.56	-	-		
Deepen	-	-	-	-	-	-	-	-	-	-	1	-	-	1	-	-	-	-	1	1	7.00	12.24	-	-	1	-	7.00		-	-		
Einloh	-	-	1	-	-	-	-	-	1	-	2	1	-	-	-	-	-	-	2	1	6.45 14.35	7.52	-	-	2	1	6.45 8.20	7.52	-	-		
Hetzwege	1	-	1	-	-	1	-	-	2	1	-	-	-	4	-	-	-	-	-	4	7.10 14.08	9.00 15.42	1	-	-	1	7.10	9.00	-	-		
Jeersdorf	1	-	-	-	-	-	-	-	1	-	-	-	-	2	-	-	-	-	-	2	7.15	10.23 11.40	1	-	-	-	7.10		-	-		
Ostervesede	1	-	1	-	-	1	-	-	2	1	2	2	1	1	-	-	-	-	3	3	6.25 14.38	6.56 16.41	1	-	2	2	6.25 8.23	6.56	-	-		
Scheeßel	4	4	5	3	5	4	3	2	17	13	-	1	-	-	-	-	-	-	17	14	5.43 22.36	5.43 21.53	16	12	-	-	5.43 22.36	6.11 21.53	11	8	6.35 22.36	6.56 21.32
Sothel	1	-	1	-	-	1	-	-	2	1	-	-	-	2	-	-	-	-	-	2	6.55 13.53	9.00 15.42	1		-	1	6.55	9.00	-	-		
Westeresch	-	-	-	1	-	-	-	-	-	1	1	-	1	-	-	-	-	-	2	-	7.15 10.40	12.24	-	-	2	-		7.15 10.40	-	-		
Westerholz	1	-	1	-	-	1	-	-	2	1	-	-	-	2	-	-	-	-	-	2	7.13 14.11	10.23 15.42	1	-	-	-	7.13		-	-		
Westervesede	1	-	1	-	-	1	-	-	2	1	2	2	1	1	-	-	-	-	3	3	6.27 14.41	6.56 16.41	1	-	2	3	6.27 8.26	6.56	-	-		
Wittkopsbostel	1	-	1	-	-	1	-	-	2	1	-	-	-	2	-	-	-	-	-	2	7.00 13.57	9.00 15.42	1	-	-	1	7.00	9.00	-	-		
Wohlsdorf	-	-	-	-	-	-	-	-	-	-	-	2	1	1	-	-	-	-	1	3	13.09	6.56 12.24	-	-	-	2		6.56	-	-		

Quelle: Eigene Auswertungen auf der Basis des Sommerfahrplans 1978

Übersicht A 10 : Gemeinde SCHEESSEL, Bus-/Bahnverbindungen von den Gemeindeteilen nach Hamburg, Stand: Fahrplan Sommer 1978

	Montag - Freitag																						Samstag						Sonntag			
	ganzjährig										zusätzlich während der Schulzeit										erste/ letzte Abfahrt		ganz- jähr.		zu- sätzl. Schul- zeit		erste/ letzte Abfahrt		ganz- jähr.		erste/ letzte Abfahrt	
	05-09		09-15		15-19		19-05		insges.		05-09		09-15		15-19		19-05		insges.													
	H	R	H	R	H	R	H	R	H	R	H	R	H	R	H	R	H	R	H	R	H	R	H	R	H	R	H	R	H	R	H	R
Abbendorf	-	-	-	-	-	-	-	-	-	-	1	-	-	-	-	-	-	-	1	-	7.05		-	-	1	-	7.05		-	-		
Bartelsdorf	-	-	-	-	-	-	-	-	-	-	1	1	-	-	-	-	-	-	1	1	7.02	5.50	-	-	1	1	7.05	5.50	-	-		
Deepen	-	-	-	-	-	-	-	-	-	-	1	-	-	-	-	-	-	-	1	-	7.00		-	-	1	-	7.00		-	-		
Einloh	1	-	-	1	-	-	-	-	1	1	-	-	-	-	-	-	-	-	-	-	6.45	10.09	-	-	-	-			-	-		
Hetzwege	-	-	-	-	-	-	-	-	-	-	1	-	-	1	-	-	-	-	1	1	7.10	12.44	1	-	-	-	7.10		-	-		
Jeersdorf	1	-	-	-	-	-	-	-	1	-	-	-	-	1	-	-	-	-	-	1	7.15	12.44	1	-	-	-	7.15		-	-		
Ostervesede	1	-	-	1	-	-	-	-	1	1	1	-	-	-	-	1	-	-	1	1	6.25	10.09 16.04	1	-	1	-	6.25		-	-		
Scheeßel	5	4	4	4	3	5	2	3	14	16	-	-	-	-	-	-	-	-	-	-	5.09 22.00	5.34 23.20	14	17	-	-	5.09 23.20	5.34 23.20	8	12	7.26 22.00	5.34 23.20
Sothel	1	-	-	-	-	-	-	-	1	-	-	-	-	1	-	-	-	-	-	1	6.55	12.44	1	-	-	-	6.55		-	-		
Westeresch	-	-	-	-	-	-	-	-	-	-	1	-	-	-	-	-	-	-	1	-	7.15		-	-	1	-	7.15		-	-		
Westerholz	1	-	-	-	-	-	-	-	1	-	-	-	-	1	-	-	-	-	-	1	7.13	12.44	1	-	-	-	7.13		-	-		
Westervesede	1	-	-	1	-	-	-	-	1	1	1	-	-	-	-	1	-	-	1	1	6.27	10.09 16.04	1	-	-	-	6.25		-	-		
Wittkopsbostel	1	-	-	-	-	-	-	-	1	-	-	-	-	1	-	-	-	-	-	1	7.00	12.44	1	-	-	-	7.00		-	-		
Wohlsdorf	-	-	-	-	-	-	-	-	-	-	1	1	-	-	-	-	-	-	1	1	7.00	5.50	-	-	1	1	7.00	5.50	-	-		

Quelle: Eigene Auswertungen auf der Basis des Sommerfahrplans 1978

Übersicht A 11 : Gemeinde HEESLINGEN, Bus-/Bahnverbindungen von den Gemeindeteilen nach Heeslingen (NZ), Stand: Fahrplan Sommer 1978

	Montag - Freitag																						Samstag						Sonntag			
	ganzjährig										zusätzlich während der Schulzeit										erste/ letzte Abfahrt		ganz-jähr.		zu-sätzl. Schul-zeit		erste/ letzte Abfahrt		ganz-jähr.		erste/ letzte Abfahrt	
	05-09		09-15		15-19		19-05		insges.		05-09		09-15		15-19		19-05		insges.													
	H	R	H	R	H	R	H	R	H	R	H	R	H	R	H	R	H	R	H	R	H	R	H	R	H	R	H	R	H	R	H	R
Boitzen	2	1	1	1	1	1	-	-	4	3	1	-	-	1	-	-	-	-	1	1	5.46 18.44	6.05 17.10	3	3	1	1	5.46 14.36	6.05 15.00	2	1	18.44 21.08	15.00
Heeslingen																																
Meinstedt	-	-	-	-	-	-	-	-	-	-	1	-	-	1	-	-	-	-	1	1	6.54	13.30	-	-	1	1	6.54	12.11	-	-		
Sassenholz	-	-	-	-	-	-	-	-	-	-	1	-	-	1	-	-	-	-	1	1	6.58	13.30	-	-	1	1	6.58	12.11	-	-		
Steddorf	2	1	1	1	1	1	-	-	4	3	1	-	-	1	-	-	-	-	1	1	5.43 18.41	6.05 17.10	3	3	1	1	5.43 18.41	6.05 15.00	2	1	18.41 21.07	15.00
Weertzen	1	2	2	2	2	2	-	-	5	6	1	-	-	-	-	-	-	-	1	-	6.23 18.46	5.26 18. 12	5	5			7.13 18.46	5.26 16.57	2	2	11.57 21.21	9.55 19.12
Wense	-	-	-	-	-	-	-	-	-	-	1	-	-	1	-	-	-	-	1	1	7.06	13.30	-	-	1	1	7.06	12.11	-	-		
Wiersdorf	-	-	-	-	-	-	-	-	-	-	-	-	-	-	-	-	-	-	-	-			-	-	-	-			-	-		

Quelle: Eigene Auswertungen auf der Basis des Sommerfahrplans 1978

Übersicht A 12 : Gemeinde HEESLINGEN, Bus-/Bahnverbindungen von den Gemeindeteilen nach Zeven (MZ), Stand: Fahrplan Sommer 1978

	Montag - Freitag																						Samstag						Sonntag			
	ganzjährig										zusätzlich während der Schulzeit										erste/ letzte Abfahrt		ganz-jähr.		zu-sätzl. Schul-zeit		erste/ letzte Abfahrt		ganz-jähr.		erste/ letzte Abfahrt	
	05-09		09-15		15-19		19-05		insges.		05-09		09-15		15-19		19-05		insges.													
	H	R	H	R	H	R	H	R	H	R	H	R	H	R	H	R	H	R	H	R	H	R	H	R	H	R	H	R	H	R	H	R
Boitzen	1	1	2	1	1	1	-	-	4	3	1	-	-	1	-	-	-	-	1	1	5.46 18.44	6.00 17.05	2	3	1	1	7.12 14.36	6.00 17.05	2	1	18.44 21.09	19.00
Heeslingen	2	3	4	3	3	3	-	-	9	9	2	-	-	1	-	-	-	-	2	1	5.50 18.52	5.15 18.00	7	8	1	1	7.20 18.52	5.15 17.05	4	3	12.03 21.13	9.45 19.00
Meinstedt	-	-	-	-	-	-	-	-	-	-	1	-	-	1	-	-	-	-	1	1	6.54	13.25	-	-	1	1	6.54	12.00	-	-		
Sassenholz	-	-	-	-	-	-	-	-	-	-	1	-	-	1	-	-	-	-	1	1	6.58	13.25	-	-	1	1	6.58	12.00	-	-		
Steddorf	1	1	2	1	1	1	-	-	4	3	1	-	-	1	-	-	-	-	1	1	5.43 18.41	6.00 17.05	2	3	1	1	7.16 14.35	6.00 17.05	2	1	18.41 21.07	19.00
Weertzen	1	2	2	2	2	2	-	-	5	6	1	-	-	-	-	-	-	-	1	-	6.23 18.52	5.15 18.00	5	5	-	-	6.23 18.46	5.15 16.45	-	-		
Wense	-	-	-	-	-	-	-	-	-	-	1	-	-	1	-	-	-	-	1	1	7.06	13.25	-	-	1	1	7.96	12.00	-	-		
Wiersdorf	-	-	-	-	-	-	-	-	-	-	1	-	-	1	-	-	-	-	1	1	7.43	13.25	-	-	1	1	7.30	11.42	-	-		

Quelle: Eigene Auswertungen auf der Basis des Sommerfahrplans 1978

Übersicht A 13 : Gemeinde HEESLINGEN, Bus-/Bahnverbindungen von den Gemeindeteilen nach Bremen (OZ), Stand: Fahrplan Sommer 1978

	Montag - Freitag																						Samstag						Sonntag			
	ganzjährig										zusätzlich während der Schulzeit										erste/ letzte Abfahrt		ganz-jähr.		zu-sätzl. Schul-zeit		erste/ letzte Abfahrt		ganz-jähr.		erste/ letzte Abfahrt	
	05-09		09-15		15-19		19-05		insges.		05-09		09-15		15-19		19-05		insges.													
	H	R	H	R	H	R	H	R	H	R	H	R	H	R	H	R	H	R	H	R	H	R	H	R	H	R	H	R	H	R	H	R
Boitzen	1	-	-	-	-	-	-	-	1	-	-	-	-	1	-	-	-	-	-	1	5.46	11.40	-	-	-	-			-	-		
Heeslingen	2	1	1	3	1	1	-	-	4	5	-	-	-	1	-	-	-	-	-	1	5.26 16.57	7.52 13.45	3	3	1	1	5.26 16.57	7.52 13.45	3	2	9.55 21.27	8.28 19.30
Meinstedt	-	-	-	-	-	-	-	-	-	-	-	-	-	1	-	-	-	-	-	1		11.40	-	-	-	-			-	-		
Sassenholz	-	-	-	-	-	-	-	-	-	-	-	-	-	1	-	-	-	-	-	1		11.40	-	-	-	-			-	-		
Steddorf	1	-	-	-	-	-	-	-	1		-	-	-	1	-	-	-	-	-	1	7.12	11.40	-	-	1	-	7.12		1	-	21.07	
Weertzen	1	1	1	3	1	1	-	-	3	5	-	-	-	-	-	-	-	-	-	-	5.32 17.03	7.52 13.45	3	4	1	1	5.32 17.03	7.52 13.45	3	2	10.01 21.21	8.28 19.30
Wense	-	-	-	1	-	-	-	-	-	1	-	-	-	-	-	-	-	-	-	-		11.40	-	-	-	-			-	-		
Wiersdorf	-	-	-	1	-	-	-	-	-	1	-	-	-	-	-	-	-	-	-	-		11.40	1	-	-	-	7.43		-	-		

Quelle: Eigene Auswertungen auf der Basis des Sommerfahrplans 1978

Übersicht A 14 : Gemeinde HEESLINGEN, Bus-/Bahnverbindungen von den Gemeindeteilen nach Hamburg (OZ), Stand: Fahrplan Sommer 1978

	Montag - Freitag																						Samstag						Sonntag			
Fahrplan: Sommer 1978	ganzjährig										zusätzlich während der Schulzeit										erste/ letzte Abfahrt		ganz-jähr.		zu-sätzl. Schul-zeit		erste/ letzte Abfahrt		ganz-jähr.		erste/ letzte Abfahrt	
	05-09		09-15		15-19		19-05		insges.		05-09		09-15		15-19		19-05		insges.													
	H	R	H	R	H	R	H	R	H	R	H	R	H	R	H	R	H	R	H	R	H	R	H	R	H	R	H	R	H	R	H	R
Boitzen	1	-	-	-	-	-	-	-	1	-	-	-	-	-	-	-	-	-	-	-	5.46	-	1	-	-	-	5.46	-	-	-		
Heeslingen	2	1	2	3	1	1	-	-	5	5	-	-	-	-	-	-	-	-	-	-	5.26 16.57	5.50 17.20	5	5	-	-	5.26 16.57	5.50 17.20	2	2	9.55 19.12	10.15 19.55
Meinstedt	-	-	-	-	-	-	-	-	-	-	-	-	-	-	-	-	-	-	-	-			-	-	-	-			-	-		
Sassenholz	-	-	-	-	-	-	-	-	-	-	-	-	-	-	-	-	-	-	-	-			-	-	-	-			-	-		
Steddorf	1	-	-	-	-	-	-	-	1	-	-	-	-	-	-	-	-	-	-	-	5.46		1	-	-	-	5.46		-	-		
Weertzen	2	1	2	3	1	1	-	-	5	5	-	-	-	-	-	-	-	-	-	-	5.32 17.03	5.50 17.20	5	5	-	-	5.26 17.03	5.50 17.20	2	2	10.01 19.18	10.15 19.55
Wense	-	-	-	-	-	-	-	-	-	-	-	-	-	-	-	-	-	-	-	-			-	-	-	-			-	-		
Wiersdorf	-	-	-	-	-	-	-	-	-	-	-	-	-	-	-	-	-	-	-	-			-	-	-	-			-	-		

Quelle: Eigene Auswertungen auf der Basis des Sommerfahrplans 1978

Übersicht A 15 : Struktur der ÖV-Versorgung in den untersuchten Gemeindeteilen

	Kriterium 1			Kriterium 2			Kriterium 3			Kriterium 4			Kriterium 5			Kriterium 6			Kriterium 7			Kriterium 8		
	1.1.	1.2.	1.3. HH HB	2.1.	2.2.	2.3. HH HB	3.1.	3.2.	3.3. HH HB	4.1.	4.2.	4.3. HH HB	5.1.	5.2.	5.3. HH HB	6.1.	6.2.	6.3. HH HB	7.1.	7.2.	7.3. HH HB	8.1.	8.2.	8.3. HH HB
GRUPPE I																								
Scheeßel	(x)	x	x x	-	-	- -	-	-	- -	(x)	x	x x	-	-	- -	(2)	58	29 28	(6)	9	- 1	x	x	x x
Hassendorf	x	x	x x	-	-	- -	-	-	- -	x	x	x x	-	-	- -	2	26	11 26	2	2	- 1	-	x	x x
Ahausen	x	x	x x	-	-	- -	-	-	- -	x	x	x x	-	-	- -	4	17	9 16	3	6	- 4	-	x	- x
Heeslingen	(x)	x	x x	-	-	- -	-	-	- -	(x)	x	x x	-	-	- -	(9)	16	8 7	(2)	3	- 1	(x)	x	x x
Weertzen	x	x	x x	-	-	- -	-	-	- -	x	x	x x	-	-	- -	9	9	8 6	1	1	- -	x	x	x x
Eversen	x	x	x x	-	-	- -	-	-	- -	x	x	x x	-	-	- -	3	10	5 13	2	2	- 2	-	x	- x
Bötersen	x	x	x x	-	-	- -	-	-	- -	-	x	x x	x	-	- -	3	9	4 7	2	1	- 1	x	x	x x
Höperhöfen	x	x	x x	-	-	- -	-	-	- -	-	x	x x	x	-	- -	3	9	4 6	2	1	- 1	x	x	x x
GRUPPE II																								
Westervesede	x	x	- x	-	-	x -	-	-	- -	x	x	- -	-	-	- -	2	2	- 1	6	7	2 6	-	-	- -
Ostervesede	x	x	- x	-	-	x -	-	-	- -	x	x	- -	-	-	- -	2	2	- 1	6	7	2 6	-	-	- -
Metzwege	-	x	- x	x	-	- -	-	-	x -	x	x	- -	-	-	- -	-	2	- 1	6	4	- 4	-	-	- -
Steddorf	x	x	- -	-	-	- -	-	-	- x	x	x	- -	-	-	- -	5	5	- -	2	2	- -	-	-	- -
Boitzen	x	x	- -	-	-	- -	-	-	- x	x	x	- -	-	-	- -	5	5	- -	2	2	- -	-	-	- -
Westerholz	-	x	- x	x	-	- -	-	-	x -	x	x	- -	-	-	- -	1	2	- 1	3	3	- 2	-	-	- -
Sothel	-	x	- x	-	-	- -	x	-	x -	x	x	- -	-	-	- -	-	1	- 1	5	5	- 2	-	-	- -
Wittkopsbostel	-	x	- x	-	-	- -	x	-	x -	x	x	- -	-	-	- -	-	1	- 1	3	4	- 2	-	-	- -
GRUPPE III																								
Jeersdorf	-	-	- -	x	x	- -	-	-	x x	x	-	- -	-	x	- -	-	-	- -	3	3	- 1	-	-	- -
Winkeldorf	-	-	- -	-	-	- x	x	x	- -	-	-	- x	x	x	- -	-	-	- -	2	1	- 1	-	-	- -
Hellwege	-	-	- -	-	x	- x	-	-	- -	-	-	- -	-	-	- x	-	2	- 1	-	2	- 2	-	-	- -
Abbendorf	-	-	- -	-	-	- -	x	x	- x	-	-	- -	x	x	- -	-	-	- -	1	1	- 1	-	-	- -
Westeresch	-	-	- -	-	-	- -	x	x	- -	-	-	- -	x	-	- -	-	-	- -	5	4	- 1	-	-	- -
GRUPPE IV																								
Meinstedt	-	-	- -	-	-	- -	x	x	- -	-	-	- -	x	x	- -	-	-	- -	-	-	- -	-	-	- -
Sassenholz	-	-	- -	-	-	- -	x	x	- -	-	-	- -	x	x	- -	-	-	- -	-	-	- -	-	-	- -
Wense	-	-	- -	-	-	- -	x	x	- -	-	-	- -	x	x	- -	-	-	- -	-	-	- -	-	-	- -
Horstedt	-	-	- -	-	-	- -	-	x	- x	-	-	- -	-	x	- x	-	-	- -	-	-	- -	-	-	- -
Stapel	-	-	- -	-	-	- -	-	x	- x	-	-	- -	-	x	- x	-	-	- -	-	-	- -	-	-	- -
Reeßum	-	-	- -	-	-	- -	-	x	- x	-	-	- -	-	x	- x	-	-	- -	-	-	- -	-	-	- -
Schleeßel	-	-	- -	-	-	- -	-	x	- x	-	-	- -	-	x	- x	-	-	- -	-	-	- -	-	-	- -
Taaken	-	-	- -	-	-	- -	-	x	- x	-	-	- -	-	x	- x	-	-	- -	-	-	- -	-	-	- -
Bartelsdorf	-	-	- -	-	-	- -	x	-	- x	-	-	- -	-	-	- -	-	-	- -	1	-	- 3	-	-	- -
Wiersdorf	-	-	- -	-	-	- -	-	x	- -	-	-	- -	-	x	- -	-	-	- -	-	-	- -	-	-	- -
Wohlsdorf	-	-	- -	-	-	- -	x	-	- -	-	-	- -	-	-	- -	-	-	- -	1	-	- -	-	-	- -
Clüversborstel	-	-	- -	-	-	- -	-	-	- -	-	-	- -	-	-	- -	-	-	- -	-	-	- -	-	-	- -

Quelle: Eigene Auswertungen auf der Basis des Sommerfahrplans 1978

Übersicht A 16 : Zielerfüllungsgrade auf der Basis modifizierter ÖV-Richtwerte nach der Bayerischen Richtlinie zur Nahverkehrsplanung

	Anzahl der Fahrtenpaare in Bezug auf das				Zielerfüllungsgrad in % in Bezug auf das			
	Unter-zentrum	Mittel-zentrum	Oberzentrum Hamburg	Oberzentrum Bremen	Unter-zentrum	Mittel-zentrum	Oberzentrum Hamburg	Oberzentrum Bremen
	1	2	3		4	5	6	
Gruppe I								
Scheeßel	entf.	34	14	14	entf.	283	116	116
Hassendorf	3	15	7	14	100	500	233	466
Ahausen	4	12	5	10	133	400	166	333
Heeslingen	entf.	10	5	4	entf.	166	66	66
Weertzen	6	6	5	3	200	200	166	100
Eversen	3	6	3	8	100	200	100	266
Bötersen	3	5	3	4	100	166	100	133
Höperhöfen	3	5	3	4	100	166	100	133
					Mittlerer Zielerfüllungsgrad 180 %			
Gruppe II								
Westervesede	4	5	4	2	133	166	133	66
Ostervesede	4	5	4	2	133	166	133	66
Hetzwege	2	2	2	1	66	66	66	33
Steddorf	4	4	0	1	133	133	0	33
Boitzen	4	4	0	1	133	133	0	33
Westerholz	2	3	2	1	66	100	66	33
Sothel	3	3	2	1	100	100	66	33
Wittkopsbostel	1	2	2	1	33	66	66	33
					Mittlerer Zielerfüllungsgrad 84 %			

Übersicht A 16 (Fortsetzung)	Anzahl der Fahrtenpaare in Bezug auf das				Zielerfüllungsgrad in % in Bezug auf das			
	Unter-zentrum	Mittel-zentrum	Oberzentrum Hamburg	Oberzentrum Bremen	Unter-zentrum	Mittel-zentrum	Oberzentrum Hamburg	Oberzentrum Bremen
	1	2	3		4	5	6	
Gruppe III								
Jeersdorf	2	2	1	1	66	66	33	33
Winkeldorf	2	1	0	2	66	33	0	66
Hellwege	0	3	1	2	0	100	33	66
Abbendorf	0	1	1	0	0	33	33	0
Westeresch	3	3	1	0	100	100	33	0
					Mittlerer Zielerfüllungsgrad 43 %			
Gruppe IV								
Neinstedt	1	1	0	0	33	33	0	0
Sassenholz	1	1	0	0	33	33	0	0
Wense	1	1	0	0	33	33	0	0
Horstedt	0	1	0	1	0	33	0	33
Stapel	0	1	0	1	0	33	0	33
Reeßum	0	1	0	1	0	33	0	33
Schleeßel	0	1	0	1	0	33	0	33
Taaken	0	1	2	1	0	33	66	33
Bartelsdorf	1	0	2	1	33	0	66	33
Wiersdorf	0	1	0	0	0	33	0	0
Wohlsdorf	0	0	0	0	0	0	0	0
Clüversborstel	0	0	0	0	0	0	0	0
					Mittlerer Zielerfüllungsgrad 16 %			

Quelle: Eigene Auswertungen auf der Basis des Sommerfahrplans 1978 unter Berücksichtigung der Bayerischen Richtlinie zur Nahverkehrsplanung, Bayerisches Staatsministerium für Wirtschaft und Verkehr (Hrsg.), München 1977, S. 49, Tabelle 4

Übersicht A 17 : Altersstruktur in den untersuchten Gemeindeteilen (Vergleich VZ 70 - Erhebung)

	Wohnbevölkerung VZ 70 abs	Erfaßte Personen abs	Davon sind: unter 6 Jahre alt VZ 70 %	%	6 bis unter 15 Jahre alt VZ 70 %	%	15 bis unter 18 Jahre alt VZ 70 %	%	18 bis unter 21 Jahre alt VZ 70 %	%	21 bis unter 45 Jahre alt VZ 70 %	%	45 bis unter 60 Jahre alt VZ 70 %	%	60 bis unter 65 Jahre alt VZ 70 %	%	65 bis unter 75 Jahre alt VZ 70 %	%	75 und mehr Jahre alt VZ 70 %	%
	1	2	3	4	5	6	7	8	9	10	11	12	13	14	15	16	17	18	19	20
Sottrum																				
Ahausen	886	196	10,3	4,1	14,9	17,9	4,4	4,6	4,6	4,6	28,9	30,1	15,9	19,4	5,5	5,1	11,5	9,2	3,9	5,1
Eversen	294	120	12,9	5,8	11,6	16,7	3,7	5,0	2,4	2,5	32,0	38,3	11,9	10,0	6,8	1,7	14,3	10,8	4,4	9,2
Bötersen	475	172	11,4	9,3	15,6	14,0	6,3	6,4	5.0	5,2	30,1	36,0	14,7	15,1	4,8	3,5	6,7	5,8	5,3	4,7
Höperhöfen	297	53	12,5	3,8	19,9	15,1	3,4	13,2	2,4	3,8	29,0	35,8	10,4	11,3	7,1	7,5	8,4	9,4	7,1	-
Hassendorf	746	144	12,6	3,5	15,0	15,3	5,2	6,3	3,5	5,6	29,2	27,8	15,6	21,5	8,2	4,9	7,2	9,0	3,5	6,3
Hellwege	808	327	10,9	6,1	16,5	11,9	6,2	7,6	3,1	6,4	25,7	33,9	16,9	16,2	6,1	3,1	8,9	10,4	5,7	4,3
Horstedt	506	200	11,9	4,0	14,8	13,5	5,1	8,5	4,5	8,0	32,2	33,5	14,4	17,5	4,9	4,0	6,5	7,5	5,5	3,5
Stapel	162	60	11,1	1,7	17,3	11,7	3,1	5,0	5,6	13,3	27,7	33,3	14,8	10,0	5,6	8,3	8,6	11,7	6,2	5,0
Winkeldorf	254	35	9,8	2,9	17,7	8,6	3,5	8,6	3,9	-	27,9	34,3	17,3	17,1	3,9	8,6	11,8	8,6	3,9	11,4
Clüversborstel	183	59	14,2	1,7	14,2	6,8	3,3	6,8	1,1	5,1	27,8	28,8	20,2	15,3	7,1	8,5	8,2	15,3	3,8	11,9
Reeßum	460	178	11,3	5,1	17,0	17,4	5,6	6,2	5,2	2,8	29,3	37,1	13,7	16,3	5,0	3,4	6,7	7,9	6,1	3,9
Schleeßel	140	47	10,0	-	19,3	19,1	10,0	2,1	4,3	4,3	30,0	34,0	15,0	21,3	5,0	2,1	3,6	10,6	2,9	6,4
Taaken	368	139	9,5	3,6	16,8	10,1	8,1	7,9	4,6	3,6	25,3	30,2	16,6	25,2	4,6	1,4	10,0	9,4	4,3	8,6
Gemeinde	5579	1730	11,3	4,8	15,8	14,0	5,3	6,8	4,0	5,3	28,7	33,4	15,3	17,1	5,9	4,0	8,8	9,2	4,8	5,5

Heinze/Herbst/Schühle 1979

Fortsetzung der Übersicht nächste Seite

Zum Vergleich:

	3	4	5	6	7	8	9	10	11	12	13	14	15	16	17	18	19	20
Bundesrepublik 1976[1]		6,4		14,5		4,7		4,3		33,5		16,7		5,2		9,7		5,0
Landkreis Rotenburg VZ 70	10,6		15,7		4,6		4,6		30,1		15,9		5,7		8,4		4,5	
Landkreis Bremervörde VZ 70	11,7		16,2		4,6		4,3		29,8		15,5		5,3		8,3		4,3	

1) Quelle: Statistisches Jahrbuch 1978, S. 59, Durchschnittswerte

Übersicht A 17 (Fortsetzung)

	Wohnbevölkerung VZ 70 abs	Erfaßte Personen abs	Davon sind: unter 6 Jahre alt VZ 70 %	%	6 bis unter 15 Jahre alt VZ 70 %	%	15 bis unter 18 Jahre alt VZ 70 %	%	18 bis unter 21 Jahre alt VZ 70 %	%	21 bis unter 45 Jahre alt VZ 70 %	%	45 bis unter 60 Jahre alt VZ 70 %	%	60 bis unter 65 Jahre alt VZ 70 %	%	65 bis unter 75 Jahre alt VZ 70 %	%	75 und mehr Jahre alt VZ 70 %	%
	1	2	3	4	5	6	7	8	9	10	11	12	13	14	15	16	17	18	19	20
Scheeßel																				
Abbendorf	225	53	14,7	-	23,1	11,3	4,0	7,5	2,7	1,9	29,4	41,5	10,7	15,1	6,2	5,7	7,1	7,5	2,2	9,4
Bartelsdorf	447	141	12,5	2,1	17,0	13,5	3,8	6,4	3,8	7,1	29,1	28,4	13,0	20,6	4,7	2,8	9,8	10,6	6,3	8,5
Hetzwege	297	71	12,8	9,9	14,8	11,3	4,0	2,8	6,4	1,4	26,5	38,0	16,2	18,3	5,7	2,8	8,4	9,9	5,0	5,6
Jeersdorf	519	143	13,3	4,2	17,1	16,8	4,2	7,7	3,5	4,9	32,5	32,2	13,9	16,1	4,8	1,4	6,7	9,8	3,8	7,0
Ostervesede	689	297	13,5	3,0	19,9	13,5	4,8	7,7	3,2	5,1	28,4	36,4	14,1	14,1	5,2	3,4	7,4	10,4	3,5	6,4
Scheeßel	5131	927	10,1	4,3	15,3	14,2	5,6	5,7	5,1	6,3	30,6	35,1	16,5	18,4	5,5	4,2	7,2	6,8	4,1	5,0
Sothel	182	66	13,2	7,6	14,3	16,7	5,5	3,0	5,5	3,0	33,5	36,4	13,2	13,6	5,5	3,0	7,1	10,6	2,2	6,1
Westeresch	293	135	11,6	4,4	20,5	14,8	5,1	8,9	3,8	4,4	31,4	34,8	12,6	18,5	4,4	3,0	6,5	8,1	4,1	3,0
Westerholz	487	221	10,7	4,5	18,1	11,8	4,5	5,4	4,5	4,1	31,8	35,3	15,2	20,8	4,3	3,2	8,4	9,0	2,5	5,9
Westervesede	554	165	11,7	0,6	15,0	13,9	2,5	6,1	4,3	3,0	30,5	30,9	15,3	24,2	4,5	4,8	10,8	10,9	5,2	5,5
Wittkopsbostel	368	160	16,8	3,1	18,2	19,4	4,9	5,0	2,4	5,0	32,6	32,5	12,8	18,8	3,5	3,1	3,8	10,0	4,9	3,1
Wohlsdorf	268	102	15,7	6,9	17,7	11,8	4,8	6,9	4,5	4,9	27,6	43,1	15,7	13,7	3,4	2,9	6,7	5,9	4,5	3,9
Gemeinde	9460	2481	11,5	4,0	16,5	14,2	4,9	6,2	4,6	5,1	30,4	34,8	15,4	18,1	5,1	3,6	7,5	8,5	4,1	5,4
Heeslingen																				
Boitzen	284	217	11,6	2,3	19,0	12,4	4,2	6,0	3,5	4,1	27,8	33,6	18,0	22,6	3,5	3,7	7,4	8,3	4,9	6,9
Heeslingen	1559	643	13,0	5,0	17,9	18,4	4,8	6,4	3,8	4,2	30,1	35,0	13,5	17,0	4,7	3,9	8,3	6,4	3,9	3,9
Meinstedt	192	123	15,1	5,7	17,7	19,5	3,1	4,1	5,2	7,3	28,6	34,1	16,1	16,3	4,7	4,1	6,8	7,3	2,6	1,6
Sassenholz	186	93	11,8	2,2	18,8	10,8	4,8	3,2	2,7	4,3	32,2	39,8	12,4	16,1	5,4	4,3	9,1	11,8	2,7	7,5
Steddorf	377	162	10,6	2,5	19,1	7,4	4,8	5,6	4,8	7,4	28,9	32,7	16,7	29,6	3,7	5,6	6,1	3,1	5,3	6,2
Weertzen	565	193	13,1	5,7	16,6	15,5	5,3	2,6	4,6	6.2	30,1	36,3	14,7	15,5	5,1	3,6	5,3	10,9	5,1	3,6
Wense	335	200	14,3	5,0	17,6	15,0	3,9	10,0	3,3	4,5	30,4	34,0	14,6	16,0	4,8	2,5	7,5	8,0	3,6	5,0
Wiersdorf	229	55	13,1	3,6	21,4	16,4	4,4	1,8	3,9	1,8	30,2	38,2	14,0	12,7	2,6	5,5	6,5	10,9	3,9	9,1
Gemeinde	3727	1686	12,8	4,3	18,1	15,4	4,6	5,8	4,0	4,9	29,9	34,9	14,6	18,4	4,5	3,9	7,3	7,5	4,1	4,8
Insgesamt	18766	5897	11,7	4,3	16,6	14,5	5,0	6,2	4,3	5,1	29,8	34,4	15,2	17,9	5,2	3,8	7,8	8,4	4,3	5,3

Heinze/Herbst/Schühle 1979

Übersicht A 18 : Anteile der männlichen und weiblichen Bevölkerung in den untersuchten Gemeindeteilen (Vergleich VZ 70 - Erhebung)

	VZ 70		Erhebung	
	männlich %	weiblich %	männlich %	weiblich %
	1	2	3	4
Sottrum				
Ahausen	48,1	51,9	46,4	53,6
Eversen	50,3	49,7	50,8	49,2
Bötersen	50,3	49,7	51,7	48,3
Höperhöfen	51,2	48,8	52,8	47,2
Hassendorf	48,9	51,1	51,4	48,6
Hellwege	48,1	51,9	50,8	49,2
Horstedt	50,6	49,4	48,0	52,0
Stapel	54,3	45,7	46,7	53,3
Winkeldorf	52,8	47,2	54,3	45,7
Clüversborstel	48,1	51,9	44,1	55,9
Reeßum	47,8	52,2	51,7	48,3
Schleeßel	57,9	42,1	51,1	48,9
Taaken	52,2	47,8	49,6	50,4
Gemeinde	50,6	49,4	49,9	50,1

Zum Vergleich:

Bundesrepublik 1976[1]	47,6	52,4
Kreis Rotenburg VZ 70	49,2	50,8
Kreis Bremervörde VZ 70	49,3	50,7

1) Quelle: Statistisches Jahrbuch 1978, S. 59, Durchschnittszahlen

Übersicht A 18 (Fortsetzung)	VZ 70		Erhebung	
	männlich %	weiblich %	männlich %	weiblich %
	1	2	3	4
Scheeßel				
Abbendorf	54,7	45,3	50,9	49,1
Bartelsdorf	52,3	47,7	48,9	51,1
Hetzwege	49,2	50,8	50,7	49,3
Jeersdorf	48,7	51,3	52,4	47,6
Ostervesede	51,4	48,6	50,8	49,2
Scheeßel	50,2	49,8	51,5	48,5
Sothel	56,0	44,0	48,5	51,5
Westeresch	48,5	51,5	46,7	53,3
Westerholz	52,4	47,6	48,9	51,1
Westervesede	50,2	49,8	52,1	47,9
Wittkopsbostel	51,4	48,6	55,6	44,4
Wohlsdorf	50,0	50,0	52,9	47,1
Gemeinde	50,6	49,4	51,1	48,9
Heeslingen				
Boitzen	47,9	52,1	48,4	51,6
Heeslingen	48,7	51,3	50,7	49,3
Meinstedt	51,6	48,4	48,8	51,2
Sassenholz	47,3	52,7	47,3	52,7
Steddorf	52,3	47,7	52,5	47,5
Weertzen	50,3	49,7	51,8	48,2
Wense	47,5	52.5	48,0	52,0
Wiersdorf	54,6	45,4	54,5	45,5
Gemeinde	49,6	50,4	50,2	49,8
Insgesamt	50,4	49,6	50,5	49,5

Heinze/Herbst/Schühle 1979

Übersicht A 19 : Haushaltsgrößen in den untersuchten Gemeindeteilen (Vergleich VZ 70 - Erhebung)

	Gesamtzahl der Haushalte		Davon sind Haushalte mit																			
			1 Person				2 Personen				3 Personen				4 Personen				5 u. mehr Personen			
	VZ 70	Erhebung	VZ 70		Erhebung		VZ 70		Erhebung		VZ 70		Erhebung		VZ 70		Erhebung		VZ 70		Erhebung	
	abs	abs	abs	%	abs	%	abs	%	abs	%	abs	%	abs	%	abs	%	abs	%	abs	%	abs	%
	1	2	3	4	5	6	7	8	9	10	11	12	13	14	15	16	17	18	19	20	21	22
Sottrum																						
Ahausen	276	57	48	17,4	1	1,8	56	20,3	14	24,6	46	16,7	8	14,0	53	19,2	14	24,6	73	26,4	20	35,1
Eversen	82	38	6	7,3	3	7,9	21	25,6	8	21,1	16	19,5	4	10,5	16	19,5	9	23,6	23	28,1	14	36,8
Bötersen	127	48	13	10,2	1	2,1	24	18,9	9	18,8	21	16,5	4	8,3	26	20,5	16	33,3	43	33,9	18	37,5
Höperhöfen	75	16	6	8,0	0	-	17	22,7	3	18,8	13	17,3	3	18,8	12	16,0	4	25,0	27	36,0	6	37,5
Hassendorf	207	39	16	7,8	1	2,6	37	17,8	6	15,4	45	21,7	5	12,8	52	25,1	13	33,3	57	27,5	14	35,9
Hellwege	230	97	32	13,9	3	3,1	49	21,3	22	22,7	46	20,0	23	23,7	36	15,7	20	20,6	67	29,1	29	29,9
Horstedt	130	56	14	10,8	2	3,6	13	10,0	7	12,5	27	20,8	12	21,4	32	24,6	12	21,4	44	33,8	23	41,1
Stapel	34	15	1	2,9	0	-	6	17,6	1	6,7	2	5,9	1	6,7	3	8,8	1	6,7	22	64,7	12	80,0
Winkeldorf	60	13	5	8,3	2	15,4	11	18,3	4	30,8	9	15,0	3	23,1	4	6,7	3	23,1	31	51,7	1	7,7
Clüversborstel	46	18	5	10,9	2	11,1	6	13,0	5	27,8	11	23,9	3	16,7	6	13,0	0	-	18	39,1	8	44,4
Reeßum	110	48	7	6,4	2	4,2	19	17,3	7	14,6	20	18,2	7	14,6	16	14,5	12	25	48	43,6	20	41,7
Schleeßel	32	14	3	9,4	1	7,1	6	18,8	2	14,3	2	6,3	2	14,3	4	12,5	4	28,6	17	53,1	5	35,7
Taaken	82	40	6	7,3	2	5,0	14	17,1	8	20,0	9	11,0	9	22,5	9	11,0	5	12,5	44	53,6	16	40,0
Gemeinde	1491	499	162	10,7	20	4,0	279	18,7	96	19,2	267	17,9	84	16,8	269	18,0	113	22,6	514	34,5	186	37,3

Vergleichswerte:

	Gesamtzahl VZ 70	1 Person abs	%		2 Personen abs	%		3 Personen abs	%		4 Personen abs	%		5 u. mehr Personen abs	%	
Altkreis Rotenburg VZ70	16547	2783	16,8		3707	22,4		3099	18,7		3026	18,3		3932	23,8	
Altkreis Bremervörde VZ 70	20018	2719	13,6		3966	19,8		3484	17,4		3699	18,5		6150	30,7	
Bundesrepublik 1977 1)	24165	7062	29,2		6829	28,3		4371	18,1		3540	14,6		2363	9,8	

1) Quelle: Statistische Jahrbuch 1978, S. 64, Stand: April 1977; Angabe der absoluten Zahlen in 1000

Übersicht A 19 (Fortsetzung)	Gesamtzahl der Haushalte		Davon sind Haushalte mit																			
			1 Person				2 Personen				3 Personen				4 Personen				5 u. mehr Personen			
	VZ 70	Erhebung	VZ 70		Erhebung		VZ 70		Erhebung		VZ 70		Erhebung		VZ 70		Erhebung		VZ 70		Erhebung	
	abs	abs	abs	%	abs	%	abs	%	abs	%	abs	%	abs	%	abs	%	abs	%	abs	%	abs	%
	1	2	3	4	5	6	7	8	9	10	11	12	13	14	15	16	17	18	19	20	21	22
Scheeßel																						
Abbendorf	44	15	2	4,5	1	6,7	5	11,4	4	26,7	5	11,4	2	13,3	8	18,2	2	13,3	24	54,5	6	40,0
Bartelsdorf	95	36	5	5,3	2	5,6	8	8,4	3	8,3	6	6,3	4	11,1	27	28,4	7	19,4	49	51,6	20	55,6
Hetzwege	67	25	5	7,5	0	-	5	7,5	7	28,0	15	22,4	4	16,0	14	20,9	11	44,0	28	41,8	3	12,0
Jeersdorf	148	43	26	17,6	3	7,0	20	13,5	10	23,3	30	20,3	6	14,0	24	16,2	11	25,6	48	32,4	13	30,2
Ostervesede	139	79	4	2,9	6	7,6	15	10,8	9	11,4	13	9,4	9	11,4	23	16,5	14	17,7	84	60,4	41	51,9
Scheeßel	1650	345	282	17,1	63	18,3	395	23,9	80	23,2	366	22,2	83	24,1	331	20,1	70	20,3	276	16,7	49	14,2
Sothel	41	16	2	4,9	0	-	6	14,6	1	6,3	4	9,8	3	18,8	9	21,9	3	18,8	20	48,8	9	56,2
Westeresch	62	37	2	3,2	2	5,4	4	6,5	6	16,2	7	11,3	7	18,9	16	25,8	10	27,0	33	53,2	12	32,4
Westerholz	116	59	9	7,7	0	-	12	10,3	8	13,6	21	18,1	12	20,3	24	20,7	18	30,5	50	43,1	21	35,6
Westervesede	128	57	5	3,9	11	19,3	24	18,7	10	17,5	21	16,4	8	14,0	15	11,7	13	22,8	63	49,2	15	26,3
Wittkopsbostel	102	52	13	12,7	4	7,7	17	16,7	15	28,8	17	16,7	6	11,5	27	26,5	13	25,0	28	27,5	14	26,9
Wohlsdorf	52	26	0	-	2	7,7	4	7,7	0	-	5	9,6	5	19,2	11	21,2	6	23,1	32	61,5	13	50,0
Gemeinde	2644	790	355	13,4	94	11,9	515	19,5	153	19,4	510	19,3	149	18,9	529	20,0	178	22,5	735	27,8	216	27,3
Heeslingen																						
Boitzen	67	60	7	10,4	4	6,7	7	10,4	7	11,7	7	10,4	12	20,0	14	20,9	10	16,7	32	47,8	17	45,0
Heeslingen	410	191	44	10,7	17	8,9	74	18,0	29	15,2	61	14,9	28	14,7	97	23,7	56	29,3	134	32,7	61	31,9
Meinstedt	48	36	6	12,5	0	0	5	10,4	6	16,7	10	20,8	9	25,0	9	18,8	7	19,4	18	37,5	14	38,9
Sassenholz	43	27	0	-	0	0	6	14,0	6	22,2	9	20,9	6	22,2	10	23,33	7	25,9	18	41,9	8	29,6
Steddorf	83	47	5	6.0	1	2,1	9	10,8	3	6,4	9	10,8	10	21,3	21	25,3	11	23,4	39	47,0	22	46,8
Weertzen	141	60	11	7,8	3	5,0	29	20,6	15	25,0	16	11,3	11	18,3	29	20,6	16	26,7	56	39,7	15	25,0
Wense	75	51	6	8,0	1	2,0	9	12,0	4	7,8	14	18,7	7	13,7	11	14,7	14	27,5	35	46,6	25	49,0
Wiersdorf	44	15	1	2,3	0	-	3	6,8	3	20,0	3	6,8	2	13,3	8	18,2	3	20,0	29	65,9	7	46,7
Gemeinde	911	487	80	8,8	26	5,3	142	15,6	73	15,0	129	14,2	85	17,5	199	21,8	124	25,5	361	39,6	179	36,8
Insgesamt	5046	1776	597	11,8	140	7,9	936	18,5	322	18,1	906	18,0	318	17,9	997	19,8	415	23,4	1610	31,9	581	32,7

Heinze/Herbst/Schühle 1979

Übersicht A 20 : Durchschnittliche Haushaltsgrößen in den untersuchten Gemeindeteilen (Vergleich VZ 70 - Erhebung)

	Durchschnittliche Haushaltsgröße		
	VZ 70	Erhebung	
	1	2	
Sottrum			
Ahausen	3,38	3,91	
Eversen	3,65	3,84	
Bötersen	3,87	4,23	
Höperhöfen	4,03	4,63	
Hassendorf	3,74	5,33	
Hellwege	3,62	3,74	
Horstedt	3,94	4,13	
Stapel	4,88	5,33	
Winkeldorf	4,28	2,77	
Clüversborstel	4,07	3,72	
Reeßum	4,24	4,21	
Schleeßel	4,47	4,00	
Taaken	4,62	4,03	
Gemeinde	3,74	4,03	

Übersicht A 20 (Fortsetzung)	Durchschnittliche Haushaltsgröße		
	VZ 70	Erhebung	
	1	2	
Scheeßel			
Abbendorf	5,11	4,07	
Bartelsdorf	4,71	4,83	
Hetzwege	4,52	3,52	
Jeersdorf	3,57	3,79	
Ostervesede	5,01	4,61	
Scheeßel	3,07	2,97	
Sothel	4,59	5,19	
Westeresch	4,81	3,97	
Westerholz	4,28	4,24	
Westervesede	4,41	3,32	
Wittkopsbostel	3,66	3,77	
Wohlsdorf	5,31	4,54	
Gemeinde	3,58	3,61	
Heeslingen			
Boitzen	4,33	4,23	
Heeslingen	3,86	3,83	
Meinstedt	4,08	4,39	
Sassenholz	4,37	4,04	
Steddorf	4,66	4,77	
Weertzen	4,08	3,68	
Wense	4,59	4,88	
Wiersdorf	5,39	4,67	
Gemeinde	4,09	4,14	
Insgesamt	3,72	3,87	

Heinze/Herbst/Schühle 1979

Übersicht A 21 : Erwerbstätigenquote und Erwerbstätige nach ausgewählten Wirtschaftsbereichen in den untersuchten Gemeindeteilen

	Erwerbstätige			Erwerbstätige im Wirtschaftsbereich			
		Anteil der Erwerbstätigen von den erfaßten Personen	Vergleichswert aus VZ 70	Land- und Forstwirtschaft	Industrie	Öffentl. Dienst	Sonstige
	abs	%	%	%	%	%	%
	1	2	3	4	5	6	7
Sottrum							
Ahausen	78	40,4	45,8	21,9	20,5	31,5	26,0
Eversen	36	30,8	43,5	31,4	5,7	20,0	42,9
Bötersen	85	48,9	47,2	31,2	19,5	24,7	24,7
Höperhöfen	22	40,0	41,8	27,3	18,2	31,8	22,7
Hassendorf	60	41,4	39,0	15,7	25,5	35,3	23,5
Hellwege	138	44,2	37,7	20,6	15,1	15,9	48,4
Horstedt	99	49,7	48,4	20,5	23,9	19,3	36,3
Stapel	29	43,3	43,2	34,6	15,4	15,4	34,6
Winkeldorf	17	50,0	51,2	21,4	21,4	14,3	42,8
Clüversborstel	23	39,0	49,7	13,6	27,3	22,7	36,3
Reeßum	63	37,7	46,3	16,9	13,6	32,2	37,3
Schleeßel	17	35,4	51,4	23,1	23,1	15,4	38,5
Taaken	50	39,1	53,5	32,6	23,9	28,3	15,2
Gemeinde	717	42,2	44,7	23,3	19,0	23,9	33,7

Zum Vergleich: Anteil der Erwerbstätigen an der Wohnbevölkerung (VZ 70):
Kreis Rotenburg 42,9 %
Kreis Bremervörde 44,3 %

Übersicht A 21 (Fortsetzung)	Erwerbstätige			Erwerbstätige im Wirtschaftsbereich			
		Anteil der Erwerbstätigen von den erfaßten Personen	Vergleichswert aus VZ 70	Land- und Forstwirtschaft	Industrie	Öffentl. Dienst	Sonstige
	abs	%	%	%	%	%	%
	1	2	3	4	5	6	7
Scheeßel							
Abbendorf	31	53,4	45,3	35,7	17,9	35,7	10,7
Bartelsdorf	76	54,8	49,9	48,4	16,1	11,3	24,2
Hetzwege	41	56,9	47,1	13,3	6,7	33,3	46,6
Jeersdorf	62	44,3	44,1	28,6	12,2	32,7	26,5
Ostervesede	144	48,8	40,8	43,8	12,3	23,1	20,8
Scheeßel	407	43,9	39,7	3,5	20,6	29,1	46,8
Sothel	27	43,5	43,4	53,8	11,5	15,4	19,2
Westeresch	66	51,6	47,4	40,3	16,1	22,6	21,0
Westerholz	105	49,5	49,3	34,7	11,9	30,7	22,8
Westervesede	61	37,0	57,9	34,5	23,6	21,8	20,0
Wittkopsbostel	73	44,8	41,0	19,4	19,4	19,4	41,8
Wohlsdorf	46	46,9	53,0	50,0	4,5	13,6	31,8
Gemeinde	1139	46,3	43,2	24,9	16,4	25,5	33,2
Heeslingen							
Boitzen	91	41,2	48,9	20,2	21,3	14,6	43,8
Heeslingen	257	40,2	39,5	12,6	21,0	25,6	40,8
Meinstedt	47	37,6	53,1	25,6	23,1	15,4	35,9
Sassenholz	43	45,7	54,8	45,0	30,0	10,0	15,0
Steddorf	94	50,8	45,1	40,0	28,0	9,3	22,7
Weertzen	81	43,8	46,2	19,4	29,2	30,6	20,8
Wense	74	38,3	41,2	32,8	28,1	15,6	23,4
Wiersdorf	23	41,1	44,1	35,0	35,0	20,0	10,0
Gemeinde	710	41,8	44,4	23,2	24,6	19,9	32,2
Insgesamt	2566	43,8	43,7	24,0	19,4	23,5	33,0

Heinze/Herbst/Schühle 1979

Übersicht A 22 : Bevölkerung der untersuchten Gemeindeteile nach sozialen Kategorien
- Tabelle (Erhebung 1978)

	Erfaßte Personen	Davon								
		Schüler	Auszu-bildende	Beamte Ange-stellte Arbeiter	Haus-frauen	Selb-ständige	mithel-fende Familien-angehörige	Rentner	zur Zeit erwerbs-los	Sonsti-ges
	abs	%	%	%	%	%	%	%	%	%
	1	2	3	4	5	6	7	8	9	10
Sottrum										
Ahausen	193	18,1	5,2	25,4	18,1	6,7	3,1	16,1	1,0	6,2
Eversen	117	21,4	1,7	17.9	23,1	9,4	1,7	21,4	0,9	2,6
Bötersen	174	20,7	6,9	27,6	15,5	8,0	6,3	12,1	-	2,9
Höperhöfen	55	27,3	-	25,5	20,0	7,3	7,3	9,1	1,8	1,8
Hassendorf	145	22,1	4,1	28,3	17,2	2,8	6,2	16,6	1,4	1,4
Hellwege	312	21,2	5,8	27,9	17,9	7,1	3,5	14,7	0,3	1,6
Horstedt	199	20,6	8,0	29,1	14,1	5,5	7,0	13,6	-	2.0
Stapel	67	20,9	9,0	23,9	16,4	7,5	3,0	19,4	-	-
Winkeldorf	34	11,8	2,9	32,4	14,7	8,8	5,9	23,5	-	-
Clüversborstel	59	8,5	10,2	22,0	20,3	3,4	3,4	30,5	1,7	-
Reeßum	167	24,0	2,4	26,9	22,2	6,6	1,8	14,4	-	1,8
Schleeßel	48	25,0	-	18,8	20,8	12,5	4,2	16,7	-	2,1
Taaken	128	19,5	1,6	23,4	18,8	10,9	3,1	18,8	3,1	0,8
Gemeinde	1698	20,6	4,9	26,0	18,1	7,1	4,2	16,1	0,7	2,2

Übersicht A 22 (Fortsetzung)	Erfaßte Personen	Davon								
		Schüler	Auszu-bildende	Beamte Ange-stellte Arbeiter	Haus-frauen	Selb-ständige	mithel-fende Familien-angehörige	Rentner	zur Zeit erwerbs-los	Sonsti-ges
	abs	%	%	%	%	%	%	%	%	%
	1	2	3	4	5	6	7	8	9	10
Scheeßel										
Abbendorf	58	17,2	1,7	27,6	10,3	12,1	12,1	17,2	-	1,7
Bartelsdorf	140	17,9	5,7	21,4	9,3	11,4	15,7	17,1	-	1,4
Hetzwege	72	15,3	1,4	37,5	18,1	12,5	5,6	9,7	-	-
Jeersdorf	140	22,1	5,7	25,0	16,4	10,0	3,6	15,7	0,7	0,7
Ostervesede	295	20,3	4,4	22,7	11,9	10,2	11,5	16,3	0,3	2,4
Scheeßel	928	21,9	4,2	30,3	18,9	5,8	3,6	12,2	0,9	2,4
Sothel	62	21,0	-	24,2	16,1	12,9	6,5	17,7	1,6	-
Westeresch	128	20,3	6,3	25,8	13,3	11,7	7,8	13,3	1,6	-
Westerholz	212	16,5	2,8	32,1	17,5	9,4	5,2	15,6	-	0,9
Westervesede	165	19,4	1,2	19,4	20,6	13,3	3,0	22,4	0,6	-
Wittkopsbostel	163	24,5	3,7	30,1	16,0	8,0	3,1	12,9	-	1,8
Wohlsdorf	98	16,3	6,1	21,4	16,3	11,2	8,2	12,2	3,1	5,1
Gemeinde	2461	20,4	4,0	27,4	16,5	8,9	6,0	14,4	0,7	1,7
Heeslingen										
Boitzen	221	17,2	4,2	26,7	17,2	7,7	2,3	21,3	0,5	2,7
Heeslingen	639	24,9	3,1	29,0	18,2	5,2	3,0	13,6	0,6	2,5
Meinstedt	125	23,2	0,8	29,6	17,6	5,6	1,6	12,0	0,8	8,8
Sassenholz	94	14,9	3,2	24,5	19,1	13,8	4,3	18,1	-	2,1
Steddorf	185	14,1	5,9	24,3	17,3	10,8	9,7	14,6	-	3,2
Weertzen	185	20,5	3,2	30,3	16,2	8,1	2,2	17,3	-	2,2
Wense	193	22,3	4,7	21,2	20,7	10,4	2,1	16,6	-	2,1
Wiersdorf	56	14,3	3,6	23,2	19,6	10,7	3,6	21,4	-	3,6
Gemeinde	1698	20,9	3,7	27,0	18,1	7,7	3,4	15,8	0,4	3,0
Insgesamt	5857	20,6	4,1	26,9	17,4	8,0	4,7	15,3	0,6	2,2

Heinze/Herbst/Schühle 1979

Übersicht A 23 : Bevölkerung der untersuchten Gemeindeteile nach ausgewählten sozialen Kategorien (VZ 70)

	Wohnbevölkerung	Selbständige %	mithelfende Familien-Angehörige %	Arbeiter, Angestellte, Beamte, Auszubildende %	Schüler[1] %
	1	2	3	4	5
Sottrum					
Ahausen	886	8,6	7,7	29,6	15,2
Eversen	294	7,8	9,5	26,2	10,2
Bötersen	475	8,0	11,2	28,0	17,0
Höperhöfen	297	8,8	9,4	23,6	18,5
Hassendorf	746	6,4	7,0	25,6	15,8
Hellwege	808	6,9	7,2	23,6	17,1
Horstedt	506	7,5	13,4	27,5	15,2
Stapel	162	1,9	9,3	32,1	15,4
Winkeldorf	254	5,9	16,1	29,1	16,5
Clüversborstel	183	13,7	14,8	21,3	15,8
Reeßum	460	8,3	11,7	26,3	16,9
Schleeßel	140	7,1	12,9	31,4	19,3
Taaken	368	7,6	20,7	25,3	17,7
Gemeinde	5597	7,6	10,5	26,6	16,1

1)Volks-, Real- und Gymnasialschüler

Quelle: Eigene Berechnungen nach Angaben des Niedersächsischen Landesverwaltungsamts - Statistik

Übersicht A 23 (Fortsetzung)	Wohnbevölkerung	Selbständige %	mithelfende Familien-Angehörige %	Arbeiter, Angestellte, Beamte, Auszubildende %	Schüler[1] %
	1	2	3	4	5
Scheeßel					
Abbendorf	225	10,2	15,1	8,9	22,2
Bartelsdorf	447	11,6	20,6	17,7	16,5
Hetzwege	297	10,8	11,8	24,6	14,5
Jeersdorf	519	9,1	10,0	25,0	15,8
Ostervesede	689	11,3	11,0	18,4	18,4
Scheeßel	5131	5,3	3,1	31,4	19,4
Sothel	182	7,7	8,8	26,9	14,8
Westeresch	293	13,0	17,4	17,1	20,8
Westerholz	487	12,1	15,6	21,6	17,9
Westervesede	554	13,7	26,0	18,2	14,8
Wittkopsbostel	368	6,3	4,3	30,4	17,7
Wohlsdorf	268	12,3	22,8	17,9	15,7
Gemeinde	9460	7,9	8,6	26,5	18,3
Heeslingen					
Boitzen	284	10,6	17,3	21,1	17,9
Heeslingen	1559	6,2	4,9	28,5	18,3
Meinstedt	192	14,6	18,8	19,8	17,2
Sassenholz	186	15,1	24,2	15,6	17,2
Steddorf	377	9,5	13,5	22,0	18,3
Weertzen	565	11,0	6,7	28,5	16,5
Wense	335	12,2	10,7	18,2	16,4
Wiersdorf	229	9,6	10,5	24,0	26,2
Gemeinde	3727	9,2	9,5	25,0	18,2
Insgesamt	18766	8,1	9,3	26,2	17,6

Übersicht A 24:

Fernsprechanschlüsse in den Haushalten der untersuchten Gemeindeteile

	Erfaßte Haushalte	davon mit Fernsprechanschluß %
	1	2
SOTTRUM		
Ahausen	57	63,2
Eversen	38	81,6
Bötersen	49	73,5
Höperhöfen	15	93,3
Hassendorf	38	84,2
Hellwege	97	72,2
Horstedt	57	64,9
Stapel	15	93,3
Winkeldorf	12	83,3
Clüversborstel	18	83,3
Reeßum	48	75,0
Schleeßel	14	85,7
Taaken	40	57,5
Gemeinde	498	73,5
SCHEESSEL		
Abbendorf	16	68,8
Bartelsdorf	34	61,8
Hetzwege	25	72,0
Jeersdorf	44	56,8
Ostervesede	77	57,1
Scheeßel	343	72,3
Sothel	16	75,0
Westeresch	36	77,8
Westerholz	59	61,0
Westervesede	57	43,9
Wittkopsbostel	52	69,2
Wohlsdorf	26	57,7
Gemeinde	785	66,1
HEESLINGEN		
Boitzen	60	71,7
Heeslingen	190	71,6
Meinstedt	35	60,0
Sassenholz	26	65,4
Steddorf	47	80,9
Weertzen	60	73,3
Wense	53	73,6
Wiersdorf	15	86,7
Gemeinde	486	72,2
Insgesamt	1769	69,9

Heinze/Herbst/Schühle 1979

Übersicht A 25 : Informationsgrad über ÖV - Verbindungen zum Gemeindezentrum in den untersuchten Gemeindeteilen

	Basis abs	Kenntnis: Ja %	Kenntnis: Weiß nicht %	Kenntnis: Nein %	Verbindung vorhanden: Montag bis Freitag: ganzjährig	Verbindung vorhanden: Montag bis Freitag: nur während der Schulzeit	Verbindung vorhanden: Nein	Fehler 1. Art "ja", aber keine Verbindung %	Fehler 2. Art "nein", aber Verbindung vorhanden %
	1	2	3	4	5	6	7	8	9
Sottrum		nach Sottrum							
Ahausen	151	27,2	23,8	49,0	x	-	-	-	49,0
Eversen	106	23,6	37,7	38,7	x	-	-	-	38,7
Bötersen	150	19,3	4,0	76,7	x	-	-	-	76,7
Höperhöfen	45	-	2,2	97,8	x	-	-	-	97,8
Hassendorf	103	28,2	8,7	63,1	x	-	-	-	63,1
Hellwege	251	12,0	8,8	79,3	-	-	x	12,0	-
Horstedt	175	18,9	6,3	74,9	-	-	x	18,9	-
Stapel	49	40,8	10,2	49,0	-	-	x	40,8	-
Winkeldorf	27	18,5	29,6	51,9	-	x	-	-	51,9
Clüversborstel	50	-	-	100,0	-	-	x	0	-
Reeßum	126	15,9	4,8	79,4	-	-	x	15,9	-
Schleeßel	33	33,3	3,0	63,6	-	-	x	33,3	-
Taaken	108	24,1	31,5	44,4	-	-	x	24,1	-
Gemeinde	1374	19,6	13,0	67,4				17,7	60,6

Übersicht A 25 (Fortsetzung)	Basis abs	Kenntnis: Ja %	Kenntnis: Weiß nicht %	Kenntnis: Nein %	Verbindung vorhanden: Montag bis Freitag: ganzjährig	Verbindung vorhanden: Montag bis Freitag: nur während der Schulzeit	Verbindung vorhanden: Nein	Fehler 1. Art "ja", aber keine Verbindung %	Fehler 2. Art "nein", aber Verbindung vorhanden %
	1	2	3	4	5	6	7	8	9
Scheeßel		nach Scheeßel							
Abbendorf	45	60,0	4,4	35,6	-	x	-	-	35,6
Bartelsdorf	99	41,4	3,0	55,6	-	x	-	-	55,6
Hetzwege	58	86,2	10,3	3,4	x	-	-	-	3,4
Jeersdorf	94	20,2	6,4	73,4	x	-	-	-	73,4
Ostervesede	240	87,9	3,3	8,8	x	-	-	-	8,8
Scheeßel	entf.	entf.	entf.	entf.	entf.	entf.	entf.	entf.	entf.
Sothel	56	91,1	-	8,9	-	x	-	-	8,9
Westeresch	129	77,5	-	22,5	-	x	-	-	22,5
Westerholz	159	86,2	9,4	4,4	x	-	-	-	4,4
Westervesede	157	98,1	1,3	0,6	x	-	-	-	0,6
Wittkopsbostel	137	82,5	9,5	8,0	-	x	-	-	8,0
Wohlsdorf	100	9,0	8,0	83,0	-	x	-	-	83,0
Gemeinde	1274	71,6	4,9	23,5				-	23,5
Heeslingen		nach Zeven							
Boitzen	184	90,8	2,7	6,5	x	-	-	-	6,5
Heeslingen	522	73,4	5,4	21,3	x	-	-	-	21,3
Meinstedt	97	72,2	21,6	6,2	-	x	-	-	6,2
Sassenholz	89	55,1	4,5	40,4	-	x	-	-	40,4
Steddorf	139	89,2	3,6	7,2	x	-	-	-	7,2
Weertzen	148	91,9	2,0	6,1	x	-	-	-	6,1
Wense	154	48,7	3,9	47,4	-	x	-	-	47,4
Wiersdorf	42	-	19,0	-	-	x	-	-	19,0
Gemeinde	1375	75,5	5,2	19,3				-	19,3
Insgesamt	4023	55,2	7,8	37,0				17,7	28,4

Heinze/Herbst/Schühle 1979

Übersicht A 26 : Informationsgrad über ÖV - Verbindungen nach Rotenburg/Wümme in den untersuchten Gemeindeteilen

	Basis	Kenntnis			Verbindung vorhanden			Fehler 1. Art	Fehler 2. Art
					Montag bis Freitag			"ja", aber keine Verbindung	"nein", aber Verbindung vorhanden
	Basis	Ja	Weiß nicht	Nein	ganzjährig	nur während der Schulzeit	Nein		
	abs	%	%	%				%	%
	1	2	3	4	5	6	7	8	9
Sottrum									
Ahausen	144	81,3	9,0	9,7	x	-	-	-	9,7
Eversen	104	83,7	12,5	3,8	x	-	-	-	3,8
Bötersen	154	96,8	0,6	2,6	x	-	-	-	2,6
Höperhöfen	47	97,9	-	2,1	x	-	-	-	2,1
Hassendorf	108	74,1	11,1	14,8	x	-	-	-	14,8
Hellwege	256	87,1	9,8	3,1	x	-	-	-	3,1
Horstedt	178	62,9	6,7	30,3	-	x	-	-	30,3
Stapel	54	90,7	-	9,3	-	x	-	-	9,3
Winkeldorf	27	81,5	3,7	14,8	-	x	-	-	14,8
Clüversborstel	52	9,6	-	90,4	-	-	x	9,6	-
Reeßum	133	50,4	11,3	38,3	-	x	-	-	38,3
Schleeßel	41	73,2	2,4	24,4	-	x	-	-	24,4
Taaken	111	77,5	4,5	18,0	-	x	-	-	18,0
Gemeinde	1409	76,2	7,0	16,9				9,6	14,1

Übersicht A 26 (Fortsetzung)	Basis	Kenntnis			Verbindung vorhanden			Fehler 1. Art	Fehler 2. Art
					Montag bis Freitag			"ja", aber keine Verbindung	"nein", aber Verbindung vorhanden
	Basis	Ja	Weiß nicht	Nein	ganzjährig	nur während der Schulzeit	Nein		
	abs	%	%	%				%	%
	1	2	3	4	5	6	7	8	9
Scheeßel									
Abbendorf	45	33,3	17,8	48,9	-	x	-	-	48,9
Bartelsdorf	102	43,1	1,0	55,9	-	-	x	43,1	-
Hetzwege	52	82,8	17,2	-	x	-	-	-	-
Jeersdorf	101	30,7	19,8	49,5	x	-	-	-	49,5
Ostervesede	240	83,7	5,4	10,8	x	-	-	-	10,8
Scheeßel	772	83,4	8,4	8,2	x	-	-	-	8,2
Sothel	56	83,9	7,1	8,9	x	-	-	-	8,9
Westeresch	129	73,6	-	26,4	-	x	-	-	26,4
Westerholz	163	88,3	4,3	7,4	x	-	-	-	7,4
Westervesede	157	97,5	1,9	0,6	x	-	-	-	0,6
Wittkopsbostel	187	89,8	7,3	2,9	x	-	-	-	2,9
Wohlsdorf	190	5,0	9,0	86,0	-	-	x	5,0	-
Gemeinde	2060	75,2	7,3	17,5				24,3	11,6
Heeslingen									
Boitzen	182	68,1	21,4	10,4	x	-	-	-	10,4
Heeslingen	527	53,7	18,4	27,9	x	-	-	-	27,9
Meinstedt	93	37,6	22,6	39,8	-	-	x	37,6	-
Sassenholz	82	26,8	8,5	64,6	-	-	x	26,8	-
Steddorf	132	68,9	12,9	18,2	x	-	-	-	18,2
Weertzen	143	45,5	22,4	32,2	x	-	-	-	32,2
Wense	155	6,5	25,2	68,4	-	-	x	6,5	-
Wiersdorf	42	33,3	31,0	35,7	-	-	x	33,3	-
Gemeinde	1356	47,5	19,5	33,0				21,8	24,0
Insgesamt	4825	67,7	10,6	21,7				21,6	15,3

Heinze/Herbst/Schühle 1979

Übersicht A 27 : Bewertung der ÖV - Versorgung der untersuchten Gemeindeteile durch die Bevölkerung

	Zahl der Antworten	Davon gaben die Bewertung				
		sehr gut	gut	befriedigend	ausreichend	mangelhaft
	abs	%	%	%	%	%
	1	2	3	4	5	6
Gruppe I						
Scheeßel	716	3,5	26,3	31,7	20,0	18,6
Hassendorf	84	0	25,0	17,9	19,0	38,1
Ahausen	131	0	9,2	38,9	29,8	22,1
Heeslingen	481	0,2	6,9	18,5	27,9	46,6
Weertzen	149	0	12,8	24,2	22,1	40,9
Eversen	88	0	14,8	27,3	27,3	30,7
Bötersen	124	0	22,6	25,0	21,0	31,5
Höperhöfen	32	0	6,3	3,1	43,8	46,9
Gruppe	1805	1,4	17,5	26,3	23,8	31,0
Gruppe II						
Westervesede	148	2,0	29,1	47,3	17,6	4,1
Ostervesede	214	1,4	19,2	18,2	25,2	36,0
Hetzwege	54	0	5,6	25,9	27,8	40,7
Steddorf	137	0	12,4	13,9	32,1	41,6
Boitzen	175	0	16,0	14,9	23,4	45,7
Westerholz	177	0,6	2,3	4,5	8,5	84,2
Sothel	54	1,9	5,6	9,3	18,5	64,8
Wittkopsbostel	123	0	3,3	20,3	20,3	56,1
Gruppe	1082	0,7	13,2	19,0	21,2	45,8

Übersicht A 27 (Fortsetzung)	Zahl der Antworten	Davon gaben die Bewertung				
		sehr gut	gut	befriedigend	ausreichend	mangelhaft
	abs	%	%	%	%	%
	1	2	3	4	5	6
Gruppe III						
Jeersdorf	86	5,8	17,4	15,1	7,0	54,7
Winkeldorf	26	0	0	15,4	23,1	61,5
Hellwege	255	0	3,9	7,1	10,6	78,4
Abbendorf	51	0	3,9	0	13,7	82,4
Westeresch	128	0	0	0,8	5,5	93,8
Gruppe	546	0,9	4,9	6,6	9,7	77,8
Gruppe IV						
Meinstedt	97	0	0	0	15,5	84,5
Sassenholz	82	4,9	0	6,1	0	89,0
Wense	150	0	0	1,3	14,0	84,7
Horstedt	150	0	0	4,7	6,0	89,3
Stapel	44	2,3	0	11,4	27,3	59,1
Reeßum	104	0	1,0	12,5	2,9	83,7
Schleeßel	32	0	3,1	0	25,0	71,9
Taaken	78	1,3	6,4	17,9	6,4	67,9
Bartelsdorf	102	1,0	4,9	14,9	6,9	72,5
Wiersdorf	43	0	0	18,6	2,3	79,1
Wohlsdorf	97	0	0	0	0	100,0
Clüversborstel	41	0	0	0	0	100,0
Gruppe	1020	0,7	1,2	6,8	7,9	83,4
Insgesamt	4453	1,0	11,2	17,6	17,8	52,3

Heinze/Herbst/Schühle 1979

Übersicht A 28 : Qualitätsbewertung des Öffentlichen Verkehrs, Vergleich zwischen Betroffenen- und Expertenurteil

	Punkte	Noten	
		Noten-summe	Noten-durch-schnitt
	1	2	3
Gruppe I			
Scheeßel	1055	2319	3,24
Hassendorf	830	311	3,70
Ahausen	791	478	3,65
Heeslingen	775	1990	4,14
Weertzen	710	583	3,91
Eversen	700	329	3,74
Bötersen	670	448	3,61
Höperhöfen	665	138	4,31
Gruppe	774	6596	3,69
Gruppe II			
Westervesede	562	433	2,96
Ostervesede	562	803	3,75
Hetzwege	496	218	4,04
Steddorf	495	552	4,03
Boitzen	495	698	3,99
Westerholz	480	838	4,73
Sothel	480	237	4,39
Wittkopsbostel	435	528	4,29
Gruppe	501	4307	4,05

Übersicht A 28 (Fortsetzung)	Punkte	Noten	
		Noten-summe	Noten-durch-schnitt
	1	2	3
Gruppe III			
Jeersdorf	340	333	3,87
Winkeldorf	340	116	4,46
Hellwege	305	1182	4,63
Abbendorf	260	242	4,74
Westeresch	240	631	4,93
Gruppe	297	2504	4,61
Gruppe IV			
Meinstedt	185	470	4,84
Sassenholz	185	384	4,68
Wense	185	725	4,83
Horstedt	175	727	4,85
Stapel	175	194	4,09
Reeßum	175	488	4,69
Schleeßel	175	149	4,66
Taaken	175	338	4,33
Bartelsdorf	133	454	4,51
Wiersdorf	95	198	4,60
Wohlsdorf	70	485	5,00
Clüversborstel	0	205	5,00
Gruppe	144	4817	4,72
Insgesamt	429	15612	3,51

Heinze/Herbst/Schühle 1979

Übersicht A 29 : Entfernungen von der Wohnung zur nächsten Bushaltestelle in den untersuchten Gemeindeteilen

	Erfaßte Haushalte	Davon in einer Entfernung von .... Minuten zur Bushaltestelle								
		0 - 2	3 - 5	6 - 8	9 - 11	12 - 14	15 - 17	18 - 20	21 - 29	30 und mehr
	abs	%	%	%	%	%	%	%	%	%
	1	2	3	4	5	6	7	8	9	10
Sottrum										
Ahausen	57	28,1	47,4	-	14,0	-	10,5	-	-	-
Eversen	38	15,8	36,8	5,3	28,9	-	7,9	5,3	-	-
Bötersen	49	30,6	40,8	-	20,4	-	6,1	2,0	-	-
Höperhöfen	16	18,8	56,3	6,3	18,8	-	-	-	-	-
Hassendorf	32	3,1	9,4	-	9,4	-	18,8	25,0	9,4	25,0
Hellwege	83	16,9	36,1	8,4	21,7	2,4	10,8	3,6	-	-
Horstedt	34	11,8	41,2	8,8	17,6	-	8,8	5,9	2,9	2,9
Stapel	11	45,5	36,4	-	18,2	-	-	-	-	-
Winkeldorf	11	18,2	27,3	27,3	18,2	-	-	-	-	9,1
Clüversborstel	5	-	20,0	-	-	-	-	-	-	80,0
Reeßum	20	-	65,0	5,0	5,0	-	-	-	10,0	15,0
Schleeßel	6	33,0	50,0	-	17,0	-	-	-	-	-
Taaken	19	36,8	52,6	5,3	5,3	-	-	-	-	-
Gemeinde	381	19,7	39,6	4,7	17,3	0,5	7,9	4,2	1,6	4,5

Übersicht A 29 (Fortsetzung)	Erfaßte Haushalte	Davon in einer Entfernung von .... Minuten zur Bushaltestelle								
		0 - 2	3 - 5	6 - 8	9 - 11	12 - 14	15 - 17	18 - 20	21 - 29	30 und mehr
	abs	%	%	%	%	%	%	%	%	%
	1	2	3	4	5	6	7	8	9	10
Scheeßel										
Abbendorf	6	33,3	66,7	-	-	-	-	-	-	-
Bartelsdorf	16	25,0	31,3	6,3	25,0	6,3	6,3	-	-	-
Hetzwege	21	23,8	57,1	-	9,5	4,8	4,8	-	-	-
Jeersdorf	29	-	17,2	3,4	13,8	-	6,9	24,1	6,9	27,6
Ostervesede	70	2,9	44,3	10,0	22,9	2,9	5,7	2,9	1,4	7,1
Scheeßel	335	8,1	32,2	8,4	26,9	0,9	14,6	6,0	0,6	2,4
Sothel	14	42,9	35,7	14,3	-	-	7,1	-	-	-
Westeresch	34	20,6	41,2	8,8	8,8	-	11,8	5,9	2,9	-
Westerholz	47	8,5	57,4	2,1	19,1	-	2,1	4,3	-	6,4
Westervesede	57	12,3	43,9	19,3	8,8	7,0	7,0	-	1,8	-
Wittkopsbostel	48	25,0	58,3	6,3	8,3	-	-	-	-	2,1
Wohlsdorf	3	-	-	-	-	-	66,7	33,3	-	-
Gemeinde	680	11,2	38,8	8,4	20,1	1,6	10,1	5,0	1,0	3,7
Heeslingen										
Boitzen	58	12,1	46,6	5,2	22,4	3,4	6,9	1,7	-	1,7
Heeslingen	176	17,6	28,4	5,7	22,2	1,7	15,3	4,0	0,6	4,5
Meinstedt	32	34,4	43,8	6,3	6,3	-	-	-	-	9,4
Sassenholz	18	16,7	27,8	-	5,6	-	11,1	22,2	-	16,7
Steddorf	46	21,7	58,7	4,3	2,2	-	-	4,3	2,2	6,5
Weertzen	60	11,7	26,7	10,0	28,3	-	13,3	10,0	-	-
Wense	27	25,9	37,0	-	3,7	-	11,1	11,1	-	11,1
Wiersdorf	10	20,0	50,0	-	10,0	-	-	10,0	-	10,0
Gemeinde	427	18,3	36,1	5,4	17,6	1,2	10,3	5,6	0,5	5,1
Insgesamt	1488	15,4	38,2	6,6	18,7	1,2	9,6	5,0	1,0	4,3

Heinze/Herbst/Schühle 1979

Übersicht A 30 : Führerscheinbesitz in den untersuchten Gemeindeteilen nach Führerscheinklasse und Geschlecht

	Erfaßte Personen		Davon verfügen über									
			keinen Führerschein		Führerschein Klasse 1		Führerschein Klasse 2		mindestens Führerschein Klasse 3		mindestens Führerschein Klasse 4/5	
	m abs	w abs	m %	w %	m %	w %	m %	w %	m %	w %	m %	w %
	1	2	3	4	5	6	7	8	9	10	11	12
Sottrum												
Ahausen	91	105	38,5	59,0	12,1	1,0	12,1	-	56,0	41,0	61,5	41,0
Eversen	61	59	39,3	54,2	16,4	-	24,6	-	54,1	44,1	60,7	45,8
Bötersen	89	83	37,1	48,2	14,6	-	13,5	-	55,1	49,4	62,9	51,8
Höperhöfen	28	25	35,7	56,0	17,9	-	14,3	-	57,1	44,0	64,3	44,0
Hassendorf	74	70	28,4	60,0	16,2	-	18,9	-	68,9	38,6	71,6	40,0
Hellwege	166	161	30,7	52,8	18,1	1,9	14,5	1,2	63,3	44,1	69,3	47,2
Horstedt	96	104	36,5	64,4	12,5	-	13,5	-	54,2	33,7	63,5	35,6
Stapel	28	32	39,3	53,1	25,0	-	21,4	-	53,6	43,8	60,7	46,9
Winkeldorf	19	16	31,6	62,5	15,8	-	15,8	-	57,9	37,5	68,4	37,5
Clüversborstel	26	33	30,8	45,5	23,1	-	23,1	3,0	57,7	54,5	69,2	54,5
Reeßum	92	86	37,0	50,0	7,6	1,2	18,5	-	59,8	48,8	63,0	50,0
Schleeßel	24	23	37,5	47,8	12,5	-	12,5	-	62,5	47,8	62,5	52,2
Taaken	68	67	23,5	64,2	15,9	-	17,4	-	66,7	27,9	76,5	35,8
Gemeinde	862	864	34,0	55,7	15,1	0,6	16,2	0,3	59,6	42,1	66,0	44,3

Zeilensummen der %-Sätze ungleich 100 %, da Personen mit Führerschein Klasse 1 auch über Klasse 4/5, Besitzer der Klasse 2 auch über 3/4/5, Besitzer der Klasse 3 auch über 4/5 verfügen; außerdem können Besitzer der Klasse 1 zusätzlich uber Klasse 2 und/oder Klasse 3 verfügen.

Übersicht A 30 (Fortsetzung)	Erfaßte Personen		Davon verfügen über									
			keinen Führerschein		Führerschein Klasse 1		Führerschein Klasse 2		mindestens Führerschein Klasse 3		mindestens Führerschein Klasse 4/5	
	m abs	w abs	m %	w %	m %	w %	m %	w %	m %	w %	m %	w %
	1	2	3	4	5	6	7	8	9	10	11	12
Scheeßel												
Abbendorf	27	26	22,2	34,6	18,5	-	29,6	3,8	66,7	65,4	77,8	65,4
Bartelsdorf	69	72	23,2	54,2	11,6	1,4	11,6	-	63,8	44,4	76,8	45,8
Hetzwege	36	35	30,6	57,1	8,3	-	19,4	-	63,9	42,9	69,4	42,9
Jeersdorf	75	68	42,7	48,5	12,0	-	18,7	1,5	53,3	50,0	57,3	51,5
Ostervesede	151	146	27,8	53,4	11,9	1,4	11,3	-	62,3	44,5	72,2	46,6
Scheeßel	477	450	35,6	57,6	19,5	1,1	17,4	0,9	60,7	41,8	64,4	42,4
Sothel	32	34	37,5	47,1	15,6	2,9	15,6	-	53,1	50,0	62,5	52,9
Westeresch	63	72	31,7	59,7	15,9	1,4	7,9	-	60,3	38,9	68,3	40,3
Westerholz	108	113	30,6	52,2	4,6	1,8	13,0	-	60,2	43,4	69,4	47,8
Westervesede	86	79	29,1	53,2	-	-	2,3	-	60,5	44,3	79,9	46,8
Wittkopsbostel	89	71	36,0	59,2	19,1	1,4	18,0	-	56,2	40,8	64,0	40,8
Wohlsdorf	54	48	31,5	43,8	9,3	-	11,1	-	63,0	52,1	68,5	56,3
Gemeinde	1267	1214	32,8	54,4	14,0	1,1	14,6	0,5	60,3	44,0	67,2	45,6
Heeslingen												
Boitzen	105	112	25,7	54,5	16,2	0,9	13,3	-	66,7	43,8	74,3	45,5
Heeslingen	326	317	38,7	57,1	12,6	0,3	12,6	-	58,3	41,0	61,3	42,9
Meinstedt	60	62	36,7	58,1	15,0	-	21,7	1,6	50,0	39,7	63,3	41,9
Sassenholz	44	49	22,7	49,0	18,2	-	13,6	-	75,0	44,9	77,3	51,0
Steddorf	85	77	21,2	44,2	16,5	-	23,5	-	69,4	54,5	78,8	55,8
Weertzen	100	93	31,0	58,1	18,0	-	17,0	-	68,0	41,9	69,0	41,9
Wense	96	104	38,5	61,5	11,5	-	16,7	-	55,2	37,5	61,5	38,5
Wiersdorf	30	25	40,0	44,0	10,0	-	16,7	-	58,6	56,0	60,0	56,0
Gemeinde	846	839	33,5	55,4	14,1	0,2	15,6	0,1	61,5	42,9	66,5	44,6
Insgesamt	2975	2917	33,3	55,1	14,4	0,7	15,4	0,3	60,5	43,1	66,7	44,9

Heinze/Herbst/Schühle 1979

Übersicht A 31 : Personen 18 Jahre und älter in den untersuchten Gemeindeteilen ohne Fahrerlaubnis der Klasse 3 nach Geschlecht

	Personen 18 Jahre und älter		Davon ohne Fahrerlaubnis Klasse 3	
	männlich abs	weiblich abs	männlich %	weiblich %
	1	2	3	4
Sottrum				
Ahausen	64	80	20,3	46,3
Eversen	45	42	26,7	38,1
Bötersen	59	62	16,9	33,9
Höperhöfen	20	17	20,0	35,3
Hassendorf	57	51	10,5	47,1
Hellwege	125	118	16,0	39,8
Horstedt	74	74	29,7	52,7
Stapel	23	26	34,8	46,2
Winkeldorf	17	14	35,3	57,1
Clüversborstel	22	28	31,8	35,7
Reeßum	62	65	11,3	35,4
Schleeßel	17	20	11,8	45,0
Taaken	57	50	19,3	62,0
Gemeinde	642	647	19,9	43,4

Übersicht A 31 (Fortsetzung)	Personen 18 Jahre und älter		Davon ohne Fahrerlaubnis Klasse 3	
	männlich abs	weiblich abs	männlich %	weiblich %
	1	2	3	4
Scheeßel				
Abbendorf	21	22	14,3	22,7
Bartelsdorf	56	54	21,4	40,7
Hetzwege	28	26	17,9	42,3
Jeersdorf	47	55	14,9	38,2
Ostervesede	115	110	18,3	40,9
Scheeßel	350	351	17,4	46,4
Sothel	22	26	22,7	34,6
Westeresch	48	49	20,8	42,9
Westerholz	83	90	21,7	45,6
Westervesede	65	66	20,0	47,0
Wittkopsbostel	62	54	19,3	46,3
Wohlsdorf	37	39	8,1	35,9
Gemeinde	934	942	18,2	43,3
Heeslingen				
Boitzen	78	94	10,3	47,9
Heeslingen	229	223	17,0	41,7
Meinstedt	40	47	25,0	46,8
Sassenholz	40	38	17,5	42,1
Steddorf	73	64	19,2	34,4
Weertzen	76	71	10,5	45,1
Wense	67	73	20,9	46,6
Wiersdorf	22	20	22,7	35,0
Gemeinde	625	630	16,8	43,0
Insgesamt	2201	2219	18,3	43,3

Heinze/Herbst/Schühle 1979

Übersicht A 32 : Nichtbesitz der Fahrerlaubnis Klasse 3 in den untersuchten Gemeindeteilen nach Altersklassen

	Erfaßte Personen	Davon verfügen je Altersgruppe nicht über eine Fahrerlaubnis Klasse 3						
		18-20 %	21-44 %	45-59 %	60-64 %	65-74 %	75 und älter %	
	1	2	3	4	5	6	7	
Sottrum								
Ahausen	196	22,2	16,9	26,3	60,0	72,2	90,0	
Eversen	120	33,3	6,5	25,0	50,0	76,9	90,9	
Bötersen	172	33,3	9,7	19,2	66,7	60,0	87,5	
Höperhöfen	53	-	5,3	33,3	75,0	60,0	-	
Hassendorf	144	12,5	10,0	29,0	14,3	53,8	88,9	
Hellwege	327	19,0	9,9	24,5	50,0	64,7	85,7	
Horstedt	200	43,8	20,9	37,1	87,5	86,7	100,0	
Stapel	60	50,0	5,0	66,7	60,0	85,7	66,7	
Winkeldorf	35	-	8,3	50,0	66,7	66,7	75,0	
Clüversborstel	59	-	-	-	60,0	77,8	100,0	
Reeßum	178	20,0	6,1	17,2	50,0	78,6	85,7	
Schleeßel	47	50,0	6,3	30,0	100,0	40,0	100,0	
Taaken	137	80,0	9,5	39,4	50,0	69,2	91,7	
Gemeinde	1728	30,8	10,4	28,2	58,0	69,8	89,5	

Übersicht A 32 (Fortsetzung)	Erfaßte Personen	Davon verfügen je Altersgruppe nicht über eine Fahrerlaubnis Klasse 3						
		18-20 %	21-44 %	45-59 %	60-64 %	65-74 %	75 und älter %	
	1	2	3	4	5	6	7	
Scheeßel								
Abbendorf	53	-	-	-	-	75,0	100,0	
Bartelsdorf	141	-	5,0	27,6	75,0	73,3	83,3	
Hetzwege	71	-	7,4	30,8	100,0	71,4	75,0	
Jeersdorf	143	28,6	6,5	17,4	-	71,4	90,0	
Ostervesede	297	33,3	7,4	19,0	70,0	64,5	94,7	
Scheeßel	926	41,4	10,8	36,3	61,5	60,3	89,1	
Sothel	66	50,0	4,2	33,3	100,0	42,9	100,0	
Westeresch	135	50,0	14,9	36,0	25,0	81,8	50,0	
Westerholz	221	44,4	11,5	28,3	85,7	80,0	84,6	
Westervesede	165	20,0	5,9	40,0	75,0	55,6	88,9	
Wittkopsbostel	160	37,5	7,7	33,3	40,0	81,3	100,0	
Wohlsdorf	102	40,0	9,1	28,6	33,3	66,7	50,0	
Gemeinde	2480	35,4	9,0	31,3	60,7	67,0	87,4	
Heeslingen								
Boitzen	217	33,3	8,2	28,6	50,0	66,7	93,3	
Heeslingen	643	22,2	7,6	38,5	76,0	63,4	88,0	
Meinstedt	123	33,3	16,7	35,0	100,0	88,9	100,0	
Sassenholz	93	-	13,5	20,0	50,0	63,6	85,7	
Steddorf	162	25,0	1,9	33,3	33,3	60,0	100,0	
Weertzen	193	16,7	7,1	26,7	71,4	66,7	85,7	
Wense	200	22,2	11,8	37,5	60,0	81,3	100,0	
Wiersdorf	54	-	5,0	14,3	33,3	66,7	100,0	
Gemeinde	1685	22,9	8,5	33,2	63,6	68,5	92,6	
Insgesamt	5893	30,6	9,3	31,0	60,7	68,3	89,4	

Heinze/Herbst/Schühle 1979

Übersicht A 33 : Nichtbesitz der Fahrerlaubnis Klasse 3 in den untersuchten Gemeindeteilen nach sozialen Kategorien

	Erfaßte Personen	Davon verfügen je Bereich nicht über eine Fahrerlaubnis Klasse 3								
		Schüler	Auszu-bildende	Beamte, Angestellte, Arbeiter	Haus-frauen	Selb-ständige	Mithel-fende Familien-angehörige	Rentner	Erwerbs-lose	Sonstige
	abs	%	%	%	%	%	%	%	%	%
	1	2	3	4	5	6	7	8	9	10
Sottrum										
Ahausen	180	97,1	77,8	15,2	36,4	-	-	73,1	50,0	50,0
Eversen	106	95,8	-	5,0	26,9	-	-	80,0	100,0	-
Bötersen	158	96,8	55,6	6,7	37,5	-	18,2	70,0	-	100,0
Höperhöfen	51	100,0	-	7,7	44,4	-	-	75,0	100,0	-
Hassendorf	139	93,1	50,0	5,3	48,0	-	33,3	58,3	-	-
Hellwege	303	87,7	58,8	10,7	32,7	9,1	9,1	72,1	100,0	50,0
Horstedt	187	97,3	50,0	23,6	59,3	9,1	21,4	92,0	-	25,0
Stapel	58	100,0	50,0	13,3	33,3	-	-	84,6	-	-
Winkeldorf	33	100,0	100,0	27,3	60,0	-	-	71,4	-	-
Clüversborstel	57	100,0	50,0	-	9,1	-	-	88,2	-	-
Reeßum	163	94,7	50,0	6,7	13,9	-	-	78,3	-	100,0
Schleeßel	46	100,0	-	12,5	20,0	-	50,0	62,5	-	100,0
Taaken	122	100,0	-	10,0	45,5	-	66,7	78,3	75,0	100,0
Gemeinde	1603	95,1	53,9	11,3	34,9	2,6	17,6	75,9	58,3	55,6

Übersicht A 33 (Fortsetzung)	Erfaßte Personen	Davon verfügen je Bereich nicht über eine Fahrerlaubnis Klasse 3								
		Schüler	Auszu-bildende	Beamte, Angestellte, Arbeiter	Haus-frauen	Selb-ständige	Mithel-fende Familien-angehörige	Rentner	Erwerbs-lose	Sonstige
	abs	%	%	%	%	%	%	%	%	%
	1	2	3	4	5	6	7	8	9	10
Scheeßel										
Abbendorf	53	100,0	-	-	20,0	-	14,3	60,0	-	-
Bartelsdorf	138	100,0	25,0	14,3	30,8	-	27,3	83,3	-	50,0
Hetzwege	62	87,5	100,0	12,5	45,5	-	50,0	85,7	-	-
Jeersdorf	134	93,5	75,0	9,4	23,8	7,1	-	81,0	-	-
Ostervesede	285	96,5	61,5	12,1	20,6	6,7	27,6	79,2	-	14,3
Scheeßel	850	87,8	58,3	10,3	48,4	3,9	25,9	75,3	37,5	33,3
Sothel	61	100,0	-	7,1	30,0	12,5	50,0	63,6	-	-
Westeresch	128	100,0	87,5	21,2	64,7	-	-	58,8	50,0	-
Westerholz	210	91,4	83,3	13,6	43,2	5,0	45,5	84,8	-	50,0
Westervesede	161	96,9	50,0	12,9	32,4	9,1	20,0	70,6	-	-
Wittkopsbostel	151	97,2	60,0	10,6	52,0	8,3	25,0	75,0	-	-
Wohlsdorf	94	93,3	83,3	10,5	31,3	-	12,5	58,3	33,3	-
Gemeinde	2327	92,9	63,4	11,5	41,4	4,7	25,0	75,1	29,4	25,0
Heeslingen										
Boitzen	206	86,1	62,5	8,9	33,3	-	20,0	75,6	-	66,7
Heeslingen	601	96,6	36,8	14,5	31,8	-	25,0	72,0	33,3	60,0
Meinstedt	115	100,0	-	22,2	33,3	-	50,0	85,7	-	50,0
Sassenholz	90	92,3	-	13,0	47,1	-	25,0	70,6	-	50,0
Steddorf	159	94,4	63,6	7,3	24,1	16,7	12,5	85,0	-	50,0
Weertzen	177	88,9	20,0	5,5	46,4	-	-	70,0	-	50,0
Wense	183	97,5	66,7	22,5	29,7	-	50,0	79,3	-	50,0
Wiersdorf	52	87,5	100,0	8,3	20,0	-	-	75,0	-	50,0
Gemeinde	1583	94,5	48,2	13,1	33,0	2,4	20,8	75,1	20,0	55,1
Insgesamt	5513	94,0	56,4	11,9	36,9	3,5	22,2	75,4	38,2	45,6

Heinze/Herbst/Schühle 1979

Übersicht A 34 : Führerscheinbesitz nach Führerscheinklassen und Geschlecht in Abhängigkeit von der ÖV-Versorgung der untersuchten Gemeindeteile

	Erfaßte Personen		Davon verfügen über									
			keinen Führerschein		Führerschein Klasse 1		Führerschein Klasse 2		mindestens Führerschein Klasse 3		mindestens Führerschein Klasse 4/5	
	m abs	w abs	m %	w %	m %	w %	m %	w %	m %	w %	m %	w %
	1	2	3	4	5	6	7	8	9	10	11	12
Gruppe I												
Scheeßel	477	450	35,6	57,6	19,5	1,1	17,4	0,9	60,7	41,8	64,4	42,4
Hassendorf	74	70	28,4	60,0	16,2	-	18,9	-	68,9	38,6	71,6	40,0
Ahausen	91	105	38,5	59,0	12,1	1,0	12,1	-	56,0	41,0	61,5	41,0
Heeslingen	326	317	38,7	57,1	12,6	0,3	12,6	-	58,3	41,0	61,3	42,9
Weertzen	100	93	31,0	58,1	18,0	-	17,0	-	68,0	41,9	69,0	41,9
Eversen	61	59	39,3	54,2	16,4	-	24,6	-	54,1	44,1	60,7	45,8
Bötersen	89	83	37,1	48,2	14,6	-	13,5	-	55,1	49,4	62,9	51,8
Höperhöfen	28	25	35,7	56,0	17,9	-	14,3	-	57,1	44,0	64,3	44,0
Gruppe	1246	1202	36,1	56,9	16,3	0,6	15,8	0,3	60,0	42,0	63,9	43,1
Gruppe II												
Westervesede	86	79	29,1	53,2	-	-	2,3	-	60,5	44,3	70,9	46,8
Ostervesede	151	146	27,8	53,4	11,9	1,4	11,3	-	62,3	44,5	72,2	46,6
Hetzwege	36	35	30,6	57,1	8,3	-	19,4	-	63,9	42,9	69,4	42,9
Steddorf	85	77	21,2	44,2	16,5	-	23,5	-	69,4	54,5	78,8	55,8
Boitzen	105	112	25,7	54,5	16,2	0,9	13,3	-	66,7	43,8	74,3	45,5
Westerholz	108	113	30,6	52,2	4,6	1,8	13,0	-	60,2	43,4	69,4	47,8
Sothel	32	34	37,5	47,1	15,6	2,9	15,6	-	53,1	50,0	62,5	52,9
Wittkopsbostel	89	71	36,0	59,2	19,1	1,4	18,0	-	56,2	40,8	64,0	40,8
Gruppe	692	667	28,9	52,8	11,4	1,1	13,7	-	62,1	45,1	71,1	47,2

Übersicht A 34 (Fortsetzung)	Erfaßte Personen		Davon verfügen über									
			keinen Führerschein		Führerschein Klasse 1		Führerschein Klasse 2		mindestens Führerschein Klasse 3		mindestens Führerschein Klasse 4/5	
	m abs	w abs	m %	w %	m %	w %	m %	w %	m %	w %	m %	w %
	1	2	3	4	5	6	7	8	9	10	11	12
Gruppe III												
Jeersdorf	75	68	42,7	48,5	12.0	-	18,7	1,5	53,3	50,0	57,3	51,5
Winkeldorf	19	16	31,6	62,5	15,8	-	15,8	-	57,9	37,5	68,4	37,5
Hellwege	166	161	30,7	52,8	18,1	1,9	14,5	1,2	63,3	44,1	69,3	47,2
Abbendorf	27	26	22,2	34,6	18,5	-	29,6	3,8	66,7	65,4	77,8	65,4
Westeresch	63	72	31,7	59,7	15,9	1,4	7,9	-	60,3	38,9	68,3	40,3
Gruppe	350	343	32,9	52,5	16,3	1,2	15,4	1,2	60,6	45,5	67,1	47,5
Gruppe IV												
Meinstedt	60	62	36,7	58,1	15,0	-	21,7	1,6	50,0	39,7	63,3	41,9
Sassenholz	44	49	22,7	49,0	18,2	-	13,6	-	75,0	44,9	77,3	51,0
Vense	96	104	38,5	61,5	11,5	-	16,7	-	55,2	37,5	61,5	38,5
Horstedt	96	104	36,5	64,4	12,5	-	13,5	-	54,2	33,7	63,5	35,6
Stapel	28	32	39,3	53,1	25,0	-	21,4	-	53,6	43,8	60,7	46,9
Reeßum	92	86	37,0	50,0	7,6	1,2	18,5	-	59,8	48,8	63,0	50,0
Schleeßel	24	23	37,5	47,8	12,5	-	12,5	-	62,5	47,8	62,5	52,2
Taaken	68	67	23,5	64,2	15,9	-	17,4	-	66,7	27,9	76,5	35,8
Bartelsdorf	69	72	23,2	54,2	11,6	1,4	11,6	-	63,8	44,4	76,8	45,8
Wiersdorf	30	25	40,0	44,0	10,0	-	16,7	-	58,6	56,0	60,0	56,0
Wohlsdorf	54	48	31,5	43,8	9,3	-	11,1	-	63,0	52,1	68,5	56,3
Clüversborstel	26	33	30,8	45,5	23,1	-	23,1	3,0	57,7	54,5	69,2	54,5
Gruppe	687	705	33,0	55,5	13,1	0,3	16,2	0,3	59,5	42,0	67,0	44,5
Insgesamt	2975	2917	33,3	55,1	14,4	0,7	15,4	0,3	60,5	43,1	66,7	44,9

Heinze/Herbst/Schühle 1979

Zeilensummen der %-Sätze ungleich 100 %, da Personen mit Führerschein 1 auch über Kl. 4/5, Besitzer der Klasse 2 auch über 3/4/5, Besitzer der Klasse 3 auch über 4/5 verfügen; außerdem können Besitzer der Klasse 1 zusätzlich über Klasse 2 und/oder Klasse 3 verfügen.

Übersicht A 35 : Personen 18 Jahre und älter ohne Fahrerlaubnis der Klasse 3 nach Geschlecht in Abhängigkeit von der ÖV-Versorgung der untersuchten Gemeindeteile - Tabelle

	Personen 18 Jahre und älter		Davon ohne Fahrerlaubnis Klasse 3	
	männlich abs	weiblich abs	männlich %	weiblich %
	1	2	3	4
Gruppe I				
Scheeßel	350	351	17,4	46,4
Hassendorf	57	51	10,5	47,1
Ahausen	64	80	20,3	46,3
Heeslingen	229	223	17,0	41,7
Weertzen	76	71	10,5	45,1
Eversen	45	42	26,7	38,1
Bötersen	59	62	16,9	33,9
Höperhöfen	20	17	20,0	35,3
Gruppe	900	897	17,0	43,7
Gruppe II				
Westervesede	65	66	20,0	47,0
Ostervesede	115	110	18,3	40,9
Hetzwege	28	26	17,9	42,3
Steddorf	73	64	19,2	34,4
Boitzen	78	94	10,3	47,9
Westerholz	83	90	21,7	45,6
Sothel	22	26	22,7	34,6
Wittkopsbostel	62	54	19,3	46,3
Gruppe	526	530	18,3	43,2

Übersicht A 35 (Fortsetzung)	Personen 18 Jahre und älter		Davon ohne Fahrerlaubnis Klasse 3	
	männlich abs	weiblich abs	männlich %	weiblich %
	1	2	3	4
Gruppe III				
Jeersdorf	47	55	14,9	38,2
Winkeldorf	17	14	35.3	57,1
Hellwege	125	118	16,0	39,8
Abbendorf	21	22	14,3	22,7
Westeresch	48	49	20,8	42,9
Gruppe	258	258	17,8	39,5
Gruppe IV				
Meinstedt	40	47	25,0	46,8
Sassenholz	40	38	17,5	42,1
Wense	67	73	20,9	46,6
Horstedt	74	74	29,7	52,7
Stapel	23	26	34,8	46,2
Reeßum	62	65	11,3	35,4
Schleeßel	17	20	11,8	45,0
Taaken	57	50	19,3	62,0
Bartelsdorf	56	54	21,4	40,7
Wiersdorf	22	20	22,7	35,0
Wohlsdorf	37	39	8,1	35,9
Clüversborstel	22	28	31,8	35,7
Gruppe	517	534	20,9	44,8
Insgesamt	2201	2219	18,3	43,6

Heinze/Herbst/Schühle 1979

Übersicht A 36 : Nichtbesitz der Fahrerlaubnis Klasse 3 nach Altersklassen in Abhängigkeit von der ÖV-Versorgung der untersuchten Gemeindeteile

	Erfaßte Personen	Davon verfügen je Altersgruppe nicht über eine Fahrerlaubnis Klasse 3					
		18-20 %	21-44 %	45-59 %	60-64 %	65-74 %	75 und älter %
	1	2	3	4	5	6	7
Gruppe I							
Scheeßel	926	41,4	10,8	36,3	61,5	60,3	89,1
Hassendorf	144	12,5	10,0	29,0	14,3	53,8	88,9
Ahausen	196	22,2	16,9	26,3	60,0	72,2	90,0
Heeslingen	643	22,2	7,6	38,5	76,0	63,4	88,0
Weertzen	193	16,7	7,1	26,7	71,4	66,7	85,7
Eversen	120	33,3	6,5	25,0	50,0	76,9	90,9
Bötersen	172	33,3	9,7	19,2	66,7	60,0	87,5
Höperhöfen	53	-	5,3	33,3	75,0	60,0	-
Gruppe	2447	30,5	9,6	33,3	63,0	63,6	88,8
Gruppe II							
Westervesede	165	20,0	5,9	40,0	75,0	55,6	88,9
Ostervesede	297	33,3	7,4	19,0	70,0	64,5	94,7
Hetzwege	71	-	7,4	30,8	100,0	71,4	75,0
Steddorf	162	25,0	1,9	33,3	33,3	60,0	100,0
Boitzen	217	33,3	8,2	28,6	50,0	66,7	93,3
Westerholz	221	44,4	11,5	28,3	85,7	80,0	84,6
Sothel	66	50,0	4,2	33,3	100,0	42,9	100,0
Wittkopsbostel	160	37,5	7,7	33,3	40,0	81,3	100,0
Gruppe	1359	32,8	7,3	30,3	62,7	67,2	92,4

Übersicht A 36 (Fortsetzung)	Erfaßte Personen	Davon verfügen je Altersgruppe nicht über eine Fahrerlaubnis Klasse 3					
		18-20 %	21-44 %	45-59 %	60-64 %	65-74 %	75 und älter %
	1	2	3	4	5	6	7
Gruppe III							
Jeersdorf	143	28,6	6,5	17,4	-	71,4	90,0
Winkeldorf	35	-	8,3	50,0	66,7	66,7	75,0
Hellwege	327	19,0	9,9	24,5	50,0	64,7	85,7
Abbendorf	53	-	-	-	-	75,0	100,0
Westeresch	135	50,0	14,9	36,0	25,0	81,8	50,0
Gruppe	693	25,7	9,2	25,2	36,4	69,7	83,8
Gruppe IV							
Meinstedt	123	33,3	16,7	35,0	100,0	88,9	100,0
Sassenholz	93	-	13.5	20,0	50,0	63,6	85,7
Wense	200	22,2	11,8	37,5	60,0	81,3	100,0
Horstedt	200	43,8	20,9	37,1	87,5	86,7	100,0
Stapel	60	50,0	5,9	66,7	60,0	85,7	66,7
Reeßum	178	20,0	6,1	17,2	50,0	78,6	85,7
Schleeßel	47	50,0	6,3	30,0	100,0	40,0	100,0
Taaken	137	80,0	9,5	39,4	50,0	69,2	91,7
Bartelsdorf	141	-	5,0	27,6	75,0	73,3	83,3
Wiersdorf	54	-	5,0	14,3	33,3	66,7	100,0
Wohlsdorf	102	40,0	9,1	28,6	33,3	66,7	50,0
Clüversborstel	59	-	-	-	60,0	77,8	100,0
Gruppe	1394	31,2	10,7	30,5	64,7	75,4	89,9
Insgesamt	5893	30,6	9,3	31,0	60,7	68,3	89,4

Heinze/Herbst/Schühle 1979

Übersicht A 37 : Nichtbesitz der Fahrerlaubnis Klasse 3 nach sozialen Kategorien in Abhängigkeit von der ÖV-Versorgung der untersuchten Gemeindeteile

	Erfaßte Personen	Davon verfügen je Bereich nicht über eine Fahrerlaubnis Klasse 3								
		Schüler	Auszu-bildende	Beamte, Angestellte, Arbeiter	Haus-frauen	Selb-ständige	Mithel-fende Familien-angehörige	Rentner	Erwerbs-lose	Sonstige
	abs	%	%	%	%	%	%	%	%	%
	1	2	3	4	5	6	7	8	9	10
Gruppe I										
Scheeßel	850	87,8	58,3	10,3	48,4	3,9	25,9	75,3	37,5	33,3
Hassendorf	139	93,1	50,0	5,3	48,0	-	33,3	58,3	-	-
Ahausen	180	97,1	77,8	15,2	36,4	-	-	73,1	50,0	50,0
Heeslingen	601	96,6	36,8	14,5	31,8	-	25,0	72,0	33,3	60,0
Weertzen	177	88,9	20,0	5,5	46,4	-	-	70,0	-	50,0
Eversen	106	95,8	-	5,0	26,9	-	-	80,0	100,0	-
Bötersen	158	96,8	55,6	6,7	37,5	-	18,2	70,0	-	100,0
Höperhöfen	51	100,0	-	7,7	44,4	-	-	75,0	100,0	-
Gruppe	2262	92,7	51,2	10,6	40,9	1,4	20,8	72,3	41,2	46,8
Gruppe II										
Westervesede	161	96,9	50,0	12,9	32,4	9,1	20,0	70,6	-	-
Ostervesede	285	96,5	61,5	12,1	20,6	6,7	27,6	79,2	-	14,3
Hetzwege	62	87,5	100,0	12,5	45,5	-	50,0	85,7	-	-
Steddorf	159	94,4	63,3	7,3	24,1	16,7	12,5	85,0	-	50,0
Boitzen	206	86,1	62,5	8,9	33,3	-	20,0	75,6	-	66,7
Westerholz	210	91,4	83,3	13,6	43,2	5,0	45,5	84,8	-	50,0
Sothel	61	100,0	-	7,1	30,0	12,5	50,0	63,6	-	-
Wittkopsbostel	151	97,2	60,0	10,6	52,0	8,3	25,0	75,0	-	-
Gruppe	1295	94,0	65,1	11,0	34,3	7,5	28,2	77,6	-	39,1

Übersicht A 37 (Fortsetzung)	Erfaßte Personen	Davon verfügen je Bereich nicht über eine Fahrerlaubnis Klasse 3								
		Schüler	Auszu-bildende	Beamte, Angestellte, Arbeiter	Haus-frauen	Selb-ständige	Mithel-fende Familien-angehörige	Rentner	Erwerbs-lose	Sonstige
	abs	%	%	%	%	%	%	%	%	%
	1	2	3	4	5	6	7	8	9	10
Gruppe III										
Jeersdorf	134	93,5	75,0	9,4	23,8	7,1	-	81,0	-	-
Winkeldorf	33	100,0	100,0	27,3	60,0	-	-	71,4	-	-
Hellwege	303	87,7	58,8	10,7	32,7	9,1	9,1	72,1	100,0	60,0
Abbendorf	53	100,0	-	-	20,0	-	14,3	60,0	-	-
Westeresch	128	100,0	87,5	21,2	64,7	-	-	58,8	50,0	-
Gruppe	651	92,6	70,6	12,7	36,9	4,9	5,7	70,4	50,0	42,9
Gruppe IV										
Meinstedt	115	100,0	-	22,2	33,3	-	50,0	85,7	-	50,0
Sassenholz	90	92,3	-	13,0	47,1	-	25,0	70,6	-	50,0
Wense	183	97,5	66,7	22,5	29,7	-	50,0	79,3	-	50,0
Horstedt	187	97,3	50,0	23,6	59,3	9,1	21,4	92,0	-	25,0
Stapel	58	100,0	50,0	13,3	33,3	-	-	84,6	-	-
Reeßum	163	94,7	50,0	6,7	13,9	-	-	78,3	-	100,0
Schleeßel	46	100,0	-	12,5	20,0	-	50,0	62,5	-	100,0
Taaken	122	100,0	-	10,0	45,5	-	66,7	78,3	75,0	100,0
Bartelsdorf	138	100,0	25,0	14,3	30,8	-	27,3	83,3	-	50,0
Wiersdorf	52	87,5	100,0	8,3	20,0	-	-	75,0	-	50,0
Wohlsdorf	94	93,3	83,3	10,5	31,3	-	12,5	58,3	33,3	-
Clüversborstel	57	100,0	50,0	-	9,1	-	-	88,2	-	-
Gruppe	1305	97,2	49,2	15,1	32,3	0,9	25,4	79,7	44,4	48,5
Insgesamt	5513	94,0	56,4	11,9	36,9	3,5	22,2	75,4	38,2	45,6

Heinze/Herbst/Schühle 1979

Übersicht A 38 : Besitz von Fahrrädern, Mopeds und Mofas in den untersuchten Gemeindeteilen

	Erfaßte Haushalte	Haushalts-mitglieder	FAHRRÄDER abs	FAHRRÄDER Durchschnitt pro Haushalt	FAHRRÄDER Durchschnitt pro Person	FAHRRÄDER Anteil der Haushalte ohne Fahrräder %	MOPEDS + MOFAS abs	MOPEDS + MOFAS Durchschnitt pro Haushalt	MOPEDS + MOFAS Durchschnitt pro Person	MOPEDS + MOFAS Anteil der Haushalte ohne Mopeds und Mofas %
	1	2	3	4	5	6	7	8	9	10
Sottrum										
Ahausen	56	219	154	2,75	0,70	7,1	5	0,09	0,02	91,1
Eversen	37	143	92	2,49	0,64	16,2	8	0,22	0,06	78,4
Bötersen	48	203	124	2,58	0,61	6,3	14	0,29	0,07	77,1
Höperhöfen	16	74	54	3,38	0,73	6,3	3	0,19	0,04	87,5
Hassendorf	39	208	107	2,74	0,51	12,8	9	0,23	0,04	79,5
Hellwege	97	363	242	2,49	0,67	11,3	23	0,24	0,06	79,4
Horstedt	56	220	134	2,39	0,61	8,9	19	0,34	0,09	73,2
Stapel	15	80	41	2,73	0,51	0	9	0,60	0,11	53,3
Winkeldorf	13	36	22	1,69	0,61	15,4	2	0,15	0,05	84,6
Clüversborstel	17	64	40	2,35	0,62	5,9	3	0,18	0,05	82,4
Reeßum	49	203	137	2,80	0,67	4,1	6	0,12	0,03	87,8
Schleeßel	14	56	35	2,50	0,62	14,3	2	0,14	0,04	85,7
Taaken	41	163	103	2,51	0,63	12,2	12	0,29	0,07	80,5
Gemeinde	498	2032	1285	2,58	0,63	9,4	115	0,23	0,06	80,5

Übersicht A 38 (Fortsetzung)	Erfaßte Haushalte	Haushalts-mitglieder	FAHRRÄDER abs	FAHRRÄDER Durchschnitt pro Haushalt	FAHRRÄDER Durchschnitt pro Person	FAHRRÄDER Anteil der Haushalte ohne Fahrräder %	MOPEDS + MOFAS abs	MOPEDS + MOFAS Durchschnitt pro Haushalt	MOPEDS + MOFAS Durchschnitt pro Person	MOPEDS + MOFAS Anteil der Haushalte ohne Mopeds und Mofas %
	1	2	3	4	5	6	7	8	9	10
Scheeßel										
Abbendorf	16	61	40	2,50	0,65	18,8	5	0,31	0,08	68,8
Bartelsdorf	34	165	129	3,79	0,78	2,9	6	0,18	0,04	82,4
Hetzwege	24	85	51	2,12	0,60	16,7	1	0,42	0,01	95,8
Jeersdorf	44	163	105	2,39	0,64	18,2	5	0,11	0,03	90,9
Ostervesede	77	355	266	3,45	0,75	6,5	20	0,26	0,06	81,8
Scheeßel	322	956	752	2,33	0,79	12,7	46	0,14	0,05	87,6
Sothel	16	83	62	3,87	0,75	6,3	2	0,20	0,02	93,8
Westeresch	36	143	91	2,53	0,64	11,1	14	0,39	0,10	66,7
Westerholz	59	250	137	2,32	0,55	13,6	21	0,36	0,08	67,8
Westervesede	55	183	155	2,82	0,85	3,6	14	0,25	0,08	80,0
Wittkopsbostel	52	196	117	2,25	0,60	19,2	15	0,29	0,08	76,9
Wohlsdorf	26	118	72	2,77	0,61	3,8	9	0,35	0,08	69,2
Gemeinde	761	2758	1977	2,60	0,72	11,6	158	0,22	0,06	82,5
Heeslingen										
Boitzen	59	150	160	2,71	0,64	8,5	21	0,36	0,08	71,2
Heeslingen	189	725	542	2,87	0,75	5,3	42	0,22	0,06	80,4
Meinstedt	37	154	94	2,54	0,61	16,2	14	0,38	0,09	75,7
Sassenholz	27	109	74	2,74	0,68	7,4	4	0,15	0,04	85,2
Steddorf	47	224	122	2,60	0,54	10,6	21	0,45	0,09	57,4
Weertzen	59	218	145	2,46	0,66	8,5	12	0,20	0,05	83,1
Wense	52	244	139	2,67	0,57	11,5	33	0,63	0,13	57,7
Wiersdorf	15	70	44	2,93	0,63	6,7	5	0,33	0,07	73,3
Gemeinde	485	1894	1320	2,72	0,66	8,3	152	0,31	0,08	74,6
Insgesamt	1744	6684	4582	2,63	0,68	10,0	425	0,24	0,06	79,8

Heinze/Herbst/Schühle 1979

Übersicht A 39 : Besitz von Personen-, Kombinationskraftwagen und Motorrädern in den untersuchten Gemeindeteilen

	Erfaßte Haushalte	Haushaltsmitglieder	PKW + KOMBI abs	PKW + KOMBI Durchschnitt pro Haushalt	PKW + KOMBI Durchschnitt pro Person	PKW + KOMBI Anteil der Haushalte ohne Pkw %	MOTORRÄDER abs	MOTORRÄDER Durchschnitt pro Haushalt	MOTORRÄDER Anteil der Haushalte ohne Motorrad %
	1	2	3	4	5	6	7	8	9
Sottrum									
Ahausen	56	219	63	1,12	0,29	16,1	2	0,04	96,4
Eversen	37	143	42	1,13	0,29	13,5	0	0	100,0
Bötersen	48	203	68	1,42	0,33	4,2	1	0,02	97,9
Höperhöfen	16	74	21	1,31	0,28	12,5	1	0,06	93,8
Hassendorf	39	208	56	1,44	0,27	5,1	1	0,03	97,4
Hellwege	97	363	127	1,31	0,35	15,5	1	0,01	99,0
Horstedt	56	220	73	1,30	0,33	21,4	1	0,02	98,2
Stapel	15	80	21	1,40	0,26	13,3	3	0,20	86,7
Winkeldorf	13	36	12	0,92	0,33	23,1	0	0	100,0
Clüversborstel	17	64	23	1,35	0,36	17,6	0	0	100,0
Reeßum	49	203	62	1,26	0,30	8,2	1	0,02	98,0
Schleeßel	14	56	26	1,86	0,46	-	0	0	100,0
Taaken	41	163	42	1,02	0,26	19,5	3	0,07	95,1
Gemeinde	498	2032	636	1,28	0,31	13,5	14	0,03	97,6

Übersicht A 39 (Fortsetzung)

	Erfaßte Haushalte	Haushaltsmitglieder	PKW + KOMBI abs	PKW + KOMBI Durchschnitt pro Haushalt	PKW + KOMBI Durchschnitt pro Person	PKW + KOMBI Anteil der Haushalte ohne Pkw %	MOTORRÄDER abs	MOTORRÄDER Durchschnitt pro Haushalt	MOTORRÄDER Anteil der Haushalte ohne Motorrad %
	1	2	3	4	5	6	7	8	9
Scheeßel									
Abbendorf	16	61	23	1,44	0,38	6,3	0	0	100,0
Bartelsdorf	34	165	51	1,50	0,31	5,9	0	0	100,0
Hetzwege	24	85	29	1,21	0,34	8,3	0	0	100,0
Jeersdorf	44	163	49	1,11	0,30	15,9	2	0,04	95,5
Ostervesede	77	355	104	1,35	0,29	6,5	2	0,03	97,4
Scheeßel	322	956	334	1,04	0,35	17,7	14	0,04	96,0
Sothel	16	83	22	1,38	0,26	6,3	0	0	100,0
Westeresch	36	143	43	1,19	0,30	13,9	0	0	100,0
Westerholz	59	250	76	1,29	0,30	1,7	0	0	100,0
Westervesede	55	183	57	1,04	0,31	23,6	-	-	100,0
Wittkopsbostel	52	196	64	1,23	0,33	13,5	1	0,02	98,1
Wohlsdorf	26	118	39	1,50	0,33	3,8	2	0,08	92,3
Gemeinde	761	2758	891	1,17	0,32	13,4	21	0,03	97,4
Heeslingen									
Boitzen	59	150	81	1,37	0,54	11,9	1	0,02	98,3
Heeslingen	189	725	222	1,17	0,31	14,3	7	0,04	96,9
Meinstedt	37	154	39	1,05	0,25	13,5	0	0	100,0
Sassenholz	27	109	36	1,33	0,33	3,7	4	0,15	88,9
Steddorf	47	224	77	1,64	0,34	8,5	1	0,02	97,9
Weertzen	59	218	77	1,31	0,35	10,2	0	0	100,0
Wense	52	244	65	1,25	0,27	3,8	0	0	100,0
Wiersdorf	15	70	19	1,27	0,27	-	0	0	100,0
Gemeinde	485	1894	616	1,27	0,33	10,7	13	0,03	97,8
Insgesamt	1744	6684	2143	1,23	0,32	12,7	48	0,03	97,5

Heinze/Herbst/Schühle 1979

Übersicht A 40 : Besitz von Lastkraftwagen und landwirtschaftlichen Zugmaschinen in den untersuchten Gemeindeteilen

			LKW			LW-ZUGMASCHINEN			
	Erfaßte Haushalte	Haushaltsmitglieder	abs	Durchschnitt pro Haushalt	Anteil der Haushalte ohne Lkw %	abs	Durchschnitt pro Haushalt	Durchschnitt pro Person	Anteil der Haushalte ohne LW-Zugmaschinen %
	1	2	3	4	5	6	7	8	9
Sottrum									
Ahausen	56	219	0	0	100,0	31	0,55	0,14	69,6
Eversen	37	143	0	0	100,0	24	0,65	0,17	64,9
Bötersen	48	203	0	0	100,0	26	0,54	0,13	79,2
Höperhöfen	16	74	0	0	100,0	4	0,25	0,05	87,5
Hassendorf	39	208	0	0	100,0	14	0,36	0,07	79,5
Hellwege	97	363	3	0,03	97,9	36	0,37	0,10	82,5
Horstedt	56	220	2	0,04	96,4	21	0,37	0,09	76,8
Stapel	15	80	0	0	100,0	19	1,27	0,24	33,3
Winkeldorf	13	36	2	0,15	84,6	4	0,31	0,11	69,2
Clüversborstel	17	64	0	0	100,0	9	0,53	0,14	58,8
Reeßum	49	203	9	0,18	95,9	17	0,35	0,08	75,5
Schleeßel	14	56	0	0	100,0	7	0,50	0,12	71,4
Taaken	41	163	0	0	100,0	31	0,76	0,19	56,1
Gemeinde	498	2032	16	0,03	98,4	243	0,49	0,12	72,9

Übersicht A 40 (Fortsetzung)			LKW			LW-ZUGMASCHINEN			
	Erfaßte Haushalte	Haushaltsmitglieder	abs	Durchschnitt pro Haushalt	Anteil der Haushalte ohne Lkw %	abs	Durchschnitt pro Haushalt	Durchschnitt pro Person	Anteil der Haushalte ohne LW-Zugmaschinen %
	1	2	3	4	5	6	7	8	9
Scheeßel									
Abbendorf	16	61	0	0	100,0	12	0,75	0,20	62,5
Bartelsdorf	34	165	0	0	100,0	28	0,82	0,17	44,1
Hetzwege	24	85	3	0,12	87,5	9	0,38	0,11	83,3
Jeersdorf	44	163	0	0	100,0	23	0,52	0,14	70,5
Ostervesede	77	355	1	0,01	98,7	75	0,97	0,21	44,2
Scheeßel	322	956	7	0,02	98,4	15	0,05	0,02	97,5
Sothel	16	83	0	0	100,0	17	1,06	0,20	50,0
Westeresch	36	143	0	0	100,0	25	0,69	0,17	63,9
Westerholz	59	250	0	0	100,0	45	0,76	0,18	59,3
Westervesede	55	183	1	0,02	98,2	35	0,64	0,19	61,8
Wittkopsbostel	52	196	2	0,04	96,2	17	0,33	0,09	84,6
Wohlsdorf	26	118	0	0	100,0	23	0,89	0,19	53,8
Gemeinde	761	2758	14	0,02	98,4	324	0,43	0,12	76,5
Heeslingen									
Boitzen	59	150	0	0	100,0	35	0,59	0,23	67,8
Heeslingen	189	725	8	0,04	97,4	29	0,15	0,04	91,0
Meinstedt	37	154	0	0	100,0	21	0,57	0,14	67,6
Sassenholz	27	109	0	0	100,0	24	0,89	0,22	48,1
Steddorf	47	224	5	0,11	95,7	34	0,72	0,15	53,2
Weertzen	59	218	2	0,03	96,6	16	0,27	0,07	78,0
Wense	52	244	3	0,06	98,1	44	0,85	0,18	50,0
Wiersdorf	15	70	0	0	100,0	14	0,93	0,20	60,0
Gemeinde	485	1894	18	0,04	98,0	217	0,45	0,11	73,4
Insgesamt	1744	6684	48	0,03	98,3	784	0,45	0,12	74,6

Heinze/Herbst/Schühle 1979

Übersicht A 41 : Mehrfachbesitz von Pkw in Haushalten der untersuchten Gemeindeteile

	Haushalte mit ... Pkw/Kombi											
	0		1		2		3		4		5	
	abs	%[1]	abs	%	abs	%	abs	%	abs	%	abs	%
	1	2	3	4	5	6	7	8	9	10	11	12
Sottrum												
Ahausen	9	16,1	35	62,5	9	16,1	2	3,6	1	1,8	-	-
Eversen	5	13,5	22	59,5	10	27,0	-	-	-	-	-	-
Bötersen	2	4,2	27	56,3	17	35,4	1	2,1	1	2,1	-	-
Höperhöfen	2	12,5	8	50,0	5	31,3	1	6,3	-	-	-	-
Hassendorf	2	5,1	20	51,3	15	38,5	2	5,1	-	-	-	-
Hellwege	15	15,5	49	50,5	23	23,7	8	8,2	2	2,1	-	-
Horstedt	12	21,4	22	39,3	17	30,4	4	7,1	-	-	-	-
Stapel	2	13,3	6	40,0	6	40,0	1	6,7	-	-	1	1,8
Winkeldorf	3	23,1	8	61,5	2	15,4	-	-	-	-	-	-
Clüversborstel	3	17,6	7	41,2	5	29,4	2	11,8	-	-	-	-
Reeßum	4	8,2	30	61,2	14	28,6	-	-	-	-	-	-
Schleeßel	-	-	11	78,6	3	21,4	-	-	-	-	-	-
Taaken	8	19,5	15	61,0	7	17,1	1	2,4	-	-	-	-
Gemeinde	67	13,5	270	54,2	133	26,7	22	4,4	5	1,0	1	0,2

1) Zeilensumme der Absoluten Werte gleich 100 %

Übersicht A 41 (Fortsetzung)	Haushalte mit ... Pkw/Kombi											
	0		1		2		3		4		5	
	abs	%[1]	abs	%	abs	%	abs	%	abs	%	abs	%
	1	2	3	4	5	6	7	8	9	10	11	12
Scheeßel												
Abbendorf	1	6,3	9	56,3	4	25,0	2	12,5	-	-	-	-
Bartelsdorf	2	5,9	15	44,1	15	44,1	2	5,9	-	-	-	-
Hetzwege	2	8,3	15	62,5	7	29,2	-	-	-	-	-	-
Jeersdorf	7	15,9	25	56,8	12	27,3	-	-	-	-	-	-
Ostervesede	5	6,5	44	57,1	25	32,5	2	2,6	1	1,3	-	-
Scheeßel	57	17,7	207	64,3	49	15,2	7	2,2	2	0,6	-	-
Sothel	1	6,3	9	56,3	5	31,5	1	6,3	-	-	-	-
Westeresch	5	13,9	20	55,6	10	17,8	1	2,8	-	-	-	-
Westerholz	1	1,7	42	71,2	14	13,7	2	3,4	-	-	-	-
Westervesede	13	23,6	30	54,5	10	18,2	1	1,8	1	1,8	-	-
Wittkopsbostel	7	13,5	30	57,7	13	25,0	1	1,9	-	-	1	1,9
Wohlsdorf	1	3,8	12	46,2	12	46,2	1	3,8	-	-	-	-
Gemeinde	102	13,4	458	60,2	176	23,1	20	2,6	4	0,5	1	0,1
Heeslingen												
Boitzen	7	11,9	25	42,4	25	42,4	2	3,4	-	-	-	-
Heeslingen	27	14,3	116	61,4	33	17,5	12	6,3	1	0,5	-	-
Meinstedt	5	13,5	27	73,0	3	8,1	2	5,4	-	-	-	-
Sassenholz	1	3,7	18	66,7	6	22,2	2	7,4	-	-	-	-
Steddorf	4	8,5	16	34,0	22	46,8	3	6,4	2	4,3	-	-
Weertzen	6	10,2	33	55,9	17	28,8	2	3,4	1	1,7	-	-
Wense	2	3,8	38	73,1	9	17,3	3	5,8	-	-	-	-
Wiersdorf	-	-	11	73,3	4	26,7	-	-	-	-	-	-
Gemeinde	52	10,7	284	58,6	119	24,5	26	5,4	4	0,8	-	-
Insgesamt	221	12,7	1012	58,0	428	24,5	68	3,9	13	0,7	2	0,1

Heinze/Herbst/Schühle 1979

Übersicht A 42 : Besitz von Fahrrädern, Mopeds und Mofas in Abhängigkeit von der ÖV-Versorgung der untersuchten Gemeindeteile - Tabelle

	Erfaßte Haushalte	Haushalts-mitglieder	FAHRRÄDER				MOPEDS + MOFAS			
			abs	Durchschnitt pro Haus-halt	Durchschnitt pro Person	Anteil der Haushalte ohne Fahrräder %	abs	Durchschnitt pro Haus-halt	Durchschnitt pro Person	Anteil der Haushalte ohne Mopeds und Mofas %
	1	2	3	4	5	6	7	8	9	10
Gruppe I										
Scheeßel	322	956	752	2,33	0,79	12,7	46	0,14	0,05	87,6
Hassendorf	39	208	107	2,74	0,51	12,8	9	0,23	0,04	79,5
Ahausen	56	219	154	2,75	0,70	7,1	5	0,09	0,02	91,1
Heeslingen	189	725	542	2,87	0,75	5,3	42	0,22	0,06	80,4
Weertzen	59	218	145	2,46	0,66	8,5	12	0,20	0,05	83,1
Eversen	37	143	92	2,49	0,64	16,2	8	0,22	0,06	78,4
Bötersen	48	203	124	2,58	0,61	6,3	14	0,29	0,07	77,1
Höperhöfen	16	74	54	3,38	0,73	6,3	3	0,19	0,04	87,5
Gruppe	766	2746	1970	2,57	0,72	9,8	139	0,18	0,05	84,2
Gruppe II										
Westervesede	55	183	155	2,82	0,85	3,6	14	0,25	0,08	80,0
Ostervesede	77	355	266	3,45	0,75	6,5	20	0,26	0,06	81,8
Hetzwege	24	85	51	2,12	0,60	16,7	1	0,42	0,01	95,8
Steddorf	47	224	122	2,60	0,54	10,6	21	0,45	0,09	57,4
Boitzen	59	150	160	2,71	0,64	8,5	21	0,36	0,08	71,2
Westerholz	59	250	137	2,32	0,55	13,6	21	0,36	0,08	67,8
Sothel	16	83	62	3,87	0,75	6,3	2	0,2	0,02	93,8
Wittkopsbostel	52	196	117	2,25	0,60	19,2	15	0,29	0,08	76,9
Gruppe	389	1526	1070	2,75	0,70	10,3	115	0,30	0,08	75,6

Übersicht A 42 (Fortsetzung)	Erfaßte Haushalte	Haushalts-mitglieder	FAHRRÄDER				MOPEDS + MOFAS			
			abs	Durchschnitt pro Haus-halt	Durchschnitt pro Person	Anteil der Haushalte ohne Fahrräder %	abs	Durchschnitt pro Haus-halt	Durchschnitt pro Person	Anteil der Haushalte ohne Mopeds und Mofas %
	1	2	3	4	5	6	7	8	9	10
Gruppe III										
Jeersdorf	44	163	105	2,39	0,64	18,2	5	0,11	0,03	90,9
Winkeldorf	13	36	22	1,69	0,61	15,4	2	0,15	0,05	84,6
Hellwege	97	363	242	2,49	0,67	11,3	23	0,24	0,06	79,4
Abbendorf	16	61	40	2,50	0,65	18,8	5	0,31	0,08	68,8
Westeresch	36	143	91	2,53	0,64	11,1	14	0,39	0,10	66,7
Gruppe	2o6	766	500	2,43	0,65	13,6	49	0,24	0,06	79,1
Gruppe IV										
Meinstedt	37	154	94	2,54	0,61	16,2	14	0,38	0,09	75,7
Sassenholz	27	109	74	2,74	0,68	7,4	4	0,15	0,04	85,2
Wense	52	244	139	2,67	0,57	11,5	33	0,63	0,13	57,7
Horstedt	56	220	134	2,39	0,61	8,9	19	0,34	0,09	73,2
Stapel	15	80	41	2,73	0,51	0	9	0,60	0,11	53,3
Reeßum	49	203	137	2,80	0,67	4,1	6	0,12	0,03	87,8
Schleeßel	14	56	35	2,50	0,62	14,3	2	0,14	0,04	85,7
Taaken	41	163	103	2,51	0,63	12,2	12	0,29	0,07	80,5
Bartelsdorf	34	165	129	3,79	0,78	2,9	6	0,18	0,04	82,4
Wiersdorf	15	70	44	2,93	0,63	6,7	5	0,33	0,07	73,3
Wohlsdorf	26	118	72	2,77	0,61	3,8	9	0,35	0,08	69,2
Clüversborstel	17	64	40	2,35	0,62	5,9	3	0,18	0,05	82,4
Gruppe	383	1646	1042	2,72	0,63	8,3	122	0,32	0,07	75,5
Insgesamt	1744	6684	4582	2,63	0,68	10,0	425	0,24	0,06	79,8

Heinze/Herbst/Schühle 1979

Übersicht A 43 : Besitz von Personen-, Kombinationskraftwagen und Motorrädern in Abhängigkeit von der ÖV-Versorgung der untersuchten Gemeindeteile

	Erfaßte Haushalte	Haushalts-mitglieder	PKW + KOMBI				MOTORRÄDER		
			abs	Durchschnitt pro Haushalt	Durchschnitt pro Person	Anteil der Haushalte ohne Pkw %	abs	Durchschnitt pro Haushalt	Anteil der Haushalte ohne Motorrad %
	1	2	3	4	5	6	7	8	9
Gruppe I									
Scheeßel	322	956	334	1,04	0,35	17,7	14	0,04	96,0
Hassendorf	39	208	56	1,44	0,27	5,1	1	0,03	97,4
Ahausen	56	219	63	1,12	0,29	16,1	2	0,04	96,4
Heeslingen	189	725	222	1,17	0,31	14,3	7	0,04	96,9
Weertzen	59	218	77	1,31	0,35	10,2	0	0	100,0
Eversen	37	143	42	1,13	0,29	13,5	0	0	100,0
Bötersen	48	203	68	1,42	0,33	4,2	1	0,02	97,9
Höperhöfen	16	74	21	1,31	0,28	12,5	1	0,06	93,8
Gruppe	766	2746	883	1,15	0,32	14,4	26	0,03	96,9
Gruppe II									
Westervesede	55	183	57	1,04	0,31	23,6	-	-	-
Ostervesede	77	355	104	1,35	0,29	6,5	2	0,03	97,4
Hetzwege	24	85	29	1,21	0,34	8,3	0	0	100,0
Steddorf	47	224	77	1,64	0,34	8,5	1	0,02	97,9
Boitzen	59	150	81	1,37	0,54	11,9	1	0,02	98,3
Westerholz	59	250	76	1,29	0,30	1,7	0	0	100,0
Sothel	16	83	22	1,37	0,26	6,3	0	0	100,0
Wittkopsbostel	52	196	64	1,23	0,33	13,5	1	0,02	98,1
Gruppe	389	1526	510	1,31	0,33	10,3	5	0,01	98,7

Übersicht A 43 (Fortsetzung)	Erfaßte Haushalte	Haushalts-mitglieder	PKW + KOMBI				MOTORRÄDER		
			abs	Durchschnitt pro Haushalt	Durchschnitt pro Person	Anteil der Haushalte ohne Pkw %	abs	Durchschnitt pro Haushalt	Anteil der Haushalte ohne Motorrad %
	1	2	3	4	5	6	7	8	9
Gruppe III									
Jeersdorf	44	163	49	1,11	0,30	15,9	2	0,04	95,5
Winkeldorf	13	36	12	0,92	0,33	23,1	0	0	100,0
Hellwege	97	363	127	1,31	0,35	15,5	1	0,01	99,0
Abbendorf	16	61	23	1,44	0,38	6,3	0	0	100,0
Westeresch	36	143	43	1,19	0,30	13,9	0	0	100,0
Gruppe	206	766	254	1,23	0,33	15,1	3	0,01	98,6
Gruppe IV									
Meinstedt	37	154	39	1,05	0,25	13,5	0	0	100,0
Sassenholz	27	109	36	1,33	0,33	3,7	4	0,15	88,9
Wense	52	244	65	1,25	0,27	3,8	0	0	100,0
Horstedt	56	220	73	1,30	0,33	21,4	1	0,02	98,2
Stapel	15	80	21	1,40	0,26	13,3	3	0,20	86,7
Reeßum	49	203	62	1,26	0,30	8,2	1	0,02	98,0
Schleeßel	14	56	26	1,86	0,46	-	0	0	100,0
Taaken	41	163	42	1,02	0,26	19,5	3	0,07	95,1
Bartelsdorf	34	165	51	1,50	0,31	5,9	0	0	100,0
Wiersdorf	15	70	19	1,27	0,27	-	0	0	100,0
Wohlsdorf	26	118	39	1,50	0,33	3,8	2	0,08	92,3
Clüversborstel	17	64	23	1,35	0,36	17,6	0	0	100,0
Gruppe	383	1646	496	1,29	0,30	10,4	14	0,04	97,1
Insgesamt	1744	6684	2143	1,23	0,32	12,7	48	0,03	97,5

Heinze/Herbst/Schühle 1979

Übersicht A 44 : Besitz von Lastkraftwagen und landwirtschaftlichen Zugmaschinen in Abhängigkeit von der ÖV-Versorgung der untersuchten Gemeindeteile

	Erfaßte Haushalte	Haushalts-mitglieder	L K W			L W - Z U G M A S C H I N E N			
			abs	Durchschnitt pro Haus-halt	Anteil der Haushalte ohne Lkw %	abs	Durchschnitt pro Haus-halt	Durchschnitt pro Person	Anteil der Haushalte ohne LW-Zugma-schinen %
	1	2	3	4	5	6	7	8	9
Gruppe I									
Scheeßel	322	956	7	0,02	98,4	15	0,05	0,02	97,5
Hassendorf	39	208	0	0	100,0	14	0,36	0,07	79,5
Ahausen	56	219	0	0	100,0	31	0,55	0,14	69,6
Heeslingen	189	725	8	0,04	97,4	29	0,15	0,04	91,0
Weertzen	59	218	2	0,03	96,6	16	0,27	0,07	78,0
Eversen	37	143	0	0	100,0	24	0,65	0,17	64,9
Bötersen	48	203	0	0	100,0	26	0,54	0,13	79,2
Höperhöfen	16	74	0	0	100,0	4	0,25	0,05	87,5
Gruppe	766	2746	17	0,02	98,4	159	0,21	0,06	88,5
Gruppe II									
Westervesede	55	183	1	0,02	98,2	35	0,64	0,19	61,8
Ostervesede	77	355	1	0,01	98,7	75	0,97	0,21	44,2
Hetzwege	24	85	3	0,12	87,5	9	0,38	0,11	83,3
Steddorf	47	224	5	0,11	95,7	34	0,72	0,15	53,2
Boitzen	59	150	0	0	100,0	35	0,59	0,23	67,8
Westerholz	59	250	0	0	100,0	45	0,76	0,18	59,3
Sothel	16	83	0	0	100,0	17	1,06	0,20	50,0
Wittkopsbostel	52	196	2	0,04	96,2	17	0,33	0,09	84,6
Gruppe	389	1526	12	0,03	97,7	267	0,69	0,17	61,7

Übersicht A 44 (Fortsetzung)	Erfaßte Haushalte	Haushalts-mitglieder	L K W			L W - Z U G M A S C H I N E N			
			abs	Durchschnitt pro Haus-halt	Anteil der Haushalte ohne Lkw %	abs	Durchschnitt pro Haus-halt	Durchschnitt pro Person	Anteil der Haushalte ohne LW-Zugma-schinen %
	1	2	3	4	5	6	7	8	9
Gruppe III									
Jeersdorf	44	163	0	0	100,0	23	0,52	0,14	70,5
Winkeldorf	13	36	2	0,15	84,6	4	0,31	0,11	69,2
Hellwege	97	363	3	0,03	97,9	36	0,37	0,10	82,5
Abbendorf	16	61	0	0	100,0	12	0,75	0,20	62,5
Westeresch	36	143	0	0	100,0	25	0,69	0,17	63,9
Gruppe	206	766	5	0,02	98,0	100	0,48	0,13	74,3
Gruppe IV									
Meinstedt	37	154	0	0	100,0	21	0,57	0,14	67,6
Sassenholz	27	109	0	0	100,0	24	0,89	0,22	48,1
Wense	52	244	3	0,06	98,1	44	0,85	0,18	50,0
Horstedt	56	220	2	0,04	96,4	21	0,37	0,09	76,8
Stapel	15	80	0	0	100,0	19	1,27	0,24	33,3
Reeßum	49	203	9	0,18	95,9	17	0,35	0,08	75,5
Schleeßel	14	56	0	0	100,0	7	0,50	0,12	71,4
Taaken	41	163	0	0	100,0	31	0,76	0,19	56,1
Bartelsdorf	34	165	0	0	100,0	28	0,82	0,17	44,1
Wiersdorf	15	70	0	0	100,0	14	0,93	0,20	60,0
Wohlsdorf	26	118	0	0	100,0	23	0,89	0,19	53,8
Clüversborstel	17	64	0	0	100,0	9	0,53	0,14	58,8
Gruppe	383	1646	14	0,04	98,7	258	0,67	0,16	60,1
Insgesamt	1744	6684	48	0,03	98,3	784	0,45	0,12	74,6

Heinze/Herbst/Schühle 1979

Übersicht A 45 : Mehrfachbesitz von Pkw in Haushalten in Abhängigkeit von der ÖV-Versorgung der untersuchten Gemeindeteile

	Haushalte mit ... Pkw/Kombi											
	0		1		2		3		4		5	
	abs	%[1]	abs	%	abs	%	abs	%	abs	%	abs	%
	1	2	3	4	5	6	7	8	9	10	11	12
Gruppe I												
Scheeßel	57	17,7	207	64,3	49	15,2	7	2,2	2	0,6	-	-
Hassendorf	2	5,1	20	51,3	15	38,5	2	5,1	-	-	-	-
Ahausen	9	16,1	35	62,5	9	16,1	2	3,6	1	1,8	-	-
Heeslingen	27	14,3	116	61,4	33	17,5	12	6,3	1	0,5	-	-
Weertzen	6	10,2	33	55,9	17	28,8	2	3,4	1	1,7	-	-
Eversen	5	13,5	22	59,5	10	27,0	-	-	-	-	-	-
Bötersen	2	4,2	27	56,3	17	35,4	1	2,1	1	2,1	-	-
Höperhöfen	2	12,5	8	50,0	5	31,3	1	6,3	-	-	-	-
Gruppe	110	14,4	468	61,1	155	20,2	27	3,5	6	0,8	-	-
Gruppe II												
Westervesede	13	23,6	30	54,5	10	18,2	1	1,8	1	1,8	-	-
Ostervesede	5	6,5	44	57,1	25	32,5	2	2,6	1	1,3	-	-
Hetzwege	2	8,3	15	62,5	7	29,2	-	-	-	-	-	-
Steddorf	4	8,5	16	34,0	22	46,8	3	6,4	2	4,3	-	-
Boitzen	7	11,9	25	42,4	25	42,4	2	3,4	-	-	-	-
Westerholz	1	1,7	42	71,2	14	23,7	2	3,4	-	-	-	-
Sothel	1	6,3	9	56,3	5	31,3	1	6,3	-	-	-	-
Wittkopsbostel	7	13,5	30	57,7	13	25,0	1	1,9	-	-	1	1,9
Gruppe	40	10,3	211	54,2	121	31,1	12	3,1	4	1,0	1	0,3

Übersicht A 45 (Fortsetzung)	Haushalte mit ... Pkw/Kombi											
	0		1		2		3		4		5	
	abs	%[1]	abs	%	abs	%	abs	%	abs	%	abs	%
	1	2	3	4	5	6	7	8	9	10	11	12
Gruppe III												
Jeersdorf	7	15,9	25	56,8	12	27,3	-	-	-	-	-	-
Winkeldorf	3	23,1	8	61,5	2	15,4	-	-	-	-	-	-
Hellwege	15	15,5	49	50,5	23	23,7	8	8,2	2	2,1	-	-
Abbendorf	1	6,3	9	56,3	4	25,0	2	12,5	-	-	-	-
Westeresch	5	13,9	20	55,6	10	27,8	1	2,8	-	-	-	-
Gruppe	31	15,0	111	53,9	51	24,8	11	5,3	2	1,0	-	-
Gruppe IV												
Meinstedt	5	13,5	27	73,0	3	8,1	2	5,4	-	-	-	-
Sassenholz	1	3,7	18	66,7	6	22,2	2	7,4	-	-	-	-
Wense	2	3,8	38	73,1	9	17,3	3	5,8	-	-	-	-
Horstedt	12	21,4	22	39,3	17	30,4	4	7,1	-	-	1	1,8
Stapel	2	13,3	6	40,0	6	40,0	1	6,7	-	-	-	-
Reeßum	4	8,2	30	61,2	14	28,6	-	-	1	2,0	-	-
Schleeßel	-	-	11	78,6	3	21,4	-	-	-	-	-	-
Taaken	8	19,5	25	61,0	7	17,1	1	2,4	-	-	-	-
Bartelsdorf	2	5,9	15	44,1	15	44,1	2	5,9	-	-	-	-
Wiersdorf	-	-	11	73,3	4	26,7	-	-	-	-	-	-
Wohlsdorf	1	3,8	12	46,2	12	46,2	1	3,8	-	-	-	-
Clüversborstel	3	17,6	7	41,2	5	29,4	2	11,8	-	-	-	-
Gruppe	40	10,4	222	58,0	101	26,4	18	4,7	1	0,3	1	0,3
Insgesamt	221	12,7	1012	58,0	428	24,5	68	3,9	13	0,7	2	0,1

Heinze/Herbst/Schühle 1979

1) Zeilensumme der absoluten Werte gleich 100 %

Übersicht A 46 : Erwerbstätige der untersuchten Gemeindeteile nach Ort ihres Arbeitsplatzes

Gemeinde	Erwerbs-tätige	Davon haben ihren Arbeitsplatz						
		am jeweiligen Wohnort[1] (Gemeindeteil)	im Gemeindezentrum	in anderen Gemeindeteilen der Gemeinde	im Mittelzentrum[2]	in einem Oberzentrum (Bremen, Hamburg)	in anderen Gemeinden	ohne Angaben
	abs	%	%	%	%	%	%	%
	1	2	3	4	5	6	7	8
Sottrum	717	26,5	6,8	3,2	20,2	18,0	16,5	8,8
Scheeßel	1139	40,0	7,5	2,4	20,3	9,4	10,5	9,9
Heeslingen	710	31,7	7,7	2,0	23,0	7,6	17,4	10,6
Insgesamt	2566	33,9	7,4	2,5	21,0	11,3	14,1	9,8

1) Hier sind erfaßt, da nicht als die Grenzen eines Gemeindeteils überquerende Pendler auftretend:
- bei der Gemeinde Scheeßel diejenigen, die dort wohnen und arbeiten, obwohl Scheeßel gleichzeitig Gemeindezentrum ist;
- bei der Gemeinde Heeslingen diejenigen, die dort wohnen und arbeiten, obwohl Heeslingen gleichzeitig Nebenzentrum (evtl. einstufbar als Gemeindezentrum) ist.

2) Hier sind auch die Personen aus den Ortsteilen von Heeslingen erfaßt, die in Zeven arbeiten, obwohl Zeven gleichzeitig Zentrum der Samtgemeinde Zeven und der zugehörigen Mitgliedsgemeinde Heeslingen ist.

Übersicht A 47 : Anzahl und Ziele der Berufsauspendler der untersuchten Gemeindeteile

	Erwerbstätige mit Angabe des Ortes der Arbeitsstätte	davon: Berufs-Auspendler		Zielort			
				zugehöriges Grundzentrum	zugehöriges Mittelzentrum	Oberzentren Bremen	Hamburg
	abs	abs	% von 1	% von 2	% von 2	% von 2	% von 2
	1	2	3	4	5	6	7
Sottrum				Sottrum	Rotenburg		
Ahausen	74	51	68,9	5,9	31,4	15,7	5,9
Eversen	32	21	65,6	4,8	47,6	19,0	-
Bötersen	80	52	65,0	7,7	67,3	3,8	-
Höperhöfen	21	10	47,6	-	30,0	20,0	20,0
Hassendorf	51	43	84,3	20,9	25,6	23,3	2,3
Hellwege	129	94	72,9	11,7	11,7	41,5	4,3
Horstedt	86	62	72,1	8,1	46,8	27,4	1,6
Stapel	29	20	69,0	15,0	15,0	20,0	5,0
Winkeldorf	12	9	75,0	22,2	-	44,4	-
Clüversborstel	22	17	77,3	17,6	35,3	11,8	-
Reeßum	57	42	73,7	14,3	21,4	33,3	-
Schleeßel	14	10	71,4	-	50,0	10,0	-
Taaken	47	31	66,0	6,5	22,6	32,3	-
Gemeinde	654	462	70,6	10,6	31,4	25,3	2,6

Sonstige Pendlerziele mit 10 und mehr Einpendlern im Berufsverkehr aus dem gesamten Untersuchungsraum:

Sittensen : 2,5 % der gesamten Auspendler; davon 69,4 % aus Teilen der Gemeinde Heeslingen
Seedorf : 1,4 % " " " ; davon 95,0 % " " " " "
Harsefeld : 1,5 % " " " ; davon 100,0 % " " " " "
Ottersberg : 2,4 % " " " ; davon 94,3 % " " " " Sottrum
Verden : 1,2 % " " " ; davon 70,6 % " " " " Sottrum

1) Ohne Berücksichtigung der Auspendler von Scheeßel
2) " " " " " Heeslingen
3) " " " " " Scheeßel und Heeslingen

Übersicht A 47 (Fortsetzung)	Erwerbstätige mit Angabe des Ortes der Arbeitsstätte	davon: Berufs-Auspendler		Zielort			
				zugehöriges Grundzentrum	zugehöriges Mittelzentrum	Oberzentren Bremen	Hamburg
	abs	abs	% von 1	% von 2	% von 2	% von 2	% von 2
	1	2	3	4	5	6	7
Scheeßel				Scheeßel	Rotenburg		
Abbendorf	29	12	41,4	8,3	75,0	-	-
Bartelsdorf	62	25	40,3	12,0	76,0	4,0	-
Hetzwege	31	20	64,5	35,0	40,0	-	10,0
Jeersdorf	55	39	70,9	46,2	30,8	7,7	5,1
Ostervesede	130	67	51,5	16,4	29,9	1,5	25,4
Scheeßel	376	195	51,9	entf.	41,0	7,7	22,1
Sothel	21	12	57,1	33,3	25,0	-	-
Westeresch	63	36	57,1	36,1	27,8	-	13,9
Westerholz	100	62	62,0	11,3	58,1	-	11,3
Westervesede	54	33	61,1	30,3	30,3	3,0	-
Wittkopsbostel	60	47	78,3	21,3	25,5	4,3	12,8
Wohlsdorf	45	19	42,2	5,3	63,2	10,5	-
Gemeinde	1026	567	55,3	22,8[1)]	40,7	4,4	14,5
Heeslingen				Heeslingen	Zeven		
Boitzen	85	63	74,1	9,5	38,1	3,2	20,6
Heeslingen	237	133	56,1	entf.	44,4	3,8	12,0
Meinstedt	38	31	81,6	25,8	41,9	3,2	6,5
Sassenholz	40	22	55,0	18,2	40,9	-	22,7
Steddorf	77	49	63,6	20,4	22,4	2,0	6,1
Weertzen	74	54	73,0	16,7	44,4	-	7,4
Wense	63	45	71,4	33,3	28,9	-	4,4
Wiersdorf	21	15	71,4	20,0	66,7	-	-
Gemeinde	635	412	64,9	19,7[2)]	39,6	2,2	10,9
Insgesamt	2315	1441	62,2	17,0[3)]	37,4	10,5	9,6

Heinze/Herbst/Schühle 1979

Übersicht A 48 : Verkehrsmittelwahl der Erwerbstätigen im Berufsverkehr der untersuchten Gemeindeteile

	Zeilen-summe	Verkehrsmittel													
		zu Fuß		Fahrrad/ Moped/Mofa		Pkw/Motorrad/ Lkw		Mitfahrer		Öffentl. Linienbus		Werkbus		Eisenbahn	
	abs (=100%)	abs	%	abs	%	abs	%	abs	%	abs	%	abs	%	abs	%
	1	2	3	4	5	6	7	8	9	10	11	12	13	14	15
Sottrum															
Ahausen	53	-	-	9	17,0	29	54,7	3	5,7	6	11,3	2	3,8	4	7,5
Eversen	23	2	8,7	1	4,3	18	78,3	2	8,7	-	-	-	-	-	-
Bötersen	58	8	13,8	5	8,6	42	72,4	1	1,7	1	1,7	-	-	1	1,7
Höperhöfen	12	-	-	2	16,7	6	50,0	-	-	2	16,7	-	-	2	16,7
Hassendorf	44	1	2,3	8	18,2	27	61,4	2	4,5	-	-	-	-	6	13,6
Hellwege	106	2	1,9	14	13,2	66	62,3	11	10,4	-	-	9	8,5	4	3,8
Horstedt	76	7	9,2	9	11,8	47	61,8	9	11,8	-	-	3	3,9	1	1,3
Stapel	23	3	13,0	3	13,0	12	52,2	2	8,7	-	-	2	8,7	1	4,3
Winkeldorf	11	1	9,1	1	9,1	5	45,5	2	18,2	-	-	2	18,2	-	-
Clüversborstel	17	2	11,8	2	11,8	12	70,6	1	5,9	-	-	-	-	-	-
Reeßum	57	5	8,8	10	17,5	35	61,4	4	7,0	1	1,8	1	1,8	1	1,8
Schleeßel	11	-	-	2	18,2	8	72,7	-	-	-	-	1	9,1	-	-
Taaken	34	2	5,9	4	11,8	23	67,6	2	5,9	1	2,9	2	5,9	-	-
Gemeinde	525	33	6,3	70	13,3	330	62,9	39	7,4	11	2,1	22	4,2	20	3,8

Übersicht A 48 (Fortsetzung)	Zeilen-summe	Verkehrsmittel													
		zu Fuß		Fahrrad/ Moped/Mofa		Pkw/Motorrad/ Lkw		Mitfahrer		Öffentl. Linienbus		Werkbus		Eisenbahn	
	abs (=100%)	abs	%	abs	%	abs	%	abs	%	abs	%	abs	%	abs	%
	1	2	3	4	5	6	7	8	9	10	11	12	13	14	15
Scheeßel															
Abbendorf	28	10	35,7	6	21,4	12	42,9	-	-	-	-	-	-	-	-
Bartelsdorf	42	4	9,4	6	14,3	29	69,0	1	2,4	-	-	1	2,4	1	2,4
Hetzwege	25	4	16,0	1	4,0	13	52,0	3	12,0	-	-	3	12,0	1	4,0
Jeersdorf	44	5	11,4	11	25,0	21	47,7	2	4,5	-	-	2	4,5	3	6,8
Ostervesede	101	18	17,8	10	9,9	50	49,5	4	4,0	2	2,0	9	8,9	8	7,9
Scheeßel	349	58	16,6	81	23,2	143	41,0	7	2,0	4	1,1	13	3,7	43	12,3
Sothel	19	3	15,8	4	21,1	11	57,9	1	5,3	-	-	-	-	-	-
Westeresch	64	24	37,5	11	17,2	21	32,8	6	9,4	1	1,6	-	-	1	1,6
Westerholz	69	1	1,4	15	21,7	43	62,3	4	5,8	1	1,4	4	5,8	1	1,4
Westervesede	33	1	3,0	2	6,1	21	63,6	3	9,1	2	6,1	2	6,1	2	6,1
Wittkopsbostel	56	5	8,9	9	16,1	35	62,5	-	-	1	1,8	4	7,1	2	3,6
Wohlsdorf	23	5	21,7	2	8,7	14	60,9	1	4,3	-	-	-	-	1	4,3
Gemeinde	853	138	16,2	158	18,5	413	48,4	32	3,7	11	1,3	38	4,5	63	7,4
Heeslingen															
Boitzen	74	4	5,4	13	17,6	46	62,2	5	6,8	1	1,4	5	6,8	-	-
Heeslingen	211	30	14,2	40	19,0	111	52,6	7	3,3	6	2,8	17	8,1	-	-
Meinstedt	40	1	2,5	4	10,0	27	67,5	5	12,5	-	-	3	7,5	-	-
Sassenholz	26	-	-	3	11,5	18	69,2	3	11,5	-	-	1	3,8	1	3,8
Steddorf	64	12	18,8	9	14,1	36	56,3	4	6,3	-	-	3	4,7	-	-
Weertzen	67	4	6,0	12	17,9	45	67,2	4	6,0	1	1,5	1	1,5	-	-
Wense	49	3	6,1	11	22,4	29	59,2	3	6,1	1	2,0	2	4,1	-	-
Wiersdorf	17	4	23,5	3	17,6	9	52,9	1	5,9	-	-	-	-	-	-
Gemeinde	548	58	10,6	95	17,3	321	58,6	32	5,8	9	1,6	32	5,8	1	0,2
Insgesamt	1926	229	11,9	323	16,8	1064	55,2	103	5,3	31	1,6	92	4,8	84	4,4

Heinze/Herbst/Schühle 1979

Übersicht A 49 : Verkehrsmittelwahl der Auspendler im Berufsverkehr der untersuchten Gemeinden

	Basis	Verkehrsmittel						
		zu Fuß	Fahrrad / Mofa/Moped	Pkw/Motorrad/ Lkw	Mitfahrer	Öffentl. Bus	Werkbus	Eisenbahn
	abs	%	%	%	%	%	%	%
	1	2	3	4	5	6	7	8
Sottrum								
Ahausen	48	-	10,4	58,3	6,3	12,5	4,2	8,3
Eversen	19	-	5,3	84,2	10,5	-	-	-
Bötersen	50	-	10,0	84,0	2,0	2,0	-	2,0
Höperhöfen	10	-	-	60,0	-	20,0	-	20,0
Hassendorf	41	2,4	19,5	63,4	2,4	-	-	12,2
Hellwege	93	-	11,8	63,4	11,8	-	8,6	4,3
Horstedt	61	3,3	4,9	72,1	13,1	-	4,9	1,6
Stapel	20	5,0	15,0	55,0	10,0	-	10,0	5,0
Winkeldorf	9	-	-	55,6	22,2	-	22,2	-
Clüversborstel	16	6,3	12,5	75,0	6,3	-	-	-
Reeßum	42	-	19,0	66,7	7,1	2,4	2,4	2,4
Schleeßel	9	-	11,1	88,9	-	-	-	-
Taaken	28	-	3,6	78,6	7,1	3,6	7,1	-
Gemeinde	446	1,1	10,8	68,8	8,1	2,5	4,5	4,3

Übersicht A 49 (Fortsetzung)	Basis	Verkehrsmittel						
		zu Fuß	Fahrrad / Mofa/Moped	Pkw/Motorrad/ Lkw	Mitfahrer	Öffentl. Bus	Werkbus	Eisenbahn
	abs	%	%	%	%	%	%	%
	1	2	3	4	5	6	7	8
Scheeßel								
Abbendorf	12	-	16,7	83,3	-	-	-	-
Bartelsdorf	25	-	16,0	76,0	4,0	-	-	4,0
Hetzwege	20	-	5,0	65,0	15,0	-	10,0	5,0
Jeersdorf	38	7,9	26,3	47,4	5,3	-	5,3	7,9
Ostervesede	65	3,1	9,2	58,5	4,6	1,5	10,8	12,3
Scheeßel	186	1,1	10,8	54,3	3,2	1,6	6,5	22,6
Sothel	11	-	18,2	72,7	9,1	-	-	-
Westeresch	36	-	22,2	58,3	16,7	-	-	2,8
Westerholz	60	1,7	13,3	68,3	6,7	1,7	6,7	1,7
Westervesede	31	-	6,5	64,5	9,7	6,5	6,5	6,5
Wittkopsbostel	47	-	17,0	70,2	-	-	8,5	4,3
Wohlsdorf	16	-	-	87,5	6,3	-	-	6,3
Gemeinde	547	1,5	13,0	61,4	5,5	1,3	6,0	11,3
Heeslingen								
Boitzen	60	1,7	20,0	61,7	8,3	1,7	6,7	-
Heeslingen	128	2,3	8,6	68,8	4,7	2,4	13,3	-
Meinstedt	31	-	6,5	67,7	16,1	-	9,7	-
Sassenholz	22	-	13,6	63,6	13,6	-	4,5	4,5
Steddorf	46	2,2	13,0	69,6	8,7	-	6,5	-
Weertzen	52	-	11,5	78,8	5,8	1,9	1,9	-
Wense	43	-	23,3	65,1	4,7	2,3	4,7	-
Wiersdorf	13	-	23,1	69,2	7,7	-	-	-
Gemeinde	395	1,3	13,4	68,4	7,3	1,6	7,8	0,3
Insgesamt	1388	1,3	12,4	65,8	6,8	1,7	6,1	5,9

Heinze/Herbst/Schühle 1979

Übersicht A 50 : Verkehrsmittelwahl der Erwerbstätigen im Berufsverkehr in Abhängigkeit von der ÖV-Versorgung der untersuchten Gemeindeteile

	Erfaßte Personen	Verkehrsmittel						
		zu Fuß	Fahrrad/ Moped/Mofa	Pkw/Motorrad/ Lkw	Mitfahrer	öffentl. Linienbus	Werkbus	Eisenbahn
	abs	% von 1	% von 1	% von 1	% von 1	% von 1	% von 1	% von 1
	1	2	3	4	5	6	7	8
Gruppe I								
Scheeßel	349	16,6	23,2	41,0	2,0	1,1	3,7	12,3
Hassendorf	44	2,3	18,2	61,4	4,5	0	0	13,6
Ahausen	53	0	17,0	54,7	5,7	11,3	3,8	7,5
Heeslingen	211	14,2	19,0	52,6	3,3	2,8	8,1	0
Weertzen	67	6,0	17,9	67,2	6,0	1,5	1,5	0
Eversen	23	8,7	4,3	78,3	8,7	0	0	0
Bötersen	58	13,8	8,6	72,4	1,7	1,7	0	1,7
Höperhöfen	12	0	16,7	50,0	0	16,7	0	16,7
Gruppe	817	12,6	19,3	51,5	3,2	2,4	4,1	6,8
Gruppe II								
Westervesede	33	3,0	6,1	63,6	9,1	6,1	6,1	6,1
Ostervesede	101	17,8	9,9	49,5	4,0	2,0	8,9	7,9
Hetzwege	25	16,0	4,0	52,0	12,0	0	12,0	4,0
Steddorf	64	18,8	14,1	56,3	6,3	0	4,7	0
Boitzen	74	5,4	17,6	62,2	6,8	1,4	6,8	0
Westerholz	69	1,4	21,7	62,3	5,8	1,4	5,8	1,4
Sothel	19	15,8	21,1	57,9	5,3	0	0	0
Wittkopsbostel	56	8,9	16,1	62,5	0	1,8	7,1	3,6
Gruppe	441	10,9	14,3	57,8	5,5	1,6	6,8	3,2

Übersicht A 50 (Fortsetzung)	Erfaßte Personen	Verkehrsmittel						
		zu Fuß	Fahrrad/ Moped/Mofa	Pkw/Motorrad/ Lkw	Mitfahrer	öffentl. Linienbus	Werkbus	Eisenbahn
	abs	% von 1	% von 1	% von 1	% von 1	% von 1	% von 1	% von 1
	1	2	3	4	5	6	7	8
Gruppe III								
Jeersdorf	44	11,4	25,0	47,7	4,5	0	4,5	6,8
Winkeldorf	11	9,1	9,1	45,5	18,2	0	18,2	0
Hellwege	106	1,9	13,2	62,3	10,4	0	8,5	3,8
Abbendorf	28	35,7	21,4	42,9	0	0	0	0
Westeresch	64	37,5	17,2	32,8	9,4	1,6	0	1,6
Gruppe	253	16,6	17,0	49,4	8,3	0,4	5,1	3,2
Gruppe IV								
Heinstedt	40	2,5	10,0	67,5	12,5	0	7,5	0
Sassenholz	26	0	11,5	69,2	11,5	0	3,8	3,8
Vense	49	6,1	22,4	59,2	6,1	2,0	4,1	0
Horstedt	76	9,2	11,8	61,8	11,8	0	3,9	1,3
Stapel	23	13,0	13,0	52,2	8,7	0	8,7	4,3
Reeßum	57	8,8	17,5	61,4	7,0	1,8	1,8	1,8
Schleeßel	11	0	18,2	72,7	0	0	9,1	0
Taaken	34	5,9	11,8	67,6	5,9	2,9	5,9	0
Bartelsdorf	42	9,5	14,3	69,0	2,4	0	2,4	2,4
Wiersdorf	17	23,5	17,6	52,9	5,9	0	0	0
Wohlsdorf	23	21,7	8,7	60,9	4,3	0	0	4,3
Clüversborstel	17	11,8	11,8	70,6	5,9	0	0	0
Gruppe	415	8,7	14,2	63,4	7,7	0,7	3,9	1,4
Insgesamt	1926	11,9	16,8	55,2	5,3	1,6	4,8	4,4

Heinze/Herbst/Schühle 1979

Übersicht A 51 : Verkehrsmittelwahl der Auspendler im Berufsverkehr in Abhängigkeit von der ÖV-Versorgung der untersuchten Gemeindeteile

	Basis	Verkehrsmittel						
		zu Fuß	Fahrrad / Mofa/Moped	Pkw/Motorrad/ Lkw	Mitfahrer	Öffentl. Bus	Werkbus	Eisenbahn
	abs	%	%	%	%	%	%	%
	1	2	3	4	5	6	7	8
Gruppe I								
Scheeßel	186	1,1	10,8	54,3	3,2	1,6	6,5	22,6
Hassendorf	41	2,4	19,5	63,4	2,4	-	-	12,2
Ahausen	48	-	10,4	58,3	6,3	12,5	4,2	8,3
Heeslingen	128	2,3	8,6	68,8	4,7	2,4	13,3	-
Weertzen	52	-	11,5	78,8	5,8	1,9	1,9	-
Eversen	19	-	5,3	84,2	10,5	-	-	-
Bötersen	50	-	10,0	84,0	2,0	2,0	-	2,0
Höperhöfen	10	-	-	60,0	-	20,0	-	20,0
Gruppe	534	1,1	10,5	65,2	4,1	3,0	6,0	10,1
Gruppe II								
Westervesede	31	-	6,5	64,5	9,7	6,5	6,5	6,5
Ostervesede	65	3,1	9,2	58,5	4,6	1,5	10,8	12,3
Hetzwege	20	-	5,0	65,0	15,0	-	10,0	5,0
Steddorf	46	2,2	13,0	69,6	8,7	-	6,5	-
Boitzen	60	1,7	20,0	61,7	8,3	1,7	6,7	-
Westerholz	60	1,7	13,3	68,3	6,7	1,7	6,7	1,7
Sothel	11	-	18,2	72,7	9,1	-	-	-
Wittkopsbostel	47	-	17,0	70,2	-	-	8,5	4,3
Gruppe	340	1,5	13,2	65,3	6,8	1,5	7,7	4,1

Übersicht A 51 (Fortsetzung)	Basis	Verkehrsmittel						
		zu Fuß	Fahrrad / Mofa/Moped	Pkw/Motorrad/ Lkw	Mitfahrer	Öffentl. Bus	Werkbus	Eisenbahn
	abs	%	%	%	%	%	%	%
	1	2	3	4	5	6	7	8
Gruppe III								
Jeersdorf	38	7,9	26,3	47,4	5,3	-	5,3	7,9
Winkeldorf	9	-	-	55,6	22,2	-	22,2	-
Hellwege	93	-	11,8	63,4	11,8	-	8,6	4,3
Abbendorf	12	-	16,7	83,3	-	-	-	-
Westeresch	36	-	22,2	58,3	16,7	-	-	2,8
Gruppe	188	1,6	16,5	60,1	11,2	-	6,4	4,3
Gruppe IV								
Meinstedt	31	-	6,5	67,7	16,1	-	9,7	-
Sassenholz	22	-	13,6	63,6	13,6	-	4,5	4,5
Wense	43	-	23,3	65,1	4,7	2,3	4,7	-
Horstedt	61	3,3	4,9	72,1	13,1	-	4,9	1,6
Stapel	20	5,0	15,0	55,0	10,0	-	10,0	5,0
Reeßum	42	-	19,0	66,7	7,1	2,4	2,4	2,4
Schleeßel	9	-	11,1	88,9	-	-	-	-
Taaken	28	-	3,6	78,6	7,1	3,6	7,1	-
Bartelsdorf	25	-	16,0	76,0	4,0	-	-	4,0
Wiersdorf	13	-	23,1	69,2	7,7	-	-	-
Wohlsdorf	16	-	-	87,5	6,3	-	-	6,3
Clüversborstel	16	6,3	12,5	75,0	6,3	-	-	-
Gruppe	326	1,2	12,3	70,5	8,9	0,9	4,3	1,8
Insgesamt	1388	1,3	12,4	65,8	6,8	1,7	6,1	5,9

Heinze/Herbst/Schühle 1979

Übersicht A 52 : Gründe für die ÖV-Ablehnung durch IV-Benutzer im Berufsverkehr der untersuchten Gemeindeteile

	Es gibt keine Verbindung %	Ich kann zu Fuß gehen %	Bus oder Bahn fährt zu selten od. zu ungünstiger Zeit %	Haltestellen zu weit entfernt %	Fahrtzeit zu lang %	Umsteigen zu umständlich %	Fahrpreis ist zu hoch %	Bus/Bahn sind zu voll %	Bus/Bahn sind zu unbequem %	Ich fahre sowieso nur ungern Bus/Bahn %	Nr. der Spalte mit 1. Rangplatz %
	1	2	3	4	5	6	7	8	9	10	11
Gruppe I											
Scheeßel	22,1	25,4	21,5	6,6	6,9	3,9	5,7	0,6	3,0	4,5	2
Hassendorf	29,2	6,3	29,2	22,9	6,3	2,1	2,1	2,1	-	-	1/3
Ahausen	8,8	3,5	40,4	3,5	21,1	7,0	10,5	3,5	-	1,8	3
Heeslingen	34,7	15,1	28,3	5,9	5,5	4,1	3,7	-	1,8	0,9	1/3
Weertzen	23,3	8,1	29,1	10,5	9,3	3,5	8,1	2,3	2,3	3,5	1
Eversen	44,4	7,4	29,6	11,1	-	-	7,4	-	-	-	1
Bötersen	29,7	4,7	40,6	3,1	4,7	4,7	6,3	1,6	3,1	1,6	3
Höperhöfen	35,7	7,1	28,6	7,1	14,3	7,1	-	-	-	-	1
Gruppe	26,5	16,0	27,5	7,4	7,4	4,0	5,5	0,9	2,1	2,6	3
Gruppe II											
Westervesede	7,4	3,7	74,1	11,1	3,7	-	-	-	-	-	3
Ostervesede	35,3	12,9	27,1	7,1	9,4	1,2	1,2	2,4	3,5	-	1
Hetzwege	38,9	16,7	22,2	5,6	-	-	5,6	-	5,6	5,6	1
Steddorf	44,8	13,4	20,9	4,5	1,5	3,0	10,4	1,5	-	-	1
Boitzen	49,4	3,7	22,2	2,5	8,6	3,7	6,2	2,5	1,2	-	1
Westerholz	67,1	2,4	15,8	3,7	1,2	4,9	4,9	-	-	-	1
Sothel	36,4	-	54,5	-	9,1	-	-	-	-	-	3
Wittkopsbostel	49,1	12,3	24.6	3.5	5,3	1,7	1,7	-	-	1,7	1
Gruppe	45,8	8,4	26,2	4,7	5,1	2,6	4,4	1,2	1,2	0,5	1

Übersicht A 52 (Fortsetzung)	Es gibt keine Verbindung %	Ich kann zu Fuß gehen %	Bus oder Bahn fährt zu selten od. zu ungünstiger Zeit %	Haltestellen zu weit entfernt %	Fahrtzeit zu lang %	Umsteigen zu umständlich %	Fahrpreis ist zu hoch %	Bus/Bahn sind zu voll %	Bus/Bahn sind zu unbequem %	Ich fahre sowieso nur ungern Bus/Bahn %	Nr. der Spalte mit 1. Rangplatz %
	1	2	3	4	5	6	7	8	9	10	11
Gruppe III											
Jeersdorf	33,3	7.0	19,3	19,3	7,0	3,5	5,3	1,7	1,7	1,7	1
Winkeldorf	58,3	8,3	25,0	8,3	-	-	-	-	-	-	1
Hellwege	37,3	3,4	32,2	11,0	5,9	1,7	6,8	-	0,8	0,8	1
Abbendorf	65,2	26,1	8,7	-	-	-	-	-	-	-	1
Westeresch	20,6	34,9	34,9	1,6	3,2	3,2	-	1,6	-	-	2/3
Gruppe	35,9	13,5	27,8	9,5	4,8	2,2	4,0	0,7	0,7	0,7	1
Gruppe IV											
Meinstedt	58,7	2,2	23,9	4,3	2,2	-	8,7	-	-	-	1
Sassenholz	35,9	-	25,6	7,7	12,8	2,6	7,7	2,6	2,6	2,6	1
Wense	69,8	1,9	15,1	1,9	1,9	1,9	5,7	1,9	-	-	1
Horstedt	71,8	6,4	11,5	5,1	5,1	-	-	-	-	-	1
Stapel	93,7	-	6,2	-	-	-	-	-	-	-	1
Reeßum	52,7	3,6	16,4	18,2	3,6	-	-	1,8	1,8	1,8	1
Schleeßel	90,0	-	10,0	-	-	-	-	-	-	-	1
Taaken	84,4	3,1	6,2	3,1	-	-	-	-	-	3,1	1
Bartelsdorf	62,2	10,8	13,5	2,7	-	2,7	5,4	-	2,7	-	1
Wiersdorf	73,3	20,0	6,7	-	-	-	-	-	-	-	1
Wohlsdorf	73,9	4,3	-	17,4	-	-	-	-	-	-	1
Clüversborstel	58,8	-	5,9	23,5	5,9	5,9	-	-	-	-	1
Gruppe	65,3	4,3	14,0	7,1	3,3	0,9	2,8	0,7	0,7	0,7	1
Insgesamt	40,2	11,5	24,4	7,0	5,7	2,8	4,5	0,9	1,4	1,5	1

Heinze/Herbst/Schühle 1979

Übersicht A 53 : Länge der Berufswege in den untersuchten Gemeindeteilen nach Entfernungsklassen

	Ant-worten abs (= 100%)	Der Arbeitsplatz ist zwischen ... Minuten von der Wohnung entfernt																				
		0 bis 5 %	6 bis 10 %	11 bis 15 %	16 bis 20 %	21 bis 25 %	26 bis 30 %	31 bis 35 %	36 bis 40 %	41 bis 45 %	46 bis 50 %	51 bis 55 %	56 bis 60 %	61 bis 65 %	66 bis 70 %	71 bis 75 %	76 bis 80 %	81 bis 85 %	86 bis 90 %	91 bis 95 %	96 bis 100 %	über 100 %
	1	2	3	4	5	6	7	8	9	10	11	12	13	14	15	16	17	18	19	20	21	22
Sottrum																						
Ahausen	47	12,8	31,9	17,0	12,8	2,1	2,1	-	-	6,4	6,4	-	-	-	-	2,1	-	-	2,1	2,1	-	2,1
Eversen	22	9,1	4,5	45,5	9,1	4,5	9,1	4,5	4,5	-	9,1	-	-	-	-	-	-	-	-	-	-	-
Bötersen	66	31,8	47,0	10,6	-	1,5	1,5	1,5	-	3,0	-	-	-	1,5	-	-	-	-	-	-	1,5	-
Höperhöfen	14	21,4	14,3	7,1	-	7,1	-	7,1	7,1	7,1	7,1	-	7,1	-	-	-	-	-	7,1	-	7,1	-
Hassendorf	47	29,8	12,8	14,9	8,5	4,3	4,3	8,5	12,8	-	-	-	-	2,1	-	2,1	-	-	-	-	-	-
Hellwege	100	15,0	16,0	11,0	7,0	3,0	1,0	12,0	19,0	5,0	2,0	-	1,0	-	-	-	1,0	1,0	-	-	1,0	5,0
Horstedt	77	20,8	7,8	9,1	28,6	2,6	6,5	1,3	7,8	2,6	7,8	1,3	1,3	-	-	-	-	1,3	-	-	-	1,3
Stapel	19	5,3	31,6	10,5	21,1	5,3	-	-	5,3	5,3	10,5	-	-	-	-	-	-	-	-	-	-	5.3
Winkeldorf	10	-	-	30,0	10,0	-	10,0	10,0	10,0	-	10,0	-	-	-	-	-	-	-	-	-	-	-
Clüversborstel	17	23,5	5,9	11,8	41,2	-	5,9	5,9	-	-	-	-	-	-	-	-	-	-	-	-	-	5,9
Reeßum	49	20,4	16,3	6,1	18,4	6,1	-	16,3	10,2	2,0	2,0	2,0	-	-	-	-	-	-	-	-	-	-
Schleeßel	11	9,1	9,1	45,5	-	9,1	18,2	-	-	9,1	-	-	-	-	-	-	-	-	-	-	-	-
Taaken	31	16,1	12,9	3,2	22,6	3,2	9,7	3,2	12,9	3,2	6,5	-	-	-	-	-	-	-	3,2	-	-	3,2
Gemeinde	510	19,2	19,0	13,1	13,5	3,3	4,1	5,9	8,6	3,5	3,9	0,4	0,6	0,4	-	0,4	0,2	0,4	0,6	0,2	0,6	2,0

Übersicht A 53 (Fortsetzung)	Ant-worten abs (= 100%)	Der Arbeitsplatz ist zwischen ... Minuten von der Wohnung entfernt																				
		0 bis 5 %	6 bis 10 %	11 bis 15 %	16 bis 20 %	21 bis 25 %	26 bis 30 %	31 bis 35 %	36 bis 40 %	41 bis 45 %	46 bis 50 %	51 bis 55 %	56 bis 60 %	61 bis 65 %	66 bis 70 %	71 bis 75 %	76 bis 80 %	81 bis 85 %	86 bis 90 %	91 bis 95 %	96 bis 100 %	über 100 %
	1	2	3	4	5	6	7	8	9	10	11	12	13	14	15	16	17	18	19	20	21	22
Scheeßel																						
Abbendorf	26	53,8	11,5	23,1	3,8	-	-	-	3,8	-	-	-	-	-	-	-	-	-	-	-	-	3,8
Bartelsdorf	39	41,0	53,8	5,1	-	-	-	-	-	-	-	-	-	-	-	-	-	-	-	-	-	-
Hetzwege	24	25,0	33,3	20,8	8,3	-	-	-	-	-	4,2	-	4,2	-	-	4,2	-	-	-	-	-	-
Jeersdorf	43	55,8	14,0	9,3	4,7	-	-	2,3	-	-	4,7	-	4,7	-	-	-	-	-	-	-	-	4,7
Ostervesede	103	32,0	21,4	8,7	12,6	3,9	-	-	-	-	1,9	-	1,0	2,9	8,7	2,9	2,9	-	-	-	-	1,0
Scheeßel	333	44,1	12,6	10,8	5,7	2,4	1,2	1,2	0,9	0,3	2,1	4,2	3,0	4,2	3,3	1,2	0,3	0,6	-	-	-	1,8
Sothel	20	35,0	30,0	10,0	5,0	-	10,0	-	5,0	-	5,0	-	-	-	-	-	-	-	-	-	-	-
Westeresch	64	64,1	3,1	18,8	3,1	-	-	-	3,1	-	1,6	-	-	-	1,6	-	1,6	-	3,1	-	-	-
Westerholz	77	22,1	54,5	6,5	2,6	1,3	1,3	1,3	2,6	-	-	1,3	1,3	-	1,3	1,3	-	1,3	-	-	-	1,3
Westervesede	33	24,2	33,3	18,2	12,1	-	-	-	-	3,0	6,1	-	3,0	-	-	-	-	-	-	-	-	-
Wittkopsbostel	54	18,5	29,6	20,4	11,1	5,6	-	-	-	-	3,7	-	7,4	-	-	3,7	-	-	-	-	-	-
Wohlsdorf	44	77,3	11,4	2,3	2,3	-	-	-	2,3	2,3	2,3	-	-	-	-	-	-	-	-	-	-	-
Gemeinde	860	41,5	21,4	11,5	6,2	1,9	0,8	0,7	1,2	0,3	2,2	1,7	2,3	2,0	2,6	1,3	0,6	0,3	0,2	-	-	1,3
Heeslingen																						
Boitzen	68	26,5	32,4	13,2	5,9	-	1,5	2,9	1,5	-	1,5	-	1,5	-	1,5	5,9	1,5	1,5	2,9	-	-	-
Heeslingen	198	42,4	28,3	3,5	3,0	4,0	3,5	2,0	-	0,5	1,0	-	2,0	3,0	1,0	-	1,0	0,5	1,0	1,0	-	2,0
Meinstedt	39	38,5	30,8	7,7	-	7,7	2,6	2,6	2,6	-	2,6	2,6	-	-	2,6	-	-	-	-	-	-	-
Sassenholz	23	4,3	52,2	8,7	-	8,7	-	-	4,3	-	8,7	-	-	-	-	-	4,3	-	8,7	-	-	-
Steddorf	55	14,5	29,1	36,4	1,8	-	1,8	-	-	-	3,6	-	-	1,8	7,3	-	1,8	-	-	-	-	1,8
Weertzen	64	31,3	39,1	9,4	-	-	1,6	-	1,6	1,6	3,1	4,7	1,6	-	3,1	-	-	-	-	-	-	3,1
Wense	50	12,0	28,0	28,0	10,0	4,0	2,0	-	-	-	4,0	2,0	-	2,0	4,0	-	-	-	2,0	-	-	2,0
Wiersdorf	15	46,7	13,0	8,7	-	-	20,0	-	-	-	-	-	-	-	-	-	-	-	-	-	-	-
Gemeinde	512	31,1	31,3	12,3	3,1	2,9	2,9	1,4	0,8	0,4	2,3	1,0	1,2	1,6	2,3	0,8	1,0	0,4	1,4	0,4	-	1,6
Insgesamt	1882	32,6	23,4	12,2	7,3	2,6	2,3	2,3	3,1	1,2	2,7	1,2	1,5	1,4	1,8	0,9	0,6	0,4	0,6	0,2	0,2	1,5

Heinze/Herbst/Schühle 1979

Übersicht A 54 : Dauer der Berufswege in den untersuchten Gemeindeteilen nach Minutenklassen

	Ant-wor-ten abs (= 100%)	Der Arbeitsplatz ist zwischen ... Minuten von der Wohnung entfernt																				
		0 bis 5 %	6 bis 10 %	11 bis 15 %	16 bis 20 %	21 bis 25 %	26 bis 30 %	31 bis 35 %	36 bis 40 %	41 bis 45 %	46 bis 50 %	51 bis 55 %	56 bis 60 %	61 bis 65 %	66 bis 70 %	71 bis 75 %	76 bis 80 %	81 bis 85 %	86 bis 90 %	91 bis 95 %	96 bis 100 %	über 100 %
	1	2	3	4	5	6	7	8	9	10	11	12	13	14	15	16	17	18	19	20	21	22
Sottrum																						
Ahausen	52	3,8	26,9	17,3	9,6	5,8	17,3	1,9	3,8	3,8	1,9	-	1,9	-	-	1,9	-	-	1,9	-	1,9	-
Eversen	24	16,7	8,3	29,2	12,5	4,2	16,7	4.2	4,2	4,2	-	-	-	-	-	-	-	-	-	-	-	-
Bötersen	60	23,3	21,7	28,3	11,7	1,7	5,0	3,3	-	-	-	-	3,3	-	-	-	-	-	1,7	-	-	-
Höperhöfen	12	-	16,7	16,7	-	8,3	-	8,3	16,7	8,3	-	-	-	-	8,3	-	-	-	8,3	-	-	8,3
Hassendorf	47	23,4	14,9	19,1	10,6	-	12,8	2,1	2,1	4,3	-	-	4,3	-	2,1	-	-	-	-	-	-	4,3
Hellwege	97	6,2	16,5	16,5	9,3	2,1	13,4	10,3	3,1	11,3	1,0	-	3,1	-	2,1	-	1,0	-	2,1	-	-	2,1
Horstedt	71	15,5	8,5	14,1	23,9	5,6	8,5	1,4	5,6	4,2	1,4	-	8,5	-	-	1,4	-	-	-	-	-	1,4
Stapel	19	-	26,3	21,1	-	21,1	15,8	-	5,3	-	-	-	5,3	-	-	-	-	-	5,3	-	-	-
Winkeldorf	11	9,1	18,2	18,2	-	-	18,2	9,1	9,1	9,1	-	-	9,1	-	-	-	-	-	-	-	-	-
Clüversborstel	17	11,8	5,9	17,6	35,3	5,9	11,8	5,9	-	-	-	-	-	-	-	-	-	-	-	-	-	5,9
Reeßum	49	10,2	28,6	6,1	14,3	4,1	18,4	2,0	6,1	6,1	2,0	-	2,0	-	-	-	-	-	-	-	-	-
Schleeßel	11	-	18,2	27,3	18,2	27,3	9,1	-	-	-	-	-	-	-	-	-	-	-	-	-	-	-
Taaken	30	10,0	20,0	6,7	16,7	13,3	13,3	3,3	-	13,3	3,3	-	-	-	-	-	-	-	-	-	-	-
Gemeinde	500	11,8	18,0	17,4	13,2	5,2	12,4	4,2	3,6	5,6	1,0	-	3,4	-	0,8	0,4	0,2	-	1,2	-	0,2	1,4

Übersicht A 54 (Fortsetzung)	Ant-wor-ten abs (= 100%)	Der Arbeitsplatz ist ... Minuten von der Wohnung entfernt																				
		0 bis 5 %	6 bis 10 %	11 bis 15 %	16 bis 20 %	21 bis 25 %	26 bis 30 %	31 bis 35 %	36 bis 40 %	41 bis 45 %	46 bis 50 %	51 bis 55 %	56 bis 60 %	61 bis 65 %	66 bis 70 %	71 bis 75 %	76 bis 80 %	81 bis 85 %	86 bis 90 %	91 bis 95 %	96 bis 100 %	über 100 %
	1	2	3	4	5	6	7	8	9	10	11	12	13	14	15	16	17	18	19	20	21	22
Scheeßel																						
Abbendorf	27	48,1	3,7	22,2	14,8	-	7,4	-	-	-	-	-	-	-	-	-	-	-	-	-	-	3,7
Bartelsdorf	37	18,9	24,3	24,3	18,9	5,4	2,7	-	-	5,4	-	-	-	-	-	-	-	-	-	-	-	-
Hetzwege	24	25,0	12,5	37,5	4,2	-	8,3	-	-	-	4,2	-	-	-	4,2	-	-	-	4,2	-	-	-
Jeersdorf	35	20,0	14,3	31,4	8,6	5,7	2,9	-	-	8,6	-	-	2,9	-	-	-	-	-	5,7	-	-	-
Ostervesede	86	23,3	15,1	12,8	14,0	7,0	7,0	-	-	2,3	1,2	1,2	5,8	-	1,2	7,0	-	1,2	1,2	-	-	-
Scheeßel	325	28,3	18,5	17,8	4,6	2,8	5,5	1,2	1,5	2,2	0,3	0,3	7,4	1,2	1,2	0,6	2,2	-	3,1	-	0,3	0,9
Sothel	15	20,0	26,7	20,0	13,3	-	13,3	-	-	-	-	-	6,7	-	-	-	-	-	-	-	-	-
Westeresch	61	39,3	16,4	14,8	13,1	3,3	1,6	-	3,3	1,6	1,6	-	1,6	-	-	1,6	-	-	-	-	-	1,6
Westerholz	68	8,8	32,4	32,4	4,4	1,5	4,4	-	2,9	4,4	1,5	-	5,9	-	-	-	-	-	-	-	-	1,5
Westervesede	32	3,1	31,3	25,0	15,6	6,3	3,1	3,1	-	-	3,1	6,3	-	3,1	-	-	-	-	-	-	-	-
Wittkopsbostel	54	13,0	18,5	24,1	24,1	1,9	-	-	1,9	1,9	1,9	-	9,3	-	-	-	-	-	3,7	-	-	-
Wohlsdorf	23	56,5	17,4	8,7	4,3	-	4,3	-	-	4,3	-	-	-	-	-	-	4,3	-	-	-	-	-
Gemeinde	787	25,3	19,2	20,5	9,4	3,2	4,8	0,6	1,3	2,5	0,9	0,5	5,2	0,6	0,8	1,1	1,0	0,1	2,0	-	0,1	0,8
Heeslingen																						
Boitzen	68	22,1	16,2	29,4	7,4	1,5	5,9	2,9	-	4,4	-	-	7,4	-	1,5	1,5	-	-	-	-	-	-
Heeslingen	204	25,5	31,9	13,2	7,4	1,5	2,5	2,5	1,5	1,5	0,5	0,5	5,9	0,5	1,0	1,0	-	-	1,0	-	0,5	2,0
Meinstedt	37	27,0	35,1	8,1	10,8	2,7	-	-	2,7	5,4	-	-	2,7	2,7	2,7	-	-	-	-	-	-	-
Sassenholz	23	-	17,4	21,7	21,7	8,7	4,3	-	4,3	-	-	-	8,7	-	-	-	4,3	-	8,7	-	-	-
Steddorf	58	19,0	17,2	36,2	8,6	1,7	3,4	-	1,7	3,4	-	-	5,2	-	-	-	-	-	-	-	1,7	1,7
Weertzen	61	16,4	39,3	21,3	3,3	1,6	4,9	-	-	3,3	-	-	4,9	-	-	-	-	-	3,3	-	-	1,6
Wense	47	10,6	23,4	19,1	12,8	4,3	12,8	-	-	-	6,4	-	2,1	-	-	6,4	-	-	-	-	-	2,1
Wiersdorf	17	23,5	52,9	11,8	-	-	11,8	-	-	-	-	-	-	-	-	-	-	-	-	-	-	-
Gemeinde	515	20,8	28,5	19,4	8,2	2,1	4,5	1,4	1,2	2,3	0,8	0,2	5,2	0,4	0,8	1,2	0,2	-	1,2	-	0,4	1,4
Insgesamt	1802	20,3	21,5	19,3	10,1	3,4	6,8	1,8	1,9	3,3	0,9	0,3	4,7	0,4	0,8	0,9	0,6	0,1	1,6	-	0,2	1,1

Heinze/Herbst/Schühle 1979

Übersicht A 55 : Länge der Berufswege in den untersuchten Gemeindeteilen nach Entfernungsklassen und überwiegend benutztem Verkehrsmittel

Gemeinde	Antworten abs (= 100%)	Die Arbeitsstätte ist .... Kilometer von der Wohnung entfernt																				
		0 bis 5 %	6 bis 10 %	11 bis 15 %	16 bis 20 %	21 bis 25 %	26 bis 30 %	31 bis 35 %	36 bis 40 %	41 bis 45 %	46 bis 50 %	51 bis 55 %	56 bis 60 %	61 bis 65 %	66 bis 70 %	71 bis 75 %	76 bis 80 %	81 bis 85 %	86 bis 90 %	91 bis 95 %	96 bis 100 %	über 100 %
	1	2	3	4	5	6	7	8	9	10	11	12	13	14	15	16	17	18	19	20	21	22
		zu Fuß																				
Sottrum	22	95,5	-	-	-	-	-	-	4,5	-	-	-	-	-	-	-	-	-	-	-	-	-
Scheeßel	121	98,3	0,8	-	-	-	-	-	-	-	-	-	-	-	-	-	-	-	-	-	-	0,8
Heeslingen	23	100	-	-	-	-	-	-	-	-	-	-	-	-	-	-	-	-	-	-	-	-
Gesamt	166	98,2	0,6	-	-	-	-	-	0,6	-	-	-	-	-	-	-	-	-	-	-	-	0,6
		Fahrrad/Moped/Mofa																				
Sottrum	70	45,7	20,0	12,9	8,6	2,9	1,4	-	2,9	1,4	-	1,4	-	1,4	-	-	-	-	-	-	1,4	-
Scheeßel	153	62,7	21,6	9,2	2,0	0,7	1,3	-	-	-	-	0,7	0,7	-	0,7	-	-	-	-	-	-	0,7
Heeslingen	95	50,5	27,4	11,6	2,1	2,1	2,1	1,1	-	1,1	-	1,1	-	-	-	-	1,1	-	-	-	-	-
Gesamt	318	55,3	23,0	10,7	3,5	1,6	1,6	0,3	0,6	0,6	-	0,9	0,3	0,3	0,3	-	0,3	-	-	-	0,3	0,3
		Pkw/Motorrad/Lkw																				
Sottrum	306	6,9	23,9	16,0	17,3	4,6	5,2	5,6	9,2	3,9	3,6	0,3	0,7	0,3	-	-	-	0,3	0,3	-	0,3	1,6
Scheeßel	393	20,9	31,8	18,1	10,2	3,3	0,5	0,8	1,5	0,3	2,5	1,0	1,8	1,8	2,0	0,8	0,5	0,5	0,3	-	-	1,5
Heeslingen	308	25,6	37,7	12,7	3,9	3,6	2,6	1,0	1,3	0,3	1,9	0,6	-	1,0	2,6	1,3	-	0,6	1,9	-	-	1,3
Gesamt	1007	18,1	31,2	15,8	10,4	3,8	2,6	2,3	3,8	1,4	2,7	0,7	0,9	1,1	1,6	0,7	0,2	0,5	0,8	-	0,1	1,5

Übersicht A 55 (Fortsetzung)

Gemeinde	Antworten abs (= 100%)	Die Arbeitsstätte ist .... Kilometer von der Wohnung entfernt																				
		0 bis 5 %	6 bis 10 %	11 bis 15 %	16 bis 20 %	21 bis 25 %	26 bis 30 %	31 bis 35 %	36 bis 40 %	41 bis 45 %	46 bis 50 %	51 bis 55 %	56 bis 60 %	61 bis 65 %	66 bis 70 %	71 bis 75 %	76 bis 80 %	81 bis 85 %	86 bis 90 %	91 bis 95 %	96 bis 100 %	über 100 %
	1	2	3	4	5	6	7	8	9	10	11	12	13	14	15	16	17	18	19	20	21	22
		Mitfahrer																				
Sottrum	37	8,1	13,5	13,5	21,6	-	5,4	21,6	2,7	-	8,1	-	-	-	-	-	-	-	-	-	2,7	2,7
Scheeßel	30	16,7	40,0	13,3	10,0	-	6,7	3,3	3,3	-	3,3	-	3,3	-	-	-	-	-	-	-	-	-
Heeslingen	31	12,9	32,3	22,6	-	-	12,9	-	-	-	6,5	3,2	3,2	-	3,2	-	3,2	-	-	-	-	-
Gesamt	98	12,2	27,6	16,3	11,2	-	8,2	9,2	2,0	-	6,1	1,0	2,0	-	1,0	-	1,0	-	-	-	1,0	1,0
		Öffentlicher Bus																				
Sottrum	8	-	25,0	25,0	12,5	12,5	-	-	-	-	12,5	-	-	-	-	-	-	-	12,5	-	-	-
Scheeßel	10	-	30,0	60,0	-	-	-	10,0	-	-	-	-	-	-	-	-	-	-	-	-	-	-
Heeslingen	9	11,1	11,1	11,1	-	-	11,1	-	-	-	-	11,1	-	11,1	-	-	11,1	-	11,1	-	-	11,1
Gesamt	27	3,7	22,2	33,3	3,7	3,7	3,7	3,7	-	-	3,7	3,7	-	3,7	-	-	3,7	-	7,4	-	-	3,7
		Eisenbahn																				
Sottrum	20	-	-	10,0	-	-	-	10,0	20,0	10,0	15,0	-	5,0	-	-	10,0	5,0	-	-	5,0	-	10,0
Scheeßel	59	-	1,7	3,4	-	1,7	1,7	1,7	3,4	3,4	6,8	16,9	16,9	11,9	15,3	10,2	1,7	-	1,7	-	-	1,7
Heeslingen	1	-	-	-	-	-	-	-	-	-	-	-	-	-	-	-	100	-	-	-	-	-
Gesamt	80	-	1,2	5,0	-	1,2	1,2	3,7	7,5	5,0	8,8	12,5	13,7	8,8	11,2	10,0	3,7	-	1,2	1,2	-	3,7
		Werkbus																				
Sottrum	19	-	5,3	-	5,3	-	10,5	10,5	42,1	5,3	10,5	-	-	-	-	-	-	5,3	5,3	-	-	-
Scheeßel	38	18,4	10,5	2,6	18,4	2,6	-	-	-	-	10,5	-	2,6	7,9	10,5	5,3	5,3	2,6	-	-	-	2,6
Heeslingen	30	6,7	13,3	6,7	6,7	3,3	-	6,7	-	-	13,3	-	13,3	10,0	6,7	-	3,3	-	-	6,7	-	3,3
Gesamt	87	10,3	10,3	3,4	11,5	2;3	2,3	4,6	9,2	1,1	11,5	-	5,7	6,9	6,9	2,3	3,4	2,3	1,1	2,3	-	2,3

Heinze/Herbst/Schühle 1979

Übersicht A 56 : Dauer der Berufswege in den untersuchten Gemeindeteilen nach Minutenklassen und überwiegend benutztem Verkehrsmittel

Gemeinde	Antworten abs (= 100%)	Die Arbeitsstätte ist .... Minuten von der Wohnung entfernt																				
		0 bis 5 %	6 bis 10 %	11 bis 15 %	16 bis 20 %	21 bis 25 %	26 bis 30 %	31 bis 35 %	36 bis 40 %	41 bis 45 %	46 bis 50 %	51 bis 55 %	56 bis 60 %	61 bis 65 %	66 bis 70 %	71 bis 75 %	76 bis 80 %	81 bis 85 %	86 bis 90 %	91 bis 95 %	96 bis 100 %	über 100 %
	1	2	3	4	5	6	7	8	9	10	11	12	13	14	15	16	17	18	19	20	21	22
		zu Fuß																				
Sottrum	24	79,2	8,3	4,2	-	-	8,3	-	-	-	-	-	-	-	-	-	-	-	-	-	-	-
Scheeßel	111	87,4	7,2	2,7	0,9	-	0,9	-	-	-	-	-	-	-	-	-	-	-	-	-	-	0,9
Heeslingen	36	86,1	8,3	5,6	-	-	-	-	-	-	-	-	-	-	-	-	-	-	-	-	-	-
Gesamt	171	86,0	7,6	3,5	0,6	-	1,8	-	-	-	-	-	-	-	-	-	-	-	-	-	-	0,6
		Fahrrad/Moped/Mofa																				
Sottrum	70	18,6	30,0	18,6	10,0	1,4	5,7	1,4	4,3	4,3	-	-	4,3	-	1,4	-	-	-	-	-	-	-
Scheeßel	148	30,4	27,7	21,6	6,1	4,1	4,1	0,7	-	0,7	-	-	3,4	-	0,7	-	-	-	0,7	-	-	-
Heeslingen	90	28,9	26,7	14,4	10,0	5,6	7,8	2,2	-	2,2	1,1	-	-	-	-	-	-	-	1,1	-	-	-
Gesamt	308	27,3	27,9	18,8	8,1	3,9	5,5	1,3	1,0	1,9	0,3	-	2,6	-	0,6	-	-	-	0,6	-	-	-
		Pkw/Motorrad/Lkw																				
Sottrum	304	5,6	20,1	19,7	16,8	6,6	13,2	4,9	3,9	5,9	0,3	-	1,3	-	0,3	0,3	-	-	0,3	-	-	0,7
Scheeßel	379	12,9	23,0	27,2	15,0	3,4	5,0	0,3	1,3	2,6	0,8	0,3	5,0	-	0,5	0,5	0,5	-	1,1	-	-	0,5
Heeslingen	306	15,0	34,6	22,5	9,2	2,0	3,9	1,0	1,3	2,3	1,0	-	3,6	0,3	0,3	1,3	0,3	-	0,7	-	-	0,7
Gesamt	989	11,3	25,7	23,5	13,8	3,9	7,2	1,9	2,1	3,5	0,7	0,1	3,4	0,1	0,4	0,7	0,3	-	0,7	-	-	0,6

Übersicht A 56 (Fortsetzung)

Gemeinde	Antworten abs (= 100%)	Die Arbeitsstätte ist .... Minuten von der Wohnung entfernt																				
		0 bis 5 %	6 bis 10 %	11 bis 15 %	16 bis 20 %	21 bis 25 %	26 bis 30 %	31 bis 35 %	36 bis 40 %	41 bis 45 %	46 bis 50 %	51 bis 55 %	56 bis 60 %	61 bis 65 %	66 bis 70 %	71 bis 75 %	76 bis 80 %	81 bis 85 %	86 bis 90 %	91 bis 95 %	96 bis 100 %	über 100 %
	1	2	3	4	5	6	7	8	9	10	11	12	13	14	15	16	17	18	19	20	21	22
		Mitfahrer																				
Sottrum	38	5,3	13,2	21,1	10,5	7,9	18,4	7,9	-	5,3	2,6	-	2,6	-	-	-	2,6	-	2,6	-	-	-
Scheeßel	31	6,5	22,6	38,7	9,7	6,5	-	-	6,5	3,2	-	3,2	-	-	-	-	-	-	3,2	-	-	-
Heeslingen	31	9,7	22,6	32,3	9,7	-	6,5	-	-	3,2	-	-	16,1	-	-	-	-	-	-	-	-	-
Gesamt	100	7,0	19,0	30,0	10,0	5,0	9,0	3,0	2,0	4,0	1,0	1,0	6,0	-	-	-	1,0	-	2,0	-	-	-
		Öffentlicher Bus																				
Sottrum	10	-	-	-	30,0	-	40,0	-	10,0	-	10,0	-	-	-	-	-	-	-	-	-	-	-
Scheeßel	10	-	10,0	20,0	10,0	20,0	20,0	-	-	-	10,0	-	10,0	-	-	-	-	-	-	-	-	-
Heeslingen	9	-	11,1	-	11,1	-	11,1	-	11,1	-	-	-	11,1	-	11,1	11,1	-	-	11,1	-	-	11,1
Gesamt	29	-	6,9	6,9	17,2	6,9	24,1	-	6,9	-	6,9	-	6,9	-	3,4	3,4	-	-	6,9	-	-	3,4
		Eisenbahn																				
Sottrum	19	-	5,3	10,5	-	-	5,3	5,3	5,3	5,3	-	-	26,3	-	10,5	5,3	-	-	5,3	-	5,3	10,5
Scheeßel	58	-	3,4	1,7	1,7	3,4	6,9	3,4	3,4	10,3	1,7	-	17,2	6,9	5,2	6,9	10,3	1,7	12,1	-	-	3,4
Heeslingen	1	-	-	-	-	-	-	-	-	-	-	-	-	-	-	-	-	-	100	-	-	-
Gesamt	78	-	3,8	3,8	1,3	2,6	6,4	3,8	3,8	9,0	1,3	-	19,2	5,1	6,4	6,4	7,7	1,3	11,5	-	1,3	5,1
		Werkbus																				
Sottrum	19	-	-	5,3	-	10,5	15,8	5,3	5,3	21,1	5,3	-	21,1	-	-	-	-	-	10,5	-	-	-
Scheeßel	37	2,7	8,1	16,2	5,4	-	13,5	2,7	2,7	2,7	5,4	5,4	16,2	2,7	-	8,1	-	-	8,1	-	-	-
Heeslingen	29	3,4	13,8	6,9	3,4	-	3,4	6,9	3,4	6,9	-	-	34,5	3,4	6,9	3,4	-	-	3,4	-	-	-
Gesamt	85	2,4	8,2	10,6	3,5	2,4	10,6	4,7	3,5	8,2	3,5	2,4	23,5	2,4	2,4	4,7	-	-	7,1	-	-	-

Heinze/Herbst/Schühle 1979

Übersicht A 57 : Wegehäufigkeit je Person und Monat im ortsteilgrenzen-überschreitenden Versorgungsverkehr der untersuchten Gemeindeteile

	Basis	Wegepaare pro Person und Monat, durchschnittlich							
		zum			Gesamtsumme Spalte 2-4	Sonstiger gemeindeinterner Querverkehr	Zur 3. Zielvorgabe	Zu sonstigen Zielen	Gesamtsumme Spalte 5-8
		Grundzentrum	Mittelzentrum	Oberzentrum Hamburg Bremen					
	1	2	3	4	5	6	7	8	9
Sottrum		Sottrum	Rotenburg				Posthausen		
Ahausen	172	0,90	4,76	0,20	5,86	0,05	1,26	0,50	7,67
Eversen	92	1,43	3,98	0,21	5,62	1,00	0,91	1,25	8,78
Bötersen	155	1,32	4,26	0,29	5,87	0,05	0,47	0,29	6,68
Höperhöfen	48	1,79	5,56	0,56	7,91	0,08	0,95	0,27	9,21
Hassendorf	134	6,10	2,63	0,34	9,07	0,41	1,43	0,04	10,95
Hellwege	286	4,89	2,51	0,72	8,12	0,24	4,28	1,42	14,06
Horstedt	158	2,90	3,37	0,56	6,83	0,20	0,80	0,51	8,34
Stapel	54	2,38	2,35	0,17	4,90	0,28	0,79	0,50	6,47
Winkeldorf	21	1,58	1,58	0,29	3,45	1,29	0,72	1,28	6,74
Clüversborstel	55	8,35	2,75	0,45	11,55	0,40	1,94	0,37	14,26
Reeßum	153	7,71	2,68	0,46	10,85	0,59	0,99	0,97	13,40
Schleeßel	43	5,72	2,44	0,42	8,58	0,72	0,51	0,50	10,31
Taaken	116	4,10	1,46	0,09	5,65	0,33	0,68	0,14	6,80
Gemeinde	1487	3,88	3,17	0,41	7,46	0,33	1,60	0,68	10,07

Übersicht A 57 (Fortsetzung)	Basis	Wegepaare pro Person und Monat, durchschnittlich							
		zum			Gesamtsumme Spalte 2-4	Sonstiger gemeindeinterner Querverkehr	Zur 3. Zielvorgabe	Zu sonstigen Zielen	Gesamtsumme Spalte 5-8
		Grundzentrum	Mittelzentrum	Oberzentrum Hamburg Bremen					
	1	2	3	4	5	6	7	8	9
Scheeßel		Scheeßel	Rotenburg				Posthausen		
Abbendorf	50	4,58	3,24	0,24	8,06	0,19	0,24	0,81	9,30
Bartelsdorf	123	5,36	2,73	0,09	8,18	0,07	0,30	0,17	8,72
Hetzwege	57	5,36	3,41	0,07	8,84	-	0,44	0,68	9,96
Jeersdorf	108	10,57	3,10	0,45	14,12	0,18	0,38	0,34	15,02
Ostervesede	254	5,22	1,96	0,31	7,49	0,10	0,22	0,90	8,71
Scheeßel	(799)	entf.	3,66	0,59	4,25	0,08	0,40	0,57	5,30
Sothel	58	5,42	1,42	-	6,84	1,11	0,29	0,67	8,91
Westeresch	126	9,03	2,71	0,46	12,20	0,38	0,42	0,80	13,80
Westerholz	177	3,86	4,59	0,24	8,69	0,17	0,50	0,24	9,60
Westervesede	147	1,95	0,48	0,08	2,51	0,01	0,51	0,06	3,06
Wittkopsbostel	140	4,73	2,50	0,42	7,65	0,36	0,28	1,04	9,33
Wohlsdorf	97	5,13	6,44	0,38	11,95	0,03	0,28	0,30	12,56
Gemeinde	2136	5,42[1]	3,16	0,39	6,93[2]	0,15	0,37	0,56	8,01
Heeslingen		Heeslingen	Zeven				Rotenburg		
Boitzen	199	6,46	4,23	0,23	10,92	0,41	0,45	0,96	12,74
Heeslingen	586	10,71	5,47	0,25	16,43	0,08	0,46	0,95	17,92
Meinstedt	110	4,56	3,46	0,15	8,17	0,11	0,19	0,85	9,32
Sassenholz	91	6,77	5,16	0,26	12,19	0,13	0,45	3,52	16,29
Steddorf	160	4,48	4,61	0,43	9,52	0,01	0,40	1,07	11,00
Weertzen	163	2,98	4,96	0,16	8,10	0,24	0,41	1,15	9,90
Wense	172	5,05	2,84	0,01	7,90	0,11	0,28	0,86	9,15
Wiersdorf	53	6,05	5,73	0,04	11,82	-	0,15	3,10	15,07
Gemeinde	1534	7,22	4,72	0,22	12,16	0,14	0,40	1,19	13,89
Insgesamt	5157	5,53[1]	3,62	0,34	8,64[2]	0,20	0,73	0,78	10,35

1) Gewogenes arithmetisches Mittel ohne Berücksichtigung des Ortsteils Scheeßel
2) Gewogenes arithmetisches Mittel unter Berücksichtigung des Ortsteils Scheeßel

Übersicht A 58 : Verkehrsmittelwahl im ortsteilgrenzen-überschreitenden Versorgungsverkehr der untersuchten Gemeindeteile - Tabelle

	Basis	Verkehrsmittel					
		zu Fuß	Fahrrad/Mofa Moped	Pkw/Motorrad/ Lkw	Mitfahrer	öffentl. Bus	Eisenbahn
	abs	%	%	%	%	%	%
	1	2	3	4	5	6	7
Sottrum							
Ahausen	1180	4,8	6,4	56,7	19,3	12,7	-
Eversen	556	-	5,2	76,1	3,6	15,1	-
Bötersen	933	0,4	3,8	73,5	10,6	11,7	-
Höperhöfen	398	-	-	88,7	7,0	4,3	-
Hassendorf	1278	0,3	13,1	75,6	7,6	3,4	-
Hellwege	3254	3,6	16,9	60,8	12,7	5,8	0,2
Horstedt	1089	2,5	9,4	64,0	12,7	11,5	-
Stapel	288	1,4	18,1	49,7	20,1	10,8	-
Winkeldorf	81	-	4,9	66,7	28,4	-	-
Clüversborstel	717	-	9,9	78,2	11,4	0,4	-
Reeßum	1609	0,1	15,7	70,2	10,1	3,9	-
Schleeßel	348	-	7,2	73,9	11,2	7,8	-
Taaken	697	-	15,4	68,9	14,3	1,4	-
Gemeinde	12428	1,7	11,8	67,6	12,0	6,8	0,1

Übersicht A 58 (Fortsetzung)	Basis	Verkehrsmittel					
		zu Fuß	Fahrrad/Mofa Moped	Pkw/Motorrad/ Lkw	Mitfahrer	öffentl. Bus	Eisenbahn
	abs	%	%	%	%	%	%
	1	2	3	4	5	6	7
Scheeßel							
Abbendorf	403	-	3,2	84,6	4,0	8,2	-
Bartelsdorf	1014	3,7	10,8	73,5	2,6	9,5	-
Hetzwege	517	-	2,1	78,3	13,3	0,8	5,4
Jeersdorf	1487	7,5	32,4	53,5	6,3	0,3	-
Ostervesede	1859	0,4	8,7	72,9	10,2	7,7	-
Scheeßel	3153	1,7	10,2	70,4	9,3	7,3	1,0
Sothel	406	6,4	7,4	83,2	2,0	1,0	-
Westeresch	1532	1,3	12,7	73,2	7,8	4,9	-
Westerholz	1574	-	10,2	82,1	7,5	0,3	-
Westervesede	433	0,7	9,0	67,0	18,7	4,6	-
Wittkopsbostel	1009	0,2	6,2	81,7	6,9	4,8	-
Wohlsdorf	1106	-	13,8	70,0	16,2	-	-
Gemeinde	14492	1,8	12,0	72,5	8,7	4,6	0,4
Heeslingen							
Boitzen	2080	1,2	18,3	60,0	14,8	5,8	-
Heeslingen	9633	14,9	23,7	48,9	8,9	3,6	-
Meinstedt	874	1,4	18,9	68,6	8,6	2,5	-
Sassenholz	1126	0,1	18,6	69,0	12,3	-	-
Steddorf	1501	-	3,6	84,1	4,6	7,8	-
Weertzen	1363	-	9,9	62,8	20,0	7,3	-
Wense	1379	0,9	17,1	68,9	11,3	1,7	-
Wiersdorf	625	0,6	35,5	57,1	6,7	-	-
Gemeinde	18581	8,0	19,8	57,9	10,3	3,9	-
Insgesamt	45501	4,3	15,2	65,2	10,3	4,9	0,1

Heinze/Herbst/Schühle 1979

Übersicht A 59 : Verkehrsmittelwahl im ortsteilgrenzen-überschreitenden Versorgungsverkehr in Abhängigkeit von der ÖV-Versorgung der untersuchten Gemeindeteile - Tabelle

	Basis	Anteil der benutzten Verkehrsmittel					
		zu Fuß	Fahrrad/Mofa Moped	Pkw/Motorrad/ Lkw	Mitfahrer	öffentl. Bus	Eisenbahn
	abs	%	%	%	%	%	%
	1	2	3	4	5	6	7
Gruppe I							
Scheeßel	3153	1,7	10,2	70,4	9,3	7,3	1,0
Hassendorf	1278	0,3	13,1	75,6	7,6	3,4	-
Ahausen	1180	4,8	6,4	56,7	19,3	12,7	-
Heeslingen	9633	14,9	23,7	48,9	8,9	3,6	-
Weertzen	1363	-	9,9	62,8	20,0	7,3	-
Eversen	556	-	5,2	76,1	3,6	15,1	-
Bötersen	933	0,4	3,8	73,5	10,6	11,7	-
Höperhöfen	398	-	-	88,7	7,0	4,3	-
Gruppe	18494	8,4	16,5	58,8	10,3	5,8	0,2
Gruppe II							
Westervesede	433	0,7	9,0	67,0	18,7	4,6	-
Ostervesede	1859	0,4	8,7	72,9	10,2	7,7	-
Hetzwege	517	-	2,1	78,3	13,3	0,8	5,4
Steddorf	1501	-	3,5	84,1	4,6	7,8	-
Boitzen	2080	1,2	18,3	60,0	14,8	5,8	-
Westerholz	1574	-	10,2	82,1	7,5	0,3	-
Sothel	405	6,4	7,4	83,2	2,0	1,0	-
Wittkopsbostel	1009	0,2	6,2	81,7	6,9	4,8	-
Gruppe	9378	0,7	9,6	74,8	9,7	4,9	0,3

Übersicht A 59 (Fortsetzung)	Basis	Anteil der benutzten Verkehrsmittel					
		zu Fuß	Fahrrad/Mofa Moped	Pkw/Motorrad/ Lkw	Mitfahrer	öffentl. Bus	Eisenbahn
	abs	%	%	%	%	%	%
	1	2	3	4	5	6	7
Gruppe III							
Jeersdorf	1487	7,5	32,4	53,5	6,3	0,3	-
Winkeldorf	81	-	4,9	66,7	28,4	-	-
Hellwege	3254	3,6	16,9	60,8	12,7	5,8	0,2
Abbendorf	403	-	3,2	84,6	4,0	8,2	-
Westeresch	1532	1,3	12,7	73,2	7,8	4,9	-
Gruppe	6757	3,7	18,4	63,5	9,8	4,5	0,1
Gruppe IV							
Meinstedt	874	1,4	18,9	68,6	8,6	2,5	-
Sassenholz	1126	0,1	18,6	69,0	12,3	-	-
Wense	1379	0,9	17,1	68,9	11,3	1,7	-
Horstedt	1089	2,5	9,4	64,0	12,7	11,5	-
Stapel	288	1,4	18,1	49,7	20,1	10,8	-
Reeßum	1609	0,1	15,7	70,2	10,1	3,9	-
Schleeßel	348	-	7,2	73,9	11,2	7,8	-
Taaken	697	-	15,4	68,9	14,3	1,4	-
Bartelsdorf	1014	3,7	10,8	73,5	2,6	9,5	-
Wiersdorf	625	0,6	35,5	57,1	6,7	-	-
Wohlsdorf	1106	-	13,8	70,0	16,2	-	-
Clüversborstel	717	-	9,9	78,2	11,4	0,4	-
Gruppe	10872	0,9	15,7	68,7	11,0	3,7	-
Insgesamt	45501	4,3	15,2	65,2	10,3	4,9	0,1

Heinze/Herbst/Schühle 1979

Übersicht A 60 : Wegehäufigkeit je Person und Monat im ortsteilgrenzen-überschreitenden Freizeitverkehr der untersuchten Gemeindeteile

	Basis	Wegepaare pro Person und Monat, durchschnittlich							
		zum Grund-zentrum	zum Mittel-zentrum	zum Ober-zentrum Hamburg Bremen	Gesamt-summe Spalte 2-4	Sonstiger gemeinde-interner Querver-kehr	Zur 3. Ziel-vorgabe	Zu son-stigen Zielen	Gesamt-summe Spalte 5-8
	1	2	3	4	5	6	7	8	9
Sottrum		Sottrum	Rotenburg				Posthausen		
Ahausen	172	0,63	0,91	0,11	1,65	0,21	0,07	1,18	3,11
Eversen	92	0,43	0,93	0,17	1,53	0,20	0,14	1,04	2,91
Bötersen	155	0,75	1,17	0.14	2,06	0,27	0,02	1,29	3,64
Höperhöfen	48	2,36	2,62	0,58	5,56	0,08	0,04	1,35	7,03
Hassendorf	134	2,68	1,40	0,21	4,29	0,09	0,25	0,62	5,25
Hellwege	286	1,71	0,99	0,45	3,15	0,43	0,20	0,51	4,29
Horstedt	158	0,92	1,19	0,42	2,53	0,60	0,08	0,80	4,01
Stapel	54	1,56	0,13	0,02	1,71	0,20	0,04	0,71	2,66
Winkeldorf	21	0,38	0,19	0,05	0,62	0,24	-	0,67	1,53
Clüversborstel	55	2,18	0,51	0,31	3,00	0,57	0,08	0,60	4,25
Reeßum	153	3.03	0,54	0,20	3,77	0,30	0,07	1,65	5,79
Schleeßel	43	0,77	0,89	0,26	1,92	0,89	-	0,39	3,20
Taaken	116	0,76	0,28	0,11	1,15	0,28	0,04	0,76	2,23
Gemeinde	1487	1,46	0,94	0,26	2,66	0,33	0,10	0,92	4,01

Übersicht A 60 (Fortsetzung)	Basis	Wegepaare pro Person und Monat, durchschnittlich							
		zum Grund-zentrum	zum Mittel-zentrum	zum Ober-zentrum Hamburg Bremen	Gesamt-summe Spalte 2-4	Sonstiger gemeinde-interner Querver-kehr	Zur 3. Ziel-vorgabe	Zu son-stigen Zielen	Gesamt-summe Spalte 5-8
	1	2	3	4	5	6	7	8	9
Scheeßel		Scheeßel	Rotenburg				Posthausen		
Abbendorf	50	1,42	0,58	0,04	2,04	0,20	-	0,45	2,69
Bartelsdorf	123	2,33	1,72	0,03	4,08	0,43	-	0,58	5,09
Hetzwege	57	1,46	1,09	0,18	2,73	0,09	0,04	0,88	3,74
Jeersdorf	108	4,12	0,89	0,24	5,25	0,01	0,01	1,16	6,43
Ostervesede	254	1,12	0,50	0,07	1,69	0,15	-	0,71	2,55
Scheeßel	(799)	entf.	1,29	0,16	1,45	0,20	0,05	1,14	2,84
Sothel	58	1,07	0,41	0,16	1,64	0,34	-	1,22	3,20
Westeresch	126	4,57	0,89	0,12	5,58	0,20	-	2.01	7,79
Westerholz	177	1,50	1,45	0,06	3,01	0,37	0,17	0,99	4,54
Westervesede	147	0,47	0,28	0,08	0,83	0,56	-	0,82	2,21
Wittkopsbostel	140	1,21	0,95	0,09	2,25	0,09	0,01	1,18	3,53
Wohlsdorf	97	1,51	1,49	0,10	3,10	0,21	-	0,96	4,27
Gemeinde	2136	1,84[1)]	1,06	0,12	2,33[2)]	0,23	0,04	1,05	3,65
Heeslingen		Heeslingen	Zeven				Rotenburg		
Boitzen	199	1,48	0,98	0,14	2,60	0,80	0,12	1,22	4,74
Heeslingen	586	3,12	2,14	0,12	5,38	0,33	0,26	0,94	6,91
Meinstedt	110	1,87	1,87	0,25	3,99	0,02	0,06	1,11	5,18
Sassenholz	91	3,12	3,16	0,02	6,30	0,62	0,11	2,35	9,38
Steddorf	160	1,60	1,19	0,17	2,96	0,27	0,55	1,11	4,89
Weertzen	163	1,76	1,49	0,06	3,31	0,84	0,05	0,86	5.06
Wense	172	2,26	0,77	0,09	3,12	0,23	0,18	1,05	4,58
Wiersdorf	53	2,63	2,34	0,06	5,03	0,42	0,05	1,37	6,87
Gemeinde	1534	2,40	1,72	0,12	4,24	0,43	0,21	1,11	5,98
Insgesamt	5157	1,91[1)]	1,22	0,16	2,99[2)]	0,32	0,11	1,03	4,45

Heinze/Herbst/Schühle 1979

1) Gewogenes arithmetisches Mittel ohne Berücksichtigung des Ortsteils Scheeßel

2) Gewogenes arithmetisches Mittel unter Berücksichtigung des Ortsteils Scheeßel

Übersicht A 61 : Verkehrsmittelwahl im ortsteilgrenzen-überschreitenden Freizeitverkehr der untersuchten Gemeindeteile - Tabelle

	Basis	Verkehrsmittel					
		zu Fuß	Fahrrad/Mofa Moped	Pkw/Motorrad/ Lkw	Mitfahrer	öffentl. Bus	Eisenbahn
	abs	%	%	%	%	%	%
	1	2	3	4	5	6	7
Sottrum							
Ahausen	260	19,6	8,5	44,6	23,1	4,2	-
Eversen	142	2,8	3,5	76,1	7,7	9,9	-
Bötersen	303	-	6,6	66,0	22,1	5,3	-
Höperhöfen	243	-	24,7	66,3	7,0	2,1	-
Hassendorf	518	-	8,9	74,1	16,4	-	0,6
Hellwege	830	3,1	22,0	54,6	11,8	6,6	1,8
Horstedt	345	-	0,9	73,6	22,3	3,2	-
Stapel	53	-	30,2	32,1	37,7	-	-
Winkeldorf	12	-	-	91,7	8,3	-	-
Clüversborstel	152	-	37,5	50,0	12,5	-	-
Reeßum	545	13,0	34,9	47,0	5,0	0,2	-
Schleeßel	63	4,8	9,5	82,5	3,2	-	-
Taaken	130	-	11,5	72,3	16,2	-	-
Gemeinde	3596	4,3	17,3	60,7	14,0	3,1	0,5

Übersicht A 61 (Fortsetzung)	Basis	Verkehrsmittel					
		zu Fuß	Fahrrad/Mofa Moped	Pkw/Motorrad/ Lkw	Mitfahrer	öffentl. Bus	Eisenbahn
	abs	%	%	%	%	%	%
	1	2	3	4	5	6	7
Scheeßel							
Abbendorf	100	-	1,0	85,0	14,0	-	-
Bartelsdorf	478	-	26,0	68,9	5,2	-	-
Hetzwege	139	-	-	77,0	23,0	-	-
Jeersdorf	541	3,7	47,5	41,6	5,4	1,8	-
Ostervesede	410	-	6,1	73,0	16,3	4,6	-
Scheeßel	1048	0,2	8,5	69,1	17,3	3,2	1,7
Sothel	86	-	2,3	93,0	3,5	1,2	-
Westeresch	622	0,6	19,0	49,2	31,2	-	-
Westerholz	746	0,5	4,3	61,0	34,2	-	-
Westervesede	108	1,9	2,8	63,0	27,8	4,6	-
Wittkopsbostel	294	-	10,2	83,3	5,8	0,7	-
Wohlsdorf	278	-	9,0	60,8	30,2	-	-
Gemeinde	4850	0,7	14,6	63,8	19,2	1,5	0,4
Heeslingen							
Boitzen	481	0,4	22,0	56,1	19,1	2,3	-
Heeslingen	3272	20,6	17,7	48,0	13,1	0,6	-
Meinstedt	417	-	12,7	70,0	17,3	-	-
Sassenholz	521	-	14,4	65,3	20,3	-	-
Steddorf	453	0,4	2,9	79,0	17,2	0,4	-
Weertzen	542	-	12,2	63,1	20,7	4,1	-
Wense	548	-	7,0	82,1	11,0	-	-
Wiersdorf	266	-	32,3	56,0	11,7	-	-
Gemeinde	6500	10,4	15,6	58,0	15,1	0,9	-
Insgesamt	14946	5,8	15,7	60,5	16,2	1,6	0,2

Heinze/Herbst/Schühle 1979

Übersicht A 62 : **Verkehrsmittelwahl im ortsteilgrenzen-überschreitenden Freizeitverkehr in Abhängigkeit von der ÖV-Versorgung der untersuchten Gemeindeteile - Tabelle**

	Basis	Verkehrsmittel					
		zu Fuß	Fahrrad/Mofa Moped	Pkw/Motorrad/ Lkw	Mitfahrer	öffentl. Bus	Eisenbahn
	abs	%	%	%	%	%	%
	1	2	3	4	5	6	7
Gruppe I							
Scheeßel	1048	0,2	8,5	69,1	17,3	3,2	1,7
Hassendorf	518	-	8,9	74,1	16,4	-	0,6
Ahausen	260	19,6	8,5	44,6	23,1	4,2	-
Heeslingen	3272	20,6	17,7	48,0	13,1	0,6	-
Weertzen	542	-	12,2	63,1	20,7	4,1	-
Eversen	142	2,8	3,5	76,1	7,7	9,9	-
Bötersen	303	-	6,6	66,0	22,1	5,3	-
Höperhöfen	243	-	24,7	66,3	7,0	2,1	-
Gruppe	6328	11,6	14,0	56,9	15,2	1,9	0,3
Gruppe II							
Westervesede	108	1,9	2,8	63,0	27,8	4,6	-
Ostervesede	410	-	6,1	73,0	16,3	4,6	-
Hetzwege	139	-	-	77,0	23,0	-	-
Steddorf	453	0,4	2,9	79,0	17,2	0,4	-
Boitzen	481	0,4	22,0	56,1	19,1	2,3	-
Westerholz	746	0,5	4,3	61,0	34,2	-	-
Sothel	86	-	2,3	93,0	3,5	1,2	-
Wittkopsbostel	294	-	10,2	83,3	5,8	0,7	-
Gruppe	2717	0,4	7,8	69,3	21,1	1,5	-

Übersicht A 62 (Fortsetzung)	Basis	Verkehrsmittel					
		zu Fuß	Fahrrad/Mofa Moped	Pkw/Motorrad/ Lkw	Mitfahrer	öffentl. Bus	Eisenbahn
	abs	%	%	%	%	%	%
	1	2	3	4	5	6	7
Gruppe III							
Jeersdorf	541	3,7	47,5	41,6	5,4	1,8	-
Winkeldorf	12	-	-	91,7	8,3	-	-
Hellwege	830	3,1	22,0	54,6	11,8	6,6	1,8
Abbendorf	100	-	1,0	85,0	14,0	-	-
Westeresch	622	0,6	19,0	49,2	31,2	-	-
Gruppe	2105	2,4	26,6	51,3	16,0	3,1	0,7
Gruppe IV							
Meinstedt	417	-	12,7	70,0	17,3	-	-
Sassenholz	521	-	14,4	65,3	20,3	-	-
Wense	548	-	7,0	82,1	11,0	-	-
Horstedt	345	-	0,9	73,6	22,3	3,2	-
Stapel	53	-	30,2	32,1	37,7	-	-
Reeßum	545	13,0	34,9	47,0	5,0	0,2	-
Schleeßel	63	4,8	9,5	82,5	3,2	-	-
Taaken	130	-	11,5	72,3	16,2	-	-
Bartelsdorf	478	-	26,0	68,9	5,2	-	-
Wiersdorf	266	-	32,3	56,0	11,7	-	-
Wohlsdorf	278	-	9,0	60,8	30,2	-	-
Clüversborstel	152	-	37,5	50,0	12,5	-	-
Gruppe	3796	1,9	18,1	65,3	14,3	0,3	-
Insgesamt	14946	5,8	15,7	60,5	16,2	1,6	0,2

Heinze/Herbst/Schühle 1979

Übersicht A 63 : Verkehrsmittelwahl im ortsteilgrenzen-überschreitenden Verkehr der untersuchten Gemeindeteile

	Verkehrsmittel						
	zu Fuß %	Fahrrad/Mofa Moped %	Pkw/Motorrad/ Lkw %	Mitfahrer %	Öffentl. Bus %	Werkbus %	Eisenbahn %
	1	2	3	4	5	6	7
Sottrum							
Ahausen	5,9	8,2	55,0	15,5	11,0	1,5	2,9
Everser.	0,5	4,9	78,2	6,2	10,2	-	-
Bötersen	0,2	6,8	76,0	9,7	6,5	-	0,8
Höperhöfen	-	8,6	75,2	5,6	6,7	-	3,9
Hassendorf	0,9	14,2	71,5	7,9	1,6	-	3,9
Hellwege	2,5	16,4	60,4	12,3	4,5	2,3	1,6
Horstedt	2,3	6,0	69,0	14,8	5,5	1,8	0,6
Stapel	2,6	18,9	48,9	19,0	4,5	4,1	2,0
Winkeldorf	-	2,0	63,7	23,5	-	10,8	-
Clüversborstel	1,6	15,3	72,6	10,3	0,2	-	-
Reeßum	3,0	20,9	64,0	8,2	2,7	0,6	0,6
Schleeßel	0,8	8,7	79,6	6,6	4,3	-	-
Taaken	-	10,5	73,1	11,8	2,0	2,6	-
Gemeinde	2,0	12,6	66,6	11,2	4,7	1,3	1,5

Übersicht A 63 (Fortsetzung)	Verkehrsmittel						
	zu Fuß %	Fahrrad/Mofa Moped %	Pkw/Motorrad/ Lkw %	Mitfahrer %	Öffentl. Bus %	Werkbus %	Eisenbahn %
	1	2	3	4	5	6	7
Scheeßel							
Abbendorf	-	6,7	84,3	4,5	4,5	-	-
Bartelsdorf	1,7	16,3	72,9	3,6	4,5	-	1,0
Hetzwege	-	2,8	73,3	15,6	0,4	3,6	4,3
Jeersdorf	6,7	34,4	49,3	5,9	0,6	1,2	1,8
Ostervesede	1,1	8,5	68,3	9,4	5,3	3,4	3,9
Scheeßel	1,2	10,1	64,2	8,7	4,3	2,4	9,1
Sothel	3,3	9,7	81,8	4,4	0,8	-	-
Westeresch	0,8	16,6	63,1	16,4	2,5	-	0,6
Westerholz	0,6	9,9	73,1	13,2	0,7	2,1	0,5
Westervesede	0,6	6,5	64,8	16,4	5,5	3,1	3,1
Wittkopsbostel	0,1	10,8	77,8	4,2	2,3	3,1	1,6
Wohlsdorf	-	10,1	71,6	17,1	-	-	1,2
Gemeinde	1,5	12,8	67,2	10,0	2,9	1,9	3,8
Heeslingen							
Boitzen	1,2	19,5	59,6	13,9	4,0	1,8	-
Heeslingen	14,2	19,9	51,9	9,2	2.7	2.1	-
Meinstedt	0,6	13,6	68,7	13,1	1,1	3,0	-
Sassenholz	0,1	16,5	67,0	14,8	-	0,8	0,8
Steddorf	0,7	6,2	78,7	8,6	3,9	1,9	-
Weertzen	-	10,9	67,8	15,8	4,9	0,6	-
Wense	0,4	16,5	70,8	9,2	1,5	1,4	-
Wiersdorf	0,3	32,0	59,5	8,1	-	-	-
Gemeinde	7,0	17,4	60,3	10,8	2,7	1,7	0,1
Insgesamt	3,8	14,5	64,4	10,6	3,3	1,7	1,8

Heinze/Herbst/Schühle 1979

Übersicht A 64 : Verkehrsmittelwahl im ortsteilgrenzen-überschreitenden Verkehr in Abhängigkeit von der ÖV-Versorgung der untersuchten Gemeindeteile

	Verkehrsmittel						
	zu Fuß %	Fahrrad/Mofa Moped %	Pkw/Motorrad/ Lkw %	Mitfahrer %	öffentl. Bus %	Werkbus %	Eisenbahn %
	1	2	3	4	5	6	7
Gruppe I							
Scheeßel	1,2	10,1	64,2	8,7	4,3	2,4	9,1
Hassendorf	0,9	14,2	71,5	7,9	1,6	-	3,9
Ahausen	5,9	8,2	55,0	15,5	11,0	1,5	2,9
Heeslingen	14,2	19,9	51,9	9,2	2,7	2,1	-
Weertzen	-	10,9	67,8	15,8	4,9	0,6	-
Eversen	0,5	4,9	78,2	6,2	10,2	-	-
Bötersen	0,2	6,8	76,0	9,7	6,5	-	0,8
Höperhöfen	-	8,6	75,2	5,6	6,7	-	3,9
Gruppe	7,2	14,3	60,1	9,8	4,2	1,6	2,8
Gruppe II							
Westervesede	0,6	6,5	64,8	16,4	5,5	3,1	3,1
Ostervesede	1,1	8,5	68,3	9,4	5,3	3,4	3,9
Hetzwege	-	2,8	73,3	15,6	0,4	3,6	4,3
Steddorf	0,7	6,2	78,7	8,6	3,9	1,9	-
Boitzen	1,2	19,5	59,6	13,9	4,0	1,8	-
Westerholz	0,6	9,9	73,1	13,1	0,7	2,1	0,5
Sothel	3,3	9,7	81,8	4,4	0,8	-	-
Wittkopsbostel	0,1	10,8	77,8	4,2	2,3	3,1	1,6
Gruppe	0,8	10,4	70,7	11,0	3,1	2,5	1,5

Übersicht A 64 (Fortsetzung)	Verkehrsmittel						
	zu Fuß %	Fahrrad/Mofa Moped %	Pkw/Motorrad/ Lkw %	Mitfahrer %	öffentl. Bus %	Werkbus %	Eisenbahn %
	1	2	3	4	5	6	7
Gruppe III							
Jeersdorf	6,7	34,4	49,3	5,9	0,6	1,2	1,8
Winkeldorf	-	2,0	63,7	23,5	-	10,8	-
Hellwege	2,5	16,4	60,4	12,3	4,5	2,3	1,6
Abbendorf	-	6,7	84,3	4,5	4,5	-	-
Westeresch	0,8	16,6	63,1	16,4	2,5	-	0,6
Gruppe	2,9	19,6	60,1	11,4	3,1	1,6	1,3
Gruppe IV							
Meinstedt	0,6	13,6	68,7	13,1	1,1	3,0	-
Sassenholz	0,1	16,5	67,0	14,8	-	0,8	0,8
Wense	0,4	16,5	70,8	9,2	1,5	1,4	-
Horstedt	2,3	6,0	69,0	14,8	5,5	1,8	0,6
Stapel	2,6	18,9	49,9	19,0	4,5	4,1	2,0
Reeßum	3,0	20,9	64,0	8,2	2,7	0,6	0,6
Schleeßel	0,8	8,7	79,6	6,6	4,3	-	-
Taaken	-	10,5	73,1	11,8	2,0	2,6	-
Bartelsdorf	1,7	16,3	72,9	3,6	4,5	-	1,0
Wiersdorf	0,3	32,0	59,5	8,1	-	-	-
Wohlsdorf	-	10,1	71,6	17,1	-	-	1,2
Clüversborstel	1,6	15,3	72,6	10,3	0,2	-	-
Gruppe	1,2	15,3	68,4	11,2	2,1	1,2	0,5
Insgesamt	3,8	14,5	64,4	10,6	3,3	1,7	1,8

Heinze/Herbst/Schühle 1979

ERHEBUNGSBOGEN

Ihre Angaben werden streng vertraulich behandelt und nur zu wissenschaftlichen Zwecken statistisch ausgewertet.

Familienname ....

Samtgemeinde/
Einheitsgemeinde ....

Ortsteil ....

Ihr Name wird bei der Auswertung nicht verwendet, sondern dient ausschließlich der Kontrolle des Fragebogenrücklaufs

Bitte kreuzen Sie bei den nun folgenden Fragen die jeweils zutreffende Antwort an oder tragen Sie die Zahlen ein

1 Wieviele Personen leben gegenwärtig in Ihrem Haushalt?
(Zum Haushalt gehören alle Personen, die ständig in einer Wohnung zusammenleben und eine gemeinsame Wirtschaftsführung besitzen) Anzahl ....

2 Wieviele Personen Ihres Haushaltes sind 6 Jahre und älter? Anzahl ....

3 Wieviele Fahrzeuge besitzt Ihr Haushalt?

- Fahrräder Anzahl ....
- Mopeds und Mofas Anzahl ....
- Motorräder Anzahl ....
- Pkws oder Pkw-Kombis Anzahl ....
- Lkws Anzahl ....
- landwirtschaftl. Zugmaschinen Anzahl ....

4 Haben Sie Telefon? ja o nein o

5 Wieviel Minuten gehen Sie von Ihrer Wohnung zur nächsten Bushaltestelle? Minuten ....
(falls überhaupt ein öffentlicher Linienbus durch Ihren Ortsteil fährt)

6 Die Gemeindereform hat viele Veränderungen mit sich gebracht.
Ist es für Sie danach leichter oder schwerer geworden, Behörden und Ämter aufzusuchen?

- Es ist viel leichter geworden o
- Es ist leichter geworden o
- Es hat sich nichts geändert o
- Es ist schwerer geworden o
- Es ist viel schwerer geworden o

In den folgenden Fragen benötigen wir die Auskünfte der einzelnen Haushaltsmitglieder in der Reihenfolge ihres Alters. Sollte Ihr Haushalt mehr als fünf Personen umfassen, werden nur die ältesten fünf befragt. Wenn eine Frage auf jemanden nicht zutrifft, lassen Sie die entsprechende Spalte einfach frei.

	Älteste Person	Zweitälteste Person	Drittälteste Person	Viertälteste Person	Fünftälteste Person
Vorname	....	....	....	....	....
7 Geburtsjahr	....	....	....	....	....
8 Geschlecht					
– männlich	o	o	o	o	o
– weiblich	o	o	o	o	o
9 Besitzen Sie einen Führerschein der					
– Klasse 1 (Motorräder)	o	o	o	o	o
– Klasse 2 (Lkw)	o	o	o	o	o
– Klasse 3 (Pkw)	o	o	o	o	o
– Klasse 4 oder Klasse 5	o	o	o	o	o
10 Besitzen Sie einen Personenbeförderungsschein? *(Taxifahrer und Busfahrer benötigen z.B. Personenbeförderungsscheine)*					
– ja	o	o	o	o	o
– nein	o	o	o	o	o
11 Welches der folgenden Merkmale trifft überwiegend auf Ihre Tätigkeit zu? Sie sind					
– Schüler	o	o	o	o	o
– Auszubildender	o	o	o	o	o
– Beamter/Angestellter/Arbeiter	o	o	o	o	o
– Hausfrau (ausschließlich)	o	o	o	o	o
– Selbständig	o	o	o	o	o
– mithelfender Familienangehöriger	o	o	o	o	o
– Rentner	o	o	o	o	o
– zur Zeit erwerbslos	o	o	o	o	o
– sonstiges	o	o	o	o	o
Die Fragen 12 – 19 beantworten bitte nur die berufstätigen Personen (die anderen Spalten bleiben dann frei)					
12 In welchem der folgenden Wirtschaftsbereiche sind Sie hauptberuflich tätig?					
– Land- und Forstwirtschaft	o	o	o	o	o
– Industrie	o	o	o	o	o
– Gastgewerbe, Fremdenverkehr	o	o	o	o	o
– Öffentlicher Dienst	o	o	o	o	o
– Sonstige Bereiche	o	o	o	o	o
13 Wo liegt Ihr hauptberuflicher Arbeitsplatz?					
Stadt/Gemeinde:	....	....	....	....	....
Ortsteil:	....	....	....	....	....

Vorname	Älteste Person	Zweitälteste Person	Drittälteste Person	Viertälteste Person	Fünftälteste Person ....
14 Wieviel Kilometer ist Ihr Arbeitsplatz von Ihrer Wohnung entfernt?	..........km	..........km	..........km	..........km	..........km
15 Mit welchem Verkehrsmittel legen Sie den größten Teil des Weges zu Ihrer Arbeitsstätte zurück? *(je Person bitte nur eine Antwort)*					
– zu Fuß	o	o	o	o	o
– mit dem Fahrrad/Moped/Mofa	o	o	o	o	o
– mit einem Pkw/Motorrad/Lkw/ Traktor Ihres Haushalts	o	o	o	o	o
– als Mitfahrer im Pkw/auf dem Motorrad	o	o	o	o	o
– mit dem öffentlichen Linienbus	o	o	o	o	o
– mit dem Werkbus	o	o	o	o	o
– mit dem Schulbus	o	o	o	o	o
– mit der Eisenbahn	o	o	o	o	o
16 Wieviel Minuten brauchen Sie für den HINWEG zu Ihrem Arbeitsplatz?	..........min	..........min	..........min	..........min	..........min
17 Wenn Sie nicht mit dem öffentlichen Linienbus oder der Eisenbahn zur Arbeit fahren, welche Gründe haben Sie dafür? *(auch mehrere Antworten sind möglich)*					
– es gibt keine Verbindung	o	o	o	o	o
– ich kann zu Fuß gehen	o	o	o	o	o
– der Bus/die Eisenbahn fährt zu selten oder zu ungünstigen Zeiten	o	o	o	o	o
– die Haltestellen liegen zu weit weg	o	o	o	o	o
– die Fahrtzeit ist zu lang	o	o	o	o	o
– das Umsteigen ist zu umständlich	o	o	o	o	o
– der Fahrpreis ist zu hoch	o	o	o	o	o
– der Bus/die Eisenbahn ist zu voll	o	o	o	o	o
– der Bus/die Eisenbahn ist zu unbequem	o	o	o	o	o
– ich fahre sowieso nur ungern Bus/ Eisenbahn	o	o	o	o	o
18 Um wieviel Uhr beginnt Ihre Arbeit? (z.B. 7.30 Uhr)	..........Uhr	..........Uhr	..........Uhr	..........Uhr	..........Uhr
19 Um wieviel Uhr endet Ihre Arbeit?	..........Uhr	..........Uhr	..........Uhr	..........Uhr	..........Uhr

Die Fragen 12 bis 19 befaßten sich mit Fahrten zum Arbeitsplatz. Von diesem Berufsverkehr abgesehen, gibt es noch den Besorgungs- und den Freizeitverkehr. Diese Bereiche werden nun angesprochen. Die folgenden Fragen beantworten bitte wieder alle befragten Personen Ihres Haushalts.

	Gemeindezentrum Scheeßel					Rotenburg					Posthausen (Dodenhof)				
	Ält. Pers.	2.ält. Pers.	3.ält. Pers.	4.ält. Pers.	5.ält. Pers.	Ält. Pers.	2.ält. Pers.	3.ält. Pers.	4.ält. Pers.	5.ält. Pers.	Ält. Pers.	2.ält. Pers.	3.ält. Pers.	4.ält. Pers.	5.ält. Pers.
20 Wie oft waren Sie in den letzten 4 Wochen in den angegebenen Orten, um dort einzukaufen, die Sparkasse, Behörden oder Ärzte aufzusuchen oder andere Besorgungen zu machen? *(Es zählt hier nicht mit, wenn Sie diese Besorgungen auf dem Rückweg von der Arbeit gemacht haben)*	...... mal	...... mal	...... mal	...... mal	...... mal	...... mal	...... mal	...... mal	...... mal	...... mal	...... mal	...... mal	...... mal	...... mal	...... mal
21 Wie kamen Sie in den meisten Fällen dorthin? *(Bitte kreuzen Sie das Verkehrsmittel an, mit dem Sie den überwiegenden Teil der Wege zurückgelegt haben)*															
– zu Fuß	o	o	o	o	o	o	o	o	o	o	o	o	o	o	o
– mit dem Fahrrad/Moped/Mofa	o	o	o	o	o	o	o	o	o	o	o	o	o	o	o
– mit einem Pkw/Lkw/Traktor/Motorrad Ihres Haushalts	o	o	o	o	o	o	o	o	o	o	o	o	o	o	o
– als Mitfahrer im Pkw/auf dem Motorrad	o	o	o	o	o	o	o	o	o	o	o	o	o	o	o
– mit dem öffentlichen Linienbus	o	o	o	o	o	o	o	o	o	o	o	o	o	o	o
– mit dem Werkbus	o	o	o	o	o	o	o	o	o	o	o	o	o	o	o
– mit dem Schulbus	o	o	o	o	o	o	o	o	o	o	o	o	o	o	o
– mit der Eisenbahn	o	o	o	o	o	o	o	o	o	o	o	o	o	o	o
22 Wie oft waren Sie in den letzten 4 Wochen im Rahmen Ihrer Freizeitgestaltung oder zu Verwandten-/Freundesbesuchen in den genannten Orten?	...... mal	...... mal	...... mal	...... mal	...... mal	...... mal	...... mal	...... mal	...... mal	...... mal	...... mal	...... mal	...... mal	...... mal	...... mal
23 Wie kamen Sie in den meisten Fällen dorthin? *(Bitte kreuzen Sie das Verkehrsmittel an, mit dem Sie den überwiegenden Teil der Wege zurückgelegt haben)*															
– zu Fuß	o	o	o	o	o	o	o	o	o	o	o	o	o	o	o
– mit dem Fahrrad/Moped/Mofa	o	o	o	o	o	o	o	o	o	o	o	o	o	o	o
– mit einem Pkw/Lkw/Traktor/Motorrad Ihres Haushalts	o	o	o	o	o	o	o	o	o	o	o	o	o	o	o
– als Mitfahrer im Pkw/auf dem Motorrad	o	o	o	o	o	o	o	o	o	o	o	o	o	o	o
– mit dem öffentlichen Linienbus	o	o	o	o	o	o	o	o	o	o	o	o	o	o	o
– mit dem Werkbus	o	o	o	o	o	o	o	o	o	o	o	o	o	o	o
– mit dem Schulbus	o	o	o	o	o	o	o	o	o	o	o	o	o	o	o
– mit der Eisenbahn	o	o	o	o	o	o	o	o	o	o	o	o	o	o	o

Vorname	Älteste Person	Zweitälteste Person	Drittälteste Person	Viertälteste Person	Fünftälteste Person
	....	....	....	....	....
24 Sicher fahren Sie auch in andere Orte als bisher angegeben wurden. Jede Person kann notieren, wohin sie noch gefahren ist: *(jeweils bis zu 2 Orte)*					
1) Um Besorgungen zu machen:					
a) Gemeinde:	....	....	....	....	....
Ortsteil:	....	....	....	....	....
Wie oft sind Sie in den letzten 4 Wochen dort gewesen?	..........mal	..........mal	..........mal	..........mal	..........mal
b) Gemeinde:	....	....	....	....	....
Ortsteil:	....	....	....	....	....
Wie oft sind Sie in den letzten 4 Wochen dort gewesen?	..........mal	..........mal	..........mal	..........mal	..........mal
2) Um Ihre Freizeit zu verbringen oder Freunde/Verwandte zu besuchen:					
a) Gemeinde:	....	....	....	....	....
Ortsteil:	....	....	....	....	....
Wie oft sind Sie in den letzten 4 Wochen dort gewesen?	..........mal	..........mal	..........mal	..........mal	..........mal
b) Gemeinde:	....	....	....	....	....
Ortsteil:	....	....	....	....	....
Wie oft sind Sie in den letzten 4 Wochen dort gewesen?	..........mal	..........mal	..........mal	..........mal	..........mal
25 Nutzen Sie regelmäßig die Gelegenheit, abends an Veranstaltungen teilzunehmen, die außerhalb Ihres Ortsteils stattfinden? *(z.B. Volkshochschule, Berufsfortbildung, Theaterbesuch, Kino, Vereinsabende oder ähnliches)*					
– ja	o	o	o	o	o
– nein	o	o	o	o	o
26 Würden Sie häufiger Abendveranstaltungen außerhalb Ihres Ortsteils besuchen, wenn zu diesen passende Busverbindungen geschaffen würden?					
– ja	o	o	o	o	o
– nein	o	o	o	o	o

	Älteste Person	Zweitälteste Person	Drittälteste Person	Viertälteste Person	Fünftälteste Person
Vorname	....	....	....	....	....
27 Welche Veranstaltungen würden Sie dann abends gerne besuchen? 1)	....	....	....	....	....
2)	....	....	....	....	....
3)	....	....	....	....	....
28 Bitte geben Sie den Bus- und Bahnverbindungen Ihres Ortsteils eine Zensur:					
– sehr gut	o	o	o	o	o
– gut	o	o	o	o	o
– befriedigend	o	o	o	o	o
– ausreichend	o	o	o	o	o
– mangelhaft	o	o	o	o	o
29 Welcher Fahrpreis für die Hin- und Rückfahrt erscheint Ihnen angemessen, wenn eine ausgezeichnete direkte Busverbindung geschaffen würde	DM Pf	DM Pf	DM Pf	DM Pf	DM Pf
a) nach Rotenburg?	....	....	....	....	....
b) bis ins Zentrum Ihrer Samt-/Einheitsgemeinde?	....	....	....	....	....
30 Wie oft im Monat würden Sie zu den von Ihnen genannten Fahrpreisen diese Buslinien benutzen					
a) nach Rotenburg?	..........mal	..........mal	..........mal	..........mal	..........mal
b) ins Zentrum Ihrer Samt-/Einheitsgemeinde?	..........mal	..........mal	..........mal	..........mal	..........mal
31 Besteht von Ihrem Ortsteil aus eine – wenn vielleicht auch schlechte – Busverbindung					
a) nach Rotenburg?					
– ja	o	o	o	o	o
– weiß ich nicht	o	o	o	o	o
– nein	o	o	o	o	o
b) ins Zentrum Ihrer Samt-/Einheitsgemeinde?					
– ja	o	o	o	o	o
– weiß ich nicht	o	o	o	o	o
– nein	o	o	o	o	o

Vorname	Älteste Person	Zweitälteste Person	Drittälteste Person	Viertälteste Person	Fünftälteste Person
	....	....	....	....	....

Die letzten zwei Fragen richten sich nur an die Schüler unter den in diesem Fragebogen befragten fünf ältesten Personen Ihres Haushalts (Die anderen Spalten bleiben dann wieder frei).

Welchen Schultyp besuchen Sie zur Zeit?					
– Grundschule	o	o	o	o	o
– Hauptschule	o	o	o	o	o
– Mittelschule	o	o	o	o	o
– Oberschule	o	o	o	o	o
– Sonstige	o	o	o	o	o

In welchem Ort liegt Ihre Schule?					
Stadt/Gemeinde:	....	....	....	....	....
Ortsteil:	....	....	....	....	....

Wenn Sie etwas an der Verkehrsbedienung Ihres Ortes besonders stört, wären wir Ihnen sehr dankbar, wenn Sie dies hier notieren würden:

Forschungs- und Sitzungsberichte
der Akademie für Raumforschung und Landesplanung

Band 120:

Verkehrstarife als raumordnungspolitisches Mittel

Aus dem Inhalt:

Der gesamte Band umfaßt 317 Seiten; Format DIN B 5; 1977; Preis 44.– DM

Auslieferung

HERMANN SCHROEDEL VERLAG KG · HANNOVER

Abhandlungen
der Akademie für Raumforschung und Landesplanung

Band 77: Karl Oettle

Raumwirtschaftliche Aspekte einer Betriebswirtschaftslehre des Verkehrs

Aus dem Inhalt:

Der gesamte Band umfaßt 154 Seiten; Format DIN B 5; 1978; Preis 28,– DM.

Auslieferung
HERMANN SCHROEDEL VERLAG KG · HANNOVER